창계집

한국고전번역원 한국문집번역총서

창계집 8

滄溪集

임영 지음
林泳

조경구 옮김
하승현

일러두기

1. 이 책의 번역 대본은 한국고전번역원에서 간행한 한국문집총간 159집 소재《창계집(滄溪集)》으로 하였다. 번역 대본의 원문 텍스트와 원문 이미지는 한국고전종합DB(http://db.itkc.or.kr)에서 확인할 수 있다.
2. 〈습유〉와 〈부록보〉는 한국문집총간에 수록되지 않은 임형택 소장본 및 후손가 소장 필사본 가운데 창계의 학문관과 문학적 수준을 확인할 수 있는 작품들을 선별해 모아 엮은 것이다.
3. 내용이 간단한 역주는 간주(間註)로, 긴 역주는 각주(脚註)로 처리하였다.
4. 한자는 필요한 경우 이해를 돕기 위하여 넣었으며, 운문(韻文)은 원문을 병기하였다.
5. 맞춤법과 띄어쓰기는 한글 맞춤법과 표준어 규정을 따랐다.
6. 이 책에서 사용한 부호는 다음과 같다.

: : 제시어와 내용 사이에, 각주에서 각주 표제어와 내용을 구분할 때 사용한다.
( ) : 번역문과 음이 같은 한자, 이두, 외국어를 묶어서 보일 때 사용한다.
〔 〕: 번역문과 뜻은 같으나 음이 다른 한자를 묶어서 보일 때 사용한다.
" " : 글 안에서 대화를 표시할 때, 남의 말이나 서책 또는 시문 등의 문장을 인용할 때 사용한다.
' ' : " " 안의 재인용, 강조 부분을 나타낼 때 사용한다.
「 」: ' ' 안의 재인용을 나타낼 때 사용한다.
『 』: 「 」 안의 재인용을 나타낼 때 사용한다.
《 》: 책명 및 각주의 전거(典據)를 나타낼 때 사용한다.
〈 〉: 편명, 작품명, 논문 제목을 나타낼 때 사용한다.
～ : 인명의 생년과 몰년 사이에 사용한다.
…… : 번역문에서 원문의 '云云'을 처리할 때, 각주에서 긴 인용문을 처리할 때, 각주 표제어가 네 어절 이상일 경우 생략되는 말을 처리할 때 사용한다.
- - : 본문에서 소자(小字) 원문 주(註)의 처음과 끝에 사용한다.
□ : 원문의 글자가 빠진 빈 난을 표기하거나, '결락과 판독 불가 글자에 대한 지침'에 따라 번역할 때 사용한다.
▨ : 훼손 등으로 인해 판독이 불가능한 원문을 표기할 때 사용한다.

차례

일러두기 • 4

창계집 제27권

부록 附錄

치제문 致祭文 | 최규서 崔奎瑞 • 11
제문 祭文 | 이희조 李喜朝 • 18
제문 祭文 | 김창협 金昌協 • 24
제문 祭文 | 오도일 吳道一 • 33
제문 祭文 | 최석정 崔錫鼎 • 40
제문 祭文 | 조형기 趙亨期 • 43
만시 挽詩 | 신익상 申翼相 • 49
만시 挽詩 | 박태상 朴泰尙 • 50
만시 挽詩 | 신완 申琓 • 52
만시 挽詩 | 이여 李畬 • 62
만시 挽詩 | 오도일 吳道一 • 64
만시 挽詩 | 김수증 金壽增 • 65

만시 挽詩 | 김창협 金昌協 • 67

만시 挽詩 | 김성적 金盛迪 • 71

만시 挽詩 | 조형기 趙亨期 • 72

만시 挽詩 | 최석항 崔錫恒 • 73

만시 挽詩 | 유덕준 尹德駿 • 75

만시 挽詩 | 민진후 閔鎭厚 • 78

만시 挽詩 | 유득일 兪得一 • 79

만시 挽詩 | 김창흡 金昌翕 • 80

만시 挽詩 | 최창대 崔昌大 • 85

만시 挽詩 | 박태초 朴泰初 • 91

창계집 서문 滄溪集序 | 김창협 金昌協 • 93

창계집 서문 滄溪集序 | 남구만 南九萬 • 100

창계집 습유

변서 辨序 | 최석정 崔錫鼎 • 105

서법의 장단을 논한 글 論書法長短 • 111

갖옷과 칡베 옷에 관한 설 裘葛說 • 112

주정설 主靜說 • 116

자효당서 임인년 봄, 14세에 짓다 慈孝堂序 壬寅春 十四歲作 • 122

관해정서 임인년 여름에 짓다 觀海亭序 壬寅夏 • 125

삼포 석교 중수문 계묘년 겨울에 짓다 三浦石橋重修文 癸卯冬 • 130

신유일록 辛酉日錄 • 135

퇴계선생어록 退溪先生語錄 • 179

가언 嘉言 • 179

창계집 부록보

창계선생연보초 滄溪先生年譜草 | 임정 林淨 • 267

창계선생가장초 滄溪先生家狀草 | 박태초 朴泰初 • 310

유명 조선국 가선대부 사헌부 대사헌 창계 임 선생 신도비명 병서 有明朝鮮國嘉善大夫司憲府大司憲滄溪林先生神道碑銘 幷序 | 이덕수 李德壽 • 334

서원 영건 통문 경인년 書院營建通文 庚寅 • 347

재통문 再通 | 홍이규 洪以珪 등 46원 員 • 354

서원 터를 닦는 축문 開基祝文 | 최수중 崔秀中 임관하 林觀夏 • 356

창계집

제27권

부록 附錄

부록 附錄

치제문

致祭文

지제교(知製教) 최규서(崔奎瑞)[1]가 올렸다.

아, 혼령이시여	惟靈
타고난 두터운 자질과	禀質之厚
부여받은 맑은 기운으로	受氣之淸
행실은 이미 안으로 순후하고	行旣內淳
화려함은 또한 밖으로 드러나서	華亦外彰
발휘되어 문장을 이루니	發爲文章
넓고도 크도다 천연으로 이루어졌네	浩浩天成
일고여덟 어린 나이 때부터	粤自齠[2]齔

1 최규서(崔奎瑞) : 1650~1735. 본관은 해주(海州), 자는 문숙(文叔), 호는 간재(艮齋)・소릉(少陵) 등이다. 1680년(숙종6) 별시 문과에 급제하여 지평, 우의정, 영의정 등을 지냈다. 시호는 충정(忠貞)이다. 저서로《간재집(艮齋集)》15권이 있다.《간재집》에 수록된 치제문은《창계집》에 수록된 것과 글자에 약간의 출입이 있다.《艮齋集 卷7 應製錄 參判林泳致祭文》

2 齠 :《간재집》권7〈참판임영치제문(參判林泳致祭文)〉에는 '髫'로 되어 있다.

이미 훌륭한 명성 드러나더니[3]	已著盛名
연방(蓮榜)의 장원과 계방(桂榜)의 발탁이	魁蓮擢桂
모두 묘령에 이루어졌도다[4]	俱在妙齡
청운의 벼슬길 시작하여	青雲發軔
탄탄대로 이제 막 열렸는데	晉塗方亨
따뜻함과 배부름에 뜻 두지 않고	志不溫飽
복록과 이익을 영예로 여기지 않으며	祿利非榮
심오한 이치 침잠하여 연구하고	沈潛理窟
산수(山水)에서 유유자적 노닐었네[5]	丘壑徜徉
스승과 벗의 학통 훌륭하여[6]	師友淵源

3 일고여덟……드러나더니 : 창계의 아우 임정(林淨)이 정리한 〈창계선생연보초(滄溪先生年譜草)〉와 박태초(朴泰初)가 지은 〈창계선생가장초(滄溪先生家狀草)〉에 창계가 어려서부터 읽은 책과 스승이나 동료들을 놀라게 하고 탄복시킨 일화가 나온다.

4 연방(蓮榜)의……이루어졌도다 : 창계는 17세인 1665년(현종6) 여름 정시(庭試)에 응시하였는데 지은 글이 합고(合考)에 들었다. 가을에 또 별시(別試)에 합격하고, 지은 글이 또 합고에 들었으며, 또한 감시(監試)에 합격하였다. 다음 해 봄에는 사마시에 수석으로 합격하였고, 22세 때인 1670년 가을에는 별과에 수석으로 합격하였으나 회시(會試)에는 낙방하였으며, 또 이듬해 겨울 정시에 응시하여 제2등을 차지하였다. 《滄溪集 附錄補 滄溪先生年譜草》

5 청운(青雲)의……노닐었네 : 창계는 1672년 가을 가주서가 되어 승정원에 들어갔으나 스스로 학문이 부족하다고 여겨 벼슬길에 나아가기를 원하지 않았으며, 일부러 삭서(朔書)와 삭시사(朔試射)에 불참하여 파직을 당하였다. 그해 겨울 부친을 따라 고향인 나주로 돌아간 뒤 온 가족이 강원도 통천(通川)으로 이주하여 농사를 지으며 독서에 전념하고 살았다. 그러다 1680년(숙종6) 부여(扶餘)로 나온 뒤 경신대출척(庚申大黜陟)을 맞아 다시 본격적으로 관직 생활을 하였다. 《滄溪集 附錄補 滄溪先生年譜草, 滄溪先生家狀草》

도의로써 나아오고 물러났지만 道義行藏
여러 사람의 신망(信望)에 따라 循茲衆望
내가 특별히 잊을 수 없었기에 予篤不忘
수십 년 지나는 동안에 數十年間
제수하는 명이 계속 이어졌도다 除命相望
그 얼마나 성하였던가 何以盛之
금마문과 옥당서[7]여 金馬玉堂
그 무엇으로 내려 주었던가 何以畀之
급사와 전랑이었다네 給事銓郞
승지의 근밀한 자리를 맡기고 承宣近密
성균관에서 학생을 가르치는 일이며 教冑黌庠
서쪽 변방의 옥절[8]이며 西屛玉節
남쪽 고을의 동장[9]을 맡겨 南邑銅章
안으로 또 밖으로 于內于外

6 스승과……훌륭하여 : 창계는 1660년 서울로 올라와 동몽교관(童蒙教官) 조견소(趙見素)에게 배웠으며, 이단상(李端相)과 박세채(朴世采)를 스승으로 섬기는 한편 조성기(趙聖期), 김창협(金昌協), 이희조(李喜朝), 남학명(南鶴鳴) 등과 교유하였다. 《滄溪集 附錄補 滄溪先生年譜草》

7 금마문(金馬門)과 옥당서(玉堂署) : 한(漢)나라 때에 한림학사가 대조(待詔)하는 곳으로, 한림원이나 한림학사를 지칭하는데, 조정 안의 화려한 내직(內職)을 가리키는 말로 쓰이기도 한다.

8 서쪽 변방의 옥절(玉節) : 옥절은 옥으로 만든 부신(符信)으로 왕명을 받들어 지방 장관이 된 것을 말한다. 여기서는 창계가 황해도 관찰사에 제수된 것을 가리킨다.

9 남쪽 고을의 동장(銅章) : 동장은 지방 장관이 차는 관인(官印)이다. 여기서는 창계가 전라도 관찰사에 제수된 것을 가리킨다.

경을 한번 시험해 보고자 하였는데[10]	思一試卿
경은 오직 사양과 겸손으로	卿惟辭遜
평소의 지조 더욱 굳게 지켜	素履彌貞
나아가도 오래 있지 않으려 했고	進非久志
물러나도 마음에 두지 않아	退不嬰情
남쪽 고을의 기강이 된 것은	爲紀南國
도도히 흐르는 강한이었도다[11]	江漢洋洋
작년에 개현[12]을 당하여서도	昨年改絃
더욱더 충량한 신하를 생각하여	益思忠良
제일 먼저 경을 재신(宰臣)의 반열에 올리고	首擢宰班
헌부(憲府)의 기강을 잡게 하고자 하였는데[13]	俾將憲綱

10 경을……하였는데 : 창계는 1687년(숙종13) 10월 황해도 관찰사에 제수되자 상소하여 체직을 청하였는데, 숙종이 복잡하여 처리하기 어려운 일을 맡겨 시험해 보려고 한다는 비답을 내렸다. 《滄溪集 附錄補 滄溪先生年譜草》

11 남쪽……강한(江漢)이었도다 : 《시경》〈소아(小雅) 사월(四月)〉에 "도도한 강한이, 남국의 강기(綱紀)가 되느니라. 수고로움을 다하여 벼슬하거늘, 어찌하여 나를 기억해 주지 않는고.〔滔滔江漢, 南國之紀. 盡瘁以仕, 寧莫我有?〕" 하였는데, 시의 원뜻은 수고로움을 다하여 애쓰는 신하를 기억해 주지 않는 임금을 원망하는 내용이지만 여기서는 창계가 고향인 나주 회진(會津)에 주로 거하면서 학문에 전념하여 남쪽 지방의 벼리가 된 것을 임금이 칭찬하는 표현이다.

12 개현(改絃) : '개주장현(改柱張絃)'의 준말인데, 기러기발을 바꾸고 거문고 줄을 새로 매단다는 뜻으로, 경장(更張) 즉 개혁 정치를 가리킨다. 여기서는 1694년의 갑술환국(甲戌換局)을 가리킨다.

13 제일……하였는데 : 갑술환국이 있은 뒤로 1694년 4월부터 창계는 공조 참판, 행대사간, 행 대사성, 대사헌 등에 제수되었으나 모두 상소하여 체직을 청하였다. 《滄溪集 附錄補 滄溪先生年譜草》

경은 누차 사직소를 올려	卿疏屢徹
병 때문에 나올 수 없다 하였네	謂病見妨
분사에서 한가로이 정양하도록 하여	分司養閑
반년이 넘도록 그렇게 하였지만	半載有强
조정으로 돌아온 지 얼마 안 되어	還朝未幾
다시 고향으로 돌아가고자 하였네[14]	復首歸程
내가 경의 질병을 불쌍히 여기어	予愍卿疾
머물러 있으라는 비지를 내리고는	降旨留行
내국에 지시하여 약물을 나눠 주어	分劑內局
고질병을 치료할 수 있도록 하였고	用瘳膏肓
장작이며 땔감을 이어서 내려 주어	繼給薪炭
객지의 쓸쓸함을 위로하고자 하였으니[15]	以慰荒涼
내 실로 간절하고 근심스러운 마음으로	予實曲軫

14 분사(分司)에서……하였네 : 분사는 나라에 특별한 일이 있을 때 중앙 관아의 사무를 분담하여 처리하기 위해 도성 이외의 다른 지방에 특별히 따로 설치하는 관아로, 여기서는 개성(開城)을 가리킨다. 1694년 10월 창계가 개성 유수(開城留守)에 제수되어 병든 몸을 이끌고 올라와 사은하였다. 1695년 1월 개성에 도착하여 일을 맡아보았으나 10월 병이 깊어지자 다시 서울로 올라와서 말미를 받아 고향으로 돌아가기를 청하였다. 그러나 조정에서는 먼 길을 돌아가느니 차라리 의약(醫藥)이나 편리하게 쓸 수 있도록 한가한 직무로 옮길 것을 청하여 마침내 창계를 공조 참판에 임명하고 병을 조섭하도록 하였다. 《滄溪集 附錄補 滄溪先生年譜草》

15 내가……하였으니 : 1695년 10월 창계가 말미를 받아 고향으로 돌아가기를 청하였을 때 좌의정 유상운(柳尙運)과 대사성 최규서(崔奎瑞)가 합동으로 계사(啓辭)를 올려 창계에게 약물(藥物)을 지급할 것을 청하였다. 숙종은 창계를 공조 참판에 제수하고는 납약과 땔나무, 탄(炭)을 내려 주니 창계는 감읍(感泣)하여 아우 임정(林淨)에게 대신 사은하는 상소를 써서 올리도록 하였다. 《滄溪集 附錄補 滄溪先生年譜草》

그대의 목숨 연장하기를 바랐으나　庶延其生
갑자기 여사에서 숨을 거두니[16]　沈淹旅舍
신명이 끝내 돕지 않았도다　神竟不相
뛰어난 문장은 보불의 신하[17]였으며　文其黼黻
재주는 실로 동량의 재목이었는데　材實棟樑
이제 시신이 되어 돌아가니　斂而歸之
그대의 등용은 오래 가지 못하였구나　爲用不長
그를 낳고 그를 데려가심이여　其生其奪
하늘의 이치는 참으로 아득하여라　理固杳茫
경신년에 불러 대하였을 때　庚申賜對
나의 은총을 드러내 밝혔으며[18]　表予寵光
임술년에 올린 봉사(封事)의 글[19]에서　壬戌封章

16 갑자기……거두니 : 1696년 2월 서울 여사(旅舍)에서 48세를 일기로 졸하였다. 《滄溪集 附錄補 滄溪先生年譜草》

17 보불(黼黻)의 신하 : 임금을 가까이에서 보좌하는 신하를 뜻한다.

18 경신년에……밝혔으며 : 1680년 경신대출척(庚申大黜陟)으로 새로운 정치를 펴면서 창계를 사간원 정언, 홍문관 수찬 등으로 불렀으며 나아가 사례하고 입직(入直)하자 다음 날 곧바로 소대(召對)의 명이 내렸는데, 이를 두고 사람들이 "당일 소대하는 일은 창계를 위해 만든 규례이다." 하였다. 《태극도설(太極圖說)》, 〈서명(西銘)〉 등을 진강할 때 상이 특별히 명하여 창계는 읽고 송시열에게 이를 해석하도록 하였다. 《滄溪集 附錄補 滄溪先生年譜草》

19 봉사(封事)의 글 : 1682년 8월 창계는 만언소(萬言疏)를 올려 나라를 다스리는 제도에 대해 종합적으로 자세히 논하였다. 또 다른 상소문에서는 호포(戶布)의 폐단을 그대로 두지 말 것과 나라의 경상 비용을 넉넉하게 만들고 민역(民役)을 줄여 주는 방법에 대해 극진히 논하였는데, 여러 군문(軍門)의 재용(財用)을 모두 한 곳에 귀속시켜서 각자 멋대로 쓰지 못하도록 할 것, 훈국(訓局)의 별대군(別隊軍) 인원을 줄이고

경의 충정을 환히 볼 수 있었도다 見卿忠精
아아, 어디에서 다시 얻을 수 있을까 於何復得
아아, 그대의 평생을 생각할 뿐이로다 嘅想生平
부의를 더욱 후하게 내려 주고 賵贈有加
관에서 그 장례를 돌봐 주도록 하노니[20] 官庀其喪
경을 돌아보는 마음의 시작과 끝은 眷卿終始
살아 있을 때나 죽었을 때나 다름이 없도다 無間存亡
제관을 보내어 제물 올리게 함을 遣官致酹
예전의 법도에 따라 하노니 式有故常
정성 어린 말과 권하는 술잔으로 忱辭侑爵
나의 상심한 마음을 토로하노라 以抒予傷

번(番)을 면제해 준 다음 면포를 납부하도록 할 것, 역(役)의 명분이 지나치게 넘치는 것을 줄여서 군액(軍額)에 보충할 것, 일 없이 노는 선비들에게 면포를 징수하여 민역을 도울 것 등 모두 4개 조항이다. 상소의 자세한 내용은 《창계집》 권4 〈성지(聖旨)에 응하여 시사를 말한 소〔應旨言事疏〕〉에 나온다.

20 부의를……하노니 : 1696년 2월 창계가 숨을 거두자 영의정 남구만(南九萬)이 진계(陳啓)하여, 창계의 상에 은(銀)과 베를 지급하여 고군(雇軍)들이 서울에서 고향 나주까지 상여를 운반하는 데 쓰도록 하자고 청하였는데 숙종이 이를 허락하고 제문을 내렸으며 예관(禮官)을 보내어 제사를 지내 주었다. 《滄溪集 附錄補 滄溪先生年譜草》

제문
祭文

유세차 병자년(1696, 숙종22) 2월 정해삭(丁亥朔) 24일 경술(庚戌)에 연안(延安) 이희조(李喜朝)[21]는 삼가 맑은 술과 여러 가지 제수를 차려 놓고 근고(近故) 부제학 임공(林公)의 영구(靈柩) 앞에 곡하고 제사를 올리며 글을 지어 흠향하시기를 권합니다.

아아, 슬픕니다. 형의 뜻은 크고도 원대했으며 견식은 넓고도 깊어서, 차라리 성현을 배워 미치지 못할지언정 작은 성취에 스스로 만족하려고 하지 않았기에 궁격(窮格)의 공부[22]에 가장 많이 힘을 쏟았습니다. 무릇 천인(天人)과 성명(性命)의 오묘한 이치와 경사(經史)며 제자백가의 수많은 책들에 대해 분석하고 꿰뚫어 보아 어느 것도 그 요지를 끝까지 터득해 내지 않음이 없었습니다. 이는 그 가슴속에 쌓인 바가 매우 두터웠기에, 그것이 논설로 표현되어 나올 때에는 또한 강하(江河)의 물이 쏟아져 내리듯 끝이 없었으며, 듣는 사람으로 하여금 멍하여 거의 그 끝을 헤아릴 수 없게 만들었던 것입니다. 이는 모두 형의 타고난 자질이 욕심이 없는 데다 그 총명함은 따를 자가 없었던

21 이희조(李喜朝) : 1655~1724. 본관은 연안(延安), 자는 동보(同甫), 호는 지촌(芝村)이다. 창계의 스승인 이단상(李端相)의 아들로 창계보다 6세 어리다. 시호는 문간(文簡)이며 저서로 《지촌집》이 있다. 이 제문은 《지촌집》 권17에 〈제임덕함문(祭林德涵文)〉이라는 제목으로 수록되어 있으며, 글자의 출입이 거의 없다.

22 궁격(窮格)의 공부 : 궁은 거경궁리(居敬窮理)를 뜻하고, 격은 격물치지(格物致知)를 뜻한다.

데서 온 것으로, 그렇기 때문에 형이 나아간 경지가 이토록 탁월할 수 있었으니, 실로 근래의 학자들이 도달할 수 있는 바가 아니었습니다.

아아, 슬픕니다. 형은 17세 때 호남에서 올라와서 처음 우리 선인(先人)의 문하에서 노닐었는데,[23] 이때 형의 문명(文名)은 이미 크게 떨쳐 있었습니다. 곧 이어 사마시에 수석으로 합격하자 사람들이 다투어 부러워하고 칭찬하였지만 형이 스스로 기약한 바와 우리 선인께서 권면하신 바는 도리어 여기에 있지 않았으니, 형은 이에 이 세상에 뜻을 두지 않고 문을 닫아건 채 스스로를 지켰습니다. 훗날 마지못해 벼슬길에 나아가기는 하였지만 본뜻이 아니었기에 벼슬에 나아가기는 어렵게 여기고 물러나기는 쉽게 여겨 조정에 몸담은 것도 얼마 되지 않았습니다. 그러다가 어버이가 돌아가셔서 크나큰 슬픔을 거듭 겪게 되자 과감히 물러날 계획을 더욱 굳게 결행하였으니, 10년 동안을 벼슬하지 않고 그대로 일생을 마치려는 것 같았습니다. 이것이 형께서 나오고 물러난 일의 전말이니 또한 배운 바를 저버리지 않았다고 할 만합니다.

아아, 슬픕니다. 형이 작년에 한 번 나온 것은 본래 의원에게 가고자 해서였으나, 또한 간절하게 세상을 걱정하는 마음을 감히 끝내 잊지 못하였으니, 대개 장차 사문(師門)을 보좌하고 치도(治道)를 도와 이루어 상하(上下)의 여망에 조금이라도 부응하려 하였던 것입니다. 그렇지만 하늘이 우리 조선에 복을 내리지 않아 현석(玄石 박세채(朴世采))이 죽고,[24] 얼마 지나지 않아 형 또한 뒤를 따라 돌아가셨습니다. 이는

23 형은……노닐었는데 : 창계는 1665년(현종6) 봄에 서울로 올라갔는데, 올라갈 때 부친이 이단상을 찾아가 스승으로 삼으라고 하였다. 이단상의 지도를 받은 창계는 위기지학(爲己之學)에 마음을 두게 되었다. 《滄溪集 附錄補 滄溪先生年譜草》

실로 시운(時運)에 관계된 것이니 무어라 말하겠습니까.

나는 재주도 없는데 어린 나이에 고아가 되어[25] 학문을 닦지 못하다가 형의 지도에 힘입어 계발(啓發)될 수 있었습니다. 그러나 나는 성품이 편협하고 고루한데 형은 너그럽고 박식하였으니 어찌 감히 벗으로 삼고자 했겠습니까. 마음속으로는 실제로 스승으로 삼았던 것입니다. 다만 형은 이런 나를 비루하게 여기지 않고 교학상장(教學相長)의 의리를 허여하시어 제가 말하면 수긍해 주지 않는 것이 없었고 저에게 더욱 큰 기대를 보여 주셨습니다. 늘 절차탁마(切磋琢磨)하며 하루도 서로 떨어져 있지 않으려 하였습니다. 그러다가 임술년(1682, 숙종8) 이후로 남북으로 멀리 떨어져 천리 밖에서 서로 바라보느라 마음은 괴롭고 머리는 아팠으니, 형이 오시기를 기다리는 마음은 배고프고 목마른 정도가 아니었습니다. 그러다가 만현(萬峴)에서 하룻밤 이야기하고 임단(臨湍 장단(長湍))에서 잠시 만났지만,[26] 모두 가슴속에 쌓

24 현석(玄石)이 죽고 : 창계가 개성 유수로 올라오게 된 데에는 박세채의 간절한 사신(私信)도 큰 역할을 하였다. 창계는 개성 유수로 부임하는 길에 박세채를 찾아보았으며, 며칠 후 박세채는 65세를 일기로 파주에서 졸하였다.《국역 숙종실록 20년 11월 21일·24일, 21년 2월 5일》《滄溪集 附錄補 滄溪先生年譜草》

25 어린……되어 : 이단상은 1669년(현종10) 42세의 나이로 졸하였는데 당시 이희조는 15세였다.

26 만현(萬峴)에서……만났지만 : 창계는 1694년(숙종20) 10월 개성 유수(開城留守)에 제수되었고 11월 20일경 길을 나서 1695년 1월 12일 만리현(萬里峴)에 이르렀으나 여독이 심하여 며칠 간 조리한 뒤에 사은숙배할 수 있었다. 그러고 1월 22일 조정을 떠나 개성에 도착하였는데 그사이에 파주에 있는 박세채를 찾아보았다.《滄溪集 附錄補 滄溪先生年譜草》 이희조는 이 시기에 창계를 만현과 장단(長湍)에서 잠깐씩 만난 것으로 보인다.

인 회포를 만분의 일도 풀기에 부족하였습니다.

형이 송도(松都)로부터 돌아왔으며 게다가 새로운 병까지 더했다는 소식은 들었습니다. 그렇지만 저 또한 병석에서 신음하면서 겨울을 넘기는 바람에 근자에야 비로소 나아가 문후하였는데, 형의 정신이며 언어에는 이미 평소의 모습이 없었습니다. 눈물을 훔치며 돌아오면서 마음이 타는 듯하였지만 또한 이렇게나 빨리 부음을 듣게 될 줄은 생각지도 못하였습니다.

아아, 슬픕니다. 선인(先人)께서는 불행하게도 도를 품고도 세상에 시험해 보지 못하셨는데, 저같이 못난 아들은 이미 그 뜻을 조금도 계승하지 못하였습니다. 그러므로 그것을 형에게 기대한 바가 실로 깊고도 간절하였건만, 이제 다 끝나 버렸으니 도리어 다시 무슨 말을 하겠습니까.

생각해 보면 형의 나이나 지위, 나아가고 물러난 행적이 선인과 비교해서 이미 서로 비슷한 데가 많은 데다,[27] 또한 고향으로 돌아가고자 하였으나 돌아가지 못하여 끝없는 한을 남긴 것이 마치 수레바퀴 자국처럼 앞뒤로 똑같으니[28] 이것이야말로 참으로 기이한 일입니다. 하물

27 생각해……데다 : 창계와 이단상은 어려서부터 총명했던 것, 과거 급제나 벼슬살이에서도 유사성이 많지만 이 외에도 이단상은 효종이 죽자 두문불출하고 학문에 전념하였으며, 잠시 벼슬살이하였으나 곧 스스로 관직을 떠나 양주 동강(東岡)으로 은퇴하였다. 창계도 벼슬에서 물러난 뒤로는 벼슬에 뜻이 없어 고향 나주에 있으면서 계속되는 조정의 부름에 응하지 않은 등의 공통점이 있다. 《宋子大全 卷170 靜觀齋李公神道碑銘幷序》《滄溪集 附錄補 滄溪先生年譜草》

28 고향으로……똑같으니 : 이희조가 쓴 이단상의 유사에 의하면 이단상은 효종이 승하한 1659년(효종10) 이래로 벼슬에 뜻이 없어 부름을 누차 사양하고 나아가지 않다가 1669년(현종10) 1월 동부승지, 2월 병조 참의, 3월 부제학에 잇달아 제수되자 마침내

며 임금께서 약물(藥物)을 내려 주신 은혜도 실로 선조(先朝 현종)께서 선인을 대우하신 것과 같았으니,[29] 제가 더욱 어찌 오늘과 옛날을 생각하면서 만나는 일마다 아픔이 더하지 않을 수 있겠습니까.

아아, 슬픕니다. 형의 지업(志業)은 진실로 다 이루지 못하였지만, 경신년(1680, 숙종6) 이후에 올린 상소 한 편[30]을 보면 마음속의 포부를 대략 알 수 있습니다. 강학이나 논사(論事)의 상세한 내용에 이르러서는 사우(師友) 간에 오고 간 편지글이 있으니 훗날 형에 대해 의론하는 사람들은 또한 이를 통해 형을 잘 알 수 있을 것입니다.

아아, 형이 살아 온 세월은 비록 짧지만 형의 이름은 반드시 길게

나아갔다. 그러나 머뭇거리는 도중에 병이 들어 끝내 고향으로 돌아가지 못하고 이해 9월 19일, 42세를 일기로 졸하였다.《국역 현종개수실록 10년 1월 9일, 2월 20일, 3월 12일, 9월 19일》《芝村集 卷24 先府君遺事》 창계도 모친상과 부친상을 마친 후 조정에서 수많은 직책으로 불렀으나 한 번도 나아가지 않다가 1694년(숙종20) 10월 개성 유수로 부름을 받고는 올라와 임지로 갔다가 병이 깊어지는 바람에 돌아가지 못하고 이듬해 2월 서울 여사(旅舍)에서 48세를 일기로 졸하였다.《滄溪集 附錄補 滄溪先生年譜草, 滄溪先生家狀草》

29 임금께서……같았으니 : 현종이 이단상이 아프다는 말을 듣고 내국(內局)으로 하여금 약재(藥材)를 찾아 주도록 하였다.《承政院日記 顯宗 10年 7月 20日》 숙종도 창계에게 약물 및 땔감 등을 지급한 일이 있으며 이 외에도 숙종은 창계가 죽은 후에도 고군(雇軍)들이 상여를 고향 나주까지 운반할 수 있게 은(銀)과 베를 지급하였다.《滄溪集 附錄補 滄溪先生年譜草》

30 경신년……편 : 1680년 경신대출척으로 임금이 인재를 널리 구하자 여러 대신이며 재신(宰臣)들이 천거하여 창계는 32세의 나이로 조정에 들어가게 되었다. 이후 2년여 동안 조정에 있으면서 상소를 여러 차례 올렸는데 1680년에 올린 응지소(應旨疏)에서는 옥에 갇힌 죄수를 풀어 줄 것, 도망자와 물고 난 자에게 징포(徵布)하는 일을 혁파할 것, 필요하지 않은 잡비를 절약하고 공물(貢物)을 줄여 줄 것 등을 청하였다.《滄溪集 卷3 玉堂應旨進言疏》

전해질 것입니다. 저 오래 사는 즐거움은 누렸으나 초목과 함께 썩어 가는 사람들과 비교해 본다면 어느 쪽이 나은지 차이가 뚜렷하니 오히려 다시 무엇을 한스러워하겠습니까.[31] 다만 사문(斯文)과 세도(世道)에 대한 책임을 다시는 의탁할 만한 곳이 없으며, 나의 기박하고 궁핍한 신세가 장차 더욱더 외롭고 쓸쓸하여 돌아갈 곳이 없을 것입니다.

게다가 형에게 어린 아들[32]이 하나 있으나 또한 돌아가실 무렵에 서로 만나 보지 못하였으니, 생각해 보면 형은 이 때문에 반드시 지하에서도 눈을 감지 못하실 것입니다. 아아, 슬프고 슬픕니다. 듣자니 객지에 있던 형의 관을 이제 곧 운구하여 돌아가 선산에 장례를 치른다고 하는데, 나는 진정(賑政)에 매여 있어서 전송해 드리기도 어려울 것 같습니다. 이에 소박한 제수를 갖추어 정신없이 달려와 곡합니다. 한평생 교제해 온 도리가 오늘에 와서 다하였으니, 형이시여, 혼령이 있다면 나의 술잔을 흠향하소서. 아아, 슬픕니다.

31 오히려……한스러워하겠습니까 : 대본에는 '尙復何恨哉'로 되어 있는데, 《지촌집(芝村集)》 권17 〈제임덕함문(祭林德涵文)〉에는 '恨'이 '言'으로 되어 있다.

32 어린 아들 : 창계의 연보에 따르면 39세 때 아들 임동(林董)이 태어났으니, 이때 10세가 된다. 《滄溪集 附錄補 滄溪先生年譜草》

제문
祭文

유세차 병자년(1696, 숙종22) 2월 정해삭(丁亥朔) 30일 병인(丙寅)에 벗 안동(安東) 김창협(金昌協)[33]은 삼가 근고(近故) 참판 임공(林公)의 영전에 제사를 올립니다.

오늘날엔 음양오행 희미해져서	二五之漓
완전한 인재가 나오기 어렵다네	生材鮮完
도에다 뜻을 둔 사람이라면	有志於道
훌륭한 점 하나는 얻는 법이니	適得一端
총명함과 민첩함	聰穎敏給
정갈함과 고상함	修潔雅嫺
그 가운데 취할 점이 없을까마는	夫豈無取

33 김창협(金昌協) : 1651~1708. 본관은 안동(安東), 자는 중화(仲和), 호는 농암(農巖)·삼주(三洲)이다. 1682년(숙종8) 증광 문과에 장원으로 급제하였으며, 송시열(宋時烈)의 《주자대전차의(朱子大全箚疑)》를 교정하였다. 청풍 부사로 있을 때 기사환국으로 부친이 진도에서 사사되자, 사직하고 영평(永平)에 은거하였다. 1694년 갑술옥사 이후 부친이 신원되었으나 학문에만 전념하였다. 저서로 《농암집》, 《주자대전차의문목(朱子大全箚疑問目)》, 《논어상설(論語詳說)》, 《오자수언(五子粹言)》 등이 있다. 숙종의 묘정에 배향되었으며, 양주의 석실서원(石室書院), 영암의 녹동서원(鹿洞書院)에 제향되었다. 시호는 문간(文簡)이다. 이 제문은 《농암집》 제29권에 〈임덕함에 대한 제문〔祭林德涵文〕〉이라는 제목으로 수록되어 있다. 《농암집》에는 '유세차(維歲次)' 부분 없이 본문인 '이오지리(二五之漓)'부터 바로 나온다.

큰일 맡길 재목은 어렵고말고	大受則難
우리 형은 자품이 크고 후하며	兄資宏厚
그릇 또한 남달리 출중했으니	而器槃槃
무거운 짐을 지고 먼 길 가는 일[34]	任重道遠
높다 하여 추구하지 아니할쏘냐	何高不攀
처음에 북쪽 와서 수학한 것은	爰初北學
관례 아직 올리기 전의 일인데[35]	年未勝冠
웅장한 문장이며 고운 수사(修辭)가	雄文麗藻
용처럼 난새처럼 빼어났건만	矯若龍鸞
형은 그걸 초연히 버려 버리고	脫然棄去
염락관민(濂洛關閩) 바른길 들어갔으며[36]	步武洛關

34 무거운……일 : 《논어》〈태백(泰伯)〉에서 증자가 말하기를 "선비는 도량이 넓고 뜻이 굳세지 않으면 안 된다. 임무는 무겁고 길은 멀기 때문이다. 인을 자기의 임무로 여기니 무겁지 않겠으며, 죽은 뒤에야 그만두니 멀지 않은가.〔士不可以不弘毅, 任重而道遠. 仁以爲己任, 不亦重乎? 死而後已, 不亦遠乎?〕"라고 하였다.

35 처음에……일인데 : 창계는 1665년(현종6) 봄에 서울로 올라가 이단상(李端相)을 스승으로 섬겼다. 《滄溪集 附錄補 滄溪先生年譜草》

36 웅장한……들어갔으며 : 이단상은 창계를 애지중지하여, 때때로 시부(詩賦)를 짓게 하고는 명공(名公)들에게 전하여 보게 하니 창계의 문명(文名)이 더욱 떨치게 되었다. 그러나 이단상은 창계에게 위기지학(爲己之學)에 마음을 두도록 하였고, 1666년 여름 창계는 《주자대전(朱子大全)》을 보다가 마침내 평생 이 학문에 종사하겠다는 계획을 세우고 주야로 각고의 노력을 기울였다. 이후로 '하루에 일곱 차례 반성하는 규례'인 '칠성례(七省例)', 매일매일 자신의 언행과 동정을 기록하는 '일방권점획례(日傍圈點畫例)'를 행하여 스스로를 책려하면서, 《소학》, 《대학》, 《주자어류(朱子語類)》, 《근사록》, 《이정전서(二程全書)》, 《성리대전(性理大全)》 등을 반복하여 읽었다. 《滄溪集 附錄補 滄溪先生年譜草》

그중에도 주자가 남기신 글은　惟紫陽書
너른 바다 드높은 산과 같은데　鉅海崇山
형은 그 속으로 들어가서는　兄入其中
있는 힘을 다하여 연구하였네[37]　悉力硏鑽
비유하면 소를 잡아 해체할 적에　如彼解牛
허리며 넓적다리 도끼로 먼저 끊고　先斧髀髖
빈틈 남은 곳에 칼날을 누빈 셈이니　刃游于餘
어찌 날이 닳아서 무디어지랴[38]　何有鈍刓
학문의 축적은 풍부해져서　其蓄旣富
그 깊이를 엿보기 어려웠으며　其深莫覰
게다가 논설에는 거침이 없어　論說沛然
큰 파도 보는 듯 웅장하였네　乃見波瀾
우리 도의 맹주로 추대하여　吾道之盟
모두들 형을 단에 올리려 했는데[39]　咸推登壇
기대를 저버리고 예서 그치니　而止於此
어이하여 하늘 이리 인색하신고　豈天是慳

37 그중에도……연구하였네 : 창계는 18세 때인 1666년(현종7) 《주자대전》을 읽었던 방법을 가지고 훗날 아우 임정에게 가르칠 정도로 주희의 학문에 심취하였다. 《滄溪集 附錄補 滄溪先生年譜草》

38 비유하면……무디어지랴 : 경지가 높아서 능숙하게 되었음을 말한다. 《장자》〈양생주(養生主)〉에서 포정(庖丁)이 문혜군(文惠君)에게 자신이 소를 잡는 방법을 설명하면서 칼날이 무뎌지지 않은 비결에 대해 설명하였다.

39 모두들……했는데 : 모든 사람이 창계가 사문(斯文)의 지도자가 될 것을 기대하였다는 말이다.

생각하면 우리 형은 한창 나이에 念兄盛時
청환(淸宦)의 반열을 두루 거치어 歷淸班
홍문관 관원으로 높이 있었고 縹緲瀛洲
임금을 가까이서 보필했으며 密邇金鑾
경연에서 경서를 강론할 적에 法筵橫經
여러 차례 임금을 놀라게 했네[40] 屢動天顔
그렇게 앞길이 한창 열릴 제 進塗方闢
형의 뜻은 어느새 시들해져서 兄意已闌
돌아가 버렸네, 고향 마을 歸歟故里
물 굽이진 바닷가 있는 곳으로[41] 湖海之灣
방 안에서 깊은 생각 잠기어 들어 一室俯仰
주돈이(周敦頤)의 태극도, 소옹(邵雍)의 역법[42] 연구하고 周圖邵丸

40 생각하면……했네 : 창계는 1680년(숙종6) 경신대출척으로 어진 인재를 구할 때 조정에 들어가 전적(典籍), 병조의 낭관, 사간원 정언, 홍문관 수찬에 임명되었으며, 경연(經筵)에서 진강(進講)하기도 하였다. 《滄溪集 附錄補 滄溪先生年譜草》

41 그렇게……곳으로 : 창계는 1680년 경신대출척 때부터 시작하여 약 3년간 벼슬살이하면서 주요 내직을 거쳤고, 또한 국가 경영에 대한 종합적인 대책을 담은 만언소를 올리기도 하였다. 그러나 원래부터 벼슬보다는 학문에 뜻이 있었던 데다가 1683년 모친상, 이듬해에 부친상을 잇달아 겪자 관직에서 물러나 용담(龍潭), 진안(鎭安) 등에 머물다가 40세가 되던 1688년 고향인 나주 회진(會津)으로 돌아갔다. 《滄溪集 附錄補 滄溪先生年譜草》

42 소옹(邵雍)의 역법 : 원문의 '환(丸)'은 태극(太極)이다. 소옹의 《격양집(擊壤集)》 권12 〈자작진찬(自作眞贊)〉 말미에 "구슬을 가지고 노는 여가에, 한가로이 왔다 갔다 하노라.〔弄丸餘暇, 閑往閑來.〕"라는 말이 나오는데, 자주(自註)에 "환은 태극이다." 하였다. 농환(弄丸)은 태극과 같은 구슬을 가지고 논다는 말로, 역리(易理)를 탐구하는 것을 가리킨다.

창랑의 맑은 물에 몸을 씻으며　濯彼滄浪
고기 잡는 낚싯대를 드리웠으니　亦有釣竿
그물이 제아무리 촘촘하여도　網罟雖密
높이 나는 기러기를 누가 잡으랴[43]　冥鴻誰干
이번에 개혁이 이루어지자　迺玆更化
공조 참판 벼슬에 발탁되어서　擢貳冬官
세상에선 형이 급히 필요했으나　世方急兄
형은 오히려 머뭇거리다　兄尙盤桓
옛 도읍의 유수를 맡긴 뒤에야　古都之寄
애오라지 한가로운 직무에 나아가더니[44]　聊卽優閒
한 병이 점차 심해져서　一病輾轉
귀향할 생각만 가득하였는데　歸思漫漫
마침내 객지에서 숨을 거두니　竟死旅邸
우리 형이 바라던 바가 아니었네　非兄所安
영산강(滎山江)에 이는 물결 아득히 넓고　滎波淼瀰
금성산(錦城山)의 산봉우리 높기도 한데　錦岫巑岏

43 그물이……잡으랴 : 창계가 벼슬에 뜻이 없어 수차례 벼슬을 내렸으나 일절 응하지 않은 것을 비유적으로 이른 말이다.

44 이번에……나아가더니 : 개혁은 창계가 46세 되던 1694년(숙종20)의 갑술경화(甲戌更化)를 말한다. 4월 공조 참판에 제수되고, 곧이어 행 대사간, 행 대사성, 대사헌에 이배(移拜)되었으나 창계는 병으로 나아갈 수가 없어 모두 상소하여 체직되었다. 그러다가 영의정 남구만(南九萬)과 좌의정 박세채(朴世采)가 건의하여 10월 창계를 개성 유수(開城留守)에 제수하였다. 부득이 길을 나선 창계는 1695년 1월 사은숙배를 하고 개성 임지로 부임하였다. 《滄溪集 附錄補 滄溪先生年譜草》

그 먼 길을 돌아가는 상여를 보니　輀車遠返

전송하는 사람 눈물이 쏟아지네　送者涕濟

내가 이전에 형을 알게 된 것은　我昔識兄

정관재(靜觀齋) 선생 댁에서 만난 것이 처음인데　初于靜觀

반생애를 형과 함께 어울려 보니　半世從游

마치 난초처럼 향기로웠네[45]　其臭如蘭

남북으로 아득히 떨어진　契闊南北

십오 년 동안을　十五年間

오직 편지에 뜻을 담아　唯寓尺素

속마음을 통하였었지[46]　以通心肝

내가 당한 혹독한 화 근심해 주고　愍我酷禍

친상(親喪)의 고통을 슬퍼해 주고　哀我棘欒

건강을 손상할까 경계도 하고　戒我傷生

45 내가……향기로웠네 : 창계가 서울에 올라와 이단상(李端相)을 스승으로 섬긴 것은 1665년(현종6)의 일인데 이해에 김창협은 이단상의 딸과 혼인하였으므로, 그때부터 이 제문이 쓰인 1696년까지 약 30여 년간 교분이 있었다고 할 수 있다. 또한 김창협은 나중에 창계의 아우 임정(林淨)으로부터 창계의 유문 산정(刪定)을 부탁받고 《창계집》의 서문을 짓기도 하였다. 《滄溪集 卷12 答金仲和(壬申)》《農巖集 卷13 答林德涵(甲戌)》

46 남북으로……통하였었지 : 창계는 1683년 모친상을 계기로 벼슬에서 물러난 뒤부터 10여 년간 부여(扶餘), 용담(龍潭), 진안(鎭安), 나주의 회진(會津) 등 주로 남쪽 지방에 거주하였다. 김창협은 1678, 9년에는 부친의 유배지인 철원(鐵原), 영평(永平)에 따라가 있었고, 이후 주로 중앙에서 관직 생활을 하였다. 1689년 기사환국으로 부친이 사사(賜死)되자 다시 영평으로 들어가거나 양주에 거하는 등 주로 중부 이북 지역에 있었으므로 편지만 주고받았을 뿐 서로 만날 기회가 없었던 것으로 보인다. 《滄溪集 卷12 答金仲和(丁卯), 答金仲和(庚午)》《農巖集 卷13 答林德涵(庚午)》

밥을 더 먹으라고 타이르면서[47] 勸我加餐
날 위한 형의 근심 너무 깊었건만 兄自過憂
나는 실로 우매하여 그 마음 몰랐네 我實冥頑
이내 처지 궁해진 뒤 근본으로 돌아가 我窮反本
도에 대해 일부나마 엿보고서 於道窺斑
이따금 가르침을 구하러 가면 間往求敎
형은 크게 이 몸을 칭찬하였으니 兄亟奬歎
그대의 말 참으로 좋다 하면서 曰子言善
나약한 사람 실로 고무시켰네 良激懦孱
그러나 형은 눈병으로 고통받으며 所苦目眚
학문의 진보가 어렵다 하였네[48] 於進也艱
이에 나는 답하였지. "형의 눈병을 我云是疾
고통이라 할 것이 무에 있겠소 不足爲瘝

47 내가……타이르면서 : 1689년(숙종15) 기사환국이 일어나 2월 김창협의 부친 김수항(金壽恒)은 진도(珍島)로, 중부(仲父) 김수흥(金壽興)은 장기(長鬐)로 귀양을 가게 되었는데 이에 김창협은 벼슬을 버리고 부친의 배소로 따라갔다. 뒤이어 4월 김수항이 사사되자 김창협은 부친의 시신을 운구하여 5월 양주(楊州)에 장사 지내고 김화(金化)에 머무르다가 9월 가족들을 이끌고 철원의 응봉(鷹峯)으로 들어갔다. 그런가 하면 이 시기에 아들 김청상(金淸祥)도 요절하였다. 《農巖集 卷35 年譜》 창계는 1689년 김창협에게 편지를 보내어 연이은 불행을 위로하면서, 상을 치르는 동안 죽이라도 제대로 먹을 것, 한때 자신이 있었던 영동(嶺東)의 전장(田莊)으로 들어갈 것 등을 권하는 한편 이러한 시기에 뜻을 분발하여 대도(大道)의 근원을 깊이 탐구하고 나날이 새로워져 덕을 완성하기를 바란다는 뜻을 전하기도 하였다. 《滄溪集 卷12 與金仲和(己巳)》

48 그러나……하였네 : 창계는 1690년 김창협에게 쓴 편지에서 자신이 눈병으로 성현의 경전을 다시는 볼 수 없게 되었다며 슬퍼하였다. 《滄溪集 卷12 答金仲和(庚午)》

눈 일찍 어둡지 않은 게 한스럽다는　恨盲不早
주자 말씀 거짓이겠소?"라고 하였네[49]　豈朱子謾
뒤에 다시 편지를 보내와서는　于後書來
한층 더 자세히 가르치시더니　敎告益殫
오래 힘써 큰 학문 이루라 하고　久大之業
힘든 때도 변치 말자 기약하시니[50]　遠期歲寒
그 말씀 가슴에 새기며　服膺感厲
내 마음 진심으로 다짐하였네　我心如丹
형이 다시 조정으로 돌아왔을 때　逮兄還朝
나는 여전히 은거하다가[51]　我猶屛跧
형의 병 심해졌단 소식을 듣고　其疾旣甚
비로소 한 번 가서 찾아뵈었네[52]　始克一看

49 이에……하였네 : 주희가 반숙도(潘叔度)에게 답한 편지에서 자신의 시력이 흐려져 문자를 볼 수 없게 되었는데 오히려 마음을 수습할 수 있게 되었다며 "일찍 눈이 어두워지지 않았던 것이 매우 한스럽습니다."라고 하였다.《朱子大全 卷46 答潘叔度》 김창협은 주희의 이 말을 인용하여 창계를 편지로 위로하였다.《農巖集 卷13 答林德涵(庚午)》

50 뒤에……기약하시니 : 창계는 1692년 김창협에게 편지를 보내《연평답문(延平答問)》의 훌륭한 점에 대해 언급하면서 같이 강론하지 못하는 아쉬움을 토로하는 한편, 세교(世敎)와 저술도 중요하지만 먼저 근본을 확립할 것을 당부하고, 아울러 공부가 어느 정도 진척되었는지 등에 대해 묻는 등 김창협에 대한 자신의 기대를 드러내었다.《滄溪集 卷12 答金仲和(壬申)》

51 형이……은거하다가 : 창계는 1694년 10월 개성 유수(開城留守)에 제수되자 부득이 나주에서 올라와 1695년 1월 사은숙배하고 개성 임지로 부임하였다.《滄溪集 附錄補 滄溪先生年譜草》이 시기에 김창협은 양주(楊州)에 머무르면서 여러 차례 부름에도 응하지 않았다.

허나 말은 막혀서 아니 나오고 有言莫宣
탄식만 하다가 돌아왔는데 含噦而還
그 누가 알았으랴 다시 왔을 땐 孰云再來
마침내 형의 관을 어루만질 줄을 乃拊其棺
마음으로 기약한 일 영영 끝나고 心期永已
사업을 이루려는 뜻도 사라져 버렸네 緖業凋殘
오직 남아 있는 오고 간 편지 唯有簡牘
영원히 간직하여 전할 만하니 可垂不刊
아우에게 그 사실을 고하여 주어 尙告令弟
거두어서 책으로 엮으라 했네 收拾編刪
형이야 어찌 이런 걸 알 리 있으랴 豈兄必知
남아 있는 사람 마음이나 조금 편할 뿐 後死少寬
생각이 여기에 미치니 言念及此
이내 마음 더욱더 아프기만 하구나 我懷彌酸
술잔 들어 영전에 고할 제 擧觴以告
눈물만 하염없이 흘러내리네 有隕潺湲
아아, 슬프구나 嗚呼哀哉

52 형의……찾아뵈었네 : 창계는 개성 유수로 있다가 1695년(숙종21) 10월 서울로 올라와 병을 이유로 말미를 청하여 고향으로 돌아가고자 하였으나 허락을 받지 못하고, 여사에서 앓다가 1696년 2월 세상을 떠났다. 김창협이 창계를 찾아온 기록은 찾지 못하였으나 바로 이 시기일 것으로 추정된다.《滄溪集 附錄補 滄溪先生年譜草》

제문
祭文

유세차 병자년(1696, 숙종22) 3월 정사삭(丁巳朔) 8일 갑자(甲子)에 가의대부(嘉義大夫) 이조참판 겸 동지춘추관사 오도일(吳道一)[53]은 제문을 짓고 술잔을 올려 권하며 망우(亡友) 고(故) 행 홍문관 부제학 임공(林公)의 영전에 고합니다.

규문의 빼어난 기운으로	奎文毓秀
독실하게 유진[54]을 내었으니	篤生儒珍
식견은 깊고도 환히 통하였으며	識邃而透
바탕은 맑고도 순후하였네	質淸而醇
학술의 연원은 깊어서	學術淵深
낙민을 모범으로 삼았고	型範洛閩
문장은 호악하여	文章灝噩

53 오도일(吳道一) : 1645～1703. 본관은 해주(海州), 자는 관지(貫之), 호는 서파(西坡)이다. 창계보다 4세 위로 1673년(현종14) 춘당대 문과에 급제, 지평, 부수찬, 지제교, 개성부 유수 등을 거쳤다. 문장에 뛰어나 동인삼학사(東人三學士)라 불렸다. 울산의 고산서원(孤山書院)에 제향되었으며 저서로 《서파집》이 있다. 이 제문은 《서파집》 권20에 〈제창계임덕함문(祭滄溪林德涵文)〉으로 수록되어 있다.

54 유진(儒珍) : 학문이 뛰어난 유자를 가리키는 말이다. 노(魯)나라 애공(哀公)이 공자에게 자리를 권하자, 공자가 모시고 앉아서 "유자는 자리 위의 진귀한 보배처럼 자신의 덕을 갈고 닦으면서 임금이 불러 주기를 기다리는 사람이다.〔儒有席上之珍以待聘〕"라고 하였다. 《禮記 儒行》

한유(韓愈)와 구양수(歐陽脩)를 따르니[55]	步趨韓歐
약관의 나이에 재능 떨치고	弱冠翹英
화려한 명성 떠들썩했네	華聞大噪
우리 임금 등극하신 이 세상에서는	歷數當朝
첫째로 손꼽히는 인재가 되었으니[56]	指不二屈
천사가 고삐 풀려 치달리는 듯	天駟縱靶
대붕(大鵬)이 날개 펴고 날아오르는 듯	巨鵬展翮
청운의 길에 거리낌 없었고	雲衢無礙
뛰어난 능력[57] 두루두루 시험되었네	歷試孤騫
연영전(延英殿)[58]에서 임금께 아뢴 것이	延英奏對

55 학술의……따르니 : 아우 임정(林淨)이 정리한 연보 등에서 창계가 한유나 구양수의 문장을 공부했다는 내용은 찾지 못하였다. 그러나 스승 이단상의 가르침을 받아 위기지학(爲己之學)에 힘쓰고, 《주자대전(朱子大全)》을 보다가 평생 이 학문에 종사하겠다고 계획하는 등 낙민(洛閩)을 모범으로 삼은 기록은 많이 나온다. 《滄溪集 附錄補 滄溪先生年譜草》 낙민은 낙양(洛陽) 출신인 정호(程顥)·정이(程頤)와 민(閩) 땅 출신인 주희(朱熹)를 가리키는 말로 유학의 조종을 일컫는다. 호악(灝噩)은 양웅(揚雄)이 《법언(法言)》에서 당우삼대(唐虞三代)의 문장을 평론하면서 "우하 시대의 글은 혼혼하고, 상서는 호호하고, 주서는 악악하다.〔虞夏之書渾渾爾, 商書灝灝爾, 周書噩噩爾.〕"라고 했던 데서 온 말이다.

56 우리……되었으니 : 창계가 1680년(숙종6) 경신대출척(庚申大黜陟)이 일어나면서 숙종이 어진 인재를 널리 구하였는데 창계는 이때 대신과 여러 재신(宰臣)들에 의해 첫 번째로 천거되었다. 《滄溪集 附錄補 滄溪先生年譜草》

57 뛰어난 능력 : 원문의 '고건(孤騫)'은 남다르게 매우 빼어남을 가리키는 말이다. 두보(杜甫)의 〈증비부소랑중십형(贈比部蕭郎中十兄)〉에 "화려한 문장은 후배들을 경도시키고, 풍류와 전아함은 새가 아득한 구름 속으로 날아오르는 것 같네.〔詞華傾後輩, 風雅藹孤騫.〕"라고 한 구절에서 나온 말이다.

하루에도 수만 마디가 되었으니 日數萬言
임금께서는 장려하는 말씀 내리시고 玉音垂奬
사림에서는 기대를 걸었는데 士林屬望
공은 실로 개석[59]과도 같아서 公實介石
진실한 마음으로 물러나 사양하고 恂恂退讓
박산의 들판이며 博山之野
부강의 산기슭에서 扶江之麓
오연(傲然)히 유유자적하며 偃蹇婆娑
서사로 스스로 즐겼었네[60] 書史自樂
작년에 개기[61]하게 되어서는 昨年改紀
높은 관직으로 발탁하여 불렀으나 進擢金貂
헌면은 본디 그 마음이 아닌지라 軒冕匪心

58 연영전(延英殿) : 당(唐)나라 때의 궁전으로 정례적인 때가 아닌 경우 천자가 이곳에서 대신을 소대(召對)하였다고 한다.

59 개석(介石) : 바위처럼 확고부동한 마음을 말한다. 《주역》 〈예괘(豫卦) 육이(六二)〉에 "견고함이 돌과 같아서, 과거의 잘못을 하루가 지나지 않아 제거해 버리나니, 정하고 길하니라.〔介于石, 不終日, 貞吉.〕"라고 하였다.

60 박산(博山)의……즐겼었네 : 박산이 어디인지는 분명하지 않으나, 연보에 따르면 1669년(현종10) 창계의 부친이 함경도에 부임하였는데 창계가 이때 따라가 공부하면서 1672년까지 있었다고 한다. 함경도 영흥(永興) 서쪽 35리에 태박산(太博山)이 있다. 또한 창계는 1675년 어버이를 모시고 서울을 떠나 강원도 통천(通川)에 정착하여 독서로 세월을 보내다가, 1678년 부여(扶餘) 조계촌(藻溪村)으로 옮겼다. 《滄溪集 附錄補 滄溪先生年譜草》

61 개기(改紀) : 정세가 바뀌는 것을 뜻하는 말로, 여기서는 갑술환국(甲戌換局)을 의미한다.

평소의 소신 더욱 굳게 지켰네	素履益固
분사에 임명되어 잠깐 종사하였는데	薄試分司
곧이어 홍문관의 장을 맡겼지만[62]	旋長玉署
오래 묵은 질병에 몹시도 시달리며	一疾淹屯
서울의 여사(旅舍)에서 나그네로 머물렀네	旅泊京邸
선량한 사람에겐 복록(福祿)이 없다지만	善人無祿
하늘은 어찌 그리도 빨리 빼앗아 갔는지	天胡奪速
수명은 쉰 살도 누리지 못했고	壽未中身
관직은 겨우 이품(二品)의 자리였네[63]	官纔貳秩
임금께서는 그 재주 아까워하시고	聖主惜才
온 조정은 진심으로 슬퍼하였으며	中朝愴惻
호조로 하여금 장례를 돕게 하시니[64]	地部庇[65]葬
죽음을 애도하는 은총이 융숭하였네	恩隆隱卒
나는 보잘것없는 사람으로서	顧余無似
공을 사모하는 마음 실로 깊었는데	慕公實篤
공이 비루하게 여기지 않은 덕분에	賴公不鄙

62 분사(分司)에……맡겼지만 : 창계는 1694년(숙종20) 10월 개성 유수(開城留守)에 제수되어 1695년 1월 부임하였다가 가을에 다시 행 부제학에 임명되었다. 《滄溪集 附錄補 滄溪先生年譜草》

63 수명은……자리였네 : 창계는 48세 되던 해인 1696년 2월에 죽었으며, 마지막으로 임명된 벼슬은 종2품 공조 참판이었다. 《滄溪集 附錄補 滄溪先生年譜草》

64 호조로……하시니 : 17쪽 주20 참조.

65 庇 : 《서파집(西坡集)》 권20 〈제창계임덕함문(祭滄溪林德涵文)〉에는 '庀'로 되어 있다.

갈대가 옥수(玉樹)에 의지한 듯[66]	如葭倚玉
맑은 조정에 나란히 나아가	雁行淸朝
조복 입고 패옥 차고 광영을 함께했네	衣佩共光
호당에서 독서하며 함께 어울리고[67]	湖堂竝武
옥당에서는 침상을 맞대고 누워[68]	玉署連床
잘못이 있으면 서로 경계하고	有失相砭
의문이 있으면 서로 질정하면서	有疑相質
이기 학설의 연수[69]와	理氣淵藪

66 갈대가……듯 : 위 명제(魏明帝)가 황후의 동생인 모증(毛曾)과 황문 시랑(黃門侍郎) 하후현(夏侯玄)을 같은 자리에 앉게 하자, 하후현이 자신의 초라함을 매우 부끄러워하였는데, 당시 사람들이 이를 두고서 "갈대가 옥수에 의지한 것과 같다.〔蒹葭倚玉樹〕"라고 하였다.《世說新語 容止》《三國志 卷9 魏書 夏侯玄傳》 여기서는 창계를 높이고 오도일 자신을 낮추는 겸양의 뜻으로 쓴 것이다.

67 호당(湖堂)에서……어울리고 : 오도일의 연보에 따르면, 오도일은 1682년(숙종8) 5월 호당에 선발되어 창계, 조지겸(趙持謙), 박태보(朴泰輔), 이여(李畬), 서종태(徐宗泰)와 함께 사가독서(賜暇讀書)하였다.《西坡集 卷29 年譜》 그런데 창계의 연보에는 창계가 1681년 호당의 선발에 든 것으로 되어 있어 기록에 약간 차이를 보인다.《滄溪集 附錄補 滄溪先生年譜草》

68 옥당에서는……누워 : 창계는 1680년 경신대출척을 맞아 천거로 조정에 들어간 이후 1682년까지 조정에 있으면서 정언, 지평, 수찬, 교리, 헌납, 이조 좌랑 등을 지냈다. 이 시기에 오도일과 교유하였는데, 오도일의 《서파집(西坡集)》 권2에는 〈옥당야동덕함부(玉堂夜同德涵賦)〉라는 시와 창계의 차운시가 수록되어 있으며, 《창계집》 권2에는 이 시가 〈옥당의 직소에서 밤에 앉아 운자를 불러 오관지와 함께 짓다〔玉堂直廬夜坐呼韻與吳貫之共賦〕〉라는 제목으로 수록되어 있다.

69 연수(淵藪) : 못에 물고기가 모여들고 숲에 새와 짐승이 모여드는 것처럼 여러 사물이나 사람이 모이는 곳을 비유적으로 이르는 말로, 여기서는 학설의 집성이나 귀결처를 뜻한다.

수많은 조화의 기괄에 대하여　造化機括
남김없이 연구하여 철저히 밝혀서　研勘鑽究
번다한 의론들을 하나로 귀결 지었네　爤熳歸一
긴 이야기 나누다 해가 저물었고　長言竟晷
오간 편지는 한 묶음이 되었지만　細札盈束
세상일이란 무상(無常)한지라　世故靡常
이별은 많고 만남은 적었으니　別多會少
강동(江東)과 위북(渭北)에서 서로 바라볼 뿐[70]　江渭相望
편지조차 오래도록 막혀 있다가　魚鴻久阻
지난봄에 손 한 번 맞잡은 것이　前春一握
그만 영영 이별이 되고 말았네　便成長訣
생각하면 슬프기만 하고　念之於悒
이야기하려니 목이 메는구나　言之哽塞
맹렬하게 전진하던 그 모습　邁往之資
어디 가서 다시 만날 것이며　于何復接
그대와 같은 박학다식을　博大之識
어디에서 다시 얻을 수 있을까　于何復得
인재는 나날이 줄어들고　人材日替
세도는 나날이 비속해져만 가니　世道日卑
공을 슬피 곡하는 아픔이　哭公之痛
어찌 나 혼자만의 사정이리오　豈獨吾私

70 강동(江東)과……뿐 : 강동은 양자강(楊子江)의 동남쪽, 위북은 위수(渭水)의 북쪽으로 장안(長安)을 가리킨다. 여기서는 멀리 떨어져 있는 벗을 그리는 마음을 뜻한다.

도의로 서로 절차탁마하던 일과 道誼切磨
글과 술로 어울리며 즐기던 일 文酒追隨
이 생애에서는 이미 끝났거니와 此世已矣
지하에 가서나 서로 기약해야지 泉路爲期
선조들의 무덤 있는 아득히 먼 곳 故兆邈爾
외로운 관이 남쪽으로 돌아가는데 孤櫬南歸
거친 제문과 변변찮은 제수로 荒詞薄具
한 번 크게 통곡하고 영영 하직하노니 一慟長辭
말은 끝났으나 마음은 끝이 없어 言窮意長
눈물이 하수(河水) 강둑 터진 듯하네 有淚河決
혼령이시여 만약에 계신다면 不昧者存
부디 강림하시어 흠향하소서 庶垂歆格

제문
祭文

유세차 병자년(1696, 숙종22) 3월 정사삭(丁巳朔) 8일 갑자(甲子)에 벗 완산(完山) 최석정(崔錫鼎)[71]은 삼가 한 잔 술을 제수로 갖추고 근고(近故) 창계(滄溪) 선생 임공(林公)의 영전에 고합니다.

생각건대 공은	惟公
문장은 경술에 근본을 두고	文章本乎經術
행의는 효제에 뿌리를 두었으니	行義根於孝弟
오직 강한처럼 나라의 기강 되고[72]	惟江漢之紀國
또한 봉황이나 기린처럼 세상의 상서였건만	亦鳳麟之瑞世
시운에 따라 드러나고 숨었기에	與時運而隱見

71 최석정(崔錫鼎) : 1646~1715. 본관은 전주(全州), 자는 여시(汝時)·여화(汝和), 호는 존와(存窩)·명곡(明谷)이다. 완성부원군(完城府院君) 최명길(崔鳴吉)의 손자로 남구만(南九萬), 이경억(李慶億)의 문인이고, 박세채(朴世采)와 종유(從遊)하였다. 1671년(현종12) 정시 문과에 급제, 동부승지, 성균관 대사성, 홍문관 제학 등을 거쳐 한성부 판윤, 사헌부 대사헌, 영의정이 되었다. 숙종의 묘정(廟庭)에 배향되었다. 편저에 《전록통고(典錄通考)》가 있고, 저서로 《예기유편(禮記類編)》과 《명곡집(明谷集)》이 전한다. 시호는 문정(文貞)이다. 이 제문은 최석정의 《명곡집》 권10에 〈제창계임덕함문(祭滄溪林德涵文)〉이라는 제목으로 수록되어 있는데, 글자에 약간 출입이 있다.

72 강한(江漢)처럼……되고 : 창계가 고향인 나주 회진(會津)에 주로 거하면서 학문에 전념하여 남쪽 지방의 벼리가 된 것을 기려 말한 듯하다. 14쪽 주11 참조.

벼슬함은 적고 물러감은 많았네	故少進而多退
그 사이 한 번 분사로 나왔지만[73]	間一起於分司
뜻은 오직 외직(外職)이나 구하는 데 있었으니	志惟在於求外
어찌 질병을 그토록 오래 앓다가	胡疾病之久淹
오십도 되기 전에 영영 떠나갔단 말인가	未中身而長逝
어찌하여 세상의 도는 이리도 복이 없는지	豈世道之無祿
하늘의 뜻은 아득하기만 하구나	將天意之茫昧
예전에 그대와 서로 참 잘 지냈었지	昔與子而相好
그대는 나보다 몇 년 어렸는데[74]	君少我於數歲
전후로 거듭 과거 시험에 함께 합격하고[75]	再同榜於前後[76]
성균관에 들어가 과거에 급제한 이후로	自登庠而擢第
장차 조정의 반열에 함께 드나들며	將翶翔於朝列
화려한 관복에 패옥으로 빛내고자 하였지	蔚光華之衣佩
도의는 서로 절차탁마하는 가운데 늘 있었고	道常存於切磋
사귐은 서로의 뜻 거슬린 일 없었다네[77]	意莫逆於交際

73 분사(分司)로 나왔지만 : 창계가 개성 유수에 임명된 것을 가리킨다. 15쪽 주14 참조.

74 몇 년 어렸는데 : 창계는 1649년(인조27), 최석정은 1646년에 태어났다.

75 전후로……합격하고 : 1666년 창계는 사마시에 수석으로 합격하였고 최석정은 진사시에 장원하였다. 1671년 창계와 최석정은 모두 정시에 합격하였다.

76 前後 : 《명곡집》 권10 〈제창계임덕함문(祭滄溪林德涵文)〉에는 '弱齡'으로 되어 있다.

77 도의는……없었다네 : 창계가 최석정에게 보낸 편지에는 안부를 묻는 것 외에도 서로 가르침을 청하거나 충고하는 내용, 공부의 진척에 대한 보고, 진퇴 문제에 대한 논의 등이 나오는 것으로 보아 두 사람 사이의 깊은 교유를 짐작할 수 있다.

세상의 일 어지러이 변화해 가는 속에서	紛世故之推遷
남북으로 아득히 떨어져 있으면서	邈南北之阻闊
만나 본 지 얼마나 되었는지 탄식하던 중에	歎會合之幾時
그대 갑자기 유명을 달리하였으니	遽幽明之殊界
우정이 사라진 것이 슬프고	悲迂定之云亡
내 심경 나날이 위축됨을 깨닫겠네	覺悰緖之日殺
그대는 또한 나를 버리고 먼저 돌아갔으니	君又棄而先歸
나는 누구를 믿고 의지한단 말인가	我於何而恃賴[78]
원하노니 유문이 영원히 전해질 수 있도록	尙遺文之[79]不朽
잘 수습하여 없어지지 않게 하기를	擬蒐輯而未沬
떠나보내는 자리에서 목 놓아 우노니	哭失聲於祖道
내가 늙어서 우는 것 아니라오	非我老而易涕

78 賴 : 《명곡집》 권7 〈제창계임덕함문(祭滄溪林德涵文)〉에는 이 뒤에 '觀學術之通微, 佇德業之可大, 欽充養之有道, 信仁者之辭藹'이 더 있다.

79 尙遺文之 : 《명곡집》 권7 〈제창계임덕함문〉에는 '文在玆而'로 되어 있다.

제문

祭文

고(故) 부제학 임공 덕함(林公德涵)의 영구(靈柩)가 장차 이달 9일에 성동(城東)의 우거하던 집에서 발인(發靷)하여 함평(咸平)의 선산으로 돌아가게 되었다.[80] 그 하루 전날인 갑자일에 족인 가림(嘉林 임천(林川)) 조형기(趙亨期)[81]는 삼가 주과(酒果)와 포해(脯醢)로 영연(靈筵) 앞에 나아와 제사를 올리며 글을 지어 흠향하기를 권하노라.

아아, 내가 일찍이 성현의 시대로부터 오랜 세월이 흐른 지금 쇠미해진 말세의 풍속에서 선비를 찾고자 한 적이 있었는데, 대개 보면 자질이 있다고 해서 반드시 그 학문이 뛰어난 것도 아니었으며 문장이 훌륭하다고 해서 반드시 그 행실까지 훌륭한 것은 아니었다. 하물며 바다 밖 한쪽에 치우친 우리나라에서 학문은 무너지고 시대가 망가진 뒤에 모든 것을 갖춘 사람을 바란다는 것은 아아 또한 어려운 일이다.

그 누가 능히 총명하고 뛰어나며 너그럽고 화평한 것이 말과 얼굴빛

80 고(故)……되었다 : 이때 창계의 아우 임정(林淨)이 마침 화순 현감(和順縣監)에 제수되어, 운구(運柩)하여 돌아가 함평 선영 곁에 임시로 장사를 지냈다.《滄溪集 附錄補 滄溪先生年譜草》

81 조형기(趙亨期) : 1641～1699. 본관은 임천(林川), 자는 장경(長卿), 호는 신재(新齋)이다. 1662년(현종3) 사마시(司馬試)에 합격, 도사(都事)를 지냈으며, 1680년(숙종6) 별시 문과에 장원으로 급제, 충청도와 경기도의 관찰사를 역임하였다. 조성기(趙聖期)의 동생으로 조시형(趙時馨)의 아들인데, 창계의 외조부가 조석형(趙錫馨)이고 조석형과 조시형은 사촌 간이므로 조성기, 조형기는 창계에게 외종숙이 된다.

에 드러나며 행동거지에 나타나서 그 온화한 모습과 순수한 덕이 우리 덕함(德涵)처럼 천부적으로 탁월할 수 있겠는가. 그 누가 능히 일찍부터 지업(志業)에 힘쓰며 학문의 원류(源流)를 섭렵하여 온갖 책들을 널리 읽으며 사우(師友)들에게 널리 질정해서 엄밀하게 탐구 토의하고 굳세게 지키는 것이 우리 덕함처럼 인간으로서의 노력이 또한 지극할 수 있겠는가.

육경(六經)에 뿌리를 두고 제가(諸家)의 학문을 취하여 넉넉하고 풍부하며 정아(精雅)하고도 체제에 맞으며, 의론(議論)이 순수하고 사법(辭法)이 갖추어진 데다가 길고 짧은 편지에서 더욱 그 공교함을 발휘하였으니, 덕함은 문장에 있어서 한 시대를 뛰어넘었다고 이를 만하다. 가정을 이끄는 일과 교유하는 사이에 효우(孝友)를 돈독하게 하고 공경과 삼감을 두루 근실히 행하여, 한 마디 말과 한 가지 행동도 반드시 법도를 따랐고 때에 맞게 나아가고 때에 맞게 물러남에 더욱 구차스럽지 않았으니, 덕함은 행실에 있어서 비판받을 흠이 없었다고 이를 만하다.

옛날에 우리 집의 중형(仲兄 조성기(趙聖期))이 뜻이 웅대하고 학문이 깊어서 공력(功力)이 높은 경지에 이르렀는데, 이 세상에서 도를 함께 할 사람으로 기대한 것은 오직 우리 덕함 한 사람뿐이었다. 30년 동안을 사우의 의리로 서로 경계하고 서로 권면하며 만나서 토론하고 편지로 강론한 것이 어느 것 하나 사문(斯文)의 책임과 세도(世道)의 중함, 궁리(窮理)하고 격치(格致)하는 방법과 진성(眞誠)의 대체가 아님이 없었으며, 국가의 안위와 존망의 대체, 우리 유자의 출처와 행장의 시의(時誼)[82]에 대해서는 매우 은근하고 간절하면서도 부지런하고 간곡하게 권면하였으니 비록 나같이 못난 사람도 또한 일찍이 그 자리에 끼어서 말씀을 듣고 몰래 가슴속에 새겨 둘 수 있었다.

아아, 슬프다. 사람과 거문고가 모두 사라진 지 어느새 10년이 되었거늘[83] 덕함이 이제 또 나를 버리고 떠나니, 갈팡질팡 허둥대는 이 세상에서 다시 누구와 함께 돌아간단 말인가. 아아, 세상일은 갑자기 변하고 친교(親交)는 옮겨 가는데 멀리 떨어져 지낸 세월이 무릇 몇 년이었던가. 다행히 공이 갑자기 생각을 바꾸어 분사(分司)의 임명에 응하였으니,[84] 도성 서쪽 거리 북쪽에서 몇 차례나 손잡고 이야기를 나누었는데 과로로 병들고 상하여 죽게 되고서야 서로 마주하고 눈물을 쏟으니, 예전에 마음속으로 느꼈던 것들이 다시 떠오르는구나.

82 출처와 행장의 시의(時誼) : 조성기는 창계에게 편지를 보내어 벼슬에 나아갈 것을 간곡하게 권유하였는데 "또한 말세에 편안히 물러나 초야에서 은거한다고 말하는 사람들은 대부분 명예와 비난의 경계에 대해 투철하게 알지 못하고 이익이나 명예의 뿌리를 잘라 내지 못하며 나라를 걱정하고 백성을 사랑하는 성심이 전일하지 못함을 면치 못합니다.〔且末路之號爲恬退養高林園者, 多不免毁譽之關未透, 利名之根未斷, 憂愛之誠未專.〕"라고 하는가 하면, 심지어 창계가 벼슬하지 않는 것을 양주(楊朱)의 위아(爲我), 노자(老子)의 무위(無爲)에 비유하기까지 하였다.《拙修齋集 卷6 答林德涵書, 卷7 與林德涵書》

83 사람과……되었거늘 : 사람과 거문고가 모두 사라졌다는 것은 조형기의 형 조성기의 죽음을 가리키는 것으로 보인다. 진(晉)나라 왕휘지(王徽之)가 그의 형 왕헌지(王獻之)가 죽었을 때 빈소로 달려가 곡하지 않은 채 곧장 영상(靈牀) 앞으로 가서 왕헌지의 거문고를 끌어당겨 연주하였으나 아무리 오래 타도 조화로운 소리가 나지 않자 "아, 자경이여, 사람과 거문고가 모두 사라졌구나.〔嗚呼! 子敬. 人琴俱亡.〕"라고 탄식하였다는 고사가 있다.《晉書 卷80 王徽之列傳》 조성기는 1689년(숙종15) 창계는 1696년에 죽었으므로 실제로는 7년이지만 여기서는 10년이라고 한 듯하다.

84 분사(分司)의 임명에 응하였으니 : 창계가 개성 유수에 부임한 것을 가리킨다. 이에 대한 자세한 내용은 15쪽 주14 참조.

무릇 세상살이의 평탄함과 위태로움, 논의의 같고 다름, 사귐에 있어서의 진실함과 거짓됨, 학술에 있어서의 차이와 어그러짐, 기울어지고 막히는 운세, 천지가 돌아가는 기미 등에 대해서 논할 때 세상의 이른바 현인군자나 깊고 친밀한 붕우가 깜짝 놀라서 눈을 휘둥그레 뜨면서 미치광이를 야단치고 어리석은 벗을 깨우치는 것처럼 하여도 이를 또한 마음을 비우고 받아들이는 가운데 숨기고자 하는 것이 있지 않았다. 비록 묵묵한 가운데 깊이 깨달았는지는 잘 모르겠으나 또한 오만한 기색으로 물리치지는 않았으니, 이는 모두가 대체(大體)와 대강(大綱)에 대한 견해가 지극하고 실천이 쌓인 바탕 위에서 깊이 헤아리고 곡진하게 허여한 것이 있어서 그런 것이었다.

무릇 공은 재주와 학문, 우뚝한 명망으로 동시대 사우(士友)들이 추앙하고 심복하였고, 성주(聖主)께서 포상하고 칭찬하였으며, 공경(公卿)들이 추천하고 기렸으니, 화려한 관직과 청요(淸要)의 직책을 두루두루 역임한 뒤 재상이 되어 정치를 논하는 자리에도 장차 곧 오르리라 기대하였다. 하물며 지금은 기와가 깨지고 흙담이 무너지듯 나라 형세의 위망(危亡)이 눈앞에 닥쳤으니, 돛대가 기울고 노가 부러진 배를 타고 강물 한가운데 떠 있으면서 누구에게 의지하여 배를 지킬 것인가. 중외(中外)의 식자들 중에는 안석(安石)[85]이 한번 일어나 나오기를 기대하지 않는 사람이 없었으며, 더구나 나와 평소 이야기를 나누

85 안석(安石) : 진(晉)나라 사안(謝安)의 자이다. 사안이 회계(會稽) 동산(東山)에서 20여 년 동안 은거하면서 조정의 부름에 계속 응하지 않자 "안석이 나오려 하지 않으니 장차 창생을 어찌할꼬.〔安石不肯出, 將如蒼生何?〕"라는 말을 듣기도 하였는데, 마침내 나이 40에 몸을 일으켜 벼슬길에 나아가 삼공(三公)의 지위에까지 이르렀던 고사가 있다. 《晉書 卷79 謝安列傳》

고 의논할 때에도 간혹 호솔이청(虎帥以聽)의 은미한 뜻[86]이 없지 않았음에랴.

내가 공을 서울에 잡아 두고서 끊임없이 의원에게 나아가고 약물을 찾도록 한 것이 어찌 다만 한때의 병과 한 사람에 대한 걱정 때문이었겠는가. 진실로 대국(大國)을 위한 계책과 세도(世道)에 대한 근심 때문이었으니 혹시라도 신명(神明)께서 묵묵히 도와주시는 바가 있지 않을까 기대하였으나 이제는 모두 끝났도다. 내가 말을 잘한다 할지라도 장차 어느 곳에 가서 손뼉 치고 담소할 것이며, 어리석은 내가 만에 하나 터득하는 것이 있더라도 장차 어느 곳에 가서 그 계책을 바칠 것인가.

아아, 하늘이 이미 공에게 재주를 내려 주고 그 위에 다시 화려한 명성을 더하였으며 끝내는 높은 직위로 현달하게 하였으니 마치 그 사이에 어떤 기대하는 뜻이 있는 듯하였으나, 마지막에는 몹쓸 병에 걸려 그 몸이 일찍 죽게 하였으며, 또한 그 뜻에 어긋나게 하여 객지에서 방황하다가 하루아침에 숨을 거두게 하였다. 살아서 갔다가 죽어서 돌아왔으니 영영 떠나가는 혼백이여, 또한 아득한 어둠 속에서 한을 품은 것이 없지는 않으리라. 천리 먼 길을 영구가 돌아갈 때 천애의 고아와 과부가 함께하니 길가의 사람들 또한 그 때문에 눈물을 쏟으리

86 호솔이청(虎帥以聽)의 은미한 뜻 : 정(鄭)나라 자피(子皮)가 자산(子産)에게 국정을 넘겨주려 하자 자산이 사양하였는데 자피가 "내가 공족들을 거느리고서 그대의 명을 따른다면 누가 감히 그대를 침범하겠습니까.〔虎帥以聽, 誰敢犯子?〕" 하였다. 호(虎)는 자피의 이름이다.《春秋左氏傳 襄公 30年》 여기서는 창계가, 누군가가 권력자들의 전횡을 막아 줄 수 있다면 자신이 나서 한번 국정을 운영해 볼 수도 있다는 속마음을 조형기에게 토로한 적이 있었음을 말하고 있다.

라. 하물며 내가 올리는 한 잔의 술과 조촐한 안주, 몇 줄의 제문은 단지 평생의 두터운 정의(情誼)와 한때 사생(死生)의 영결에서 그칠 뿐만이 아님에 있어서랴. 아아, 슬프다. 말은 다함이 있으나 뜻은 끝이 없으니 영령께서 계신다면 나의 이 정성을 흠향하시기 바라노라.

만시
挽詩

사람들을 많이 겪어 보고 나니	人物已多閱
그대가 어질었음을 잘 알겠도다	深知夫子賢
장차 큰 집 지탱할 인재로 기대했는데	將期扶大廈
누가 알았으랴 황천에 떨어질 줄을	誰謂落重泉
경술은 당대의 사람들이 아까워하고	經術當時惜
문장은 후세에까지 전해지리라	文章後世傳
그대는 훌쩍 이렇게 떠나가는데	堂堂去如許
이내 몸 병만 점점 깊어 가는 것 부끄럽구나	愧我向[87]沈綿

위는 우의정 신익상(申翼相)[88]이 지었다.

87 向 : 《성재유고(醒齋遺稿)》 책2 〈임유수영만(林留守【泳】挽)〉에는 '尙'으로 되어 있다.

88 신익상(申翼相) : 1634~1697. 본관은 고령(高靈), 자는 숙필(叔弼), 호는 성재(醒齋)이다. 1662년(현종3) 정시 문과에 급제하여 오랫동안 사관(史官)으로 있었고 1672년 홍문록(弘文錄)에 올랐다. 문집으로 《성재유고》가 전하며, 시호는 정간(貞簡)이다.

만시

挽詩

용방에 이름 올리던 날에 龍榜登名日
노조린의 앞자리 차지한 것 송구스러웠는데[89] 盧前媿我叨
화려한 명성 어찌 그리 현달하였는지 華聲何特達
청운의 길 높이 날아오르기 좋았어라 雲路好翱翶
어지럽고 혼탁한 세상에서 일찍 몸을 빼내어 紛濁抽身早
한가로이 거처하며 높은 덕 길렀으니 寬閑養德高
망아지 잡아매라는 조정 의론 간절하였고[90] 縶駒朝議切
자리를 당겨 앉은 성상의 마음 애쓰셨도다[91] 前席聖心勞

89 용방(龍榜)에……송구스러웠는데 : '노조린(盧照鄰)의 앞자리'라는 말은 당(唐)나라 때 왕발(王勃), 양형(楊炯), 노조린, 낙빈왕(駱賓王)이 모두 시명(詩名)이 높아 사걸(四傑)로 일컬어졌는데, 양형이 노조린을 가장 높이 여겨 "나는 노조린의 앞에 있기는 송구스럽고, 왕발의 뒤에 있기는 수치스럽다.〔吾媿在盧前, 恥居王後.〕"라고 했던 데서 온 것이다.《新唐書 卷201 文藝列傳上 王勃》 연보에 따르면 창계는 1671년(현종12) 겨울 정시(庭試)에 응시하여 제2등을 차지하였다고 하는데 이때의 장원이 박태상이다.《滄溪集 附錄補 滄溪先生年譜草》

90 망아지……간절하였고 :《시경》〈소아(小雅) 백구(白駒)〉에 "깨끗한 흰 망아지가 채소밭 망친다는 구실을 붙여, 붙잡아 매어 두고 오늘 못 떠나게 하고는, 그분이 우리 집에서 소요하게 하리라.〔皎皎白駒, 食我場苗. 縶之維之, 以永今朝. 所謂伊人, 於焉逍遙.〕" 하였는데, 이는 현자가 못 떠나도록 만류하는 뜻이다.

91 자리를……애쓰셨도다 : 임금이 신하의 이야기를 더 잘 들으려고 앞으로 나와 바짝 다가앉는 것을 말한다. 1680년(숙종6) 숙종이 창계를 사간원 정언, 홍문관 수찬 등으로 부르고, 입직한 다음 날 곧바로 소대(召對)의 명이 내렸는데, 창계가《자치통감강목(資

뛰어난 지모 펼치기를 오래도록 기다렸는데 側佇英猷展
여차에서 죽었다는 소식에 깜짝 놀랐어라 驚聞旅次皐
산하에는 삽상한 기운 다 사라지고 山河收爽氣
조정에서는 당대의 준걸을 잃었구나 廊廟失時髦
금리[92]에는 봄빛 돌아오는데 錦里廻春色
단산에 봉황 터럭 감추었으니[93] 丹山閟鳳毛
도서 몇 권이야 절로 남아 있을 줄 알지만 圖書知自在
계서[94]는 묻노니 누가 준비할 것인가 鷄絮問誰操
억겁의 세월 매미 허물처럼 가벼이 벗어 버리고 塵劫輕蟬蛻
뜬구름 같은 인생 넘실거리는 물 따라 떠나는구나 浮生逝水滔
응당 무덤 남쪽에 묘표(墓表) 세우리니 唯應朱雀表
천년 뒤에까지 그 시문을 음미할 것이로다 千載挹風騷

위는 반남(潘南) 박태상(朴泰尙)[95]이 지었다.

治通鑑綱目)》을 진강하고 학문의 도와 치란(治亂)의 기틀에 대해 진달하자 숙종이 매우 감탄하였다. 이날부터 경연(經筵)에서 숙종을 모시면서 진강하고 시정(時政)의 득실을 많이 진술하였다. 《滄溪集 附錄補 滄溪先生年譜草》

92 금리(錦里) : 금성(錦城)으로, 여기서는 창계의 고향인 나주를 가리킨다.

93 단산(丹山)에……감추었으니 : 단산은 전설 속의 산으로 단혈산(丹穴山)이라고도 한다. 이 산에 새가 있는데 모습은 닭과 비슷하나 오색의 무늬가 있으며 이름을 봉황(鳳凰)이라 한다. 《山海經 南山經》 여기서는 창계의 죽음을 표현하였다.

94 계서(鷄絮) : '적계서주(炙鷄絮酒)' 혹은 '척계서주(隻鷄絮酒)'의 준말로, 변변찮은 제사 음식을 말한다.

95 박태상(朴泰尙) : 1636~1696. 본관은 반남(潘南), 자는 사행(士行), 호는 만휴당(萬休堂)·존성재(存誠齋)이다. 1671년 정시 문과에 장원하여 사헌부 지평, 홍문관 교리 등을 거쳤으며 이조 판서를 지냈다. 시호는 문효(文孝)이다.

만시[96]

挽詩

아아, 나의 벗[97]이여	嗟嗟吾友
어찌하여 이리도 복이 없는지	胡不祿兮
그 뜻은 얼마나 유장했는데	志則何長
운명은 어찌 그리 촉급하였나	命何促兮
사람들 백 번이라도 자기가 죽어서	人雖百身
모두 그대를 대신하기 원하였지만	皆願贖兮
하늘은 어찌 이토록 잔인한지	天胡忍斯
끝내 복을 주지 않으셨구나	終莫福兮
그대의 타고난 바탕은	君之天姿
고상하고 탁월하였으며	高而卓兮
순금처럼 정제되고 옥처럼 아름다웠으니	精金美玉
갈고 다듬을 필요조차 없었도다	謝追琢兮
구포[98]의 아름다운 봉황 깃털이며	鳳羽九苞

96 만시 : 이 만시는 《경암집(絅菴集)》 권8에 〈임덕함애사(林德涵哀辭)〉라는 제목으로 수록되어 있는데 《창계집》과 글자에 약간의 출입이 있다.

97 나의 벗 : 신완(申琓)은 창계보다 세 살 많은데 신완의 부인은 창계에게 외종숙이 되는 조원기(趙遠期)의 딸이다. 창계와 같은 시기에 문과에 급제하였고 관직 생활도 겹친다. 《창계집》 권11에는 창계가 신완에게 쓴 편지 15편이 수록되어 있는데 서로의 근황이나 안부를 묻는 것에서부터 조정의 일을 의논하는 것까지 폭넓은 내용이 들어 있어 둘 사이의 밀접한 관계를 짐작하게 해 준다.

뿔 하나 우뚝한 상서로운 기린이라　麟一角兮
푸른 하늘에 빛나는 태양처럼　青天白日
사람들이 기뻐하며 우러러보고　人快覿兮
기이하고 상서로운 조짐을　奇祥異瑞
세상 사람 모두들 알고 있었지　世俱識兮
그대의 문장이여　君之文章
그 힘을 크게 휘둘렀어라　大肆力兮
아침부터 저녁까지 부지런히 힘써　夙夜孜孜
모든 전적을 다 살펴보았도다　窮典籍兮
위로는 요순을 끌어당기고[99]　上挹勛華
헌욱의 뒤를 좇았으며[100]　追軒頊兮
아래로는 백대를 다 궁구하여　下窮百代
후대에까지 미쳤도다　逮季叔兮
모든 것을 두루 다 망라하여　包括旁羅
찾아내지 않은 것이 없었으니　靡不索兮
안팎으로 꿰뚫고 두루 통달하여　出入貫穿
그 지극함에 도달하였도다　會其極兮
뭇 산들이 높이를 다툴 적에　衆岳爭高

98 구포(九苞) : 봉황의 깃에 나타나는 아홉 종류의 상서로운 빛깔을 가리킨다. 혹은 봉황의 아홉 가지 훌륭한 특징을 가리키기도 한다.

99 위로는 요순(堯舜)을 끌어당기고 : 창계가 《서경》의 문장을 익혔다는 뜻이다.

100 헌욱(軒頊)의 뒤를 좇았으며 : 헌욱은 고대의 제왕인 황제(黃帝) 헌원씨(軒轅氏)와 그 손자인 고양씨(高陽氏) 전욱(顓頊)의 병칭이다. 창계가 상고 시대의 고풍(古風)을 익혔다는 뜻이다.

오악을 조종으로 삼고　宗五嶽兮

온갖 냇물이 다투어 흐를 적에　百川交流

모두 사독[101]으로 달려가듯이　趨四瀆兮

만길 저 높은 광채로　萬丈之光

성대한 기상을 드날렸어라　揚穆穆兮

그대의 학문이여　君之爲學

염락의 근원을 찾아 들어가[102]　溯濂洛兮

인을 실천하고 의를 표방하며　履仁佩義

곧고 바른 법도를 따라갔도다　遵繩墨兮

돌아가 의지할 곳을 얻었기에　得所依歸

우러러 준칙으로 삼았도다　仰準則兮

성정의 근원이며　性情之源

이기의 깊은 뜻에 대해　理氣奧兮

정밀히 생각하고 끝까지 추구하여　精思極詣

심오한 도리를 다 밝혀냈도다　儘窮賾兮

빗장을 뽑고 자물쇠를 열어　抽關啓鍵

101 사독(四瀆) : 중국의 대표적인 하천인 양자강, 황하, 회수(淮水), 제수(濟水)를 이른다.

102 염락(濂洛)의……들어가 : 염락은 주염계(周濂溪), 정호(程顥)와 정이(程頤), 장재(張載), 주희(朱熹)를 뜻하는 염락관민(濂洛關閩)의 약어이다. 창계는 1666년(현종7) 여름 《주자대전(朱子大全)》을 보다가 감분(感奮)하여 마침내 평생 이 학문에 종사하겠다고 결심하였으며, 평생토록 사서삼경을 비롯하여 《주자어류(朱子語類)》, 《이정전서(二程全書)》, 《성리대전(性理大全)》, 《근사록》, 《소학》 등을 반복하여 읽었으며 〈경재잠(敬齋箴)〉, 〈사물잠(四勿箴)〉을 묵송(默誦)하곤 하였다. 《滄溪集 附錄補 滄溪先生年譜草》

강론하는 것이 원숙하였고	講之熟兮
참다운 지식을 실천하여	眞知實踐
우리 학문을 징험하였도다	驗吾學兮
품은 뜻이 이미 컸거늘	抱負既大
어찌 상자 속에 감추어 두었으랴[103]	寧韞櫝兮
처음 여러 선비들 속에서 장원할 때에	初魁多士
겨우 약관의 나이였으며	冠纔弱兮
마침내 을과에서 드러났지만[104]	遂闡乙科
그 나아감이 빠른 것도 아니었네	進非速兮
대성에서 우뚝한 관 썼을 때에는	峨冠臺省
충성스러운 진언을 즐겨 했었고[105]	樂忠告兮[106]
경연에서 경서를 강할 적에는	横經法筵

103 상자……두었으랴 : 공자의 제자 자공이 공자에게 "여기에 아름다운 옥이 있다고 할 때, 이것을 상자 속에 그냥 보관해 두어야 합니까, 아니면 좋은 값을 받고 팔아야 합니까?〔有美玉於斯, 韞櫝而藏諸? 求善賈而沽諸?〕"라고 묻자, 공자가 "팔아야지, 팔아야 하고말고. 나 역시 제값을 주고 살 사람을 기다리고 있다.〔沽之哉! 沽之哉! 我待賈者也.〕"라고 대답하였다.《論語 子罕》 창계가 경륜을 펼칠 뜻이 있었음을 말한다.

104 처음……드러났지만 : 창계는 18세인 1666년 봄 사마시에 수석으로 합격하였고, 1671년 겨울 정시(庭試)에 응시하여 제2등을 차지하였다.《滄溪集 附錄補 滄溪先生年譜草》

105 대성(臺省)에서……했었고 : 창계는 1672년 가주서가 되어 잠시 승정원에 들어간 일이 있고, 1680년(숙종6) 경신대출척으로 어진 인재를 구할 때 조정에 들어가 전적(典籍)과 병조의 낭관, 사간원 정언, 홍문관 수찬에 임명되었다.《滄溪集 附錄補 滄溪先生年譜草》

106 兮 :《경암집(絅菴集)》 권8 〈임덕함애사(林德涵哀辭)〉에는 이 뒤에 '眷眷忠言, 抗累牘兮'가 더 있다.

강독을 전담하였도다	專講讀兮
임금께서 극구 칭찬하시니	天語之褒
곤복 하사의 영광을 입었으며[107]	榮袞服兮
이조에서 전형(銓衡)을 맡았을 때에는[108]	執衡天曹
공정함과 올바름을 실천하였네	秉公直兮
집안의 가풍 물처럼 맑아	門淸如水
수레바퀴 자국 거절하였고	謝轍迹兮
평소에 자연을 그리워하여	雅懷林泉
뜻이 언덕이나 골짜기에 있었으니	志丘壑兮
영예와 이익은 마다하고	遺外榮利
담박한 삶을 달게 여겼네	甘澹泊兮
세상의 운수는 끝없이 변하고	世運嬗變
인심은 뒤엎어지는 일 많아	多翻覆兮
집안 이끌고 고향으로 돌아가니	卷歸桑梓
바닷가 궁벽한 골짜기였다네[109]	于海曲兮

107 임금께서……입었으며 : 곤복(袞服)은 왕공(王公)의 복장으로, 곤복을 하사받는다는 것은 매우 특별한 은총을 가리킨다. 신완은 "연석에 임하니 만남이 어찌 늦었나 오히려 한스럽고, 세상에 없던 융숭한 은혜를 동시에 누렸다네. 경술로는 이미 두터운 칭찬이 내렸으며, 문장으로는 몇 번이나 기이한 재주 찬탄하셨나.〔臨筵猶恨見何遲, 曠代隆恩共一時. 經術已看垂奬渥, 文章幾誦歎才奇.〕"라고 창계가 받은 은총을 일컬은 바 있다.《絅菴集 卷1 次林德涵吳貫之韻》

108 이조에서……때에는 : 창계가 전형을 맡아본 기록은 찾지 못하였다. 창계는 1680년(숙종6) 조정에 들어간 뒤 1681년 호당(湖堂)에 선발되고 서학 교수(西學敎授)가 되었으며, 10월 이조 좌랑에 제수되고 춘추관 기사관을 겸한 바 있는데 이를 가리키는 것이 아닌가 한다.《滄溪集 附錄補 滄溪先生年譜草, 滄溪先生家狀草》

집을 짓고[110] 그곳에서 소요하며　築室逍遙
오로지 유유자적 즐겨 노닐었으니　聊自適兮
창랑의 물 맑아서　滄浪之水
갓끈을 씻을 만하였네[111]　纓可濯兮
유신이 있던 초기에　維新之初
으뜸가는 은총으로 발탁되어　首寵擢兮
옥서와 상대로 불러　玉署霜臺
번갈아 수장을 맡겼으나[112]　迭長席兮
높이 누워 일어나지 않았으니　高臥不起
즐기는 바가 아니었도다　非所樂兮
잠시 개성 유수로 나아갔으나　暫就留都
병이 다시 발작했으니[113]　病復作兮

109 집안……골짜기였다네 : 창계는 1688년 가족을 이끌고 고향인 나주 회진(會津)으로 돌아갔다. 《滄溪集 附錄補 滄溪先生年譜草》

110 집을 짓고 : 창계는 1692년 회진의 창랑(滄浪)에 창계초당(滄溪草堂)을 짓고, 좌우에 책을 쌓아 두고 그 사이에서 사색하고 글을 읽으며 세월을 보냈다. 창랑은 창계의 족조인 처사 창랑정공(滄浪亭公) 임탁(林恮)의 유지(遺址)이다. 《滄溪集 附錄補 滄溪先生年譜草, 滄溪先生家狀草》

111 창랑(滄浪)의……만하였네 : 초(楚)나라 굴원(屈原)의 〈어부사(漁父辭)〉에 "창랑의 물이 맑으면 나의 갓끈을 씻고, 창랑의 물이 흐리면 나의 발을 씻으리라.〔滄浪之水淸兮, 可以濯我纓. 滄浪之水濁兮, 可以濯我足.〕" 하였다. 창랑은 창계가 거처했던 실제 지명이기도 하다. 《滄溪集 附錄補 滄溪先生家狀草》

112 유신(維新)이……맡겼으나 : 1694년의 갑술환국(甲戌換局) 때 숙종은 남구만(南九萬)을 영의정, 박세채(朴世采)를 좌의정, 윤지완(尹趾完)을 우의정에 각각 기용, 소론 정권을 구성하였으며, 창계를 공조 참판, 행 대사간, 행 대사성, 대사헌 등에 제수하였으나 창계는 모두 나아가지 않았다. 《滄溪集 附錄補 滄溪先生年譜草》

이 사람에게 이런 일 닥침이여	斯人有斯
하늘의 이치는 헤아리기 어려워라	理難測兮
고향 마을 못내 그리워하여	瞻懷故山
고향 길 다시 밟고자 하였으나	路將復兮
쓸쓸히 여사(旅舍)에 머물며	凄涼旅邸
병만 더욱 깊어지더니	病彌篤兮
어찌하여 하룻밤 사이에	云胡一夜
갑자기 세상 떠났단 말인가	遽不淑兮
구름과 산 까마득한 곳	雲山渺渺
고향 동산 멀기도 하여라	鄕園邈兮
갈 길은 아득히 먼데	道路悠悠
처자식은 떨어져 있으니	妻兒隔兮
비록 길 가는 사람일지라도	雖是路人
오히려 측은하게 여길 것인데	尙云惻兮
알고 지내던 이들 모두가	凡在親知
어찌 애통해하지 않으랴	寧不羞兮
이 사람을 위해 슬퍼하지 않는다면	非夫人慟
누구를 위하여 통곡할 것인가	爲誰哭兮
사람이 나고 죽는 것은	人之生死
꿈꾸고 꿈 깨는 일과 같으니	如夢覺兮
죽음은 곧 돌아가는 것이요	死也是歸
삶이란 본디 나그네인 것을	生固客兮

113 잠시……발작했으니 : 15쪽 주14 참조.

어찌 이 세상을 싫어하여　豈厭斯世
혼탁함에서 벗어난 것이 아니랴　超溷濁兮
세상에서의 재앙과 복은　世間禍福[114]
선행과 악행의 결과라지만　善與惡兮
하늘의 이치 간혹 어그러져　理或舛錯
잘못되지 않는 일 드물어라　鮮不忒兮
천도는 아득하여 알 수 없으니　天道瞢昧
누구를 붙잡고 따져 물을 것인가　孰究鞫兮
저 용렬하고 노둔한 자들은　彼闒茸者
앞다투어 이름을 빛내려 하니　競烜爀兮
휘황찬란한 금주[115]의 위세가　金朱焜燿
하인들에게까지 미치고　被輿僕兮
편안히 부귀를 누리면서　安享富貴
즐겁게 유유자적하는데　樂自足兮
아아, 그대의 운명이여　嗟子之命
받은 것이 어찌 그리 박하였던가　賦胡薄兮
나이 오십도 아직 되지 않아　壽未中身
갑자기 무덤으로 돌아갔으니　遽就穸兮
지위는 덕에 미치지 못하였고　位不滿德

114 禍福 : 《경암집(絅菴集)》 권8 〈임덕함애사(林德涵哀辭)〉에는 '殃慶'으로 되어 있다.

115 금주(金朱) : 벼슬아치가 차는 금으로 된 인장(印章)과 그것을 묶는 붉은 끈으로, 높은 벼슬을 뜻한다.

보답도 누리지 못하였구나　報莫食兮
치군택민의 일은　致澤君民
누가 맡을 수 있을 것이며　孰能職兮
사문을 흥기시키는 일은　興起斯文
누가 책임을 질 것인가　誰任責兮
현인이 사라졌으니　人之云亡
문운에 재앙이 닥쳤도다　文運厄兮
생각건대 나는 그대와 사귐에　惟余托交
의리로써 의탁한 바이었으니　義攸屬兮
정은 벗이나 다름이 없었고　情同于友
뜻은 금석처럼 굳세었는데　志金石兮
교칠처럼 두터운 우정을　膠漆之好
그대 죽어 이어 갈 수 없게 되었네　逝莫續兮
음성과 모습 비록 멀어졌으나　音容雖邈
눈앞에 있는 듯 또렷하여라　宛在目兮
갈팡질팡 길을 잃고 허둥대며　倀倀迷塗
부질없이 이리저리 방황하는구나　徒彳亍兮
뒤에 남은 사람의 슬픔은　後死之悲
어느 곳에 의지한단 말인가　何所托兮
장례에는 가 보지도 못하니　志違臨穴[116]
포복하는 의리[117]에 부끄러워라　慙匍匐兮

116 臨穴 : 《경암집》 권8 〈임덕함애사〉에는 '執紼'로 되어 있다.

117 포복(匍匐)하는 의리 : 남의 상사(喪事)에 힘을 다하여 달려가 도와주는 의리를

슬프게 남쪽 하늘 바라보며 悵望南雲

흙 한 줌 움켜쥐고 土一掬兮

길게 통곡하며 제문을 지으니 緘辭長慟

눈물이 가슴을 적시는구나 淚霑臆兮

위는 의정부 좌참찬 평천군(平川君) 신완(申琓)[118]이 지었다.

말한다. 《시경》 〈패풍(邶風) 곡풍(谷風)〉에 "모든 사람이 상사가 있을 적에는 포복하여 달려가 구원하였노라.〔凡民有喪, 匍匐救之.〕"라고 한 내용이 보인다.

118 신완(申琓) : 1646~1707. 본관은 평산(平山), 자는 공헌(公獻), 호는 경암(絅菴)이다. 박세채(朴世采)의 문인으로 1672년(현종13) 별시 문과에 급제한 뒤 정언(正言)이 되었다. 우의정 때 희빈(禧嬪) 장씨(張氏)의 처벌 완화를 주청하였다. 평천군(平川君)에 봉해졌으며 시호는 문장(文莊)이다. 저서로 《경암집(絅菴集)》이 있다.

만시[119]

挽詩

태평 시대에 문장으로 일찌감치 벼슬길 올라	昭代文章早致身
경연 자리에서 기쁨 함께한 뛰어난 유자였지	共欣經幄有儒珍
고향으로 돌아가서는 단표의 즐거움 만족하고	歸田自足簞瓢樂
옛 성현 희구하며 오직 서책만 가까이하였네	希古唯將簡冊親
한 번 분사에 나아가니[120] 뭇사람 기대 모였으나	一起分司傾衆望
쇠잔한 몸에 묵은 병이라 애석하구나 이 사람이여	將衰沈疾惜斯人
응당 저세상에 가서도 감격함이 있을 것이니	只應感結泉臺下
생전과 사후의 애영[121] 임금 윤음에 간절하구나	存沒哀榮切聖綸

근래에는 삼상처럼 아득히 떨어져 있어	年來落落杳參商
한좌와 호남[122]이라 길은 멀기도 하였구나	漢左湖南道路長

119 만시(挽詩) : 이 만시는《수곡집(睡谷集)》 권1에 〈임유수덕함영만(林留守德涵【泳】挽)〉이라는 제목으로 실려 있다.

120 한……나아가니 : 창계가 개성 유수에 부임한 것을 말한다. 이에 대해서는 15쪽 주14 참조.

121 생전과 사후의 애영(哀榮) : 창계가 생전과 사후에 임금으로부터 영광스러운 은총을 입었다는 뜻이다. 생전의 은총은 경신대출척 때 창계를 사간원 정언, 홍문관 수찬 등에 임명하고 경연에서 진강할 때 매우 칭찬한 일 등이다.《滄溪集 附錄補 滄溪先生年譜草》 사후의 은총에 관한 일은 17쪽 주20 참조.

122 한좌(漢左)와 호남(湖南) : 호남은 창계가 살던 고향 나주(羅州)를 가리키고, 한좌는 이여(李畬)가 주로 거주하였던 여주(驪州)를 지칭하는 것으로 보인다. 이여의

그리워하는 마음은 그저 꿈길만 수고로웠을 뿐 只有襟懷勞夢想
근심과 즐거움, 나아감과 물러남을 함께하자 했는데 相期憂樂共行藏
뭇 인재들 함께 나아감에 아아 이 사람의 질병이여 群材彙進嗟斯疾
한번 만남도 끝내 어긋나니 나의 상심 배나 더하네 一會終乖倍我傷
고향으로 돌아가는 만장 깃발 점점 멀어지는데 歸旐故山瞻已遠
부질없이 두 줄기 눈물 흘리며 슬픈 만시 부치네 謾霑雙淚寄哀章

위는 공조 참판 이여(李畬)[123]가 지었다.

조카 이기진(李箕鎭)이 쓴 이여의 묘표 및 가장에 따르면 이여는 관직에 나아가지 않을 때에는 여강(驪江)에서 주로 생활하였다.《牧谷集 卷8 仲父睡谷先生墓表, 卷10 仲父……世子師府君家狀》

123 이여(李畬) : 1645~1718. 본관은 덕수(德水), 자는 자삼(子三)·치보(治甫), 호는 포음(浦陰)·수곡(睡谷)이다. 택당(澤堂) 이식(李植)의 손자이며 1680년(숙종6) 정시 문과에 급제, 검열이 되었다. 1682년에는 창계 등과 함께 독서당(讀書堂)에 들어갔고, 청요직을 두루 역임하였으며 영의정에 올랐다. 시호는 문경(文敬)이며, 문집으로 《수곡집(睡谷集)》이 전한다.

만시[124]

挽詩

규성 한 별이 정채로운 인물 배출해 내니　　奎星一點毓精英
약관의 나이에 벼슬길 올라 명성 이미 높았어라　　弱歲騰騫已大名
문단에서 평가하길 오늘날의 영숙[125]이라 불렀고　　文苑品題今永叔
경연에서 아뢴 것은 후세의 원명[126]이라 하였네　　法筵陳奏後原明
이상한 병 빌미가 되었는지 수명은 어찌 짧았나　　奇痾作祟年胡促
성상께서 돌보신 마지막 예우[127] 또한 영광이었네　　聖眷崇終事亦榮
남쪽 고을 선산으로 외로운 관 돌아가는데　　越國故山孤櫬返
봄바람에 눈물 훔치며 붉은 명정(銘旌) 보내네　　春風揮淚送丹旌

위는 이조 참판 오도일(吳道一)이 지었다.

124 만시 : 이 만시는《서파집(西坡集)》권6에 〈창계임덕함만(滄溪林德涵輓)〉으로 수록되어 있다.

125 영숙(永叔) : 송나라의 문학가 구양수(歐陽脩, 1007~1072)의 자이다. 호는 취옹(醉翁)·육일거사(六一居士)이다. 한유(韓愈)에게 깊이 영향을 받았으며 군서(群書)에 널리 통하고 시문(詩文)으로 유명하여 당송팔대가(唐宋八大家)의 한 사람으로 꼽힌다.

126 원명(原明) : 송나라의 학자 여희철(呂希哲, 1039~1116)의 자이다. 여공저(呂公著)의 아들로 숭정전 설서(崇政殿說書)를 지냈다. 여희철은 2년간 설서를 지내면서 매일 저녁 임금에게 수신(修身)을 근본으로 삼도록 권면하고 간언하였다고 한다.《宋名臣言行錄後集 卷8》창계가 사간원 정언, 홍문관 수찬 등에 임명된 바 있고 경연에서 진강할 때 임금에게 매우 칭찬을 받았기에 창계를 여희철에 비유한 듯하다.

127 마지막 예우 : 17쪽 주20 참조.

만시

挽詩

소년 시절 재주와 학문 동류들을 압도하니　　少年才學壓群倫
청귀(淸貴)한 길 당당히 나아감에 기대 또한 새로웠네
　　步武淸塗望更新
여관에서 병이 들어 끝내 일어나지 못하였으니　　旅館沈痾終不起
금남의 매화 버들은 누굴 위해 새로 필까　　錦南梅柳爲誰春

세상에서 세 번 곡함[128]을 고인도 슬퍼하였는데　　世間三哭古人悲
쇠하고 병든 여생이라 모든 일이 글렀구나　　衰病餘生萬事非
상자 속엔 부질없이 농수 구절[129]만 남았으니　　篋裏空留籠水句

128 세 번 곡함 : 가족이 잇달아 죽는 것을 가리킨다. 김수증(金壽增)은 1673년(현종14) 중자(仲子) 김창숙(金昌肅)의 상, 1682년(숙종8) 손자 김오일(金五一)의 상을 당하였으며, 1687년에는 부인 창녕 조씨(昌寧曺氏)의 상을 당하였고, 1689년에는 기사환국으로 동생 김수항(金壽恒)이, 1690년에는 동생 김수흥(金壽興)이 죽었는데, 이때에 이르러 또 창계가 죽었으므로 이렇게 말한 듯하다.

129 농수(籠水) 구절 : 최치원(崔致遠)의 《고운집(孤雲集)》 권1 〈제가야산독서당(題伽倻山讀書堂)〉에 "시비 따지는 소리 들릴까 두려워, 짐짓 흐르는 물로 산을 온통 감싸게 하였어라.〔常恐是非聲到耳, 故敎流水盡籠山.〕"라고 하였다. 김수증이 이 시의 의미를 빌려 강원도 춘천(春川)의 곡운(谷雲)에 농수정(籠水亭)을 짓고 은거하였다. 《宋子大全 卷143 籠水亭記》 또한 김수증의 부인 창녕 조씨가 세상을 떠났을 때 창계가 만시를 지어 첫 구절에 "농수 선생이 운곡에 옮겨 사실 때, 온 집안의 도기 또한 함께 따랐을 테지.〔籠水先生雲峽時, 全家道氣亦曾隨.〕"라고 하였다. 《滄溪集 卷2 金淸風壽增內室挽》 여기서는 창계가 지은 이 만시를 가리키는 것으로 보인다.

한 번 펼쳐 읽어 보고 한 번 옷깃 적시누나　　一回披讀一霑衣

위는 안동(安東) 김수증(金壽增)[130]이 지었다.

130 김수증(金壽增) : 1624~1701. 본관은 안동(安東), 자는 연지(延之), 호는 곡운(谷雲)이다. 김상헌(金尙憲)의 손자로 1675년(숙종1) 동생 김수항(金壽恒)이 송시열(宋時烈)과 함께 유배되자 벼슬을 그만두고 강원도 춘천의 농수정사(籠水精舍)로 들어간 이후 화악산(華嶽山) 골짜기에 은둔하면서 성리서를 탐독하였다. 저서로 《곡운집(谷雲集)》이 있으며 조카 김창흡(金昌翕)이 서문과 묘표(墓表)를 지었다.

만시[131]

挽詩

천지간에 인물들 날로 사라져 가는데 　　人物乾坤日眇然
내 벗 또한 황천길 갈 줄 어찌 알았으랴 　　豈知吾友又黃泉
문장의 뛰어난 솜씨는 다른 이를 뛰어넘었고 　　文章步趣空餘子
학문의 연원은 옛 현인[132]에 가까웠네 　　問學淵源近昔賢
한 시대에 이두로 일컬어져 부끄럽고[133] 　　一代姓名慙李杜
십 년 세월 이별하여 산천이 막혔구나[134] 　　十年離別隔山川
지난날 끝도 없이 경영하던 일들이여 　　向來無限商量事
오늘에 이르러 다시는 펼칠 수 없겠구려 　　直到如今不復宣

정관재[135] 문하에서 우리 처음 본 뒤로 　　靜觀門下初相見
청간당[136] 집에서 몇 번이나 만났던고 　　聽澗堂中幾度逢

131 만시 : 이 만시는 《농암집(農巖集)》 권4에는 〈곡임덕함영(哭林德涵【泳】)〉이라는 제목으로 5수가 실려 있는데, 《창계집》에는 4수만 수록하고 마지막 수는 제외되어 있다.

132 옛 현인(賢人) : 주돈이, 정호·정이, 장재, 주희 등 소위 염락관민(濂洛關閩)의 인물들을 가리킨다.

133 이두(李杜)로 일컬어져 부끄럽고 : 이두는 이백(李白)과 두보(杜甫)의 병칭이다. 김창협이 창계와 시로 명성을 떨쳐 이백과 두보에 견주어진 것이 부끄럽다는 뜻이다.

134 십……막혔구나 : 창계는 벼슬에서 물러나 부여(扶餘), 용담(龍潭), 진안(鎭安), 나주(羅州) 등 주로 남쪽 지방에 거주하였고, 김창협은 부친의 유배지를 따라 철원(鐵原), 영평(永平) 등지에 있거나 중앙에서 관직 생활을 하였다.

135 정관재(靜觀齋) : 창계와 김창협의 스승이자 장인인 이단상(李端相)의 호이다.

진한 술에 매번 취하니 그 맛이 넉넉했고 醇酒每醺饒氣味
커다란 종 따라 두드리니 맑은 소리 극진했네[137] 洪鍾隨叩盡春容
아득한 세상사에 오랜 세월 거치는 동안 蒼茫世事經千劫
주고받은 편지는 그저 몇 통뿐이로세 斷續音書只數封
우리의 도는 이제 영영 끊어졌으니 吾道秖今[138]長已矣
천지간에 사는 동안 다시 누구를 따를꼬 側身天地更誰從[139]

걸출한 이 예로부터 헛된 삶 적었으니 英賢自昔少虛生
그대 같은 재주와 학식 높이 울려야 하리 器業如君會大鳴
눈 아파도 느긋함은 주자와 같았는데[140] 病眼相寬似朱子
단명할 줄 뉘 알았으랴 문성보다도 짧았네[141] 短年誰道劣文成

136 청간당(聽澗堂) : 서울 백악산(白岳山) 기슭에 있던 조경망(趙景望)의 집이다. 조경망은 창계의 외조부 조석형(趙錫馨)의 아들로 창계에게는 외숙이 된다.

137 커다란……극진했네 : 종을 따라 두드린다는 것은 시를 화답한다는 뜻이다. 높은 수준의 작품을 쓰는 창계의 영향을 받아 자신도 좋은 작품으로 화답하였다는 의미이다.

138 秖今 : 《농암집》 권4 〈곡임덕함영(哭林德涵【泳】)〉에는 '百年'으로 되어 있다.

139 更誰從 : 《농암집》 권4 〈곡임덕함영〉에는 '欲何從'으로 되어 있다.

140 눈……같았는데 : 창계가 김창협에게 보낸 편지에서 자신이 눈병 때문에 책을 읽지 못하게 되어 슬프다고 하였는데, 김창협은 주희가 반숙도(潘叔度)에게 보낸 편지의 말을 인용하여 창계에게 답장을 보냈다. 30쪽 주48, 31쪽 주49 참조.

141 단명할……짧았네 : 문성(文成)은 율곡(栗谷) 이이(李珥)의 시호이다. 이이가 49세에 죽었는데 창계는 48세에 죽었으므로 한 말이다. 창계를 이이와 비교한 이유는 창계가 32세인 1680년(숙종6) 벼슬길에 나아가 경연(經筵)에서 숙종을 모시면서 글 뜻을 해석하고 성학(聖學)을 권면하며 시정(時政)의 득실을 논하였는데, 당시 사람들이 말하기를 "연석(筵席)에서 이야기한 사람은 율곡 이후로 없었다."라고 하였기 때문인 듯하다. 《滄溪集 附錄補 滄溪先生年譜草》

나라 다스리는 일 이제는 의지할 곳 없는데　經綸此日渾無賴
문장은 훗날 누구를 표준으로 삼을까　編簡他時竟孰程
벼슬길 출처에는 온통 한이 남았으니[142]　出處摠留遺恨在
뒤에 죽을 내가 어찌 눈물 아니 흘리랴　那能後死不霑纓

남쪽 지방 창랑[143] 물에 낚싯줄 드리우며　南國滄浪寄釣絲
병 때문에 밝은 임금께 돌아오기 더디었지[144]　病緣明主得歸遲
용문에서 손잡은 자식 멀리 떨어져 있고[145]　龍門執手孤兒隔
문하에서 수학하던 제자들 슬퍼하네　絳帳橫經弟子悲
변화 이치 살피던 옛집의 매화는 시들고　故宅梅殘觀易處
기수 목욕[146] 즐기던 봄 강물은 따스하리　春江水暖浴沂時

142 벼슬길……남았으니 : 창계가 자신의 역량에 걸맞은 벼슬을 하지 못하였음을 탄식하는 말이다.

143 창랑(滄浪) : 창계가 거주하던 곳의 지명으로 보아야 할 듯하다. 57쪽 주110 참조.

144 병……더디었지 : 창계는 모친상과 부친상을 마친 후 고향에 은거하고 있다가 45세이던 1693년(숙종19)에 홍역을 앓았다. 1694년 갑술환국을 계기로 임금이 공조참판, 행 대사간, 행 대사성, 대사헌 등의 벼슬을 내리면서 여러 차례 불렀으나 이때도 질병으로 나아가지 못하였다. 《滄溪集 附錄補 滄溪先生年譜草》

145 용문(龍門)에서……있고 : 원문의 '용문집수(龍門執手)'는 부자간에 사업을 계승할 것을 부탁하는 뜻으로 쓰인다. 사마천(司馬遷)이 용문에서 태어나 10여 세에 고문(古文)에 통달하고, 20여 세에는 천하를 유람하고 돌아왔는데, 태사공(太史公)이던 아버지 사마담(司馬談)이 죽을 때 아들의 손을 잡고 울면서 태사(太史)의 직을 계승할 것을 부탁하였다. 《史記 卷130 太史公自序》 1687년 창계가 39세 때 아들 임동(林董)이 태어났으므로 창계가 죽을 당시 10세였는데 고향 집에 있었기 때문에 아버지의 임종을 지키지 못하였다. 《滄溪集 附錄補 滄溪先生年譜草》

146 기수(沂水) 목욕 : 《논어》 〈선진(先進)〉에 증점(曾點)이 "늦봄에 봄옷이 만들어

하늘 끝 아득한 곳 파릇파릇 풀잎 돋는데　　天涯目極青青草
소쩍새 울음 속에 명정 깃발 전송하네　　啼送銘旌有子規

위는 안동(安東) 김창협(金昌協)이 지었다.

지면, 기수에서 목욕하고 무우(舞雩)에서 바람 쐰 뒤에 노래하며 돌아오겠다."라고 한 말이 나온다.

만시

挽詩

사부는 문단의 으뜸이었으며	詞賦文章伯
연원은 도학의 정통이었네	淵源道學宗
강남에서 육 년간을 은거하였고	江南沈六載
서울에서 겨울 석 달을 앓았지[147]	洛北病三冬
모두들 청하[148]의 봉황이라 칭송했지만	共美淸河鳳
이제 큰 못의 용은 사라지고 말았네	今亡大澤龍
고향으로 돌아가는 장례 행렬 아득한데	故山歸櫬遠
만시 쓰자니 눈물이 하염없이 쏟아지누나	臨挽涕無從

위는 안동(安東) 김성적(金盛迪)[149]이 지었다.

147 강남에서……앓았지 : 창계는 1683년(숙종9) 모친상, 1684년 부친상을 당하고 벼슬에서 물러난 이후 시골에서 은거하면서 부름에 응하지 않았다. 1688년 능주 목사(綾州牧使)에 제수되자 의리상 한 번 사은숙배하러 올라왔으나 이후에도 계속 부름에 응하지 않다가 1694년 개성 유수로 나아갔다. 이후 1695년 10월 서울로 올라와 고향으로 돌아가기를 청하였으나 허락을 받지 못하고 있다가 병이 깊어져 1696년 2월 세상을 떠났다. 《滄溪集 附錄補 滄溪先生年譜草》

148 청하(淸河) : 태평 시대를 가리키는 말이다. "황하가 천 년에 한 번 맑아지는데, 모두 성군(聖君)이 상서로 삼는다. 또한 이르기를 '황하가 맑아지면 성인이 나온다.' 하였다.〔黃河千年一淸, 皆至聖之君以爲瑞. 又曰, 黃河淸而聖人生.〕"라고 하였다. 《古今事文類聚 前集 卷16 河》

149 김성적(金盛迪) : 1643~1699. 본관은 안동, 자는 중혜(仲惠)이다. 김상용(金尙容)의 증손이며 김창협의 팔촌 형이다. 1684년 정시 문과에 급제하여 1685년 정언(正言)이 되었으며, 그해 홍문록(弘文錄)과 도당록(都堂錄)에 올랐다.

만시
挽詩

그대의 뜻과 사업은 우리 동방을 이끌었으니	吾兄志業道吾東
한 시대의 재주 있는 영재들도 안중에 없었네	一世才英眼已空
옛사람의 의리는 홀로 명성과 이익 밖에서 찾았고	古誼獨尋聲利外
깊은 교우는 오랜 세월 강마하는 속에 의탁했네[150]	深交久託講磨中
천년 세월 오래 전해 온 미묘한 말과 깊은 뜻을	微辭奧旨千秋遠
이십 년 동안 함께 상세하고 정밀하게 연구하였네	細究精研卄載同
아직 살아 있는 이 사람들도 모조리 백발인데	後死人間頭盡白
거문고 부서지고 줄 끊어지니[151] 슬픔만 남았네	琴亡絃絶有餘恫

위는 가림(嘉林) 조형기(趙亨期)가 지었다.

150 깊은……의탁했네 : 조형기가 쓴 창계의 제문에 의하면, 조형기의 형 조성기(趙聖期)가 이 세상에서 도를 함께할 사람으로 기대한 것은 오직 창계 한 사람뿐이었으며, 30년 동안을 사우(師友)의 의리로 서로 경계하고 권면하며 토론하고 강론하였는데, 조형기도 그 자리에 끼어서 듣고 몰래 가슴속에 새겨 두었다고 하였다. 《滄溪集 卷27 附錄 祭文》

151 거문고……끊어지니 : 춘추 시대 백아(伯牙)는 거문고를 잘 타고 종자기(鍾子期)는 그 소리를 잘 알아들었는데, 종자기가 죽자 백아는 거문고를 부수고 줄을 끊어 버려 죽을 때까지 다시는 거문고를 타지 않았다는 고사에서 나온 말이다. 진정한 벗이 세상을 떠났음을 애도하는 표현이다. 《列子 湯問》

만시

挽詩

아름다운 유자로서 오늘날 제일가는 사람 儒雅當今第一流
단정한 거조에 몸가짐은 더욱 깨끗하였네 端居操履更淸修
연영전[152]에서 진대할 땐 임금의 칭찬 성대하였고 延英進對天褒盛
독락원[153]으로 돌아갔을 땐 선비들의 명망 높았네 獨樂歸來士望優
조정에 들어와 난국 수습하리라 막 기뻐했는데 方喜入朝收敗局
한밤중에 감춰 놓은 배 잃어버리니[154] 문득 놀라워라 忽驚中夜失藏舟
하늘이 생사여탈하는 것은 그 무슨 뜻인고 蒼穹予奪知何意
시인의 나라 근심[155]은 금할 수가 없구나 不禁詩人殄[156]瘁憂

152 연영전(延英殿) : 당(唐)나라 때의 궁으로 천자가 대신을 소대(召對)한 곳이다.

153 독락원(獨樂園) : 독락원에 대한 기록은 《창계집》에 나오지 않지만 창계가 돌아가 거처한 곳의 명칭으로 보인다. 이 뒤에 나오는 최창대(崔昌大)의 만시에 "동산 하나 있으니 그 이름 독락원이요, 부유함 없었으니 부처를 본받은 듯.〔有園名獨樂, 無富效能仁.〕"이라고 하였다.

154 감춰……잃어버리니 : 소중한 것을 잃어버렸다는 말이다. 《장자(莊子)》〈대종사(大宗師)〉에 "골짜기에 배를 감추고 못 속에 산을 감추고는 안전하다고 한다. 그러나 밤중에 힘센 자가 와서 짊어지고 도망가면 잠자는 자는 알지 못한다.〔夫藏舟於壑, 藏山於澤, 謂之固矣. 然而夜半, 有力者負之而走, 昧者不知也.〕" 하였다. 여기서는 창계가 죽은 것을 말한다.

155 시인의 나라 근심 : 원문의 '진췌(殄瘁)'는 나라의 명운이 끊어짐을 가리킨다. 《시경》〈대아(大雅) 첨앙(瞻卬)〉에 "선인(善人)이 없으니 나라의 명맥이 끊기고 병들리라.〔人之云亡, 邦國殄瘁.〕"라고 한 데서 온 말이다. 훌륭한 인물이 죽어 나라가 큰 타격을 입은 것을 안타깝게 여긴다는 뜻이다.

위는 부수찬(副修撰) 최석항(崔錫恒)[157]이 지었다.

156 殄 : 《손와유고(損窩遺稿)》 권3 〈임부학영만시(林副學【泳】挽詩)〉에는 '疹'으로 되어 있다.

157 최석항(崔錫恒) : 1654~1724. 본관은 전주(全州), 자는 여구(汝久), 호는 손와(損窩)이다. 최명길(崔鳴吉)의 손자이며 최석정(崔錫鼎)의 아우이다. 1680년(숙종6) 별시 문과에 급제, 예문관 검열이 되었다. 저서로 《손와유고》가 있다.

만시
挽詩

경술과 문장이 갖추어져서	經術文章備
조정의 보배 같은 유자였네	當朝一席珍
침착하고 진중함은 원래의 기상이요	沈凝元氣象
투철하고 영민함은 또한 그의 정신이었네	透敏更精神
벼슬길 처음 나올 땐 문단에서 여유가 있었고	發軔詞場闊
수레 돌려 돌아가서는 학문의 길 순일하였네[158]	回車學路純
도산[159]에선 준수한 선비 필요하였고	道山需雋藝
영관에는 유학에 깊은 신하 두었네[160]	瀛館置儒臣
윤음을 지어 낼 땐 그 글이 훌륭하였고	草創綵綸富
잠규나 편지글, 차자도 많이 지었다네[161]	箴規牘箚頻

158 수레……순일(純一)하였네 : 12쪽 주5 참조.

159 도산(道山) : 본디 궁중에 있는 문고(文庫)인 동관(東觀)을 가리키는 말인데, 우리나라에서는 동호(東湖)의 독서당을 지칭하는 말로 쓰인다. 창계는 호당(湖堂)에 선발된 일이 있다.

160 영관(瀛館)에는……두었네 : 영관은 홍문관을 가리킨다. 당 태종(唐太宗)이 문학관(文學館)을 열어 방현령(房玄齡), 두여회(杜如晦) 등 인재를 모아 경전을 토론하게 하였는데, 세상 사람들이 이를 영주(瀛洲)에 오르는 것에 비유하였던 데서 나온 말이다.《舊唐書 卷72 褚亮列傳》 창계가 홍문관 수찬, 교리 등에 제수되었기 때문에 이렇게 말한 것이다.《滄溪集 附錄補 滄溪先生年譜草》

161 잠규(箴規)나……지었다네 :《창계집》27권 중 권3~5가 소차(疏箚), 권6~15가 서(書)로 매우 많은 비중을 차지한다.

본래부터 염퇴의 절조 가지고 있어	本來恬退節
중년에 몸 거두어 은거하였는데	中歲卷懷身
거듭해서 관직 내려 간곡히 부르시니[162]	累召勤縻爵
분사에 나아가 잠시 백성 다스렸네	分司暫莅民
관직은 옮겼으나 마음 점점 어긋나고	官移心轉左
몸에 든 병 날로 더욱 깊어지더니[163]	身病日罙臻
특별한 은총[164]을 영원히 이별하고	永隔恩三接
죽음의 길[165] 바삐도 재촉하였네	催觀化一巡
애영의 은총[166]은 몹시도 특별했으나	哀榮極異數
동료들의 기대는 사라지고 말았네	期待失同寅
흰 상여 줄은 아득히 남쪽 길로 가지만	素紼遙南路

162 본래부터……부르시니 : 창계는 1680년(숙종6) 벼슬에 나왔다가 1683년 모친상, 1684년 부친상을 잇달아 겪으면서 벼슬에서 한번 물러난 뒤로는 벼슬에 뜻이 없어 계속되는 조정의 부름에도 상소를 올리고 응하지 않았다. 《滄溪集 附錄補 滄溪先生年譜草》

163 관직은……깊어지더니 : 15쪽 주14 참조.

164 특별한 은총 : 원문의 '삼접(三接)'은 임금이 신하를 하루에 세 번 접견하는 것으로 임금의 은총이 매우 두터움을 뜻한다. 《주역》 〈진괘(晉卦)〉에 "진은 나라를 편안히 하는 제후에게 말을 많이 하사하고 낮에 세 번 접견하도다.〔晉, 康侯用錫馬蕃庶, 晝日三接.〕"라고 한 데서 온 말이다.

165 죽음의 길 : 원문의 '관화(觀化)'는 죽고 사는 것을 마치 변화를 보는 것처럼 한다는 뜻으로, 죽음을 완곡하게 표현하는 말이다. 《장자》 〈지락(至樂)〉에 "죽고 사는 것은 주야가 바뀌는 것과 같다. 게다가 나는 자네와 함께 만물의 변화를 이 눈으로 막 보고 있는데 마침 변화가 나에게 미쳤다.〔死生爲晝夜. 且吾與子觀化, 而化及我.〕"라고 한 데서 온 말이다.

166 애영(哀榮)의 은총 : 생전과 사후에 임금으로부터 영광스러운 은총을 입었다는 뜻이다. 자세한 내용은 62쪽 주121. 17쪽 주20 참조.

붉디붉은 충성심은 대궐 향하고 있을 터　丹忱向北宸

망아지 잡아매는 뜻으로 잡고 싶지만[167]　留將縶駒意

눈물 줄줄 흘리며 상여를 보낼 뿐　泣涕送靈輀

위는 남원(南原) 윤덕준(尹德駿)[168]이 지었다.

167 망아지……싶지만 : 창계를 보내고 싶지 않음을 나타내는 말이다. 50쪽 주90 참조.

168 윤덕준(尹德駿) : 1658～1717. 본관은 남원(南原), 자는 방서(邦瑞), 호는 일암(逸庵)이다. 1679년(숙종5) 정시 문과에 급제, 정언, 지평, 교리 등을 지냈다. 시호는 효정(孝靖)이다.

만시
挽詩

시절의 비태[169]는 공의 진퇴 사이에서 볼 수 있으니　否泰看公進退間
맑은 시대 오자 제일 먼저 이경 반열에 뽑혔네[170]　時淸首擢貳卿班
옛 도읍에서 잠시 너그러운 교화 시험하였고[171]　舊都暫試蒲鞭化
여사에서는 자주 약물 내려 주신 은혜 입었네[172]　旅邸頻蒙藥物頒
천 리 밖 외로운 영혼 적막하게 돌아가는 관이여　千里孤魂空返櫬
구천에 남은 한은 일찍 고향에 돌아가지 못한 것　九泉遺恨未還山
성상은 슬픔에 젖은 말씀에 부의까지 더하시고[173]　玉音悼惜加恩賻
총애받는 신하들은 감격의 눈물만 줄줄 흘리누나　前席群臣感淚潸

위는 교리(校理) 민진후(閔鎭厚)[174]가 지었다.

169 시절의 비태(否泰) : 비태는 《주역》의 괘(卦)로, 천지가 교감하여 만물이 형통하는 것이 태괘이고 천지가 교감하지 않아 만물이 폐색하는 것이 비괘이다. 세운의 성쇠를 뜻한다. 여기서는 1680년(숙종6) 경신대출척, 1694년 갑술환국 등을 가리킨다.

170 이경(貳卿) 반열에 뽑혔네 : 이경은 참판의 별칭으로, 창계는 1694년 갑술환국 때 특별히 공조 참판에 제수되었다. 《滄溪集 附錄補 滄溪先生年譜草》

171 옛……시험하였고 : 창계가 개성 유수로 나간 것을 가리킨다.

172 여사에서는……입었네 : 15쪽 주14 참조.

173 성상은……더하시고 : 17쪽 주20 참조.

174 민진후(閔鎭厚) : 1659~1720. 본관은 여흥(驪興), 자는 정순(靜純), 호는 지재(趾齋)이다. 여양부원군(驪陽府院君) 민유중(閔維重)의 아들이며, 숙종의 계비 인현왕후(仁顯王后)의 오빠이다. 1686년 별시 문과에 급제하였으며 대사간, 홍문관 제학 등을 역임하였다. 경종의 묘정(廟庭)에 배향되었으며, 시호는 충문(忠文)이다.

만시
挽詩

옛날에 현옹[175]께서 나에게 말씀하시기를	昔者玄翁對余語
문장과 경술은 그대가 아주 뛰어나서	文章經術子紆餘
유종원(柳宗元)과 한유 이후로는 앞설 자가 없으며	柳韓以後空前輩
염락[176]의 세상에서 옛 글을 즐겼다 하셨네	濂洛之間味古書
끝났구나, 이런 사람 다시 얻기 어려우니	已矣斯人難再得
오늘날 세상에서 누가 다시 이와 같을까	觀於今世更誰如
창랑에서의 한 번 만남 묵은 자취 되었으니	滄浪一會成陳迹
흰 만장을 쓰려 할 때 옷자락 눈물에 젖네	白幡題來淚濕裾

위는 대사간 유득일(兪得一)[177]이 지었다.

175 현옹(玄翁) : 유득일과 창계의 스승인 박세채(朴世采)를 가리킨다. 박세채의 호가 현석(玄石)이다.

176 염락(濂洛) : 54쪽 주102 참조.

177 유득일(兪得一) : 1650~1712. 본관은 창원(昌原), 자는 영숙(寧叔), 호는 귀와(歸窩)이다. 박세채(朴世采)의 문인으로 1677년(숙종3) 알성 문과에 급제하였다. 대사성, 대사헌, 이조 참판, 형조 판서, 병조 판서 등을 지냈다.

만시[178]

挽詩

사람이 도를 크게 한다지만[179] 도는 찾기 어려운데 人能弘道道難尋
오늘날엔 그대만이 여기에 크게 마음을 붙였다네 今世惟君大着心
한나라 때 높은 선비《태현경》초하던 양웅[180] 났다가 漢代青雲玄草起
당나라의 사걸[181] 중 양형(楊炯) 하나 사라진 듯[182] 唐家四傑一楊沈

178 만시(挽詩) : 이 만시는《삼연집(三淵集)》권6에〈임창계영만(林滄溪【泳】挽)〉이라는 제목으로 4수가 모두 수록되어 있다.

179 사람이……한다지만 :《논어》〈위령공(衛靈公)〉에 "사람이 도를 크게 하는 것이요, 도가 사람을 크게 하는 것은 아니다.〔人能弘道, 非道弘人.〕"라고 한 공자의 말이 나온다.

180 태현경 초하던 양웅 : 한(漢)나라 때 양웅(揚雄)이 세상에 나아갈 뜻을 끊고 집에 들어앉아서《주역》을 본떠 지은《태현경(太玄經)》을 초하였는데, 한유(韓愈)는 이에 대해〈여풍숙논문서(與馮宿論文書)〉에서 "양자운(揚子雲)이《태현경》을 지었는데 사람들이 모두 비웃자 자운은 '세상에서 나를 알아주지 않아도 해로울 것이 없다. 후세에 다시 양자운이 있어 반드시 좋아할 것이다.'라고 하였다." 하였다.《漢書 卷87 揚雄傳》《唐宋八大家文抄 卷4 與馮宿論文書》창계가 외숙 조성기(趙聖期)에게 보낸 편지에 "온 세상에 알아주는 이가 한 사람도 없더라도 우리들의 일을 실추시키지 않고, 문을 닫고 굳건히 서서 저서를 오로지 정밀하게 하여 천년 뒤의 자운을 기다리는 것이 실로 마음에 흡족할 것입니다." 하였고, 창계 또한《주역》에 대한〈독서차록(讀書箚錄)〉을 지은 바 있으므로 김창흡이 창계를 양웅에 비유한 것으로 보인다.《滄溪集 卷10 與趙叔成卿》

181 당나라의 사걸(四傑) : 초당(初唐) 때 문장으로 천하에 명성을 날린 왕발(王勃), 양형(楊炯), 노조린(盧照鄰), 낙빈왕(駱賓王)을 초당 사걸이라 일컫는데, 부(賦)와 변려문(駢儷文)에 특히 뛰어났다.

드넓은 아량으로 뭇사람의 마음 다 헤아렸고[183] 洪襟淵納群情盡
평이한 말에는 태극의 오묘한 뜻 깊이 엉겼도다[184] 平語根盤太極深
훗날 더 나아갔다면 반드시 벽처럼 우뚝하였을 것을[185]
進步他時須壁立
하늘은 우리 유림에게 유감을 남겨 놓으셨구나 天留遺[186]憾在儒林

장안의 거리에서 마침내 초혼을 하노니 長安陌上竟招魂
만월대 앞에서부터 병의 근원 생겼다네[187] 滿月臺前病有源

182 양형(楊炯)……듯 : 양형은 어려서 신동(神童)으로 천거되어 교서랑(校書郞)이 되었으며 부와 변려문에 뛰어났다. 창계도 어려서부터 자질이 뛰어났으며 계부(季父)나 조부가 글을 지으라고 할 때 변려문으로 지어 감탄하게 한 기록이 있다.《滄溪集 附錄補 滄溪先生年譜草》

183 드넓은……헤아렸고 : 창계가 지방관으로 나가 백성을 다스린 것은 개성 유수에 제수된 일 정도이나, 조정에서 응지소나 만언소 등을 올릴 때도 항상 백성들의 입장을 생각하여 민역(民役)을 줄여 주는 방법 등에 대해 극진히 논하였으므로 여기서는 이를 가리키는 것으로 보인다.

184 평이한……엉겼도다 : 창계는 조정에 들어가 연석(筵席)에서 숙종에게《태극도설(太極圖說)》을 진강한 바 있다.《滄溪集 附錄補 滄溪先生年譜草》이 외에도《창계집》에 수록된 편지글에는 태극에 대한 토론이나 설명이 많이 나오며, 특히 제23권〈독서차록(讀書箚錄)〉에는〈성리대전(性理大全)〉편에서 별도로 태극에 대해 자세히 설명하고 있고, 제1권〈계곡의 시에 차운하여 밤에 앉아 내키는 대로 말하니 또한 각기 자신의 뜻을 말한 것이다〔夜坐放言次谿谷韻亦各言其志也〕〉에서는 성리학자의 입장에서 우주의 생성과 유행의 이치에 대하여 말하면서 태극에 대해 상세히 진술하고 있다.

185 벽처럼 우뚝하였을 것을 : 범부들의 지식으로는 도저히 알 수 없는 고절(孤絶)한 정신의 경지를 뜻한다. 창계가 조금 더 살았더라면 치자로서의 업적이나 학문적인 성취를 크게 이루었을 텐데 그렇지 못하였다는 안타까움을 표현한 말이다.

186 遺 :《삼연집》권6〈임창계영만(林滄溪【泳】挽)〉에는 '餘'로 되어 있다.

청명한 시대 만나더니 오히려 눈을 감았고	身遇淸時猶闔眼
성학을 근심하더니 문득 할 말을 잃었네	憂存聖學却忘言
금비는 아직 소경들의 눈 띄우지 못했는데[188]	金篦未刮群盲膜
도리는 응당 많은 사람들의 칭송을 꺼렸으리라[189]	桃李應嫌萬口喧
연평이 말했던 깊은 기미[190] 진작 알았으니	已識延平深氣味

187 장안(長安)의……생겼다네 : 만월대(滿月臺)는 개성 송악산 남쪽 기슭에 있는 고려의 궁궐터이다. 창계가 병든 몸으로 1694년(숙종20) 개성 유수에 임명되어 억지로 나아가는 바람에 병이 깊어져 마침내 1696년 2월, 서울의 여사(旅舍)에서 숨을 거둔 것을 가리킨다.

188 금비(金篦)는……못했는데 : 금비는 금비(金鎞) 혹은 금비(金錍)로도 쓴다. 금으로 만든 비녀나 화살촉을 가리키는 말로, 본디 고대 인도(印度)의 의사가 맹인(盲人)의 안막(眼膜)을 제거하는 도구였다. 전하여 후세에 불가(佛家)에서 중생들의 눈을 가리고 있는 무지(無智)의 막(膜)을 제거해 주는 뜻으로 쓰였다. 창계가 후진들을 미처 깨우쳐 주지 못하고 죽은 것을 안타까워하는 표현이다.

189 도리(桃李)는……꺼렸으리라 : 도리는 소인배나 간사한 무리를 지칭한다. 창계가 많은 사람들의 칭송을 받는 것을 소인배들은 시기하였을 것이라는 말이다. 연보에 "선생을 잘 알지 못하는 천한 아랫사람이나 먼 지방의 백성들조차도 안타까워하고 애석해하는 것이 이와 같았으니, 평소 선생의 덕망이 사람들에게 얼마나 믿음직하였는지를 대개 상상할 수 있다."라고 하였다. 《滄溪集 附錄補 滄溪先生年譜草》

190 연평(延平)이……기미 : 처세에 신중하라는 경계를 말한다. 퇴계 이황이 학봉(鶴峯) 김성일(金誠一)에게 답한 편지에 "연평 이동(李侗)이 일컬은 〈저궁매화(渚宮梅花)〉 시가 음미할 만하니, 비록 관직에 있는 사람이 의리상 다 이같이 할 수는 없다 하더라도, 대개 이런 뜻이 없어서는 안 될 것이네." 하였다. 《退溪集 卷34 答金士純》 〈저궁매화〉 시는 양시(楊時)가 호안국(胡安國)에게 지어 보낸 〈저궁관매기강후(渚宮觀梅寄康侯)〉로 "남은 해 쫓아내고 봄바람으로 바꾸려 한다면, 오직 겨울 매화를 정예병으로 삼아야 하리. 성긴 꽃송이로 경솔하게 눈과 다투지 말고, 맑고 고운 자태 밝은 달빛 속에 잘 간직하라.〔欲驅殘臘變春風, 只有寒梅作選鋒. 莫把疎英輕鬪雪, 好藏淸艶月明中.〕" 하였다. 《龜山集 卷42》

섣달의 매화 고운 모습 금성 강촌[191]에 간직했네　臘梅藏艶錦江村

물시계 세월 흘러 궁중 버들 새순이 돋고　晝漏添籌御柳黃
경연 열리는 봄날은 길기만 하여라[192]　金華春日講筵長
붉은 명정은 등 뒤로 대궐의 지붕을 가리키는데　丹旌背指觚稜闕
상여 끄는 말은 울며 대나무 무성한 고향으로 돌아가누나　素駟嘶歸水竹鄕
천지에 역풍 불어오니 붕새 또한 일찍 죽었고[193]　風逆天池鵬亦夭
지주[194]에 파도 높이 치니 봉황이 먼저 몸 숨겼네　波高砥柱鳳先藏
조정의 신하들은 남금[195] 사라짐을 더욱 슬퍼하고　朝班倍惜南金盡
고관들은 한양 도성 가득 메우며 우왕좌왕하네　靑紫繽紛滿漢陽

191 금성(錦城) 강촌(江村) : 금성은 창계의 고향인 나주이며, 강촌은 창계의 족조(族祖) 창랑정공(滄浪亭公) 임탁(林恮)의 유지(遺址)인 창랑(滄浪)을 가리킨다.

192 경연……하여라 : 이 좋은 봄날에 창계는 죽었으나 경연은 여전히 길게 열리고 있다고 말함으로써 슬픔을 표현하고 있다.

193 천지(天池)에……죽었고 : 《장자》〈소요유(逍遙遊)〉에 "붕새가 남쪽 바다로 옮겨 갈 때에는 물결을 치는 것이 삼천 리요, 회오리바람을 타고 구만 리를 올라가 여섯 달을 가서야 쉰다." 하였다. 남쪽 바다가 곧 천지이다. 여기서는 창계가 큰 뜻을 펼치지 못하고 죽은 것을 말한다.

194 지주(砥柱) : 중국 하남성(河南省) 삼문협(三門峽) 동북쪽 황하 중심에 있는 산이다. 황하의 물결이 아무리 거세게 흘러도 이 산을 무너뜨리지 못하고 이 지점에 와서 두 갈래로 갈라져 산을 싸고 흐르기 때문에 흔히 난세에 지조를 지키는 선비의 비유로 쓰인다.

195 남금(南金) : 남방에서 생산되는 황금으로 값이 일반 황금의 두 배라고 한다. 창계의 뛰어난 재능을 비유한 말이다.

비록 후세에 태어났으나 성현의 유풍 잇고자 하였으니 生雖曠世願承風

우리 동방에 함께 태어난 것 얼마나 다행이었던가 何幸同時落我東

하룻밤 이야기 나눈 것이 독서보다 나음을 알지만[196] 一夜劇談知勝讀

십 년 만에 다시 만나려던 계획 다 사라져 버렸네 十年重會計淪空

재잘거리는 골짜기의 새여 봄이 온들 어찌 만나며 嚶嚶幽鳥春何及

밝게 비치는 무소뿔[197]로도 바닷길 알 수가 없구나 炯炯靈犀海未通

옥동에서 솔과 구름 수창하는 시는 지었거니와 玉洞松雲酬唱是

수성동에서 만시 짓는 일은 견뎌 낼 수 없구나[198] 不堪題挽水聲中

위는 안동(安東) 김창흡(金昌翕)[199]이 지었다.

196 하룻밤……알지만 : 고시(古詩)에 "그대와 함께 하룻밤 이야기를 나누는 것이, 십 년 동안 독서한 것보다도 낫다.〔共君一夜話, 勝讀十年書.〕"라는 구절이 있는데, 정자(程子)와 주희(朱熹)가 이를 인용하여 철저하게 이치를 궁구한다는 뜻으로 사용하였다.《朱子語類 卷117 朱子14 訓門人5》

197 무소뿔 : 원문의 '영서(靈犀)'는 영묘(靈妙)한 무소뿔로, 이를 태우면 밝은 빛을 낸다고 한다. 진(晉)나라 온교(溫嶠)가 여행을 하다가 무창(武昌)의 우저기(牛渚磯)에 당도하였는데, 사람들이 물속에 괴물이 산다고 하기에, 온교가 무소뿔에 불을 붙여서 물속을 비추자 물속에 있던 기이한 모습의 괴물들이 모두 모습을 드러냈다고 한다.《晉書 卷67 溫嶠列傳》

198 옥동(玉洞)에서……없구나 : 옥동, 수성(水聲)은 김창흡과 김창협(金昌協), 창계 등이 어울려 놀던 한양 인왕산 기슭의 지명으로 보인다.

199 김창흡(金昌翕) : 1653~1722. 본관은 안동(安東), 자는 자익(子益), 호는 삼연(三淵)이다. 김수항(金壽恒)의 아들이며 김창집(金昌集), 김창협의 동생으로 이단상(李端相), 조성기(趙聖期)의 문인이다. 과거를 포기하고 백악(白岳) 기슭에서 산수를 즐겼으며 김창협과 함께 성리학과 문장으로 널리 이름을 떨쳤다. 저서로《삼연집(三淵集)》,《심양일기(瀋陽日記)》 등이 있다.

만시
挽詩

어지러운 세상 풍파 몰아치는 시기에 末路[200]風波際
이름 온전히 보존한 사람 몇이나 있으랴 完名有[201]幾人
고상하고 어진 분이 이제 일생을 마치고 나니 高賢方卒業
남아 있는 우리들은 그저 괴롭기만 하구나 後死祗含辛
월등한 재주로 시작부터 끝까지 이루었고 獨步成終始
우리의 도 크게 펼쳐질 수 있었지 斯文見屈伸
청명한 시대는 출처에 방해가 되었고[202] 淸時妨出處
박한 풍속 속에서 닳고 물들기 쉬웠을 텐데 薄俗易緇磷
흡족하고 합당하여 마음에 의심 없었고 愜當心無間
온화한 모습으로 그 덕을 견줄 이 없었네 雍容德絶隣
봉황 같은 생애는 찬란한 광채가 빛났고 鳳凰生有彩
빙옥 같은 자질에는 티끌 하나도 없었도다 氷玉性無塵
아득하여라 일찍부터 높은 지위에 올랐고 邈矣飛騰早
삼가 생각건대 학업은 참으로 순수했도다 恭惟學業醇
총명한 자질로 나아간 경지 월등하였고 聰明資詣絶

200 路 : 《곤륜집(昆侖集)》 권2 〈창계임부학만(滄溪林副學輓)〉에는 '世'로 되어 있다.

201 有 : 《곤륜집》 권2 〈창계임부학만〉에는 '復'로 되어 있다.

202 청명한……되었고 : 창계는 원래 은거하고자 하는 뜻이 있었으나, 청명한 시대여서 나가지 않을 수가 없었다는 말이다.

문장과 경술은 문득 신명과 소통하였어라 文術倏通神
한유도 그보다 앞줄에 나서길 그만두고 韓愈休[203]前列
양웅[204]도 이보다 더 뛰어날 수 없으리라 揚雄未絶倫
경전 설명할 땐 광정[205]처럼 훌륭했고 說經匡鼎好
시사 논할 땐 가생[206] 역할 자주 하였네 論事賈生頻
경연 자리에서 깊은 이치 열어젖히니 講殿深深闢
성상께선 온화한 마음으로 친애하셨네 宸旒穆穆親
은총과 광영은 연촉[207] 내린 밤이었으며 寵光蓮燭夜
은근한 간언은 버드나무 가지에 봄바람 같았네 規諷柳條春

203 休 : 《곤륜집》 권2 〈창계임부학만〉에는 '羞'로 되어 있다.

204 양웅(揚雄) : 한나라 말기의 학자로 《주역》을 본떠 《태현경(太玄經)》을 짓고, 《논어》를 본떠 《법언(法言)》을 지었다.

205 광정(匡鼎) : 한(漢)나라 사람 광형(匡衡)의 어릴 적 자이다. 경학에 밝고 《시경》을 전공하였으며 특히 시를 잘 말하였으므로, 당시 제유(諸儒)들이 "시를 말하지 말라, 광정이 곧 올 것이다. 광정이 시를 말하면 모두 입이 벌어질 것이다.〔無說詩, 匡鼎來. 匡說詩, 解人頤.〕"라고 하였다. 《漢書 卷81 匡衡傳》

206 가생(賈生) : 한 문제(漢文帝) 때의 신하 가의(賈誼)로 20여 세 때 박사(博士)가 되어 정삭(正朔)을 고치고 복색(服色)을 바꾸며, 법도를 제정하고 예악을 일으키는 등 많은 일을 하였으나 참소를 입어 장사왕(長沙王)의 태부(太傅)로 좌천을 당했다. 후에 양 회왕(梁懷王)의 태부가 되어 국가의 기강을 확립하였으나 33세의 나이로 요절하였다. 《漢書 卷48 賈誼傳》

207 연촉(蓮燭) : 연꽃 모양의 촉등(燭燈)으로, 신하에 대한 왕의 특별 예우를 표현할 때 쓰이는 말이다. 당나라 영호도(令狐綯)가 궁궐에서 밤늦게까지 황제와 대화를 나누다가 돌아갈 무렵에 촛불이 거의 다 꺼지자, 황제가 자신의 수레와 황금 연촉을 주어 보냈는데, 관리들이 이것을 보고는 황제의 행차로 여겼다는 고사가 전한다. 《新唐書 卷166 令狐綯列傳》

우뚝한 솔과 대처럼 곧고 바른 모습에	落落松筠正
우뚝하여라 정려[208] 같은 보배였도다	峨峨鼎呂珍
특별한 은혜로 거듭 장려하고 돌아보셨으나	異恩申奬眷[209]
은거하려는 본래의 뜻 세상 경륜보다 중하였도다	初志倍經綸
쓸쓸히 주한 시대의 멸망을 슬퍼하였고[210]	蕭瑟悲周漢
아득히 낙민을 향하여 학문을 물었도다[211]	蒼茫問洛閩
원래부터 몸소 경전을 탐구하였으며	由來躬典籍
높은 벼슬 사양하는 것 쉽게 여겼으니	容易謝簪紳
용이 뛴다 하여 끝내 무슨 허물 있으랴[212]	龍躍終何咎
큰 기러기 높이 날아 길들이기 쉽지 않았네	鴻高不易馴
충심을 다하여 임금을 높이 받들었으며	心肝擎[213]紫極

208 정려(鼎呂) : 구정(九鼎)과 대려(大呂)를 말한다. 구정은 우(禹) 임금이 구주(九州)의 쇠를 거두어 주조한 9개의 솥이고, 대려는 주(周)나라 종묘(宗廟)에 설치한 종으로, 모두 천하의 보기(寶器)로 일컬어진다.

209 眷 : 《곤륜집》 권2 〈창계임부학만〉에는 '勸'으로 되어 있다.

210 주한(周漢)……슬퍼하였고 : 주한은 주(周)나라와 한(漢)나라이다. 주 선왕(周宣王)은 주나라를 부흥시켰고, 후한 광무제(後漢光武帝)는 왕망(王莽)을 죽이고 한실(漢室)을 회복하였다. 여기서는 창계가 조선을 부흥시키지 못한 것을 슬퍼했다는 뜻으로 보인다.

211 낙민(洛閩)을……물었도다 : 낙민은 낙양(洛陽) 출신인 정호(程顥)·정이(程頤)와 민(閩) 땅 출신인 주희(朱熹)를 가리키는 말로, 유학의 조종을 일컫는다. 창계가 성리학에 침잠한 것을 가리킨다.

212 용이……있으랴 : 《주역》 〈건괘(乾卦) 구사(九四)〉에 "혹 뛰어오르거나 연못에 있으면 허물이 없으리라.〔或躍在淵, 无咎.〕"라고 하였고, 그 본의(本義)에 "때에 따라 나아가고 물러나면 허물이 없는 것이다.〔能隨時進退則无咎也.〕"라고 하였다. 창계가 때에 알맞게 나아가고 물러났음을 가리킨다.

죽고 사는 경계에서도 현진[214]을 지켰네　生死守玄津
자연의 순환에서 떳떳한 이치 보았고　往復觀常理
나아가고 물러남을 그 몸에 맡겼네　行藏委是身
동산 하나 있으니 그 이름 독락원이요　有園名獨樂
부유함 없었으니 부처를 본받은 듯　無富效能仁
으뜸가는 재주를 뭇사람이 우러렀으나　冠絶標群望
거처한 곳은 시정(市井)의 소민들 사이였네　輿居卜小民
태평성대 맞이하여 한나라 소신신(召信臣) 되자마자[215]　道長纔漢召
하늘이 빼앗아 이미 장수(漳水) 물가에 엎드렸으니[216]　天奪已漳濱[217]
배우기를 갈구하여 옷섶을 걷은 곳에서　飢渴摳衣地
슬퍼하고 상심하며 소매로 눈물 닦게 되었도다　哀傷反袂辰
일찍이 마음속으로 총애와 추천을 바랐고　夙心懷薦寵
종신토록 우러러 가르침 받기를 원하였네　終已仰陶勻
이응(李膺) 모신 영광[218] 진실로 누렸는데　御李光誠[219]忝

213 擊 : 《곤륜집》 권2 〈창계임부학만〉에는 '懸'으로 되어 있다.

214 현진(玄津) : 불교에서 말하는 고해(苦海)의 바다를 가리킨다. 창계가 승려들과 시를 주고받으며 교유한 바는 있지만 평생 성리학 탐구에 매진하였다는 점에서, 여기서는 불법보다는 유학에서의 현묘한 이치를 가리키는 것으로 보아야 할 것이다.

215 한(漢)나라 소신신(召信臣) 되자마자 : 소신신은 한나라 수춘(壽春) 사람으로 남양 태수(南陽太守) 등을 역임하였으며 치적(治績)이 당시의 으뜸이었다.《漢書 卷89 循吏傳 召信臣》 여기서는 창계가 개성 유수로 부임한 것을 비유하는 말로 쓰였다.

216 장수(漳水) 물가에 엎드렸으니 : 타향에서 병들어 누워 있음을 가리킨다. 후한(後漢) 말기의 문사(文士) 유정(劉楨)의 〈증오관중랑장(贈五官中郎將)〉에 "내 고질병에 걸려서, 깨끗한 장수 물가에 엎드려 있다네.〔余嬰沈痼疾, 竄身淸漳瀕.〕"라고 하였다.

217 已漳濱 : 《곤륜집》 권2 〈창계임부학만〉에는 '遽漳瀕'으로 되어 있다.

서치(徐穉) 맞이한 예우[220]는 더욱 진실하였네　迎徐禮愈[221]眞
옛사람의 글 평론하매 그 잣대 치밀하였고[222]　尙論權稱密
연구(聯句)로 화답하매 돌아보는 눈길 새로웠네[223]　聯和顧瞻新
훌륭한 인물이 정미함을 거두어들이니[224]　竹箭收精美
강산에서 묵은 자취만 더듬고 있다네　江山撫迹陳
태어났다 죽는 것이야 본래부터 그러한 것　去來聊亦爾[225]

218 이응(李膺) 모신 영광 : 동한(東漢) 때 이응이 어질다는 명성이 있었는데, 순상(荀爽)이라는 사람이 어느 날 이응을 찾아가서는 이응이 탄 수레를 몰고 나서 집에 돌아와 말하기를 "오늘에야 내가 이응의 수레를 몰 수 있게 되었다.〔今日乃得御李君矣.〕"라고 한 고사가 있다. 《後漢書 卷67 李膺列傳》

219 誠 : 《곤륜집》 권2 〈창계임부학만〉에는 '榮'으로 되어 있다.

220 서치(徐穉) 맞이한 예우 : 서치는 남주(南州)의 현인으로 일컬어진다. 예장 태수(豫章太守) 진번(陳蕃)은 여간해서는 손님을 접대하지 않았으나 특별히 서치를 위해서는 걸상을 마련하였다가 그가 오면 내려서 영접하고 그가 가면 다시 올려놓았다는 현탑(懸榻)의 고사가 전한다. 《後漢書 卷53 徐穉列傳》 여기서는 창계가 자신을 고사(高士) 맞이하듯 예우해 주었다는 뜻으로 보인다.

221 愈 : 《곤륜집》 권2 〈창계임부학만〉에는 '意'로 되어 있다.

222 옛사람의……치밀하였고 : 《창계집》 권19~24의 〈독서차록〉이 치밀하였다는 의미이다. 〈독서차록〉은 사서삼경을 비롯하여 〈소학〉, 〈성리대전〉, 〈근사록〉, 〈이정전서〉, 〈예기〉, 〈의례〉 등 성리학에 관련된 대부분의 책이 망라되었으며 〈율곡별집의의(栗谷別集疑義)〉, 〈구가해(九歌解)〉 등도 그 대상이다.

223 연구(聯句)로……새로웠네 : 창계는 고향으로 돌아갈 때 〈동교에서 최군 효백에게 써서 주다〔東郊書贈崔君孝伯〕〉를 지어 떠나는 서운함을 토로하면서 앞으로 편지라도 왕래할 것을 당부하였는데 이 시는 《창계집》 권2에 수록되어 있다. 여기에 화답하여 최창대는 〈화창계임부학운(和滄溪林副學韻)〉을 지었다. 《昆侖集 卷2》

224 훌륭한……거두어들이니 : 원문의 '죽전(竹箭)'은 대죽(大竹)과 소죽(小竹)으로 대소(大小)의 인재들을 가리킨다. 창계가 세상을 떠났음을 의미한다.

남긴 향기는 여전히 세상에 가득하구나 　馨烈一氤氳
나 홀로 대들보 꺾인 듯한 아픔 느끼나니 　獨有摧樑痛
그 누구일까, 역사책에 기록해 줄 사람은 　誰歟載筆臣
영원토록 주조의 그림자 전할 것이라[226] 　千秋朱鳥影
우두커니 서서 맑은 하늘만 바라보고 있구나 　佇立向淸旻

위는 예문관 검열(藝文館檢閱) 최창대(崔昌大)[227]가 지었다.

225 亦爾 : 《곤륜집》 권2 〈창계임부학만〉에는 '爾耳'로 되어 있다.

226 영원토록……것이라 : 원문의 '주조(朱鳥)'는 주작(朱雀)으로 남쪽을 상징하는 상서로운 새, 혹은 봉황을 가리킨다. 주조의 그림자란 주조를 그린 깃발로, 여기서는 창계의 높은 명망이 길이 전할 것임을 말한 것이다.

227 최창대(崔昌大) : 1669～1720. 본관은 전주(全州), 자는 효백(孝伯), 호는 곤륜(昆侖)이다. 최명길(崔鳴吉)의 증손이며 최석정(崔錫鼎)의 아들이다. 문장에 뛰어나 박세채(朴世采), 김창협(金昌協)에 비교되었으며 저서로 《곤륜집(昆侖集)》이 전한다.

만시
挽詩

고상한 문장 깊은 학문은 무리에서 뛰어났고	高文邃學絶凡倫
한 가지 이치의 연원에서 참된 학문 터득하였네	一理淵源見得眞
급류에서 물러나던 날[228] 명성은 더욱 중해졌고	名重急流休退日
수풀 속에서 일어나 나올 땐[229] 여망이 높았는데	望隆林下起來辰
천지가 우리 도를 궁하게 한 줄 이미 알았지만	已知天地窮吾道
조정에서 이 사람 잃게 되는 것을 또 보는구나	又見朝廷失此人
남계[230]의 모든 사업 온통 묵은 자취 될 터이니	萬事南溪摠陳迹
남은 사람들 지난해 젖은 수건[231] 다시 적시는구나	餘生更濕去年巾

228 급류에서 물러나던 날 : 급류에서 물러난다는 것은 한창 세력을 떨칠 때 벼슬에서 과감하게 물러나 몸을 보전하는 것을 말한다. 송나라 전약수(錢若水)에 대해서 어떤 도승(道僧)이 "급류 속에서 용감하게 물러날 수 있는 사람이다.〔是急流中勇退人也.〕" 라고 평하였는데, 과연 그가 추밀 부사(樞密副使)에 이르렀을 때 40세도 안 된 나이로 관직에서 물러났다는 일화가 전한다.《聞見前錄》 창계가 35세 되던 1683년(숙종9) 모친상을, 이듬해 부친상을 당한 것을 계기로 벼슬에서 물러나 고향으로 내려가 은거한 것을 가리킨다.

229 수풀……땐 : 은거하던 창계가 영의정 남구만(南九萬)과 좌의정 박세채(朴世采)의 뜻에 따라 1694년 10월 개성 유수(開城留守)에 제수되어 서울로 올라온 때를 가리킨다.《滄溪集 附錄補 滄溪先生年譜草》

230 남계(南溪) : 창계의 스승이자 박태초의 종숙부인 박세채의 호이다.

231 지난해 젖은 수건 : 창계가 죽기 1년 전에 박세채가 세상을 떠났는데 이를 가리키는 것으로 보인다.

사문에 남겨진 슬픔 나에게도 통곡할 일이라 斯文餘慟哭吾私
깊은 정 토로하려니 눈물 먼저 주르륵 흐르네 欲寫深情淚已滋
몇 번이나 시서 가지고 깊은 의미 토론하였고 幾把詩書論妙蘊
또다시 강호 사이에서 은거할 것을 기약했지 更從湖海托幽期
지나간 일 생각해 보면 남아 있는 한 많은데 思量往事多遺恨
남은 생애 따져 보니 내 맘 알아줄 벗 적구나 點檢殘年少舊知
홀로 책상 앞에 앉아 때때로 읽던 책 덮으니 獨向床頭時掩卷
나로 하여금 단현의 슬픔[232] 떠오르게 하는구나 令人仍想斷絃悲

위는 반남(潘南) 박태초(朴泰初)[233]가 지었다.

232 단현(斷絃)의 슬픔 : 72쪽 주151 참조.

233 박태초(朴泰初) : 1646~1702. 본관은 반남, 자는 길부(吉夫), 호는 경재(警齋)이다. 17세부터 19세 사이에 향시, 대과 초시에 합격하였으나 과거에 나아가지 않고 학문에 전념하였다. 〈창계선생가장초(滄溪先生家狀草)〉를 지었다.

창계집 서문[1] 滄溪集序

창계(滄溪) 임공(林公)이 별세한 지 12년 만에 문집이 이루어졌다. 공의 아우 청도 군수(淸道郡守) 임정(林淨)이 내가 공과 도의로 맺은 친분이 있고 또 일찍이 그 문집을 편찬하는 작업에 시종 함께 참여하였다 하여 일찍부터 나에게 서문을 지어 달라고 당부하였다.

내가 생각건대 옛날 명도(明道 정호(程顥)) 선생은 소요부(邵堯夫)[2]와 종유(從游)한 지 오래되어 그를 잘 알았다. 그러나 그의 묘지명(墓誌銘)을 쓸 적에는 '자연스러우면서 완전하다.〔安且成〕'라는 한마디 말

1 창계집 서문 : 장서각본과 연세대학교 중앙도서관본에는 김창협의 이 서문이 남구만(南九萬)이 지은 서문과 함께 실려 있는데, 성균관대학교 중앙도서관본에는 남구만의 서문만 실려 있다. 그 이유를 《창계집》 해제에서는 노론계인 김창협과 소론계인 임정, 남구만 간의 당파적 갈등과, 서문의 내용에 대한 불만 때문이라고 하였다.《박헌순, 창계집 해제, 한국문집총간 해제4, 민족문화추진회, 2000》 한편 최석정(崔錫鼎)은 김창협이 지은 이 서문에 반박하는 〈제창계집후(題滄溪集後)〉를 지었는데 이는 《명곡집(明谷集)》 권12에 실려 있으며, 1994년 성균관대학교 대동문화연구원에서 영인 간행한 《창계집》에는 동일한 글이 〈변서(辨序)〉라는 제목으로 필사되어 실려 있다.

2 소요부(邵堯夫) : 소옹(邵雍, 1011~1077)이다. 송나라 때 경학가로, 자는 요부, 호는 안락와(安樂窩)·백원(百源), 시호는 강절(康節)이다. 일생을 낙양(洛陽)에 숨어 살면서 사마광(司馬光), 여공저(呂公著), 정호(程顥), 정이(程頤), 장재(張載)와 교유하였다. 《주역》에 정통하였으며, 역전(易傳)에 근거하여 팔괘(八卦)를 해석하였고, 도가 사상을 참고하여 '상수지학(象數之學)'을 개창하였다. 저서로 《격양집(擊壤集)》과 《황극경세서(皇極經世書)》 등이 있다.

을 얻고 나서야 붓을 적셨으니,[3] 글을 짓는다는 것은 이처럼 어려운 일이다. 이제 내가 공의 문집에 서문을 쓴다면 어떻게 공의 학문에 이름을 붙여야 후세에 믿음을 얻을 수 있을까. 이 때문에 이 일을 어렵게 여겨 시일이 오래되었는데도 서문을 쓰지 못하였다.

얼마 뒤에 한마디 말이 떠올랐으니, '깨달은 것이 크고 간직한 것이 진실하다.〔所見者大, 所存者實.〕'라는 말이면 공의 학문에 이름을 붙일 수 있을 것이라고 생각하였다. 마침내 다음과 같이 서문을 짓는다.

세상에 학자는 많지만 그들이 도(道)에 이르지 못하는 이유는 대체로 두 가지 잘못 때문이다. 장구(章句)를 해석하고 말뜻을 깊이 연구하며 예절에 관한 절차나 양식, 알맞은 도수(度數) 등의 문제를 지극히 조심하면서 이것을 연구와 실천의 최고의 일로 여기고 더 이상 성인의 크고 온전한 도에 나아가려 하지 않는 사람은 작은 일에 가려진 것이다. 능하기 어려운 것을 행하기 좋아하고 고상한 것을 스스로 표방하며, 언론과 저술은 대체로 옛사람의 글을 모방하면서도 자신에게 돌이켜서 고인의 학문을 깊이 체득하고 그것을 스스로 터득한 실상이 없는 사람은 외물을 좇는 것이다. 이 두 가지 잘못은 비록 같지 않은 것처럼 보이지만, 요컨대 성명(性命)의 본원과 무관하고 도와의 거리가 멀다는 점에서는 똑같다. 이러한 잘못은 전대의 유자(儒者)들도 혹 면치

3 그의……적셨으니 : '자연스러우면서 완전하다.'는 말은 정호의 〈소요부선생묘지명(邵堯夫先生墓誌銘)〉에 나오는 표현이다. 정호는 소옹의 묘지명을 부탁받았으나 오랫동안 짓지 못하고 있었는데, 어느 날 마당을 거닐다가 문득 이 말이 떠올라 마침내 묘지명을 지을 수 있었다고 한다. 《二程外書 卷11》

못하였는데, 더구나 그보다 못한 자들에 있어서이겠는가.

공은 어려서 학문할 때부터 이러한 폐단을 깊이 경계하고 성학(聖學)의 참모습을 찾으려고 노력하였으며, 송(宋)나라 여러 학자의 전적(典籍)을 널리 읽고 정밀히 연구하였다. 그러나 실마리를 찾고 이치를 깨달은 것은 오로지 고정(考亭)[4]에 힘입었으니, 공은 10세 때 고정의 《대학(大學)》 격물설(格物說)을 보고는 곧 온갖 이치를 모두 다 연구하겠다는 뜻을 품었으며,[5] 나중에 《주자대전(朱子大全)》 전편을 구해 읽고는 더욱 감동하고 기뻐하며 밤낮으로 거기에 침잠하여 1년 만에 그 의미를 완전히 이해하였다. 그리고 그 글들 속에 들어 있는, 천(天)·지(地)·인(人) 삼재(三才)의 온갖 이치로서 크고 작고 은미하고 드러난 것들과 시작되고 끝나고 흩어지고 모이는 것들이 모두 실제로 그러한 것이며, 내 마음속에 갖추어지지 않은 것이 하나도 없다는 사실을 알게 되었다. 그러고 나서 성인은 반드시 배울 수 있는 존재로 배움이 본성을 극진히 구현하고 천명을 지극히 하는 데 이르지 못한다면 나의 일은 끝나지 않은 것임을 알았던 것이다. 당시에 공은 겨우 20세였다.

4 고정(考亭) : 송(宋)나라 주희(朱熹)를 가리킨다. 고정은 주희가 만년에 거했던 곳으로, 고정서원(考亭書院)이라는 사액을 받은 뒤로는 그를 일컫는 말이 되었다.

5 공은……품었으며 : 아우 임정이 쓴 연보에 따르면 창계는 11세 때 《대학》을 읽다가, 소주(小註) 가운데 "한 번의 숨을 혹 내쉬고 혹 들이쉴 때와 하나의 먼지가 혹 일어나고 혹 가라앉는 곳에 모두 이 이치가 있다.〔一息之或呼或吸, 一塵之或起或伏, 皆有此理.〕"라는 말을 보고는 몹시 기뻐하며 깨달은 바가 있어 곧바로 침잠하여 궁리하더니, 그 본체를 깨닫게 되었다고 하였다. 《滄溪集 附錄補 滄溪先生年譜草》 이 소주는 《대학혹문(大學或問)》 격물치지(格物致知) 부분의 "미세한 먼지 하나, 숨 한 번 쉬는 순간에도 놓아둘 수 없는 것이다.〔一塵之微, 一息之頃, 不能遺也.〕"라는 구절에 대하여 주희의 제자인 격암(格菴) 조순손(趙順孫)이 붙인 말이다.

그러나 공은 평소에 공손하여 남에게 과시하는 것을 일삼지 않았으니, 겉으로 보기에는 남들과 많이 다른 점은 없는 것 같았으나 안으로는 실로 남모르게 자신을 수양하였던 것이다. 매일 자신의 언행과 일 처리한 것을 기록하여 선악과 잘잘못을 살피고,[6] 나아가고 물러나는 기미의 요체를 알아내어 자신을 채찍질하고 바로잡되 이른 새벽부터 늦은 밤까지 한시도 그렇게 하지 않은 적이 없었으나, 남몰래 마음속 은미한 곳에서 더욱 성찰하려고 하였으므로 남들은 도리어 알 수가 없었던 것이다.

만년에 이르러서는 연평(延平)[7]의 학문을 매우 사모하여 벗들에게 자주 그에 관해 이야기해 주곤 하였으니, 그가 언행을 거두어 감추고 덕성을 함양하기를 더욱 깊고 간결하게 하여서 점차 쇄락(灑落)한 경지에 나아간 것을 또한 상상할 수 있다.

본디 공은 사람됨이 중후하고 통명(通明)하며 도량이 넓고 사려가 깊어 도(道)를 받아들일 만한 기국(器局)과 도를 성취할 만한 자질이 있었다. 게다가 일찌감치 고정을 스승으로 삼았기 때문에 도에 대해

6 매일……살피고 : 창계는 18세 때부터 〈사물잠(四勿箴)〉, 〈경재잠(敬齋箴)〉과 손으로 가려 뽑은 여러 격언을 하루 일곱 차례 외면서 자신을 반성하는 '칠성례(七省例)', 매일 자신의 언행과 동정을 기록하여 보고 살피는 '일방권점획례(日傍圈點畫例)'를 행하였다고 하였다. '일방권점획례'는 그날 행한 바가 마음에 흡족하면 동그라미로, 속인 바가 있으면 선으로, 처음에는 흡족하였으나 끝에서는 속였다면 동그라미를 치고 선을 긋고, 처음에는 속였으나 끝에서는 흡족하였다면 선을 긋고 동그라미로, 속인 것과 흡족한 것이 뒤섞여 있다면 점을 찍는 방법이다. 《滄溪集 附錄補 滄溪先生年譜草》

7 연평(延平) : 주희의 스승인 이동(李侗)을 말한다. 주희가 24세 때 이동에게 나아가 수학했는데, 뒤에 스스로 "이 선생을 뵌 뒤로부터 평이하고 실천적인 학문을 하게 되었다."라고 말한 바 있다. 《宋名臣言行錄 外集 卷12 朱熹》

그 대체(大體)를 자세히 살필 수 있어서, 실제로 그것이 자신에게 반드시 있게 하려고 한 것이 이와 같았다. 비록 그의 풍채와 명망이 남을 깜짝 놀라게 하는 점은 다소 적은 듯하지만 스스로 깨닫고 간직한 것은 참으로 옛 성현이 남기신 뜻과 암암리에 저절로 부합하였으니, 이 어찌 세상의 학자들이 미칠 수 있는 것이겠는가.

그런데도 공은 부족하다고 여겨 아무 것도 가지지 않은 듯하였고, 겸손한 모습으로 아무 것도 할 줄 모르는 것처럼 하였으며, 늘 스스로 지조를 단단히 지키지 못하고 자신을 과감히 다스리지 못하는 것을 큰 걱정으로 여겨서 허물을 뉘우치고 자책하는 말이 편지와 일기에 자주 나타난다. 이는 스스로에 대한 기대가 원대한 까닭에 작은 성취에 안주하지 않고, 스스로에 대한 성찰이 절실한 까닭에 구차하게 자기를 용서하려고 하지 않아서 그런 것이다. 아아, 이는 실로 칠조씨(漆雕氏)가 이미 대의(大意)를 보았다고 평가되고 뜻이 독실하였다고 평가를 받은 이유가 아니겠는가.[8] 하늘이 만일 공의 수명을 연장시켜 학문을 완성하게 해 주었더라면, 그 조예의 높고 깊음이 어찌 이 정도에서 그쳤겠는가. 아, 참으로 안타깝구나.

공은 문장이 출중하면서도 평소에 저술하기를 좋아하지 않았다. 그

8 칠조씨(漆雕氏)가……아니겠는가 : 공자가 제자 칠조개(漆雕開)에게 벼슬을 권하였으나 칠조개가 "저는 벼슬하는 것에 대해 아직 자신할 수 없습니다.〔吾斯之未能信.〕" 하며 사양하자, 공자가 기뻐하였다. 이에 대한 주에서 정자는 "칠조개가 대의를 보았기 때문에 공자께서 기뻐하신 것이다." 하였고, 사양좌(謝良佐)는 "칠조개의 자질이 벼슬할 만한데도 그 그릇이 작은 성취에 안주하지 않았으니 후일에 성취할 바를 어떻게 헤아릴 수 있겠는가. 공자께서 이 때문에 기뻐하신 것이다." 하였으며, 주희는 "공자께서 그의 뜻이 독실함을 기뻐하신 것이다." 하였다. 《論語 公冶長》

때문에 문집 속에 시와 문장은 단 몇 권에 불과하고 편지가 가장 많다.[9] 그중 학문을 강론하고 일에 대해 논의한 것은 모두 본말을 완전히 탐구하여서 드러내어 밝힌 것이 많다. 그러나 모두 붓 가는 대로 썼지 문장의 수식을 일삼지 않았으며, 여러 가지를 두루 상세하고 간절하게 언급하여 진실한 뜻이 흘러넘쳤다. 간곡하게 편지를 주고받을 때에는 읽는 사람으로 하여금 한층 더 부지런히 힘쓰면서도 싫증이 나지 않도록 하였다. 공의 문장을 여기에서 볼 수 있는데, 말에 운치가 있으며 독실함까지 겸비한 것은 퇴도(退陶 이황(李滉))의 글 이후로 보기 드문 것이었다.

차록(箚錄)은 대체로 온전히 남아 있지 못한 글에서 수집한 것이 많고 간혹 확정되지 않은 논의도 있으나, 문집 속에 남겨 두어 공의 독서가 구차하지 않았음을 드러냈다. 〈일록(日錄)〉은 본디 글을 외고 익힌 과정이 기록되어 있었으나 지금 그러한 부분은 모두 삭제하여 간결하게 만들었다. 〈일록〉에서 남겨 둔 것은 모두 경계하고 반성하는 절실한 말들이니, 뒤에 공을 알고 싶은 사람이 있다면 여기에서 많은 것을 깨닫게 될 것이다.

한편 공은 평소의 의론을 한결같이 고정의 뜻에 따랐으나, 유독 조정에서 상호 간 이견이 있을 때면 늘 중간에서 조정하는 것을 위주로 하였다. 이는 어쩌면 시세(時勢)로 보아 부득이한 점이 있었던 것이겠지만, 고정을 제대로 배웠다는 것에 어찌 해가 되지 않겠는가. 나는

9 문집……많다 : 《창계집》은 부록을 제외하면 모두 26권인데 그중 권1~2가 시, 권3~5가 소차(疏箚), 권6~15가 편지글이며 권16~17은 산문, 권18은 〈경연록(經筵錄)〉, 권19~24는 〈독서차록(讀書箚錄)〉, 권25~26은 〈일록(日錄)〉이다.

공이 살아 있을 적에 의견을 주고받으며 깊이 논의하지 못한 점이 한스럽다. 지하에 있는 사람을 다시 일으켜 세울 수 없으니 슬프구나.

숭정(崇禎) 기원후(紀元後) 80년 정해(1707, 숙종33) 9월 병인에 안동(安東) 김창협(金昌協)이 서문을 쓰다.

창계집 서문 滄溪集序

내 들으니 옛날에 글을 짓는 것은 말을 기록하기 위해서라 하였다. 입에서 나오면 말이 되고 책에 쓰면 글이 되니, 이 두 가지는 같은 것인데 이름이 다를 뿐이다. 옛날에는 글의 쓰임이 이러했는데, 후세로 내려와서는 마침내 이른바 '사장(詞章)의 문장'이라는 것이 생겨나서 꼼꼼하게 모방하고 지나치게 꾸미는 것을 스스로 공교하다고 여기게 되었다. 문인(文人)들의 문장만 이러한 것이 아니라 유학(儒學)에 종사하는 사람조차도 이런 데에서 벗어나지 못하는 경우가 있으니, 옛날에 글을 지었던 뜻과는 또한 차이가 많다.

창계(滄溪) 임덕함(林德涵) 공은 15세 무렵부터 문예가 높기로 이미 세상에 크게 알려졌으나,[10] 도를 찾아 묻고 배우게 되자 지엽적인 사장의 문장을 좋아하지 않고 오로지 성리(性理)의 근원을 찾는 데 마음을 다하였다. 당시의 군자들과 비록 의심스러운 점을 논의하고 문답하여 서로 도움을 받기는 하였으나, 느끼고 깨우치며 분발하기를 오직 날마다 힘써서 차라리 성인의 가르침을 실천하다가 이르지 못함이 있을지

10 15세……알려졌으나 : 아우 임정이 쓴 연보에 따르면 창계는 11세 때 《대학》 격물치지(格物致知) 부분을 읽다가 몹시 기뻐하며 깨달은 바가 있어 곧바로 침잠(沈潛)하여 궁리(窮理)하더니, 그 본체를 깨닫게 되었다고 하였다. 또한 14세 때는 이미 변려문(騈儷文)을 능숙하게 지어 조부가 그의 글을 벽에 걸어 놓자 문사들이 와서 보고 모두들 감탄하였다고 하였다. 《滄溪集 附錄補 滄溪先生年譜草》

언정 차마 구차하게 작은 성취에 안주하지 못한 것은, 진실로 내적으로 스스로 힘쓰고 다른 사람의 도움을 기다리지 않은 것이었다.

돌아보건대 내가 덕함을 만난 것이 아주 이른 시기였으므로 비록 학문에 대한 소양이 거칠어서 그가 간직하고 있는 바를 잘 파악하지는 못하였으나 그가 일에 대해 논한 소장(疏章)을 볼 때마다 마음이 열리고 눈이 밝아지지 않은 적이 없었다. 또 사우(師友)들 사이에 떠도는 말을 들어 보면 모두들 덕함의 재주와 학문을 높이 추앙하여 조정의 첫째가는 사람이라고 칭찬하니, 나는 마음속으로 헤아리기를 훗날 군주의 덕을 완성하고 사문(斯文)이 의탁할 곳은 오직 덕함뿐일 것이라고 기대하였다.

중간에 세도(世道)의 변천이 많았던 데다가 덕함 또한 겸손하여 벼슬길에 나아가기를 어렵게 여기는 것으로 스스로를 지켰다. 그러므로 명망과 지위가 현달하지 않은 것은 아니었으나 그가 배운 것을 다 행하지는 못하였던 것이다. 그러다가 조정에서의 기대가 더욱 높아지고 임금의 사랑이 더욱 두터워질 무렵, 나이가 채 50도 되기 전에 갑자기 이 세상을 떠났으니, 아아, 애석하고 또한 애통할 뿐이다.

청도 군수(淸道郡守)인 도충(道冲) 임정(林淨)은 바로 덕함의 묘군(卯君)[11]이다. 그가 덕함의 유문(遺文)을 간행하려 하면서 나에게 서문을 지어 줄 것을 청하였다. 나는 덕함에 비하여 나이는 비록 조금 더

11 묘군(卯君) : 간지(干支)에 묘(卯) 자가 들어간 해에 출생한 사람이라는 뜻으로, 아우를 가리킨다. 송(宋)나라 소식(蘇軾)이 기묘생인 아우 소철(蘇轍)의 생일을 축하하며 지은 시에 "동파가 이것을 가지고 묘군에게 축수한다.〔東坡持是壽卯君.〕"라고 한 데서 유래하였다.《東坡全集 卷22 子由生日以檀香觀音像及新合印香銀篆槃爲壽》

위이나 학문은 크게 뒤지니, 돌이켜 보건대 어찌 이 일에 큰 도움을 줄 수 있겠는가.

비록 그렇기는 하지만 지금 문집 안의 글을 살펴보니 대부분 강학의 공정(工程)을 논하였는데, 수없이 꺾으면서 이리저리 논변하여 세밀한 것까지 자세히 분석해서 명백하고 간절하여 그 진실한 정황이 충분히 드러났다. 이것으로 그가 학문에 힘쓴 것이 부지런하고 독실했음을 충분히 볼 수 있을 뿐만 아니라, 문장의 아름다움을 가지고 말하더라도 세상의 문필에 종사하는 자 중에 그 누가 이보다 더 나을 수 있겠는가. 아아, 이는 진정 유자(儒者)의 글이요, 이는 참으로 옛사람이 했듯이 글로써 말을 한 것이라 하겠다.

무자년(1708, 숙종34) 5월 길일에 의령(宜寧) 남구만(南九萬)[12]이 서문을 쓰다.

12 남구만(南九萬) : 1629~1711. 본관은 의령, 자는 운로(雲路), 호는 약천(藥泉)·미재(美齋)이다. 송준길(宋浚吉)의 제자로 영의정에 올랐으며 송시열(宋時烈)을 공격하는 소론(少論)의 영수로 지목되었다. 당시 정치 운영의 중심인물로 문장에도 뛰어났다. 저서로 《약천집(藥泉集)》이 전하며, 시호는 문충(文忠)이다.

창계집

습유 拾遺

변서[1]

辨序

내가 농암(農巖 김창협(金昌協))이 지은 〈창계집 서문〉을 읽어 보았더니 “옛날에 명도(明道 정호(程顥)) 선생이 ‘자연스러우면서 완전하다.〔安且成〕’라는 한마디 말을 얻고 나서야 비로소 소자(邵子 소옹(邵雍))의 묘지명을 지었는데, 지금 내가 창계(滄溪)에 대해서 ‘깨달은 것이 크고 간직한 것이 진실하다.〔所見者大 所存者實〕’라는 한마디를 얻고서야 이에 감히 붓을 들어 서문을 짓는다.”라고 하였다. 그 아래에서 창계가 학문에 뜻을 두고 도를 구한 일을 서술하고는 맺으며 말하기를 “공은 도에 대해 그 대체(大體)를 자세히 살필 수 있어서 실제로 그것이 자신에게 반드시 있게 하려고 하였으며, 이는 실로 칠조씨(漆雕氏)가 이미 대의(大意)를 보았다고 평가된 까닭이다.” 하였다.[2] 이렇게 말함으로써 그

1 변서(辨序) : 김창협이 쓴 〈창계집 서문〉에 드러난 문제점을 지적하여 김창협을 비판하면서, 그럼에도 불구하고 그 서문을 문집에 수록해야 하는 이유를 밝히고 있다. 이 글은 최석정(崔錫鼎)의 《명곡집(明谷集)》 권12에 〈제창계집후(題滄溪集後)〉라는 제목으로 실려 있는데 《명곡집》과 이 판본 사이에 글자의 출입이 다소 있다.

2 이는……하였다 : 대본에는 ‘斯固漆雕氏所以爲已見大意云者’로 되어 있는데, 《명곡집》 권12 〈제창계집후〉에는 ‘意’ 뒤에 ‘而其志篤也, 余以爲曾漆之見大意’가 더 있다. 공자가 제자 칠조개(漆雕開)에게 벼슬을 권하였으나 칠조개가 “저는 벼슬하는 것에 대해 아직 자신할 수 없습니다.〔吾斯之未能信.〕” 하며 사양하자, 공자가 기뻐하였다. 이에 대한 주에서 정자는 “칠조개가 대의를 보았기 때문에 공자께서 기뻐하신 것이다.” 하였고, 사양좌(謝良佐)는 “칠조개의 자질이 벼슬할 만한데도 그 그릇이 작은 성취에 안주하지 않았으니 후일에 성취할 바를 어떻게 헤아릴 수 있겠는가. 공자께서 이 때문에

가 내외의 구분을 분별하였으며, 도의를 중하게 여기고 작록을 가볍게 여겼다는 사실을 알았다고 하였으니, 오늘날 사람들이 '대체가 참으로 훌륭하다.〔大體固好〕'라고 하는 것과 같다.

대저 이른바 '깨달은 것이 크다.〔所見者大〕'라는 말은 곧 선현께서 말한 "군자는 먼저 원대한 것을 수립해야 한다.〔君子先立乎遠者大者〕"라는 것이니, 이는 곧 "천지를 위하여 마음을 세우고, 백성을 위하여 명을 세우며, 옛 성인을 위하여 끊어진 학문을 잇고, 만세를 위하여 태평을 연다.〔爲天地立心 爲生民立命 爲往聖繼絶學 爲萬世開太平〕"[3]라는 말과 같은 것이 이것이다. 그런데 지금 정자가 칠조개를 칭찬한 말을 인용하여 비유로 들면서 "깨달은 것이 크다."라고 하였으니, 그렇게 칭찬하고 인정한 이유가 어디에 있단 말인가.

또한 '간직한 것이 진실하다.〔所存者實〕'라고 하였는데, 비록 '진실하여 망녕됨이 없는〔眞實無妄〕' 상태[4]에는 아직 이르지 못했지만, 그 학문하는 공부가 작은 것부터 조금씩 계속해서 쌓아 간 것이 모두 실제적인 것에 의거한 실질적인 공부였으며 세속의 허위나 가식으로 꾸미는 버릇이 없었으니 역시 진실하다고 할 수 있을 것이다. 다만 지금 여기에 '욕(欲)'이라는 글자 하나를 넣었는데,[5] 초학(初學)의 선비들

기뻐하신 것이다." 하였으며, 주희는 "공자께서 그의 뜻이 독실함을 기뻐하신 것이다." 하였다. 《論語 公冶長》

3 천지를……연다 : 장재(張載)의 《장자전서(張子全書)》 권14 〈근사록습유(近思錄拾遺)〉에 나오는 말이다.

4 진실하여……상태 : 성(誠)의 상태를 말한다. 《중용장구》 제16장에서 "성은 진실하여 망녕됨이 없음을 이른다.〔誠者, 眞實無妄之謂.〕"라고 하였다.

5 욕(欲)이라는……넣었는데 : 김창협이 〈창계집 서문〉에서 말한 "공은 도에 대해 그

중에 '성(誠)'할 것을 생각하는 데 뜻을 둔 자들은 모두 '진실하고자 한다.〔欲其眞實〕'라고 할 수 있으니, 그렇다면 "간직한 것이 진실하다." 라고 한 것은 또한 창계에 대하여 아는 바가 얕아서 그런 것이라고 하겠다.[6]

일찍이 장남헌(張南軒)[7]이 육사산(陸梭山)[8]에 대해 논한 것을 살펴보았더니, 바로 "깨달은 것이 크고 근거한 것이 진실하다.〔所見者大所據者實〕"[9]라고 하였다. 지금 농암이 창계에 대해 논한 것을 보면 그를 어떤 위치에 놓고 평한 것인지 모르겠다. 그리고 육씨(陸氏) 형제는 모두 선지(禪旨)에 물들어 대도(大道)의 요체를 깨닫지 못하였으니,

대체를 자세히 살필 수 있어서, 실제로 그것이 자신에게 반드시 있게 하려고 한 것이 이와 같았다.〔其於道, 能究觀大體, 而必欲實有諸己也如此.〕"라는 문장에 있는 '욕(欲)' 자를 가리킨다.

6 또한……하겠다 : 대본에는 '亦淺知滄溪也'로 되어 있는데, 《명곡집》 권12 〈제창계집후〉에는 '亦淺之爲知滄溪也'로 되어 있다.

7 장남헌(張南軒) : 남헌은 장식(張栻, 1133~1180) 호이다. 자는 경부(敬夫)이고, 남헌 선생으로 불렸다. 동래(東萊) 여조겸(呂祖謙), 주희(朱熹)와 절친하여 동남삼현(東南三賢)이라 일컬어졌다. 《宋史 卷429 張栻列傳, 卷434 呂祖謙列傳》

8 육사산(陸梭山) : 송나라 육구소(陸九韶, 1128~1205)로, 사산은 육구소의 호이다. 복재(復齋) 육구령(陸九齡), 상산(象山) 육구연(陸九淵) 형제를 합하여 '강서(江西)의 삼육(三陸)'이라 칭한다. 이들은 상산학파를 형성하였으며, 마음을 우주 만물의 근본으로 삼는 '심즉리설(心卽理說)'을 주장하여 정주(程朱)의 이학(理學)에 반대하였다.

9 깨달은……진실하다 : 이 구절의 정확한 출처는 찾지 못하였다. 그러나 장식이 육구령과 서로 모르고 지내다가 만년에 편지로 강학하면서 세도(世道)의 중한 임무를 맡을 것으로 기대하였고, 여조겸이 육구령을 평하면서 "그 뜻한 바가 크고 의거한 것이 진실하다.〔其所志者大, 所據者實.〕"라고 하였다는 기록이 《송사(宋史)》에 함께 나오는데 이 때문에 이렇게 말한 것이 아닐까 한다. 여조겸의 이 평은 육구령에 대한 묘지명에 나온다. 《宋史 卷434 儒林列傳4 陸九齡》 《東萊集 卷13 陸先生墓誌銘》

그렇다면 농암이 마음으로 깨달았다며 세상을 떠난 사람에 대한 평가로 삼은 말을 창옹(滄翁)이 지하에서 일어날 수 있다면 능히 마음으로 받아들이고 기꺼이 허여할 수 있을지 나는 모르겠다.

서문의 끝 부분에서 농암은 말하기를 "공은 평소의 의론을 한결같이 고정(考亭)의 뜻에 따랐으나, 유독 조정에서 상호 간 이견이 있을 때면 늘 중간에서 조정(調停)하는 것을 위주로 하였다. 이는 어쩌면 시세(時勢)로 보아 부득이한 점이 있었던 것이겠지만, 또한 고정을 제대로 배운 것이라고 말할 수 있겠는가. 공이 살아 있을 적에 의견을 주고받으며 깊이 논의하지 못한 점이 한스럽다.……"라고 하였다.

이른바 조정 운운한 것은 송(宋)나라 철종(哲宗) 때 범요부(范堯夫 범순인(范純仁)), 여미중(呂微中 여대방(呂大防)) 등 여러 공이 희풍(熙豐), 원우(元祐) 연간에 집권하였던 사람들을 모두 괜찮다고 하여 통용한 것[10]을 말한 것일 뿐이다. 지금 창옹이 신유년(1681, 숙종7) 이후로 임금에게 올린 주차(奏箚)나 경연에서 아뢴 계책은 청의(清議)의 길을 넓히고 훈척(勳戚)을 억제하는 것을 위주로 하지 않은 것이 없었으니, 만약 '한쪽으로 치우쳤다.〔偏於一邊〕'라고 한다면 옳거니와, 지금 '조정을 위주로 하였다.〔主於調停〕'라고 한다면 아마도 덕함(德涵)의 실제

10 송(宋)나라……것 : 희풍은 송 신종(宋神宗) 때인 희령(熙寧, 1068~1077)과 원풍(元豐, 1078~1085) 연간을 말한다. 이때에는 왕안석(王安石) 등 신법파(新法派)가 득세하였다. 원우(元祐)는 신종이 죽고 철종(哲宗)이 즉위한 시기로, 원우 초기 왕안석을 주축으로 하던 신법파가 실각하고 사마광(司馬光) 등 구법파가 다시 권력을 잡았는데, 신법파의 공격이 심해지자 범순인과 여대방이 재상으로 있으면서 유안세(劉安世)의 만류에도 불구하고 조정한다는 명목으로 이청신(李淸臣), 등온백(鄧溫伯) 등 왕안석의 당파를 등용하였다가 훗날 화란을 초래하였다.

자취는 아닐 것이다. 게다가 덕함이 한쪽으로 치우친 것도 그 사이에 터럭만큼의 사심이 있어서가 아니라 단지 그 견해가 이와 같아서 어쩔 수 없이 시대와 풍속을 바로잡으려는 논의를 하지 않을 수 없었던 것뿐이다.

게다가 신유년 이후부터 무진년(1688) 이전까지는 중화(仲和 김창협)와 덕함이 함께 높은 지위에 있으면서 일을 맡아보던 시기였다. 기사년(1689)의 화변[11] 이후로는 비록 전처럼 오고 가며 만나지는 못했지만 편지로 안부를 묻는 일은 여전히 많아서 끊긴 적이 없었다. 그런데 여기에서 "살아 있을 적에 의견을 주고받으며 깊이 논의하지 못하였다."라고 하면서, 지하에 있는 사람을 다시 일으켜 세우기 어렵다고 탄식을 하니 이 또한 도대체 어찌된 것인가. 성인께서 이르시기를 "도가 같지 않으면 서로 어울려 도모하지 못한다.〔道不同 不相爲謀〕"[12]라고 하셨는데, 두 분의 소견이 근원에서부터 다르다면 그 언론(言論)이며 심사(心事)도 저절로 어긋나는 것을 면치 못하였을 것이니 이 또한 어찌 괴이하게 여길 만한 일이겠는가.

창계의 아우 도충(道冲) 임정(林淨)이 나에게 서문을 요청하였다. 다른 말을 할 겨를은 없고 다만 중화와 창옹이 도의(道義)로 사귀었지만 그 학문이나 논의는 오히려 서로 깊이 알지 못한 점이 있다는 것만 밝혀 둔다. 심지어 육자수(陸子壽 육구령(陸九齡))나 범요부를 끌어다

11 기사년의 화변 : 1689년(숙종15) 후궁 희빈(禧嬪) 장씨(張氏) 소생을 원자로 정호(定號)하는 문제를 계기로 서인이 축출되고 남인이 정권을 장악한 기사환국(己巳換局)을 가리킨다. 이때 김창협의 부친 김수항(金壽恒)은 진도(珍島)로 귀양 갔다가 사사(賜死)되었다.

12 도가……못한다 : 《논어》 〈위령공(衛靈公)〉에 나오는 말이다.

서로 비교하기까지 하였으니, 참으로 '흰머리가 되도록 오래 사귀었어도 처음 본 사람처럼 느껴진다.〔白頭如新〕'라는 말이 헛된 말이 아니로다. 이에 한마디 말로 이와 같이 논변하지만, 지금 중화도 이미 이 세상 사람이 아니어서 얼굴을 마주 대하고 논변할 수 없는 것이 한스러우니, 중화가 창옹과 마주 대하여 논변할 수 없다고 탄식한 것과 같구나.

도충이 중화의 서문을 이미 만족스럽지 않게 여겨 새기지 않으려 하였는데, 내가 말하기를 "그렇지 않다. 옛사람이 남에게 서문을 부탁하였을 때 비록 그의 뜻에 만족스럽지 않은 곳이 있을지라도 대부분 판각했던 것은 대개 백세(百世)의 공론(公論)을 기다리기 때문일 뿐이다. 글을 부탁해 놓고 새기지 않는다면 아마도 충후(忠厚)한 뜻은 못될 것이다."라고 하여 마침내 새겼으니, 이치에 밝지 않은 사람이 본다면 어떻게 생각하겠는가. 저 창계의 학문과 조예(造詣)의 깊이 등에 대해서는 내가 뇌문(誄文)[13]에서 이미 대략 언급하였고 또 장차 묘도문(墓道文)이 만들어질 것이니, 후세 사람들은 절로 알게 될 것이다.

년 월 일에 벗 완산(完山) 최석정(崔錫鼎)이 서문을 쓰다.

13 뇌문(誄文) : 《창계집》 권27 부록에 최석정이 쓴 제문이 있다.

서법의 장단을 논한 글
論書法長短

종왕(鍾王)[14]의 필적(筆跡)은 맑고 참되고 정묘(精妙)하여 서법(書法)의 정종(正宗)이 되지만, 학문이 지극하지 않다 보니 모양내는 데로만 흘러 생소하다는 병통이 있다. 노공(魯公)[15]의 필체는 웅장하고 기운차서 글씨의 대가라고 하겠으나, 학문에 폐단이 있다 보니 거칠어지는 잘못이 있어 뚝뚝해지는 결과를 낳았다. 송설(松雪)[16]의 글자는 평이하면서도 능수능란하여 글씨 가운데 가장 쓰기 적합한 체이지만, 그것을 배우는 자는 항상 비속(卑俗)한 데로 빠져 옛 의취(意趣)는 쓸어 없앤 듯 찾아볼 수가 없었다. 글씨를 배우는 자가 바른 것을 주로 하고, 큰 것에 통달하고, 적합함을 얻으면서 말류에 가서 폐단에 빠지지 않는다면 이상적일 것이다.-서법가의 이름난 필적에는 각각 일종의 익히는 요령과 기상이 있다. 먼저 이 뜻을 알아야 글씨를 쓸 수 있다.-

신미년(1691, 숙종17) 2월 그믐 전날, 사촌(沙村) 죽림교사(竹林僑舍)에서 쓰다.

14 종왕(鍾王) : 서예가인 위(魏)나라의 종요(鍾繇)와 진(晉)나라의 왕희지(王羲之)를 가리킨다.

15 노공(魯公) : 당(唐)나라 서법가(書法家) 안진경(顔眞卿)의 봉호(封號)이다.

16 송설(松雪) : 송설도인(松雪道人)이라는 호를 가진 원(元)나라의 화가 조맹부(趙孟頫)를 가리킨다.

갖옷과 칡베 옷에 관한 설[17]

裘葛說

위와 같다.[18] 옮겨 적었다.

객 중에 괴이하게 행동하는 데 힘쓰는 자가 있었는데, 그는 엄동설한에는 칡베 옷을 입고 한여름에는 두꺼운 갖옷을 입었다. 그런데 친구들은 모두 그를 신(神)이라고 하였고, 객 또한 스스로 지극한 이치를 깨달았다고 여겼다. 내가 탄식하기를 "새롭고 괴이한 일로 사람을 현혹시킴이 이와 같구나."라고 하였다. 내가 한번 만나 명확히 판단하지 않고서야 어떻게 많은 사람의 의혹을 풀어 줄 수 있겠는가. 그래서 그에게 가서 그 방법을 물었다.

그때가 한겨울 섣달인데도 과연 칡베 옷 하나를 걸치고 앉아 있었는데, 얼굴빛이 훈훈해 보였다. 내가 괴이해서 물었다.

"무릇 겨울에는 갖옷을 입고 여름에는 칡베 옷을 입는 것이 바꿀 수 없는 불변의 이치요. 이치상 바꿀 수 없을 뿐만이 아니니, 바꾸면 더위 쪄 죽고 추워 얼어 죽는 자가 틀림없이 세상에 계속해서 이어질 터라 형세상 진실로 부득불 바꾸지 않는 것이오. 그런데 지금 그대는

17 갖옷과……설 : 대본에는 이 작품 앞에 〈병제설(兵制說)〉이 실려 있는데, 〈병제설〉은 조현기(趙顯期)가 1674년(현종15)에 지어 올린 '갑인봉사(甲寅封事)' 가운데 일부 내용을 창계가 뽑아 편집한 것이므로 여기에는 수록하지 않았다.

18 위와 같다 : 초년에 기록한 것임을 말한다. 습유(拾遺) 가운데 이 작품 앞에 실린 〈병제설〉의 제목 옆에 '초년소록(初年所錄)'이라는 원주가 있다. 이로 볼 때, 이 내용도 초년에 기록한 것을 가리키는 것으로 보인다.

이와 반대로 하면서도 얼굴빛이 남들과 다르지 않으니, 어찌된 일이오? 내가 듣자니 남쪽 사람들은 더운 것을 잘 참고, 북쪽 사람들은 추운 것을 잘 참는다고 하는데, 그대는 이를 겸해서 그런 것이오? 옛사람 중에 불로 열을 다스리고 얼음으로 추위를 다스리는 자가 있었는데, 그대도 그 방법을 터득한 것이오? 만약 그렇다면 이는 다만 남쪽과 북쪽 사람의 기질을 겸하여 받은 것이고, 옛 술사(術士)들이 쓰다 남은 비방을 답습한 것이니, 지극한 이치를 터득했다고 할 게 어디 있겠소? 그게 아니라면 별다른 뜻이 있는 줄도 모르는 것은 아니오?"

그러자 객이 말했다.

"앉으시오. 내가 말해 주겠소. 일반 사람들이 꼭 여름에는 칡베 옷을 입고 겨울에는 갖옷을 입으려 한다는 것을 나도 알고 있소. 이는 칡베 옷은 바람을 들이고 갖옷은 바람을 막기 때문이오. 비록 그러하나 칡베 옷이 바람을 들이는 것은 얇고 틈이 많기 때문인데, 얇고 틈이 많다 보니 들어온 바람이 오래지 않아 나간다오. 갖옷이 바람을 막아 줄 수 있는 것은 두텁고 틈이 없어서인데, 두텁고 틈이 없다 보니 밖에 있는 바람을 막을 뿐만 아니라 이미 들어온 바람도 막아 나가지 못하게 한다오. 그러니 더울 때는 잠깐 바람을 들였다가 또 내보내느니 이미 들어온 바람을 막아 늘 안에 모아 두는 것이 낫고, 추울 때는 이미 들어온 바람을 막아 안에 모아 두느니 잠깐 들였다 또 내보내 오래 남아 있지 못하게 하는 것이 낫소. 아, 그러니 겨울에 갖옷을 입고 여름에 칡베 옷을 입는 것이 과연 바른 즐거움을 얻은 것이겠소? 내가 보기엔 그것을 바꾸는 것이 오히려 더 낫소. 여름철 한창 더울 때, 쇠와 바위도 녹아내릴 듯하고 땅도 산도 타들어 가

두자미(杜子美)가 맨발로 얼음을 밟고[19] 유효위(劉孝威)가 삼베옷 마저 입기 싫어할 때,[20] 이때가 가장 더울 때요. 내가 이때에 두꺼운 갖옷을 입고 침상에 누워 옷깃을 열고 서늘한 바람을 받아들이고, 또 이어서 옷깃을 여미면 이 바람이 종일토록 빠져나가지 못해 시원하게 솔솔 부는 바람이 배에서부터 등으로, 척추에서 갈비뼈로, 왼쪽 겨드랑이에서 오른쪽으로, 오른쪽 겨드랑이에서 왼쪽으로 종일 서늘하게 불어온다오. 이 한 몸을 돌면서 앞으로 갔다 뒤로 갔다, 위로 갔다 아래로 갔다 하는 것이 몇천 번이나 되는지 나는 모른다오. 그래서 여름날이 다 가도록 오래오래 바람과 짝이 되어 열자(列子)가 보름 동안 바람을 몰고 다닌 것[21] 이상으로 다닐 수가 있는 것이오. 칡베 옷을 입고 맑은 바람을 쐬는 것은 참으로 이른바 흰

19 두자미(杜子美)가……밟고 : 당(唐)나라 시인 두보(杜甫)가 늦더위에 시달리다 지은 〈초가을 무더위에 시달리는데 문서가 계속 쌓이네〔早秋苦熱堆案相仍〕〉라는 시에 "칠월 초엿샛날 무더위로 푹푹 쪄서, 밥상 앞에서 잠깐 한 술 뜨는 일도 할 수가 없네. 밤마다 나오는 전갈로 늘 시름겨운데, 가을로 접어든 뒤 파리까지 들끓네. 대를 두르니 미치도록 더워 소리 지르고 싶은데, 처리할 문서는 어찌 그리 급하게 이어지는지? 남쪽을 바라보니 푸른 솔이 골짜기에 걸쳐져 있는데, 어찌하면 맨발로 두꺼운 얼음을 밟아 볼 수 있을까.〔七月六日苦炎蒸, 對食暫餐還不能. 常愁夜來皆是蝎, 況乃秋後轉多蠅. 束帶發狂欲大叫, 簿書何急來相仍. 南望青松架短壑, 安得赤脚踏層氷?〕"라는 내용이 있다. 《杜詩全集 卷5》

20 유효위(劉孝威)가……때 : 남조(南朝) 양(梁)나라 때의 시인 유효위가 지은 〈무더위〔苦暑〕〉라는 시에 "얇은 비단도 무겁게만 느껴지고, 가는 칡베 옷도 서늘하지 않네.〔弱紈猶覺重, 纖絺尙少凉.〕"라는 내용이 있다. 《藝文類聚 卷5》

21 열자(列子)가……것 : 《장자(莊子)》 〈소요유(逍遙遊)〉에 "대저 열자는 바람을 타고 돌아다니면서 시원하게 잘 지내다가 보름 만에야 돌아오곤 한다.〔夫列子御風而行, 泠然善也, 旬有五日而後反.〕"라는 말이 있다.

망아지가 문틈으로 지나가는 것[22]처럼 짧긴 해도 그 서늘한 감을 알 수 있소. 이 칡베 옷을 겨울에 입게 되면 서늘한 감은 모르고 그 따뜻함을 알 수 있을 것이니, 그 즐거움을 상상할 수 있소. 그대가 믿지 못하겠으면 내 얼굴을 한번 보시오. 전에 그대의 이웃 두 사람이 와서 나에게 이에 대해 물어 내가 그대에게 말한 내용으로 일러주자, 두 사람이 그 말을 믿고 돌아간 지가 몇 년이 되었소. 어찌 그대의 이웃 두 사람에게만 고해 주고 말겠소. 내가 앞으로 이것을 우리 임금께 아뢰어 많은 사람과 함께 그 즐거움을 함께할 것이오."

나는 웃으며 답하였다.

"나는 객이 분명 지극히 신묘한 이치를 말할 거라 여겼는데, 괴상한 논리만 대고 있구려. 객은 갖옷이 바람을 막아 나가지 않게 하는 줄만 알았지, 밖에 있는 바람이 들어올 틈이 없다는 것은 모르고, 칡베 옷에서 바람이 쉽게 빠져나간다는 것만 알았지 빠져나가는 게 쉬우면 들어오는 것도 쉽다는 것을 모르오. 그대의 말이 천하에 행해진다면 반드시 더워 쪄 죽고 추워 얼어 죽는 자가 많을 것이오. 그대는 그것을 반대로 하면서도 편안하니, 참으로 괴물이라 하겠소."

그러자 객이 나에게 아무 대답도 하지 못하였다. 돌아가 이웃의 두 사람을 방문해 보니, 한 사람은 더워 쪄 죽었고 한 사람은 추워 얼어 죽었다.

22 흰……것 : 《장자》 〈지북유(知北遊)〉에 "사람이 천지간에 사는 것은 마치 흰 망아지가 틈 사이를 지나가는 것처럼 잠깐일 뿐이다.〔人生天地之間, 若白駒之過隙, 忽然而已.〕"라고 한 데서 온 말로, 시간이 매우 짧음을 비유한 것이다.

주정설

主靜說

이 글은 아마도 젊을 때 지은 것이 아닐까 한다. 대의(大義)는 파악하였지만 말에 그다지 정밀하지 않은 점이 있다. 넣을지 뺄지는 다시 생각해 보아야 한다.[23]

성인(聖人)은 동정(動靜)의 덕을 온전히 갖추었으나 항상 정(靜)에 근본을 두고, 중인(衆人)은 동정의 이(理)를 모두 갖추었으나 항상 동(動)에서 실수한다. 이는 사람 마음에 갖추어져 있어 애초에 동정의 구별이 있는 게 아닌데도 중인이 동에서 항상 실수를 하는 것은 어째서인가? 이는 이가 동정을 다 간직하고 있어 항상 기(氣)에서 떨어지지 않지만, 정할 때는 기가 아직 작용하기 전이라 이가 그대로 있을 수 있어도 동하여 기가 발하여 작용하기 시작하면 이는 항상 기에 가려져서이다. 그러므로 군자의 학문은 반드시 정을 근본으로 삼으니, 정할 수 있으면 이가 주가 되고, 이가 주가 되면 그대로 따르게 된다. 그리하여 동도 어딜 가나 이치 아님이 없게 된다. 이와 같은 뒤에야 성인의 도를 배워 동정의 이치를 온전하게 할 수 있을 것이다.

옛날 공자(孔子)는 감응하여 통하는 묘리(妙理)를 논할 때 반드시 적연(寂然)한 본체에 근본하였으며, 자사(子思)는 시중(時中)의 도를 말할 때 반드시 발하기 이전의 중(中)에 대해 먼저 말하였다. 염락(濂洛) 제현(諸賢)이 끊긴 학문을 이어서 일으킬 적에도 주정(主靜)을

23 이……한다 : 필사본 원문 제목 아래에 문집 편찬 전에 수록 여부를 신중히 판단하도록 따로 적어 둔 문장이다. 결국 이 작품은 《창계집》 본집에는 수록되지 않았다.

도서(圖書)의 요지로 삼거나,[24] 혹 성품이 고요한 자가 학문을 할 수 있다고 말하거나,[25] 정좌(靜坐)하는 사람을 볼 때마다 반드시 그가 잘 배웠다고 감탄하였으니,[26] 그 뜻이 어찌 아주 절실하면서도 밝게 드러난 것이 아니겠는가.

이로부터 구산(龜山), 예장(豫章), 연평(延平) 사이에 주고받은 종지(宗旨)도 이것을 서로 전하는 제일의(第一義)로 삼지 않은 적이 없다.[27] 고정(考亭 주희(朱熹))이 연평에게 들은 것도 그 요체가 여기에서 벗어나지 않으니, 학문의 도를 어찌 다른 것에서 구할 수 있겠는가. 학자가 시비를 분별하고 선을 행하고 악을 제거하는 것은 모두 동(動)할 때의 일로, 이는 모두 나의 앎과 행함에 절실한 것이어서 발전하는 효험을 즉시 볼 수 있다. 그러나 정(靜) 같은 경우는 이미 분별하거나 시비하는 일이 없으니, 선(善)도 할 것이 없는데, 하물며 제거할 악이 있겠는가. 이 모두가 없는 상태에서 적막하게 정(靜)을 주로 할 뿐이니, 어디에 발전할 것이 있겠는가. 그런데도 성현이 참으로 여기에 정성을 다했으니, 이는 또한 무엇을 취한 것인가.

24 주정(主靜)을……삼거나 : 송나라 유학자 주돈이(周敦頤)가 《태극도설(太極圖說)》에서 "성인이 중, 정, 인, 의로써 정하되 정을 위주로 하여 사람의 법도를 세웠다.〔聖人定之以中正仁義而主靜, 立人極焉.〕"라고 하였다.

25 성품이……말하거나 : 명도(明道) 정호(程顥)의 말로 《이정외서(二程外書)》에 기록되어 있다.

26 정좌(靜坐)하는……감탄하였으니 : 이천(伊川) 정이(程頤)의 일로, 《송명신언행록(宋名臣言行錄)》에 기록되어 있다.

27 구산(龜山)……없다 : 구산은 정자(程子)의 문인(門人)인 양시(楊時)이고, 예장은 양시의 문인인 나종언(羅從彦)이고, 연평은 나종언의 문인이자 주희의 스승인 이동(李侗)이다. 이 말은 주희의 학문 연원에서 주정을 종지로 삼았음을 뜻한다.

아, 사람 마음의 이치는 오성(五性)이 절로 온전하여 털끝만큼도 더할 것 없이 온갖 선이 갖추어져 있다. 다만 타고난 기질로부터 자유롭지 못하고 물욕에 천착하기 때문에 성선(性善)의 이치가 점차 은미하고 모호해져 거의 사라지기도 하는 것일 뿐이다. 사람이 정(靜)을 주로 할 수 있으면 고요할 때에 타고난 기질이 드러나는 바도 없고 물욕이 싹트는 바도 없어 오성의 본체가 드러나지 않는 가운데 유독 온전하여 온갖 선의 근본이 여기에서 길러지게 된다. 이는 그 공부가 완전하고 효험이 뛰어난 것이니, 또 어찌 움직일 때 생기는 일 정도에 그치겠는가.

지금 또 일상생활하는 가운데서 스스로 징험해 보아도 알기가 어렵지 않다. 움직일 때는 시비를 따지고 선을 권하고 악을 징계하는데, 그 뜻이 진실로 절실한 듯하지만 진실로 지극히 힘쓰는 것이 아니기 때문에 결국에는 개인적인 지략과 객기(客氣)를 쓰는 데서 쉽게 벗어나지 못한다. 오직 잠깐 사이라도 초연히 사물의 저 너머로 벗어나, 여러 생각을 내려놓고 쉬면서 자신을 지킬 수 있다면 보고 듣고 사색하느라 애쓰지 않고도 일에 임하고 사물에 응대할 때 의리가 절로 드러나고, 애써 힘쓰고 다스리지 않아도 선한 단서가 저절로 나타나고 사욕이 저절로 물러난다. 그러니 움직이고 일하는 말단적인 일에 얽매이는 것보다 훨씬 더 낫다. 이것이 비록 정을 주로 한 것의 지극한 효용을 말하기에는 부족하지만 그래도 이를 따라 나아가면 한없이 좋은 일이 있음을 알 수 있으니, 참으로 마음을 다하지 않을 수 없다. 건(乾)의 도는 전일(專一)하지 않으면 곧장 이룰 수가 없고, 곤(坤)의 도는 수렴하지 않으면 발산할 수 없다.[28] 산이 그곳에 멈춰 있지 않으면 사물을 키워 낼 수 없고, 물이 잔잔하지 않으면 사물을 비출 수 없다.[29] 하늘과

땅부터도 오히려 정(靜)에서 도움 받는 게 없을 수 없거늘, 하물며 시도 때도 없이 뒤바뀌는 사람의 마음이야 어떻겠는가.

비록 그러하나 함부로 행동하면서 정(靜)의 이치를 덮어 버리는 것이 참으로 많은 사람의 공통된 병통이긴 하나, 정을 탐닉하여 동(動)의 이치를 덮어 버리는 것도 이단의 극단적인 폐단이다. 지나치건 미치지 못하건 중(中)을 잃기는 마찬가지다. 진실로 동이 그 정을 덮어 버리는 줄만 알고, 정에 치우친 것이 또 허무한 데로 빠져드는 것을 알지 못한다면 어찌 군자가 정을 주로 하는 학문이겠는가. 정을 주로 하는 것은 그 동을 제어하려는 것이다. 만약 정에 치우쳐 또 저 대용(大用)의 행위에 어둡다면 이는 동의 이치에 흠이 있을 뿐만이 아니니, 이른바 정 또한 더 이상 우리 유자가 가리키는 큰 근본이 되는 정이 아님에 틀림없다. 정으로 근본을 세우고, 또 동으로 그 쓰임을 이루어야 하는데, 그 근본을 세움은 삼가고 두려워하여 어느 때고 공경하지 않음이 없어야 하고, 그 쓰임을 이룸은 이치를 궁구하고 홀로일 때 삼가서 어떤 일이건 공경하지 않음이 없어야 한다. 동정(動靜)과 지행(知行)의 사이에 경(敬)이 관통하지 않음이 없어야 바야흐로 치우친 폐단이

28 건(乾)의……없다 : 《주역》 〈계사전 상(繫辭傳上)〉 제6장에서 "건은 정함이 전일하고 동함이 곧기 때문에 큼이 생겨나며, 곤은 정함이 합쳐지고 동함이 열리기 때문에 넓음이 생겨난다.〔夫乾, 其靜也專, 其動也直, 是以大生焉; 夫坤, 其靜也翕, 其動也闢, 是以廣生焉.〕"라고 하였는데, 이에 대해 이천(伊川) 정이(程頤)가 "전일하지 않으면 곧장 이룰 수 없고,……수렴하지 않으면 발산할 수 없다.〔不專一則不能直遂,……不翕聚則不能發散.〕"라고 하였다.

29 산이……없다 : 이 문장은 퇴계 이황이 지은 〈정재기(靜齋記)〉에 실려 있다. 《退溪集 卷42》

없어 새는 것을 막을 수 있을 것이다.

어떤 이가 "경이 지행과 동정 사이를 관통한다면 경만 말해도 충분할 텐데, 왜 또 주정(主靜)을 말하는 것입니까?" 하였다. 그래서 이에 답하였다. "이런 말이 있다. 정자(程子)와 주자(朱子)의 문하에서는 평소 경 자를 말하였고, 주정의 뜻은 어쩌다 언급하였으니, 이 또한 어찌 경 자 공부가 전체를 꿰뚫어 다 포괄하기 때문이 아니겠는가. 그러나 만약 경 자가 다 포괄한다는 것만을 알고 다 포괄하는 가운데 또 반드시 먼저 정에 중점을 둔다는 것을 모른다면, 학문에 근본이 없어 경을 실천할 수 없을 것이다. 그것이 어찌 성현의 깊은 뜻을 펴고 동정의 이치를 온전히 하는 것이겠는가. 그러므로 주자는 "경 자 공부는 동정을 꿰뚫지만 반드시 정을 근본으로 한다."[30]라고 하였다. 훌륭하도다. 그 말이 폭넓으면서도 긴요하지 않은가. 주정의 뜻이 확립된 것이다. 퇴계(退溪)의 〈정재기(靜齋記)〉[31]의 문장을 살펴보면 여러 기(記) 가운데서도 가장 정밀하고 심오하다. 다만 이해가 가지 않은 점이 있으니, 주정의 본의를 말한 것은 자세하지 않고, 정에 탐닉할 때의 병폐를 말한 것이 도리어 많은 것이다. 움직이며 살피는 데에 치우쳤을 때의 폐단을 말한 것은 뜻을 미루어 넓힌다는 것이 너무 나가서 지루하고 번거로운 점이 있음을 면치 못했을 뿐이다. 남시보(南時甫)가 물은 것[32]

30 경……한다 : 이 말은 《회암집(晦庵集)》 권32 〈답장흠부(答張欽夫)〉에 보인다.

31 정재기(靜齋記) : 이 작품은 퇴계가 남언경(南彦經)을 위해 지어 준 것으로, 《퇴계집》 권42에 보인다.

32 남시보(南時甫)가 물은 것 : 《퇴계집》 권42 〈정재기(靜齋記)〉 끝에 이황이 남언경에게 준 글이 실려 있는데, 이 글에 정(靜)할 때에는 기(氣)가 용사(用事)하지 않은 까닭에 이(理)가 저절로 있게 된다고 했던 것을 두고 전에 논한 내용이 있다. 이에

또한 매우 절실하나, 다만 기(氣)가 용사(用事)하기 전이라 해서 기가 없는 것이 아닌 점을 깨닫기만 했다면 허다한 의문점들이 모두 풀렸을 것이다."-남시보는 이름은 언경(彦經), 호(號)는 동강(東岡)이고, 화담(花潭)의 문인이다. 증손은 참판 남노성(南老星)이다.-

대해 남언경은 "만약에 정할 때에 기가 용사하지 않는다면, 이른바 기라는 것은 정한 곳에서는 없고 동(動)하는 곳에만 있으며, 이른바 이라는 것은 정한 곳에서는 밝고 동하는 곳에서는 어두운 것이니, 어찌 그 이와 기가 하나로 합하여 끝없이 유행(流行)하는 묘리(妙理)를 보겠습니까?"라고 물었다. 《霞谷集 卷8 存言上》 시보는 남언경의 자이다.

자효당서[33] 임인년(1662, 현종3) 봄, 14세에 짓다.

慈孝堂序 壬寅春 十四歲作

옮겨 적다.

집에는 숙(塾)을, 당(黨)에는 서(序)를 서까래 여덟아홉 규모로 지어 두고, 아들은 효성스럽고 아버지는 자애롭다는 편액 몇 개를 걸어 두니, 쓸쓸하던 집안에 오륜(五倫)이 온전해진다. 골짜기에 봄이 다시 찾아오면 한 치 자라난 새싹을 보며 은혜 갚기를 생각하고,[34] 교외에 맑은 가을날이 오면 흰 구름을 바라보며 어버이를 그리워한다.[35] 겨울에는 따뜻하게 해 드리고, 여름에는 서늘하게 해 드리는 것은 유공(柳

33 자효당서(慈孝堂序) : 창계가 나주(羅州) 회진(會津)에 있을 때, 계부(季父)인 상사공(上舍公) 임장유(林長儒)가 '자효당'으로 시제(試題)를 삼아 자질(子姪)들에게 서문을 지으라 하자 지어 올린 글이다. 상사공은 변려문(騈儷文)으로 지어 올린 이 글을 읽고 감탄했다고 한다. 《滄溪集 附錄補 滄溪先生年譜草》

34 골짜기에……생각하고 : 당(唐)나라 때의 시인 맹교(孟郊)가 지은 〈유자음(遊子吟)〉에 "인자하신 어머님의 손에 쥔 실은, 길 떠날 아들 옷을 짓는 거라네. 떠나기에 앞서 꼼꼼히 꿰매시며, 행여 더디 돌아올까 염려하시네. 한 치의 풀과 같은 마음으로 봄볕 같은 사랑에 보답하기 어렵네.〔慈母手中線, 遊子身上衣. 臨行密密縫, 意恐遲遲歸. 難將寸草心, 報得三春暉〕"라고 한 데서 인용하였다. 《孟東野詩集 卷1》

35 교외에……그리워한다 : 당나라 때의 명신(名臣) 적인걸(狄仁傑)이 병주도독부법조(幷州都督府法曹)가 되었는데, 그때 부친이 하양(河陽)에 있었다. 적인걸이 병주로 부임하여 태항산(太行山)에 올라가 남쪽을 바라보다가 흰 구름이 떠가는 것을 보고는 "나의 부친이 저 흰 구름 아래 계신다.〔吾親所居, 在此雲下.〕" 하고, 한참 동안 우두커니 서서 바라보다 구름이 옮겨 가자 자리를 떴다는 고사가 있다. 《舊唐書 卷89 狄仁傑列傳》

公)이 부모를 섬긴 도리이고,[36] 엄격하면서도 자애롭고 가르치면서도 사랑하는 것은 안씨(顔氏)[37]가 자손을 경계시킨 것이니, 이것이 이 정자에서 보내는 사계절의 모습이다. 아침에는 성도(成都)의 물고기를 회 쳐서 올리니[38] 우러러 효도함이 더더욱 돈독해지고, 저녁에는 염지(鹽池)의 젓갈을 물리게 하여 굽어서 보살핌이 더욱 깊어지니, 이는 이 정자의 아침저녁 모습이다. 그 모습은 동서로 난 길에는 푸른 대와 소나무가 있고, 집 위아래로는 푸른 산과 흐르는 물이 있다. 긴 물을 띠처럼 두르고 있어 섬돌에서 물고기에 놀라고, 높은 산봉우리를 옷깃처럼 두르고 있어 창가에서 운무(雲霧)에 묻힌다. 먼 곳의 물은 먼 하늘과 맞닿아 한 빛을 이루고, 강바람과 강 위의 달은 모두가 청신(淸新)하다. 때로 색동옷 부드러워 춤추는 소매에서 봄이 피어나는가 하

36 겨울에는……도리이고 : 겨울에는 따뜻하게 해 드리고, 여름에는 서늘하게 해 드린다는 것은 《예기》 〈곡례 상(曲禮上)〉에 "겨울에는 따뜻하게 해 드리고 여름에는 시원하게 해 드려야 하며, 저녁에는 잠자리를 보살펴 드리고 아침에는 문안 인사를 올려야 한다.〔冬溫而夏凊, 昏定而晨省.〕"라고 한 데서 나와 어버이에게 효도하는 것을 뜻하는 말로 쓰인다. 유공(柳公)은 당(唐)나라 유빈(柳玭)을 가리킨다. 《소학(小學)》 〈가언(嘉言)〉에 유빈이 당나라 때 산남서도 절도사(山南西道節度使)를 지낸 최관(崔琯)의 증조왕모(曾祖王母)가 늙어서 음식을 먹지 못하자, 그의 할머니인 당 부인(唐夫人)이 수년 간 시어머니에게 젖을 먹여 봉양했다는 이야기를 가훈(家訓)으로 남겼다는 내용이 실려 있다.

37 안씨(顔氏) : 중국 남북조 시대 양(梁)나라, 수(隋)나라의 문인이자 학자인 안지추(顔之推)를 가리킨다. 그는 가정의 도덕 확립을 역설한 《안씨가훈(顔氏家訓)》을 지어 후손들에게 남겨 주었다.

38 성도(成都)의……올리니 : 당나라 때의 시인 두보(杜甫)가 성도에 살면서 물고기를 낚거나 먹거나 경치를 감상하며 읊은 시 작품을 많이 남겼기 때문에, 자효당에서의 생활을 이와 연관 지어 말한 것이다.

면, 축수하는 술잔 깊어 어머니 얼굴에 희색이 돌기도 한다. 왕상(王祥)이 물고기를 올린 것[39]처럼 간을 맞춰 맛있는 국을 먼저 올리고, 나위(羅威)가 진품(珍品)을 올린 것[40]처럼 맛있는 안주를 찬으로 다시 올린다. 3000년에 한 번 꽃을 피우고, 3000년에 한 번 열매를 맺는 반도(蟠桃)[41]처럼 장수하시기를 빌고, 500년을 봄으로 삼고 500년을 가을로 삼는 형수(荊樹)[42]처럼 오래오래 사시기를 축원한다.

39 왕상(王祥)이……것 : 왕상은 진(晉)나라 때의 효자이다. 그가 추운 겨울날 자기 어머니가 활어(活魚)를 먹고 싶어 하자 꽁꽁 얼어붙은 강으로 나가서 웃옷을 벗고 얼음 위에 드러누워 얼음이 녹기를 기다렸는데, 갑자기 얼음이 저절로 깨지면서 잉어 두 마리가 뛰어올라 이것으로 어머니를 봉양했다는 고사가 있다. 《晉書 卷33 王祥列傳》

40 나위(羅威)가……것 : 나위는 지극히 효성스럽기로 유명한 사람이다. 8세에 부친을 여의고 나서 부지런히 일하며 어머니를 모셨는데, 아침저녁으로 맛있는 과일을 올리며 정성을 다했다고 한다. 《御定淵鑑類函 卷371》

41 반도(蟠桃) : 한 무제가 서왕모(西王母)가 준 복숭아를 먹고는 그 씨를 심으려고 하자, 서왕모가 웃으면서 "그 복숭아는 3000년에 한 번 열매를 맺는다.〔此桃三千年一生實.〕"라고 말했다는 전설 속 복숭아이다. 3000년에 한 번 꽃이 피고 열매를 맺는다 하여 불로장생하기를 축원할 때 많이 회자된다. 《博物志 卷8》

42 형수(荊樹) : 명령(冥靈)을 잘못 기록한 것인 듯하다. 명령은 중국 신화에 나오는 장수하는 나무 이름이다. 《장자》〈소요유(逍遙遊)〉에 "초 남쪽에 명령이라는 나무가 있는데 500년에 한 번 잎이 나오고 500년에 한 번 잎이 진다.〔楚之南有冥靈者, 以五百歲爲春, 五百歲爲秋.〕"라는 문장이 있다. 형수는 박태기나무로, 주로 형제간의 우애를 상징할 때 인용되는 나무다. 남조(南朝) 양(梁)나라의 오균(吳均)이 지은 《속제해기(續齊諧記)》에 "전진(田眞)의 삼 형제가 재산을 분배하면서 집 앞에 있는 자형나무까지 3등분하여 나누어 갖기로 했더니, 그 나무가 갑자기 말라 죽었다. 이것을 본 전진이 뉘우치면서 사람이 나무만도 못한 짓을 하였다고 흐느꼈고, 형제들이 서로 감동하여 재산을 분배하지 않기로 하자 그 나무가 다시 살아났다."라는 이야기가 실려 있다.

관해정서[43] 임인년(1662, 현종3) 여름에 짓다.

觀海亭序 壬寅夏

옮겨 적다.

산수에서 진리를 찾고자 대부(戴符)는 청산을 사들였고,[44] 누대(樓臺)에서 물을 가까이하고자 배공(裴公)은 녹야당(綠野堂)을 지었도다.[45] 어찌 꼭 호계(虎溪)의 백련사(白蓮社)[46]에서만 심성을 수양할 수 있겠

43 관해정서(觀海亭序) : 창계의 조부인 목사공(牧使公) 임타(林墮)가 말년에 벼슬에서 물러나 무안(務安) 바닷가에서 지내면서 정사(精舍)를 짓고 이름을 '관해정'이라 붙인 뒤, 여러 손자에게 정자의 기문을 지으라고 명하자 지은 글이다. 다른 손자들은 산문으로 지어 올렸으나 창계만 변려문으로 지어 올렸는데, 구법(句法)이나 체격(體格)이 청신(淸新)하면서도 노숙하여 목사공이 매우 뛰어나다고 여겨 벽에 걸어 놓았고, 와서 본 문사(文士)들도 모두 감탄하였다고 한다. 《滄溪集 附錄補 滄溪先生年譜草》

44 산수에서……사들였고 : 대부는 부대(符戴), 부재(符載)로도 표기한다. 당(唐)나라 때에 우적(于頔)이라는 사람이 양양(襄陽)을 진무(鎭撫)할 때에, 여산(廬山)의 대부산인(戴符山人)이 편지를 써서 삼척동자를 통해 보내 산을 구매하기 위한 매산전(買山錢) 100만 전(錢)을 빌려 달라고 청하자, 우적이 이를 내주고 지필묵(紙筆墨)과 의복 등을 함께 주었다는 기록이 있다. 《太平廣記 卷177》

45 누대(樓臺)에서……지었도다 : 배공은 당나라 재상 배도(裴度)를 가리킨다. 배도가 만년에 관직을 그만두고 나와 오교(五橋)에다 별장을 짓고 그 가운데 양대(涼臺) 서관(暑館)을 만들어 이를 '녹야당'이라 이름하고는, 여기서 백거이(白居易), 유우석(劉禹錫) 등과 함께 매일같이 술을 마시며 즐겼다고 한다. 《新唐書 卷172 裴度列傳》

46 호계(虎溪)의 백련사(白蓮社) : 호계는 중국 강서성(江西省) 여산(廬山) 동림사(東林寺) 앞에 있는 개울이다. 동진(東晉)의 고승인 혜원(惠遠)이 이곳에서 승인(僧人)과 속인(俗人) 18명을 모아 염불하는 결사(結社)를 맺고서 백련사라고 이름하였다. 《蓮社高賢傳 百二十三人傳》

는가. 용문(龍門)의 구절(九節)[47]은 아니라도 바야흐로 속세를 떠난 곳이다. 더구나 예부터 빼어나다는 정원과 누대를 떠올려 보더라도 시내와 산, 강과 바다를 모두 끼고 있기는 참으로 쉽지 않다. 그러므로 두보(杜甫)의 완화계(浣花溪)[48] 새 집은 물이 그저 다리 서편으로 흐를 뿐이요, 온공(溫公)의 독락원(獨樂園)[49]도 산이 집 뒤로만 감싸고 있을 뿐이다. 그러니 유독 네 가지 아름다움을 겸하여 다 갖춘 것은 오직 관해정뿐이다.

이 정자에서 구름이 감싸고 있다 비를 뿌릴 때면 산 그림자를 받아들이며 발을 걷어 올리고, 거울 같은 물 위에 하늘이 비칠 때면 맑은 기운을 소통시키며 헌함(軒檻)을 열어젖힌다. 산으로 6, 7리 길을 가면 오솔길이 인가(人家)와 통해 난간 너머로 강촌(江村)의 8, 9가에서 저녁 밥 짓는 연기가 피어오른다. 죽 늘어선 송죽(松竹)도 동산과 연못에서 빼놓을 수 없는 것이지만 고상한 정취를 함부로 가져다 이름 지을 수 없어 편액(扁額)에는 '관해(觀海)'만을 적어 걸었다. 형체가 있어도 그 아득함을 측량하기 쉽지 않으니, 난간 앞에서 끝없이 바라보면서 어찌 다른 것을 헤아릴 수 있겠는가. 물을 보는 방법은 뱃사람이나 어부가 괜스레 섬 사이를 빙빙 돌아다닌다고 해서 얻어지는 것이 아니

47 용문(龍門)의 구절(九節) : 용문은 북송(北宋)의 학자 정이(程頤)가 만년에 거주했던 곳인데, 일반적으로 현자가 거처하는 곳을 뜻하는 말로 쓰인다. 구절은 전설 속에 나오는 신선들이 짚고 다닌다고 하는 아홉 마디로 된 지팡이를 말한다. 《道書全集》

48 완화계(浣花溪) : 중국 사천성(四川省) 성도시(成都市) 서쪽 교외 금강(錦江)의 지류로, 이곳에 두보(杜甫)의 초당(草堂)이 있었다.

49 독락원(獨樂園) : 중국 송(宋)나라 때 사마광(司馬光)이 재상에서 물러난 뒤에 낙양현(洛陽縣) 남쪽에 세운 정원이다.

니, 어찌 바다를 찾은 객(客)과 포구의 늙은이가 단지 돌다리에서 가까운 곳을 취하는 것에 비하겠는가. 향을 사르고 조용히 앉으면 본성의 맥락이 가만히 통하고, 사물을 바라보고 감회가 일면 가슴속의 파란이 가라앉는다. 멀리서 보면 구름 같은 파도가 땅을 덮쳐 오면서 비스듬히 너른 바다 모래톱에 가 닿고, 눈 같은 파도가 공중에 퍼지며 아득히 금모래 경계에 가 닿는다. 또 가까이서 보면 양쪽 언덕에 가을빛이 완연하고 바다에 뜬 달이 동에서 서로 넘어갈 때 만경창파 파도 무늬 위에 하늘빛이 위아래로 퍼지니, 이것이 형들이 다 기록해 둔 관해정의 경치이다.

삼가 생각건대, 우리 할아버지는 구로(鷗鷺)의 맹주요, 강호산인(江湖散人)이시다. 젊어서는 문장이 용 잡는 솜씨[50]을 써 볼 만했는데, 중년에 벼슬하면서 닭 잡는 칼을 자주 들었다. 말년에 가서는 번잡한 속세로 나아가는 것을 꺼리고 강호의 맑은 흥취를 마음껏 즐기고자 하였다. 계산(稽山)의 바위 골짜기는 계진(季眞)의 행적을 다시 재촉하였고,[51] 율리(栗里)의 전원은 도연명의 집을 다시 짓게 하였다.[52] 자

50 용 잡는 솜씨 : 특별한 재주를 뜻한다. 《장자》 〈열어구(列禦寇)〉에 "주평만(朱泙漫)이 지리익(支離益)에게 용 잡는 기술을 배우느라 천금의 가산을 모두 탕진하면서 3년 만에 기술을 완전히 터득했으나 써먹을 곳이 없었다."라고 한 내용이 보인다.

51 계산(稽山)의……재촉하였고 : 계산은 당나라 초기의 시인인 하지장(賀知章)의 고향이다. 계진(季眞)은 그의 자이다. 어릴 때 고향을 떠났다가 늘그막에 고향으로 돌아와 쓴 시 〈회향우서(回鄉偶書)〉에 "아이가 바라보며 알아보지 못하고서, 손님은 어디서 오셨냐고 웃으며 묻네.〔兒童相見不相識, 笑問客從何處來.〕"라는 구절이 있다. 아래 구절과 함께 창계의 조부가 말년에 벼슬에서 물러나 무안(務安)으로 돌아온 것을 가리킨다.

52 율리(栗里)의……하였다 : 율리는 진(晉)이 망하고 유송(劉宋)이 서자, 도잠(陶

연 속에 사는 일에 흥취가 있고 벼슬하는 일에는 무심하였다. 먼 산이 개었다 구름이 끼었다 하는 것을 기심(機心)을 잊게 해 주는 벗으로 삼았고, 먼 하늘 보배 같은 달을 그린 적 없는 등불로 보았다. 뜻에 따라 넓은 바다를 바라보며 마음을 쏟아 고요히 바라보았다. 이는 남들은 보지 못한 것을 자기만 본 것으로, 부자(夫子)의 대관(大觀)을 과연 잘 본 것[53]이라 하겠다.

이 손자는 표주박으로 바닷물의 양을 재고[54] 우물에 앉아 하늘을 보니,[55] 떡갈나무 같은 평범한 재목은 사씨(謝氏) 가문[56]의 보배로운 나무가 아니요, 쑥대같이 천한 풀은 왕씨(王氏) 집안[57]의 보배로운 영

潛)이 정절(靖節)을 지키고자 은거했던 곳이다. 도잠이 팽택 현령(彭澤縣令)으로 있은 지 80여 일이 되었을 때 군(郡)의 독우(督郵)가 순시(巡視)를 나오게 되어 현리(縣吏)가 도잠에게 의관을 갖추고 독우를 만나야 한다고 하자, 도잠은 "내가 쌀 다섯 말 받자고 향리의 어린애한테 허리를 굽힐 수는 없다.〔我不能爲五斗米, 折腰向鄕里小兒.〕"라고 탄식하고는, 인끈을 풀어 놓고 고향인 율리로 돌아갔다는 고사가 있다. 《晉書 卷94 陶潛列傳》

53 부자(夫子)의……것 : 고요히 바다를 바라본 것을 공자(孔子)가 자연 속에서 높은 기상을 길렀던 것에 견준 것이다. 《맹자》 〈진심 상(盡心上)〉에 "공자께서 동산에 올라 노나라를 작게 여기시고, 태산에 올라 천하를 작게 여기셨다. 그러므로 바다를 본 사람에게는 웬만한 물은 물로 여겨지기 어렵고, 성인의 문하에서 배운 자에게는 웬만한 말은 말로 여겨지기 어렵다.〔孔子登東山而小魯, 登太山而小天下. 故觀於海者, 難爲水; 遊於聖人之門者, 難爲言.〕"라고 한 구절이 있다.

54 이……재고 : 견문이 좁은 것을 말한다. 반고(班固)가 지은 〈유통부(幽通賦)〉에 "표주박을 기울여 바닷물을 재고, 대롱을 기울여 하늘을 본다.〔旣傾蠡而酌海, 遂側管而窺天.〕"라는 말을 인용한 것이다.

55 우물에……보니 : 문견이 좁음을 비유한 말이다. 《古文眞寶後集 原道》

56 사씨(謝氏) 가문 : 진(晉)나라 때 사안(謝安)이 승상(丞相)을 지낸 뒤 대대로 훌륭한 인재를 배출한 가문이다. 이후 명문가를 일컫는 말로 쓰인다. 《晉書 卷79 謝安列傳》

지(靈芝)에 비해 볼 때 부끄럽네. 집안의 가르침을 받는[58] 이때, 외람되이 글을 지으라는 명을 받들었네. 높은 곳에 올라 부(賦)를 지으며 왕자안(王子安)[59]의 청신(淸新)함에 감히 견주어 보고, 붓을 가져다 시를 지으며 이장길(李長吉)[60]의 수려함에 미치지 못함을 몹시 부끄러워하네.

57 왕씨(王氏) 집안 : 진(晉)나라 때 왕도(王導)가 승상(丞相)을 지낸 뒤 대대로 훌륭한 인재를 배출한 집안이다. 이후 명문가를 일컫는 말로 쓰인다. 《晉書 卷65 王導列傳》

58 집안의 가르침을 받는 : 원문은 '추정(趨庭)'으로 가정 교육을 받는 것을 가리킨다. 공자가 홀로 뜰에 서 있을 때, 아들 백어(伯魚)가 종종걸음으로 뜰을 지나가자 공자가 그를 불러 세우고서 시(詩)와 예(禮)를 배워야 한다고 가르침을 내렸던 고사가 있다. 《論語 季氏》

59 왕자안(王子安) : 자안은 당(唐)나라의 시인 왕발(王勃)의 자(字)이다. 왕발은 양형(楊炯), 노조린(盧照鄰), 낙빈왕(駱賓王)과 함께 초당의 사걸(四傑)로 일컬어졌다. 《新唐書 卷201 文藝列傳上 王勃》

60 이장길(李長吉) : 장길은 당나라의 요절한 천재 시인 이하(李賀, 790~816)의 자(字)이다. 이하는 7세에 이미 한유(韓愈)와 황보식(皇甫湜) 앞에서 시를 지어 시재(詩才)로 이름을 날렸다. 어느 날 대낮에 갑자기 붉은 관복을 입은 도인(道人)이 나타나 "상제께서 백옥루를 낙성하고 바로 그대를 불러 기문을 지으려 한다. 천상이 더 즐거우니 고통스럽지 않을 것이다.〔帝成白玉樓, 立召君爲記. 天上差樂, 不苦也.〕"라고 하였는데, 이하는 홀로 눈물을 흘리고 조금 있다 숨졌다고 한다. 《昌谷集 李長吉小傳》

삼포 석교 중수문 계묘년(1663, 현종4) 겨울에 짓다.

三浦石橋重修文 癸卯冬

듣자니 대도(大道)는 자비(慈悲)를 우선으로 하며 중생을 구제하는 것을 귀하게 여긴다 한다. 법계(法界)에 복전(福田)이 여덟 개가 있는데, 그중 하나가 교량(橋梁)이다. 한 사람이 은혜를 마음에 새겨도 감응해 오는 신묘함이 있으니, 하물며 사방에서 복을 받게 하는 일에 어찌 남몰래 보답해 주는 조화가 없겠는가.

저 삼포는 한 줄기 큰 강에 가로막혀 있어, 사방으로 통하는 갈림길들이 끊겨 있다. 물도 깊지 않아 애초에 배가 다닐 수 있는 곳이 아니고, 조수(潮水)도 늘 있어 실로 옷을 걷고 건너기도 어렵다. 더구나 이 포는 경치가 빼어나다 보니 거마(車馬)가 빈번히 왕래한다. 동쪽으로는 나성(羅城)과 거리를 두고 저자를 띠처럼 두르고 있는 곳이며, 서쪽으로는 금리(錦里)에 접해 여염집이 모여 있는 고장이다. 땅은 아름다운 강산을 지녔고, 사람들은 물고기나 소금에서 이익을 취한다. 시인과 묵객(墨客)이 시를 읊고 지팡이 짚으며 왕래하고, 장사하는 사람들이 네 마리 말이 모는 수레를 타고 다니는 발길이 이어진다. 그런데도 돌다리를 가로질러 놓지 않는다면 어떻게 사람을 건네 줄 수 있겠는가.

그러나 불행히도 여러 해 동안 고생스럽게 만든 것이 결국 한 번의 홍수에 휩쓸려 오랜 세월 그곳에 있던 다리가 자취를 감추었으니, 이제 무슨 수로 여기저기를 다닐 수 있겠는가. 12월에 수레가 건너는 다리가 완성되지 못한다면 어떻게 사람마다 건네 줄 수 있겠는가.[61] 사영운(謝靈運)의 밀랍을 칠한 나막신[62]도 깎아지른 언덕 앞에서는 배회하게 되고, 맹호연(孟浩然)[63]의 절뚝발이 나귀도 차가운 물살을 굽어보며 움츠리게 될 것이다. 섭자(葉子)가 고삐를 쥐어도 강북(江北)의 기이한 경치를 감상하기 어렵고, 낭선(浪仙)[64]의 말이 나아가지 않으니, 들불이 번지지나 않았나 의심스러울 정도다.

그런데도 근래 40년 동안 작은 노력을 기울이는 사람 한둘도 없었다. 왕 태수(王太守)가 늦게 오니 누가 어진 정사를 폈겠는가.[65] 정자산(鄭子産)이 나오지 않으니 괜한 은혜라도 베풀기 어렵다.[66] 평진(平津)에 다리를 놓지 않았다면, 옛날에 두예(杜預)가 아름다운 명성을 독차지할 수 있었겠는가.[67] 성도(成都)에서 대나무를 베었으니,[68] 누가 다시

61 수레가……있겠는가 : 《맹자》 〈이루 하(離婁下)〉에 "11월에 사람이 다니는 다리가 완공되고 12월에 수레가 다니는 다리가 완공되면, 백성들이 물 건너는 것을 괴롭게 여기지 않는다. 군자가 정사를 공평히 한다면 출행할 때에 벽제(辟除)를 하더라도 괜찮다. 어찌 사람마다 일일이 모두 건네 줄 수 있겠는가.〔歲十一月徒杠成, 十二月輿梁成, 民未病涉也. 君子平其政, 行辟人可也. 焉得人人而濟之?〕"라고 한 말을 인용하였다.

62 사영운(謝靈運)의……나막신 : 남조(南朝) 송(宋)의 사영운이 평소 등산을 좋아하였는데, 등산할 때 겉이 터지지 않도록 항상 밀랍을 칠해 만든 굽 없는 나막신을 신고 다녔다는 고사를 인용한 것이다.

63 맹호연(孟浩然) : 성당(盛唐) 시대 시인이다.

64 낭선(浪仙) : 당나라 때의 시인 가도(賈島)의 자이다.

65 왕 태수(王太守)가……폈겠는가 : 왕 태수는 동한(東漢) 말기 하내 태수(河內太守)를 지낸 왕광(王匡)을 가리키는 듯하나 미상(未詳)이다. 《영웅기(英雄記)》에, 왕광의 자는 공절(公節)이고, 태산인(泰山人)이며, 재물을 가볍게 여기고 베풀기를 좋아하였으며 협객으로 알려졌다는 기록이 있다.

66 정자산(鄭子産)이……어렵다 : 궁극적인 문제 해결이 아닌 임시변통도 제대로 하지 못함을 말한다. 《맹자》 〈이루 하〉에, 정자산이 진유(溱洧)에서 자신의 수레로 사람들을 건너게 해 주었다는 말을 듣고, 맹자는 "은혜롭지만 정치를 아는 것은 아니다.〔惠而不知爲政〕"라고 했다.

내를 건네 줄 재주를 보일 것인가. 승려가 머리 깎던 초발심(初發心)으로 삼천세계(三千世界)에 널리 베푼다 해도 고해(苦海)는 여전하니, 보배로운 뗏목[69]을 큰 물굽이에 띄운다 해서 나무 술잔을 타고 건너는 것[70]을 힐난할 게 뭐 있겠는가. 그러나 지극한 도는 자애롭고 은혜로운 것을 귀하게 여기니, 저 중생들이 어찌 차마 여기에 무심할 수 있겠는가. 유독 자신을 내세워 이 일을 하는데 분연히 나서야 할 것이다. 목왕(穆王)의 비방(祕方)이 알려지지 않아 자라와 악어를 믿기 어렵고,[71] 직녀(織女)의 선결(仙訣)이 전해지지 않아 까막까치가 허공을 메우지 못하니,[72] 장차 무슨 수로 이 일에 힘을 모으겠는가. 나무다리는

67 평진(平津)에……있었겠는가 : 평진은 부평진(富平津)을 가리킨다. 진(晉)나라 무제(武帝) 때 두릉(杜陵) 사람 두예(杜預)가 맹진(孟津)은 건너기가 험하고 수몰될 우려가 있다며 부평진에 다리를 건설하기를 청하자, 사람들은 이곳은 은(殷)나라와 주(周)나라가 도읍하였던 곳인데도 성인과 현인이 다리를 놓지 않았으니, 이는 결코 다리를 세울 수 없는 곳이기 때문이라고 하였다. 그러자 두예가 "《시경》〈대아(大雅) 대명(大明)〉에 '배를 만들어 다리를 놓는다.〔造舟爲梁〕'라고 한 것은 다리를 놓은 것을 이른 것이다."라고 하고 다리를 완성하였다고 한다. 《晉書 卷34 杜預列傳》

68 성도(成都)에서 대나무를 베었으니 : 성도에서 대나무를 베어 다리를 놓은 고사가 있는 듯하나 미상이다.

69 보배로운 뗏목 : 중생(衆生)을 인도하여 고해(苦海)를 건너 피안(彼岸)에 이르게 하는 불법을 가리킨다.

70 나무……것 : 중국 남북조 시대에 항상 나무 잔을 타고 물을 건너 배도화상(杯渡和尙)이라고 불린 승려가 있었다 한다. 《高僧傳 神異下 杯渡》

71 목왕(穆王)의……어렵고 : 주 목왕(周穆王)이 군사를 일으켜 동진(東進)할 때 구강(九江)에서 자라와 악어에게 명하여 징검다리를 만들게 한 뒤에 강을 건너 정벌한 것을 두고 한 말이다. 《竹書紀年 卷下 穆王》

72 직녀(織女)의……못하니 : 견우(牽牛)와 직녀 두 별이 부부이면서도 은하를 사이에 두고 떨어져 있다가 1년에 한 번 7월 7일에 만나는데, 이때 그들이 은하를 건너올

놓을 만하지만 시간이 오래 지나면 썩지 않을 수 있겠는가. 철사를 꼬아 만들자니 비용이 많이 들어 공적을 이루지 못할까 걱정스럽다. 그렇다면 이 다리를 쉽게 완성하여 오래 가도록 하려면 돌을 쓰는 것보다 나은 게 없지 않겠는가.

다만 생각건대, 노(魯)나라 농사가 흉년이 드니[73] 군량이 부족할 뿐만이 아니다. 진(秦)나라 채찍을 쓰기 어려우니[74] 운송하는 중노동을 어찌해야 하는가. 옛날에 지방관을 지낸 하공(河公)도 하려 했다 다시 그만두었거늘, 더구나 도시락 하나에 표주박 물이나 마시는 늙은 중들이 어떻게 그들만의 힘으로 그 공사를 해낼 수 있겠는가. 여러 공이 이 다리로 다니기도 할 것이고 이 부근에 살기도 할 것이니, 나서기 좋아하는 사람들이 진실로 나서서 솔선하고 사람들과 함께 이룬다면 반드시 많은 도움이 있을 것이다. 이 일은 속미(粟米)와 사마(絲麻)로 서로 이룰 수 있으니, 복록(福祿)과 장수와 부귀가 함께 찾아오는 데 무슨 어려움이 있겠는가.

아, 이 시기에 태어난 선비로서 누가 기둥에다 글을 써 줄 마음을 품으려는가. 복록이 큰 은혜를 내려 재빨리 진행되기를 기다린다. 옛

수 있도록 까막까치들이 다리를 놓아 준다는 것을 가리킨다.

73 노(魯)나라……드니 : 《춘추좌씨전(春秋左氏傳)》 노나라 장공(莊公) 28년 조에서 "큰 흉년이 들어 보리나 벼가 모두 흉작이었다.〔大無麥禾〕"라고 한 내용이 보인다. 당시에 흉년이 들어 상황이 좋지 않음을 말한 것이다.

74 진(秦)나라……어려우니 : 진 시황(秦始皇)이 돌다리를 놓아 바다를 건너가서 해가 뜨는 곳을 보려고 하자, 신인(神人)이 바위를 바다로 몰고 가면서 채찍질을 하니 바윗돌이 모두 피를 흘리며 붉게 변했다는 전설이 있는데, 이를 인용하여 현실에서는 이렇게 할 수 없음을 개탄한 것이다. 《三齊略記》

선배가 물에 떠내려가는 개미가 무사히 물을 건널 수 있게 해 주고도 과거에서 장원을 차지했으니,[75] 더구나 중생(衆生)이 기뻐하는 일을 했을 때에 응보(應報)가 없을 수 있겠는가. 다시 바라노니, 선남자(善男子) 선여인(善女人)은 포(布) 한 단(段), 곡식 한 말 아끼지 말라. 지금은 속계(俗界)에 있지만 내세에는 복지(福地)에 태어나리니, 모름지기 큰 자비 공덕을 쌓아 함께 극락세계에 오를지어다.

75 옛……차지했으니 : 송(宋)나라 송상(宋庠)이 홍수에 개미집이 물에 잠겨 장차 떼죽음을 당하게 되자 측은히 여겨 대나무로 다리를 만들어 건너게 하여 개미들을 살려 주었는데, 그 후에 과거에 급제하였다는 고사가 있다. 《類說 卷47 遯齋閒覽 編竹橋救蟻》

신유일록[76]

辛酉日錄

8월 1일

상소하여 교리(校理) 면직을 청하였는데, 정원(政院)이 도로 내주었다.

2일

사은(謝恩)하고 나서 하직 인사를 하였다. 저녁에 나가서 도성 서쪽의 임시 막사(幕舍)에서 묵었다.

3일

아침 일찍 길을 떠나 동작(銅雀) 나루를 건너 과천(果川)에서 아침을 먹고 상소를 갖추어 거듭 본직을 체차해 줄 것을 청하였다. 오후 늦게 길을 떠나 한천점(寒泉店)을 지나는데, 임피 현령(臨陂縣令) 김군 만증(金君萬增)[77]이 길가에서 말을 전해 와 말을 탄 채 잠깐 이야기를 나누었다. 앞으로 가다가 사근천(沙斤川)[78]을 2, 3리(里) 남겨 두고

76 신유일록(辛酉日錄) : 창계가 신유년(1681, 숙종7) 가을 호남에 시관(試官)으로 내려갔다 서울로 다시 돌아온 뒤까지의 일을 기록한 일지이다. 음력 8월 1일부터 10월 18일까지 77일간의 여정과 만난 사람들, 여행 과정에서 있었던 일 등이 기록되어 있다.

77 김군 만증(金君萬增) : 1635~1720. 본관은 광산(光山), 자는 경능(景能), 호는 둔촌(遯村), 시호는 문정(文貞)이다. 김장생(金長生)의 증손자이고, 송시열(宋時烈)의 문인이다.

78 사근천(沙斤川) : 현재 경기도 의왕시 고천동에 있는 안양천 상류의 시내이다.

석성(石城) 임소에서 돌아오는 백씨(伯氏 임환(林渙))를 만나 길가의 작은 언덕에 앉아 이야기를 나누었다. 해가 저물어 장시간 머물 수가 없어서 서둘러 작별하고 수원(水原)에 도착하니, 이미 어두컴컴해졌다. 수원 부사(水原府使) 권시경(權是經)[79] 영감은 좌상(左相)을 접대하러 경안(景安)에 가서 아직 돌아오지 않았다.

4일

아침을 먹고 길을 떠나 진위(振威)[80]에서 쉬었다. 현령 권유(權愉)[81] 의원이 진맥하고 처방하기를 "이진탕(二陳湯)에 현토환(玄菟丸)[82]이나 소토사자환(小菟絲子丸)[83]을 늘 복용해야 합니다. 이진탕은 적절히 더 넣어 복용하십시오." 하였다. 병 진단이 상당히 명확해서 내심 매우 믿음이 가 오랫동안 처방을 따르리라 마음먹었다.

한낮에 직산(稷山)에서 쉬며 현감 이군 인소(李君寅熽)[84]와 잠시 이

79 권시경(權是經) : 1625~1708. 본관은 안동(安東), 자는 계상(季常), 호는 칠휴(七休), 시호는 정간(靖簡)이다. 형조 판서와 좌참찬 등을 역임하였다.

80 진위(振威) : 현 경기도 평택시 진위면 지역이다.

81 권유(權愉) : 본관은 안동, 자는 낙이(樂而)이다. 1639년(인조17) 의과에 합격한 뒤 내의(內醫), 군수, 지중추부사(知中樞府事) 등의 관직을 역임하였다.

82 현토환(玄菟丸) : 현토고본환(玄菟固本丸)이다. 허로(虛勞)로 하원(下元)이 쇠약한 경우를 치료하는 약제로 음(陰)을 기르고 양(陽)을 돕는다. 《東醫寶鑑 雜病篇 卷4 虛勞 腎虛藥》

83 소토사자환(小菟絲子丸) : 소토사자원(小菟絲子圓)으로, 신(腎)이 상했을 때 쓰는 약재이다. 《春鑑錄 乾 虛勞》

84 이군 인소(李君寅熽) : 1637~1698. 본관은 경주(慶州), 자는 자명(子明), 호는 노포(老圃)이다.

야기를 나누었다. 저녁에 천안(天安)에 도착해서 또 현감 이군 선악(李君宣岳)[85]과 잠시 이야기를 나누었다.

5일

아침을 먹고 나서 출발하여 덕평(德坪)[86]에 있는 김군 원후(金君元厚)[87]의 집에서 잠시 쉬었다. 한낮에는 광정(廣程)[88]에서 쉬고 저녁에 금강(錦江)을 건너 공주(公州)에 도착하였다. 곧바로 감영(監營)에 가서 안찰사(按察使) 윤경교(尹敬教)[89] 영감을 만나 잠시 이야기를 나누고 객사로 돌아왔다. 공주 목사(公州牧使) 이군 제두(李君齊杜)[90]가 와서 이야기를 나누었다.

6일

목사가 찾아왔고, 얼마 있다 안찰사도 찾아왔다. 아침을 먹고 나서 출발하였다. 이때 비처럼 짙은 안개가 자욱했는데 정천(定川)에 이르러서야 날이 갰다. 회은동(回隱洞)의 박매(朴妹)를 방문하였는데, 박형(朴兄)이 현재 향교(鄉校)에 들어가 좌재(坐齋) 중이라고 하였다.[91]

85 이군 선악(李君宣岳) : 1632~? 본관은 용인(龍仁), 자는 여선(汝宣)이다.

86 덕평(德坪) : 현 충청남도 천안시에서 30리 정도 떨어진 곳에 있던 지역이다.

87 김군 원후(金君元厚) : 1626~? 본관은 안동(安東), 자는 자장(子長)이다.

88 광정(廣程) : 현 충청남도 공주시 북쪽 45리에 있던 주막거리의 지명이다.

89 윤경교(尹敬教) : 1632~1691. 본관은 파평(坡平), 자는 양일(養一), 호는 장호(長湖)이다. 1681년(숙종7) 공청도 관찰사로 부임하였다.

90 이군 제두(李君齊杜) : 1626~1687. 본관은 전주(全州), 자는 한경(漢卿)이다.

91 향교(鄉校)에……하였다 : 좌재는 기일 하루 전에 재계하는 것을 말한다. 이때

이산(尼山)[92]에 도착하니 현감(縣監) 안군 필성(安君弼星)[93]이 나와서 맞았다. 잠시 머물고는 바로 출발하여 유봉(酉峯)을 거쳐 명재(明齋) 형제[94]를 방문하였다. 참의(參議) 윤진(尹搢)[95]도 좌중에 있어 한참 동안 이야기를 나누었다. 또 안곡(安谷)에서 족숙(族叔)[96]인 참봉댁을 방문하고 보니 해가 저문 뒤였다. 사교(沙橋)부터는 횃불을 들고서 은진(恩津)에 이르렀는데, 현감 이군 태룡(李君台龍)[97]도 좌재 중이었다. 객관(客館)에 도착해 보니 하배(下輩)가 늙은이 어린아이 할 것 없이 모두 와서 모여 있었고, 마을 사람 배대도(裵大度) 등 10여 인도 와서 기다리고 있었다. 내가 7세에 부친을 따라 이 고을에 왔다가 13세에 이곳을 떠났는데, 고향이나 다름없는 인정을 느꼈다.

7일

현감이 찾아왔고 손 의원(孫醫員)과 여타 장로(長老)들이 많이 찾아왔다. 출발할 때 동헌(東軒)에 들어가 보니 관사며 초목이며 모두 예전

석전대제(釋奠大祭)에 앞서 재계하러 향교에 들어간 것이다.

92 이산(尼山) : 현 충청남도 논산시 노성면(魯城面) 지역이다.

93 안군 필성(安君弼星) : 본관은 순흥(順興)이다.

94 명재(明齋) 형제 : 명재 윤증(尹拯)과 윤추(尹推) 형제를 가리킨다.

95 윤진(尹搢) : 1631~1698. 본관은 파평, 자는 자경(子敬), 호는 덕포(德浦)이다. 윤증의 중부(仲父)인 윤순거(尹舜擧)의 아들이다. 순창 군수(淳昌郡守), 대사헌 등을 지냈다. 저서로 《덕포유고(德浦遺稿)》가 있다.

96 족숙(族叔) : 임굉유(林宏儒, 1634~1686)이다. 창계의 조부인 임타(林垛)의 육촌인 임담(林墰)의 아들로 청암 찰방(靑巖察訪)을 지냈다.

97 이군 태룡(李君台龍) : 본관은 연안(延安), 자는 초로(楚老)이다.

그대로였는데, 다만 뜰 앞에 있던 회나무는 사라지고 없었다. 회화정(會話亭)에 당도하였는데, 이곳이 바로 호남의 경계가 되는 곳이다. 역인(驛人) 및 영리(營吏) 김만영(金晩榮), 마두(馬頭) 서우정(徐佑禎) 등이 와서 기다리고 있었다. 여산(礪山)에 도착하니 군수 이군 적길(李君迪吉)[98]이 나와 접견하였다. 송군 유재(宋君有栽)를 문안하였다. 한낮에 삼례(參禮)에서 쉬며, 전갈을 보내 최후량(崔後良)[99]을 만나 보려 했는데 그는 병으로 오지 못하고 아들 최세장(崔世張)이 와서 기다렸다. 저녁에 전주(全州)에 도착하여 곧바로 감사(監司)로 있는 외숙 조세환(趙世煥)[100]을 만나 보고 객관으로 돌아왔다. 전주 판관 윤군 선(尹君選)은 병이 나서 못 왔다고 하였다.

8일

아침밥을 먹고 나서 영장(營將) 우필한(禹弼漢)[101]이 와서 조용히 담소하였고 다시 감사를 만나 보았다. 한낮에 금구현(金溝縣)에서 쉬었다. 현령 심군 상(沈君相)[102]은 사마시 동년(同年)인데 나와서 접견하기에

98 이군 적길(李君迪吉) : 1632~? 본관은 함평(咸平), 자는 혜이(惠而)이다.

99 최후량(崔後良) : 본관은 통천(通川)이다. 창주 첨사(昌洲僉使) 최영길(崔永吉)의 손자이다. 《송자대전(宋子大全)》 권144 〈비비정기(飛飛亭記)〉에 보면, 전주 삼례역 남쪽에 있는 비비정의 주인으로, 그가 우암 송시열에게 비비정의 기문을 써 줄 것을 청했다는 내용이 보인다.

100 조세환(趙世煥) : 1615~1683. 본관은 임천(林川), 자는 억망(嶷望), 호는 수촌(樹村)이다.

101 우필한(禹弼漢) : 본관은 단양(丹陽), 자는 공원(公遠)이다.

102 심군 상(沈君相) : 1639~? 본관은 청송(青松), 자는 여필(汝弼)이다.

잠시 이야기를 나누었다. 태인(泰仁)에 도착하여 관아에서 큰 외숙부[103]께 인사를 올리고 밤에 산정(山亭)에서 묵었다.

9일

태인에 머물렀다. 오후 늦게 큰 외숙부를 모시고 피향정(披香亭)[104]에 올랐다가 한참 후에 관아로 돌아왔다. 저녁에 관기(官妓)를 불러 보고는 밤에 산정에서 모시고 잤다.

10일

아침밥을 먹고 길을 떠나 한낮에 천원(川原)[105]에서 쉬었다. 종제(從弟) 임성(林渻)[106]과 임주(林澍)[107]가 함께 전라 우도 옥구(沃溝)의 시소(試所)로 가는 길이었는데, 이곳에서 만났다. 오는 길에 수많은 거자

103 큰 외숙부 : 조경망(趙景望, 1629~1694)을 가리킨다. 본관은 임천(林川), 자는 운로(雲老), 호는 기와(寄窩)이다. 조석형(趙錫馨)의 둘째 아들인데 맏아들 조경선(趙景先)이 요절하였기에 큰 외숙부라고 한 것이다. 동복 현감(同福縣監), 태인 현감(泰仁縣監), 호조 정랑, 합천 군수(陜川郡守) 등을 역임하였다. 기사환국 때 관직을 버리고 파주(坡州)에 은거하다가 호서(湖西)의 덕산(德山)으로 옮겨 학문 연구에만 몰두하였다. 《丈巖集 卷14 郡守林川趙公墓誌銘》

104 피향정(披香亭) : 현 전라북도 정읍시(井邑市) 태인면(泰仁面) 태창리(泰昌里)에 있는 정자이다. 신라 47대 헌안왕(憲安王) 때 최치원(崔致遠)이 세웠다.

105 천원(川原) : 입암산성 서북쪽 6, 7리 지점에 있는 역(驛)이다. 현 전라북도 정읍시 입암면 천원리 지역이다.

106 임성(林渻) : 1649~1705. 자는 현기(玄紀)이다. 창계의 종제(從弟)로 막내 숙부인 임장유(林長儒)의 아들이다.

107 임주(林澍) : 자는 응시(應時)이다. 임성의 동생이다.

(擧子)들이 종종 길가에 앉아 있는 것을 보면서 우리 아우들도 혹시 그들 중에 있지 않을까 해서 늘 유심히 살펴보았다. 그러다 오늘 관사에서 만나 함께 먹고 마시며 조용히 당부할 수 있게 되었으니, 얼마나 다행스러운지 모르겠다. 노령(蘆嶺)을 넘어 옛 장성(長城) 건너편 작은 언덕에 이르렀다. 장막에 들어가 말을 바꾸고 장성에 도착했을 때까지도 아직 해가 저물지 않았다. 읍양당(揖讓堂)에서 묵었다. 장성 부사(長城府使) 정공 재후(鄭公載厚)[108]는 현재 차비관(差備官)으로 시소가 있는 우도에 가 있었다.

11일

아침을 먹고 길을 떠나 황룡촌(黃龍村)[109]을 지나 직천(稷川)의 종조부 상차(喪次)에 가서 조문하였다. 그리고 김유기(金幽奇)를 만났고 생원 척조(戚祖) 김여석(金汝錫)[110]을 만나 그의 막내아들 김지광(金知光)[111]의 시문(詩文)을 살펴보았다. 박산(朴山)[112]에 도착하여 누이동생 집에서 잠시 쉬다가 저녁에 나주(羅州)에 도착하였다. 목사(牧使) 이공 희룡(李公喜龍)[113]이 객관(客官)으로 나와 접견하기에 밤에 별당

108 정공 재후(鄭公載厚) : 1624~1695. 본관은 동래(東萊), 자는 자구(子久)이다.

109 황룡촌(黃龍村) : 현 전라남도 장성군 황룡면 지역이다.

110 김여석(金汝錫) : 본관은 광산(光山)이다. 《직암집(直菴集)》 권15 〈처사원관헌김공묘표(處士遠觀軒金公墓表)〉에, 덕을 감추고 벼슬하지 않았으며 운봉 현령(雲峯縣令) 홍시태(洪時泰)의 딸과 혼인하였다는 기록이 있다.

111 김지광(金知光) : 1663~? 자는 미회(美晦)이다.

112 박산(朴山) : 전남 나주(羅州)에 속해 있다가 현재는 광주광역시로 편입된 지명이다.

으로 찾아가 사례하였다. 금구 현령도 참시관(參試官) 예차(預差)로 읍내에 막 도착해 사람을 보내 만나기를 청하였다.

12일

나주 목사와 금구 현령, 임실 현감 이홍저(李弘著)[114]가 찾아왔다. 길을 떠나 고향 마을에 도착하여 중부(仲父)[115] 신주(神主)를 모신 궤연(几筵)에 들어가 곡하고, 애종(哀從)[116]과 서로 붙들고 크게 슬퍼하고 내당(內堂)[117]에 들어가 위로를 드렸다. 잠시 여막(廬幕)에 앉아 있다가 바로 유산(維山)으로 가서 종백씨(從伯氏)의 궤연에 곡하고, 애질(哀姪)과 한 차례 통곡하고 내당에 들어가 위로하였다. 안동(安洞)의 종형(從兄) 집에 도착하여 종형제들과 모여 곡을 하고서 다시 애종의 여막으로 돌아와 비로소 아침을 먹었다. 족형(族兄) 직경씨(直卿氏)[118]와 향당(鄕黨) 친족들은 과거를 보러 간 사람을 제외하고 모두 와서 모이는 통에 방이 좁아 모두 들어갈 수 없어 계무(季武)[119]의 새 집으로

113 이공 희룡(李公喜龍) : 1639~? 본관은 덕수(德水), 자는 군서(君瑞)이다.

114 이홍저(李弘著) : 《승정원일기》 숙종 7년 7월 1일 기사에는 임실 현감에 제수된 사람이 이문저(李文著)로 되어 있다.

115 중부(仲父) : 임상유(林相儒, 1616~1680)를 가리킨다. 1680년(숙종6) 7월 23일에 졸하였다.

116 애종(哀從) : 상을 당한 종형제를 말한다. 중부 임상유의 아들들이다.

117 내당(內堂) : 숙모 함안 윤씨(咸安尹氏)를 가리킨다. 윤경(尹熲)의 딸이다.

118 직경씨(直卿氏) : 직경은 임세온(林世溫, 1641~1711)의 자이다. 창계의 조부 임타(林㙐)의 육촌 동생인 임담(林墰)의 손자이고, 임종유(林宗儒)의 아들이다.

119 계무(季武) : 임상유의 셋째 아들 임광(林洸, 1650~1685)의 자이다.

자리를 옮겼다. 점심을 먹고 나서야 작별하고 떠났다. 궤연에 들어가 인사드리고 또 내당에 들어가 떠난다고 고하였다. 갈 때 동리(東里)에 들러 박숙(朴叔)[120]께 안부를 여쭈었다. 강변에 이르러서는 견여(肩輿)를 타고 승선(乘船)하였다. 강을 건너 부소원(扶蘇院)에 이르니 날이 저물었다. 횃불을 들고 20여 리를 가서 영암(靈巖)에 도착하니 군수 신유(申鍒)[121]가 나와서 맞았다. 이 고을 객관은 월출산(月出山) 천왕봉(天王峯)을 정면으로 마주하고 있는 데다, 뜰의 초목도 모두 그윽하고 기묘해서 달빛 아래 은미하게 모습을 드러내는 것이 참으로 멋진 운치가 있었다. 객관 앞 대월루(對月樓)는 특히나 아름다워 촛불을 들고 올라가서 보고는 망설일 것도 없이 누대 위 작은 방에서 묵었는데 한밤중에야 잠들었다.

13일

새벽에 일어나 창을 열어젖히고 월출산 봉우리들이 옅은 안개 사이로 모습을 감추었다 드러냈다 하는 것을 보니, 참으로 그림 속 풍경 그대로였다. 다시 잠들지 않고 맑은 정신으로 앉아 아침이 오기를 기다렸다. 해가 뜨고 나서 군수가 찾아왔다. 잠시 뒤에 금구 현령, 임실 현감도 찾아왔고, 함평 현감(咸平縣監) 홍공 만조(洪公萬朝)[122]와 나주 목

120 박숙(朴叔) : 박태구(朴台耈, 1659～1710)이다. 본관은 밀양(密陽), 자는 삼로(三老), 호는 용암(龍庵)이다. 17세에 장성(長城) 황룡리(黃龍里)에 옮겨 살면서 외숙 김여석(金汝錫)에게서 수학하였고, 후에 창계 문하에서 강학하였다.《德村集 卷10 龍庵處士朴公墓誌銘》

121 신유(申鍒) : 본관은 평산(平山), 자는 유중(柔中)이다. 1680년 2월 영암 군수로 부임하여 1684년 3월에 체직되었다.《靈巖邑誌 先生案》

사 이공 희룡은 모두 참시관으로 시소(試所)로 나아가는 길인데도 찾아왔으며, 옥과 현감(玉果縣監) 유근(兪瑾) 역시 차비관(差備官)으로 찾아왔다. 느지막이 밥을 먹고 출발하여 월출산 동쪽 고개를 넘어 석제원(石梯院)에서 쉬었다. 강진 현감(康津縣監) 유군 한명(柳君漢明)[123]과 벽사 찰방(碧沙察訪) 장□□(張□□)[124]가 나와 대령하고 있었다. 저녁에 강진현(康津縣) 시소에 도착하였더니 제생(諸生)이 성 위와 길가에 줄지어 서서 너도나도 보겠다고 해 극도로 혼잡했다. 하리(下吏)가 막으려고 했으나 막지 말라고 하였다. 객사에 도착하자 참시관이 들어와서 상견례를 행하였다. 밤에 시험장을 순시하고 과장(科場)에 들어가는 군리(軍吏)를 점열하느라 밤이 깊어서야 잠자리에 들었다.

14일

첫새벽에 좌기(坐起)하여 응시자들을 안으로 들이고 해가 뜬 뒤에 글제를 내걸었다. 부제(賦題)는 '초검(招劍)'[125]이고 시제(詩題)는 '칠덕을 가만히 읊조리다〔微誦七德〕'[126]였는데, 글제는 모두 본현 향교에 있

122 홍공 만조(洪公萬朝) : 1645~1725. 본관은 풍산(豐山), 자는 종지(宗之), 호는 만퇴(晩退), 시호는 정익(貞翼)이다.

123 유군 한명(柳君漢明) : 본관은 문화(文化), 호는 지족당(知足堂)이다.

124 장□□(張□□) : 《승정원일기》 숙종 6년 11월 9일 기사에, 벽사 찰방(碧沙察訪) 장선담(張善潭)을 차사원으로 내려보냈다는 내용이 있는 것으로 보아 장선담인 듯하다.

125 초검(招劍) : 송(宋)나라 유자휘(劉子翬)가 증천유(曾天游), 이사지(李似之), 장자유(張子猷)가 천거되어 조정에 나아가자 그들을 축하하고 송별하면서 지은 〈초검문(招劍文)〉을 가리킨다. 《宋名臣言行錄 外集 卷11》

126 칠덕(七德)을 가만히 읊조리다 : 송 태종 때의 고사를 두고 한 말이다. 송 태종이

는《송명신록(宋名臣錄)》[127] 중에서 뽑았다. 거둔 시권(試券)이 1600여 장이었다.

15일

아침에 시권을 채점하기 시작하여 2경(更)쯤에야 마쳤다.

16일

첫새벽에 좌기하여 해가 뜬 뒤에 글제를 걸었다. 의제(義題)[128]는 '천지는 만물의 부모이다[惟天地萬物父母]'[129]이다. 의제(疑題)는 "묻는다. 《대학》에서 '그 뜻을 성실히 하고자 하는 자는 먼저 그 마음을 바르게 한다.'라고 했는데 마음과 뜻을 어떻게 분별해야 하는가? 만약 뜻을 마음이 발한 바라고 한다면 이른바 마음이라는 것은 미발(未發)의 체

자신과 당 태종을 비교하면 어떠한지를 묻자 자리에 있던 사람 모두가 찬탄하는 말을 했는데, 이방(李昉)만은 백거이가 당 태종의 훌륭한 공덕(功德)을 칭송한 〈칠덕무사(七德舞詞)〉의 "원망하는 궁녀 삼천 명을 궁궐에서 내보내고, 사형수 사백 명이 자진해서 옥으로 돌아왔다오.[怨女三千放出宮, 死囚四百來歸獄.]"라는 구절을 가만히 읊조려 왕을 일깨웠고 왕도 감복했다고 한다.《宋名臣言行錄 前集 卷1》

127 송명신록(宋名臣錄) :《송명신언행록(宋名臣言行錄)》이다. 주희(朱熹)가 송나라의 대표적 명신 97명의 언행을 뽑아 기록하였다.

128 의제(義題) : 경서(經書)의 뜻을 해석하라는 과거 시문(試問)의 하나이다. 시문에 의(疑)와 의(義) 두 가지가 있는데, 의(疑)는 '사서의(四書疑)'로 사서 중에서 의심할 만한 대목의 글 뜻을 묻는 것이고, 의(義)는 '오경의(五經義)'로 오경의 글 뜻을 해석하게 하는 것이다.《經國大典 禮典》

129 천지는 만물의 부모이다 :《서경》〈태서(泰誓)〉에 "천지는 만물의 부모이고 사람은 만물의 영장이니, 진실로 총명한 이가 임금이 되고 임금은 백성의 부모가 된다.[惟天地萬物父母, 惟人萬物之靈, 亶聰明作元后, 元后作民父母.]"라는 내용이 있다.

(體)만을 가리키는 것인가?"였다. 처음에는 의제(義題)를 《역경(易經)》에서 내려고 했으나 본현에 《역경》이 없었다. 책이 없는데 그 책에서 출제하는 것은 상례가 아니기에, 이 문제를 출제하여 게시하였다. 부(賦)는 이하 삼상(二下三上)을, 시(詩)는 삼중(三中)[130]을 기준으로 하여 두 어르신이 시권을 채점하였는데 한밤중이 되어서야 끝났다. 거둔 시권이 1500여 장이었다.

17일

시권을 채점하고 밤이 깊어서야 쉬었다.

18일

시와 부를 채점했는데 다 끝내지 못하였다.

19일

오후에야 종장(終場)의 시권을 채점하기 시작하였다.

20일

비가 왔다. 종장의 시권을 채점하였다.

130 삼중(三中) : 시권의 성적을 평가하는 12등급 중의 하나이다. 12등급은 상지상(上之上), 상지중(上之中), 상지하(上之下), 이상(二上), 이중(二中), 이하(二下), 삼상(三上), 삼중(三中), 삼하(三下), 차상(次上), 차중(次中), 차하(次下)로 나뉜다.

21일

비가 왔다. 종장의 시권 채점을 마치고 입격(入格)한 시권을 다시 점검하였다.

22일

비가 내리다 날이 개기 시작했다. 출방(出榜)하였다. 초장(初場)의 장원(壯元)은 유익하(柳翊夏)였고 종장의 장원은 강석제(姜錫齊)였다. 해 질 녘에 청조루(聽潮樓)[131]에 올라 참시관들과 함께 하였다. 밤에 서헌(西軒)으로 두 성주를 찾아갔다.

23일

현감이 찾아와서 처음으로 편한 복장으로 만나자는 약조를 하였다. 아침밥을 먹고 나서 길을 떠나 종제(從弟) 현기(玄紀) 임성(林渻)의 집에 들렀는데, 현기의 아들이 아주 기특하였다. 또 이군 담로(李君聃老)[132]를 방문하고서 석제원(石梯院)[133]에 도착해 보니, 두 성주가 한참 전부터 와서 기다리고 있었다. 함평 현감은 무위사(無爲寺) 길을 따라, 나는 큰길을 따라 길을 나섰다. 나주 목사는 "나중에 출발하겠습니다." 하였다. 도갑사(道岬寺)에서 함께 묵기로 약속하였다. 도갑사 동구(洞

131 청조루(聽潮樓) : 강진현(康津縣) 객관(客館) 남쪽에 위치한 누대로, 현감 오순종(吳舜從)이 건립하였다고 한다. 《新增東國輿地勝覽 卷37 全羅道 康津縣》

132 이군 담로(李君聃老) : 강진에 살았던 인물이다. 창계가 그를 굴원에 비유하여 지은 〈백운동에서 차운시를 읊고 이장 담로의 산거에 부쳐 제하다〔白雲洞詠次韻寄題李丈聃老山居〕〉라는 시가 《창계집》 권2에 실려 있다.

133 석제원(石梯院) : 전라남도 강진군 성전면 월평리 원기마을 일대이다.

口)에 도착해 횃불을 들고 가기 시작했는데, 가서 보니 함평 현감은 한 식경 전에 와 있었다. 법당에 모여 이야기를 나누다가 모두 선당(禪堂)으로 가서 잠깐 이야기했다. 함평 현감은 장실(丈室)에 가서 묵었다.

24일

함평 현감은 먼저 돌아갔다. 두붓국을 먹고 나서 도선(道詵)의 비(碑)를 찾아가 살펴보고 자연 속에서 거닐다 돌아왔다. 아침에 출발하려는데, 법한(法閑) 스님이 시를 가져오고 이어 함평 현감의 신작(新作)을 보여 주며 내게 차운시를 지어 달라고 청하였다. 오후 늦게 산문을 나서자 읍민 수십 인이 곳곳에 모여 있다가 길을 막고는 "올해 농사가 이 지경입니다. 조정에 돌아가거든 아뢰어 주시기 바랍니다." 하였다. 나는 시관(試官)이지 경차관(敬差官)이 아니라 사명을 띠고 온 직무가 다르다며 거절했다. 그런데도 어떤 이들은 여전히 계속해서 떠들어 대며 가소로운 말들을 쏟아 냈다. 나는 "조정에서 올해 농사 작황을 자세히 안다면 응당 관대하게 보살펴 주는 조처를 취하지, 내 말을 기다리고 있겠는가. 너희들은 우선 물러나 기다리라." 하였다. 이어 구림(鳩林)[134]에 가서 박 종자형(朴從姊兄)[135]과 군서(君瑞)를 만나 보았다. 나주 목사가 찾아왔는데, 어제 도중에 다른 곳에 갔다 해서였다. 고을 사람 조(曺)와 이(李) 등 여러 사람이 찾아왔다. 잠시 이가징(李嘉徵)[136]

134 구림(鳩林) : 전라남도 영암의 월출산 아래에 있는 마을이다.

135 박 종자형(朴從姊兄) : 창계의 작은 아버지인 임홍유(林弘儒)의 사위인 박성(朴鍟)을 가리키는 듯하다.

136 이가징(李嘉徵) : 본관은 전주(全州), 자는 회이(會而)이다.

을 방문해 그의 아우 이세징(李世徵)[137]도 함께 만나 보았다. 또 족형(族兄) ▨의 상(喪)에 조문하고 김계내(金啓乃)[138]를 방문해 술을 조금 마셨다. 주룡도(朱龍渡)[139]에 닿기 전에 조금 쉬었다가 나루터에 도착해서 누선(樓船)을 타고 바다를 건너서 보니 해가 이미 저문 뒤였다. 횃불을 들고 20여 리를 가 평정(平亭) 마을[140]에 있는 누이 시가에 잠시 들렀다가 사교(沙橋)[141]에 이르렀다. 중씨(仲氏)[142]를 모시고 날이 새는 줄도 모르고 밤새 이야기를 나누었다.

25일

서숙(庶叔), 서형제(庶兄弟)들과 밤부터 시작한 대화가 아침까지 이어졌다. 아침을 먹고 나서 죽림(竹林)[143]의 서숙댁을 방문하고 주산(舟山)[144]의 직경(直卿) 형님댁에 도착하였더니 무안 현감(務安縣監) 한범제(韓范齊)[145]가 와서 기다리고 있었다. 사묘(祠廟)에 들어가 참배하고

137 아우 이세징(李世徵) : 대본에는 '弟世徵'으로 되어 있으나 《정유식년사마방목(丁酉式年司馬榜目)》에는 이가징의 형으로 기록되어 있다.

138 김계내(金啓乃) : 자는 여옥(汝沃)이다. 《창계집》 권15에 학문을 권면하는 내용으로 김계내에게 답한 편지 3편이 실려 있다.

139 주룡도(朱龍渡) : 주룡도(住龍渡), 주룡진(駐龍津), 주룡나루라고도 한다. 영암과 무안의 경계 지점에 있다. 《新增東國輿地勝覽 卷36 全羅道 務安縣 大東地志》

140 평정(平亭) 마을 : 현 전라남도 무안군 일로읍 지역이다.

141 사교(沙橋) : 회진(會津)에서 영산강(榮山江) 물길을 따라 무안 쪽으로 내려간, 지금의 무안군 일로읍 복룡리에 있다.

142 중씨(仲氏) : 사교에 살던 둘째 형 임정(林淀)을 말한다.

143 죽림(竹林) : 현 전라남도 무안군 삼향읍 맥포리에 있던 마을이다.

144 주산(舟山) : 현 전라남도 무안군 몽탄면 이산리 지역이다.

나와 해가 질 때까지 이야기를 나누었다. 현감이 먼저 읍내에 가서 기다리겠노라 약속하고 먼저 일어나서 갔다. 무안 읍내에 도착했을 때는 날이 이미 저물었다. 앉아서 한참 동안 이야기하다 함평을 향해 길을 떠났는데, 10여 리 길을 횃불을 들고 걸었다. 함평 현감이 새로 빚은 술을 무척이나 간곡하게 권하였다. 나는 남쪽으로 온 뒤로 관배(官杯)로 2잔 넘게 술을 마신 적이 없었는데 여기 와서 처음으로 8잔을 마셨다. 객관으로 돌아와 묵었는데, 사교에서부터 수행한 조카 임모(林謩)[146]가 함께 잤다.

26일

아침에 함평 현감이 찾아와 산지기 완문(完文)을 작성해 주었다. 길을 떠나 산소에 도착해 보니 현감이 요전상(澆奠床)을 마련해 놓았는데, 장막에 마련한 제물(祭物)이 아주 정갈하고 풍성하여 잘 차렸다는 칭송이 골짜기에 가득하였다. 이졸(吏卒)들은 길을 메우고 마을 사람들이 몰려와 담처럼 에워싸고 구경하였다. 성묘를 마치고 잠시 산지기 집으로 돌아왔다. 아전이 제물이 마련되었다고 고하여 전례(奠禮)를 행하기 시작하였다. 조카 임모가 집사(執事)를 하면서 고축(告祝)도 함께 하였는데 상규(常規)를 대략 수정하여 간소하게 한 것이다. 전례를 행하고서 절하여 작별 인사를 드리고 물러 나왔다. 식사 후에 향인(鄕人)과 작별하고, 출신(出身) 장안민(張安民)의 수행을 받아 향교촌

145 한범제(韓范齊) : 1634~1695. 본관은 청주(淸州), 자는 일지(一之)이다.

146 임모(林謩) : 1678~1728. 자는 군진(君陳)이다. 창계의 둘째 형 임정의 넷째 아들이다.

(鄕校村)에 이르렀다. 함평 현감이 또 와서 기다리고 있기에 잠깐 동안 앉아서 이야기를 나눈 뒤에 견여(肩輿)를 타고 고산동(高山洞)[147]으로 들어갔다. 고산동은 향교 북쪽 5리쯤에 자리하는데, 골짝이 깊고 산이 높았다. 기미년(1679, 숙종5)에 남쪽으로 오면서 이곳을 지난 적이 있었는데, 언덕이 높고 크며 산세가 고리처럼 에워싼 것을 보고 산소를 쓸 만한 곳이라는 생각이 들어 이곳이 어디인지를 물었더니 고산동이라고 하여 알게 되었다. 본읍에서 시권(試券)을 거두고 나서 고을 사람을 만날 때마다 묻곤 했는데, 이제야 들어와 보게 된 것이다. 장안민과 향교촌 사인(士人) 이태악(李泰岳)도 함께 들어와 마침내 옛 절터로 올라가 무덤을 만들고 읍리(邑吏) 김익하(金翊夏)에게 역인(役人)을 감독하게 하였는데, 역인은 현감이 배정해 보낸 근처의 촌민이었다. 해가 질 무렵에 고산동에서 나와 길을 가다가 청수원(淸水院)에 도착해서는 횃불을 밝히고 가기 시작했다. 고막원(古幕院)[148]에 도착해 보니, 밤 초경(初更) 무렵이었다. 고막원에 도착하여 잠깐 쉬는데 초동(草洞)[149] 사람 대여섯이 와서 기다리고 있기에 만나 보았다. 다시 횃불 아래 이동해 반계(磻溪)[150]에 도착하니, 늙은 종 수생(受生)이 거군(炬軍)으로 와서 인사를 하기에 조카 임모를 보호해서 곧장 회촌(會村)으로 가도록 하였다. 군장(軍藏)[151]을 지날 때 말에서 내렸고, 또 영사재

147 고산동(高山洞) : 현 전라남도 함평군 대동면에 있는 마을이다.

148 고막원(古幕院) : 현 전라남도 나주시 다시면에 있던 원(院)이다.

149 초동(草洞) : 현 전라남도 나주시 다시면에 있는 마을이다.

150 반계(磻溪) : 현 전라남도 나주시 다시면에 있는 마을이다.

151 군장(軍藏) : 현 전라남도 나주시 다시면에 있는 마을이다.

(永思齋)[152] 남쪽 언덕을 지날 때 또 말에서 내렸다. 현주(縣州)의 읍내에 도착했을 땐 밤 2경쯤이었다. 목사와 한참 동안 이야기를 나누다 금성관(錦城館)[153] 소루(小樓)에서 묵었다.

27일

미명(未明)에 대청 앞뜰에서 세 차례 예를 행하였다. 오늘은 영소전(永昭殿)[154]의 연제일(練祭日)이다. 집사와 향교 유생의 인도로 동쪽 뜰에 가서 서고, 목사는 서쪽 뜰에서 곡(哭)을 하였다. 사배례(四拜禮)를 마치고서 소루로 돌아왔다. 목사가 와서 이야기를 나누었다. 종형(從兄) 차소씨(次韶氏)[155]도 모여서 곡하는 사인(士人)들 사이에 와 있었는데, 그가 갈 거라는 말을 듣고 만나 보고 싶었지만 감히 만나자고 청하지 못하고 그저 고향에서 보자는 기약만 전했다. 그런데 목사가 평소 이 형님을 만나 보려는 생각이 있었다기에 마침내 말을 전해 맞아서 들어와 앉아 이야기를 나눌 수 있게 되었다. 잠시 후에 그가 먼저

152 영사재(永思齋) : 벽류정공(碧流亭公) 김운해(金運海)를 모신 재실로, 현 전라남도 나주시 세지면에 있다.

153 금성관(錦城館) : 나주목의 객사 건물로 매월 1일과 15일 국왕에 대한 예를 올리고 외국 사신이나 정부 고관의 행차가 있을 때 연회를 열었던 곳이다. 《신증동국여지승람》 권35 전라도 나주목 조에 "은행정(銀杏亭) 남쪽에 있다. 목사 이유인(李有仁)이 지었다."라는 기록이 보인다. 현재 나주시 과원동에 있다.

154 영소전(永昭殿) : 숙종(肅宗)의 비 인경왕후(仁敬王后) 김씨(金氏)의 혼전(魂殿)이다. 인경왕후는 1671년(현종12) 세자빈에 책봉되었다가 1674년 숙종이 즉위하면서 왕비가 되었다. 1680년 10월 26일 경덕궁(慶德宮)에서 승하하였다.

155 차소씨(次韶氏) : 임호(林滈, 1645~1709)의 자이다. 호는 눌헌(訥軒)이다. 창계의 숙부 임장유(林長儒)의 셋째 아들이다.

돌아가고 나도 길을 나서 산소로 갔다. 계무(季武) 애종(哀從)을 산소 여막에서 만나 같은 산에 있는 고조 이하의 무덤과 방존(旁尊)[156]의 무덤에 두루 참배하고, 중부(仲父 임상유(林相儒))의 신주와 종형(從兄)의 새 무덤에도 절하고 곡하였다. 고향에 도착해서는 잠시 동리(東里)에 들러 박숙(朴叔)께 안부를 여쭈었다. 골짜기 안으로 들어가 중부 신주의 궤연에 곡하고 절하고, 내당에 들어가 뵙고 인사드린 후 여막으로 돌아와 앉았다. 여러 종형제(從兄弟)와 동네 사람들이 우리 집으로 많이들 모여 와 앉았는데 중당(中堂)이 협소해 방에 앉은 사람도 있고 처마 끝 툇마루에 앉은 사람도 있었다. 이들 중에는 멀리서 온 사람도 있었는데 사람이 많아서 다 적을 수도 없다. 오후에 유촌(維村)[157]에 가서 종백(從伯)의 궤연에 들어가 곡을 하고 잠시 내당에 들어가 돌아간다고 고하였다. 안동(安洞) 종형댁에 가서 저녁을 먹고 형제들과 함께 종가(宗家)[158]까지 걸어가서는 가묘에 들어가 참배하고 여막으로 돌아왔다. 동리의 박숙이 자제를 데리고 와서 작별하였다. 밤에 여러 종형제를 포함한 친당(親黨) 도합 10여 인이 우리 집 안방에서 함께 묵었다.-이날 유산(維山)에 갔을 때 월택(越宅)에 차례로 들어가 돌아가신 종조부의 사묘(祠廟)에 참배하였다.-

28일

비가 왔다. 밤부터 새벽까지 계속해서 내려 길을 나설 일이 매우 걱정

156 방존(旁尊) : 방친(旁親)으로, 방계 친속 가운데 손윗사람을 가리킨다.

157 유촌(維村) : 현 전라남도 나주시 다시면에 있는 마을이다.

158 종가(宗家) : 나주 임씨 대종가는 현 전라남도 나주시 다시면에 있다.

스러웠는데 아침이 되자 날이 개기 시작했다. 일가와 동네에 낙폭지(落幅紙)[159]를 나누어 주었다. 함평 현감이 편지를 보내 주었고, 뒤이어 새로 쓴 산소의 입안(立案)을 부쳐 주었다. 길을 떠나 보성(寶城)의 죽은 종형댁에 들러 보았고, 읍내에 도착해서는 사람들과 일일이 담소를 나누었다. 보성 군수가 산지기 완문(完文)을 작성해 발급해 주자, 영장(營將)이 과연 찾아왔다. 정오에 극락원(極樂院)[160]에서 쉬고 또 광주부(光州府)에서 쉬는데, 족질(族姪) 임만(林蔓)과 족숙(族叔) 임정규(林廷奎) 씨가 들어와 만나 보았다. 다시 길을 가다 창평(昌平) 경계 못 미쳐서부터 횃불을 들고 5, 6리를 걸어 창평 지역 읍에 도착하였더니 밤이 초경이나 되었다. 창평 현령 홍군 수량(洪君受漉)[161]과 여산군수(礪山郡守) 이군 적길(李君迪吉)은 금란관(禁亂官)으로서, 삼례찰방(參禮察訪) 유정교(柳廷喬)[162]는 녹명관(錄名官)[163]으로서 모두 들어와 만났다. 이 찰방은 전에 강진에서 녹명관을 지냈는데, 지금 또

159 낙폭지(落幅紙) : 과거에 떨어진 사람의 글이 적힌 종이를 말한다.

160 극락원(極樂院) : 현 광주광역시 서구 신촌동과 광산구 벽진동 사이에 있는 극락교(極樂橋) 근처에 있었다.

161 홍군 수량(洪君受漉) : 1626~1697. 본관은 남양(南陽), 자는 청숙(淸叔), 호는 규헌(葵軒)이다.

162 유정교(柳廷喬) : 본관은 진주(晉州)이다. 자는 중고(仲高)이다.

163 녹명관(錄名官) : 녹명(錄名)을 맡은 관원이다. 녹명은 과거 응시자가 원서를 내면서 그 성명을 등록하는 것이다. 조선 시대 과거 응시자들은 시험 보기 전에 녹명소(錄名所)에 본인 이름, 본관, 거주지 등의 인적 사항과 아버지, 할아버지, 증조할아버지, 외할아버지의 이름, 본관, 관직을 적은 사조 단자(四祖單子) 등 필요한 구비 서류를 제출하였다. 녹명관은 이를 검토하여 과거 응시에 결격 사유가 없는지를 판단한 후 이상이 없으면 시험지에 '근봉(謹封)'이라는 도장을 찍어 돌려주었다.

온 것이다. 참시관(參試官)인 영광 군수(靈光郡守) 이증(李增),[164] 무장 현감(茂長縣監) 안세징(安世徵)[165]이 들어와 만나 보고 예를 행하였다.

29일

미명(未明)에 좌기(坐起)하여 응시자들을 들이고 해가 뜬 뒤에 글제를 걸었다. 표제(表題)는 '송나라 시강관 범조우가 뜻을 독실히 하고 학문하는 것도 책을 좋아하는 것처럼 하는지 여쭌 것[166]을 두고 의작(擬作)[167]하라〔擬宋侍講官范祖禹請篤志問學亦如好書〕'였고, 부제(賦題)는 '나무로 가르치다〔誨木〕'[168]였으며, 논제(論題)는 '〈원십육위(原十六衛)〉'[169]

164 이증(李增) : 1628~1686. 본관은 전주(全州), 자는 성대(成大)이다.

165 안세징(安世徵) : 1639~1702. 본관은 광주(廣州), 자는 자원(子遠), 호는 환성재(喚醒齋)이다.

166 송나라……것 : 송나라 범조우(范祖禹)가 시강관(侍講官)으로서 《논어》 강독에 참여한 후에 왕이 동궁에서 연회를 베풀고 당시(唐詩)를 한 수씩 써서 내리자 감사를 표하며 한 말이다. 그는 "폐하께서는 뜻을 독실히 하고 학문하는 것도 책을 좋아하는 것처럼 하시며, 도덕을 진보시키는 것을 모두 예술을 즐기는 것처럼 하십니까?"라고 하였다. 《宋名臣言行錄 卷13》

167 의작(擬作) : 옛일을 글제로 삼아서 글을 짓는 것을 말한다.

168 나무로 가르치다 : 주희(朱熹)의 스승 가운데 한 명인 병산(屛山) 유자휘(劉子翬)의 가르침을 이른다. 병산은 일찍이 주희에게 "나무는 뿌리를 잘 감추어야 봄에 잎이 무성하게 피고, 사람은 몸을 잘 감추어야 정신이 안에서 살찌는 것이다.〔木晦於根, 春容煒敷; 人晦於身, 神明內腴.〕"라고 가르쳤다.

169 원십육위(原十六衛) : 당(唐)나라 때 시인 두목(杜牧)이 지은 병사 제도에 관한 글이다. 이 글에서 그는 부병제(府兵制)가 무너진 것을 근심하여, 수 문제(隋文帝)가 병농일치(兵農一致)를 골간으로 하는 부병제의 결정체인 십육위(十六衛) 제도를 세운 뜻을 살펴서 복원할 것을 주장하였다. 《資治通鑑綱目 卷49》

였고, 의제(疑題)는 '묻는다. 치도(治道)를 이루는 데 있어 공자는 1년, 3년, 30년, 100년이 걸린다고 하였고,[170] 맹자는 대국은 5년, 소국은 7년이 걸린다고 하여[171] 각기 차이가 난다. 성인이 하시는 일을 모르긴 하나 그 공효가 나타나는 속도가 이렇게 다를 수가 있는가?〔問孔孟言治有朞月三年必世百年五年七年之不同不知其作爲如何其功效之遲速若是其相殊歟〕'였다. 거둔 시권이 50여 장이었다.

9월 1일

초장(初場)의 시권 채점이 오전에 끝났다. 피곤하여 밤중까지 드러누워 있었다.

2일

미명에 좌기(坐起)하여 응시자들을 안으로 들이고 해가 뜬 뒤에 글제

170 공자는……하였고 : 공자가 다스림이 이루어지는 시간을 말한 것을 가리킨다. 공자는 자신이 등용되면 1년 정도만 해도 그런대로 기틀을 잡을 수 있을 것이요, 3년이면 성취하는 바가 있게 될 것이라 하였고, 선인이 100년 동안 나라를 다스리면 잔혹함을 이기고 살벌한 정사를 제거할 수 있다 하였고, 또 왕도를 행하는 사람이 있더라도 반드시 한 세대가 지난 뒤에 어진 정사의 효험이 나타난다고 하였는데, 이를 두고 한 말이다. 《論語 子路》

171 맹자는……하여 : 맹자가 다스림이 이루어지는 시간을 말한 것을 가리킨다. 맹자는 "지금 약소국이 강대국의 소행을 본받으면서 명령받기를 부끄러워하니, 이는 제자가 선사에게 명령받기를 부끄러워함과 같은 것이다. 만일 그것을 부끄러워할진댄 문왕을 본받는 것만 못하니, 문왕을 본받으면 대국은 5년, 소국은 7년이면 반드시 천하에 정사를 하게 될 것이다.〔今也小國師大國而恥受命焉, 是猶弟子而恥受命於先師也. 如恥之, 莫若師文王. 師文王, 大國五年、小國七年, 必爲政於天下矣.〕"라고 하였다. 《孟子 離婁上》

를 걸었다. 부제와 표제는 앞에 적었다. 거둔 시권이 200여 장이었다.

3일

중장(中場)의 시권 채점을 마쳤다.

4일

미명에 좌기하여 응시자들을 안으로 들이고 해가 뜬 뒤에 글제를 걸었다. 책제(策題)[172]는 '……등에 대해 묻다〔問問〕'였다. 거둔 시권이 100여 장이었다.

5일

비가 내렸다. 종장(終場)의 시권을 거의 다 채점하였다.

6일

삼장(三場 종장)의 입격(入格)한 시권을 점검하고서 아침이 지나서 출방(出榜)하고 오후에 수계(修啓)[173]를 마쳤다. 저녁이 다 되어서야 길을 떠나 광주(光州)에서 투숙하였다. 도중에 홀연히 문득 금성산(錦城山)[174]을 보고 향리(鄕里) 생각이 간절해졌지만 안타깝게도 경유해 갈 만한 적당한 길을 찾을 수가 없었다. 시소(試所)에서 나주 목사의 편지

172 책제(策題) : 책문(策問)의 제목이다. 책문은 과시(科試)에서 경서의 뜻이나 정치에 관한 문제를 내어 응시자에게 의견을 묻는 것이다.

173 수계(修啓) : 보고할 내용을 정리하여 계문(啓文)을 작성하는 것을 말한다.

174 금성산(錦城山) : 나주 회진현(會津縣)의 진산(鎭山)이다.

를 받아 보니, 나더러 박산(朴山)에서 하루만이라도 잠깐 머물러 달라는 내용이라 그렇게 하겠다고 답장을 썼다. 밤중에 '푸른 꽃술 중양절에도 따 먹질 못하겠네.〔青蘂重陽未堪摘〕'[175]라는 글자로 분운시(分韻詩)[176]를 지었다.

7일

아침밥을 먹고 나서 길을 떠나 풍영정(風詠亭)[177]에 이르러 잠시 머무는데 주인 김생(金生)이 나와 접견하였다. 풍영정은 실로 호남의 이름난 정자인데, 실제로 보니 듣던 것보다 못하지 않았다. 벽에는 공관(公館)이나 사정(私亭)에서는 보지 못한 여러 선배 명현이 지은 작품 편액이 가득했다. 다시 길을 떠나 박산에 도착하자, 얼마 있다 종형 차소씨(次韶氏)가 만나러 왔고 일관(一貫) 스님과 현우(賢雨) 스님도 왔다.

8일

이른 아침에 나주 목사가 찾아와 전송했는데, 여산 군수도 들어왔기에 여정(汝定)의 집에서 만나 보았다. 종형과 여수(汝守)가 따라 들어와 동석하였다. 여산 군수는 먼저 갔고, 오백여(吳百如) 형제[178]와 오대현

175 푸른……못하겠네 : 소인이 득세하고 군자가 제자리를 잃은 현실을 노래한 두보(杜甫)의 〈탄정전감국화(歎庭前甘菊花)〉에 "뜰 앞의 감국화 늦게야 옮겨 심어, 푸른 꽃술 중양절에도 따 먹질 못하겠네.〔庭前甘菊移時晚, 青蕊重陽不堪摘.〕"라는 구절이 있다.

176 분운시(分韻詩) : 분운은 시를 지을 때 먼저 몇 자를 운으로 정해 놓고 각자 운자를 택해 운에 따라 시를 짓는 방식을 말한다. 부운(賦韻)이라고도 칭한다.

177 풍영정(風詠亭) : 현 광주광역시 광산구 풍영정길에 있는 정자이다. 1560년(명종15) 승문원 판교를 끝으로 관직을 떠나 고향으로 돌아온 김언거(金彦据)가 지었다.

(吳大顯)[179]과 사호(士豪)가 왔기에 목사에게 전갈을 보내 들어와 동석해 줄 것을 청하였다. 이날 10여 잔의 술을 마셨다. 목사는 저녁 무렵 돌아갔고, 오백여도 돌아갔다. 계휴(啓休)[180]와 사호는 남아서 함께 묵었다.

9일

아침이 지나서 길을 떠나 도림(道林)[181]을 거쳐 오(吳) 형제 집을 방문하고 다시 양세남(梁世南)[182] 어른의 산재(山齋)에 이르렀더니, 샛길로 온 종형이 먼저 도착해 있었다. 주변이 고요하여 떠날 생각을 하며 망설이다 떠나기가 싫어져 오후에야 비로소 길을 떠났다. 날이 저물어 다시 황룡촌(黃龍村)에 들를 수 없어 사람을 보내 안부를 전하기만 했다. 장성부(長城府)에 도착하니 부사 정군 재후(鄭君載厚)와 찰방 유군 반(柳君攀)[183]이 찾아왔다. 족인(族人) 박태구(朴台耈)가 황룡촌

178 오백여(吳百如) 형제 : 백여(百如)는 오붕석(吳朋錫, 1636~1684)의 자이다. 동생은 오현석(吳玄錫)이다.

179 오대현(吳大顯) : 1641~1699. 본관은 나주, 자는 사회(士晦)이다.

180 계휴(啓休) : 오현석의 자이다.

181 도림(道林) : 나주목 도림면이었고, 현재는 광주광역시 광산구 본량동 지역이다.

182 양세남(梁世南) : ?~1681. 본관은 제주(濟州)이다. 《창계집》 권2에 〈양 참봉 세남에 대한 만사〔梁參奉世南挽〕〉가 실려 있는데, 뜻이 높고 지조가 굳셌던 그가 재덕을 감추고 초야에 은거하며 지내다 세상에 크게 쓰이지 못하고 세상을 떠난 것을 안타까워하는 내용이 보인다.

183 유군 반(柳君攀) : 1619~1686. 본관은 문화(文化), 자는 자운(子雲)이다. 1681년(숙종7) 1월 26일 청암 찰방(靑巖察訪)으로서 사은하였다. 《承政院日記 肅宗 7年 1月 26日》

에서 나중에 왔다. 밤중까지 담소를 나누다 한참 후에야 모임을 끝내고 나갔다.

10일

족인 박태구가 일찌감치 다시 찾아왔다. 장성 부사가 내게 입암(笠巖)[184]은 꼭 올라서 구경해야 한다고 말했다. 출발할 때에 접대하기 어려울 것 같아 결국 거느리던 자들을 모두 보내고, 고갯길을 통해 천원(川原)으로 곧장 갔다. 읍내에서 마중 나온 사람과 마두(馬頭), 역리(驛吏) 1인만 데리고 길을 가다 찰방의 관아를 지나며 전갈을 보내 안부를 물었다. 덕현촌(德峴村)[185]을 지나 산골짜기로 들어가니, 수많은 봉우리의 빼어난 경관과 한 줄기 계곡의 시원한 물소리가 아련히 풍악산(楓嶽山)에 와 있는 듯한 느낌이 들게 했다. 계곡 주변 바위 위에 말을 매어 두고 견여(肩輿)로 10리를 가 남문을 통해 산성에 들어갔다. 험준한 암벽과 견고한 성가퀴를 보니 참으로 천연의 요새였다. 성문으로 들어가자 바로 두 개의 큰 못, 4, 5십 호(戶) 되는 산촌, 네댓 군데에 물레방아가 있는 것이 영락없는 시골 거리였다. 관우(館宇), 창고, 사찰은 한곳에 모여 있었다. 소위 객사라는 곳에서 잠시 쉬었는데, 거기에는 《상촌집(象村集)》 판본(板本)이 꽉 들어차 있었다.

184 입암(笠巖) : 전라남도 장성(長城)과 전라북도 정읍(井邑) 사이에 있는 입암산성을 가리킨다. 입암은 산봉우리에 삿갓처럼 생긴 커다란 바위가 얹혀 있어 비롯된 이름이다. 1597년(선조30)에 수축하고, 1653년(효종4) 그 규모를 넓혀 개축(改築)하였다.

185 덕현촌(德峴村) : 현 전라남도 장성군 북하면에 있던 마을이다. 덕재리(德在里)라고도 불린다.

점심을 먹고 나서 서장대(西將臺)[186]에 올랐다. 서장대에서부터 입암을 빙 돌아서 올랐는데, 길이 험해 견여를 타기 불안한 곳에서는 왕왕 걷기도 하였다. 입암 근처의 포루(砲樓)에 올라 실컷 구경했는데, 안타깝게도 해상에 옅은 안개가 끼어 있어, 월출산(月出山), 금성산(錦城山), 무등산(無等山) 등도 아득한 안개 사이로 희미하게 어른거려 대충은 알 수 있어도 자세히는 알 수 없었다. 북문 쪽으로 방향을 바꿔 초루(譙樓)에 올라 잠시 쉬었다. 정읍(井邑) 사람이 벌써 천원에서 와서 기다리고 있었다. 견여를 타고 10리를 내려가서야 비로소 가마에서 내려 말을 탔다. 정읍 사람이 다담상을 보아 왔으나 야외이고 날도 저물어 거절하였다. 10여 리를 걸으니 정읍이었다. 읍 앞에서부터 횃불을 들고 30리를 가 태인(泰仁)에 도착하였을 때는 초경(初更) 말(末), 2경 초쯤이었다. 들어가서 외숙께 인사드리고 밤이 깊어져서 산정(山亭)에서 모시고 잤다.

11일

태인에 머물렀다. 그저께가 외숙의 생신이라 주찬(酒饌)을 마련하였는데, 그것으로 나도 대접하였다. 대여섯 잔 술을 마시고 관기(官妓)도 보았다. 저녁에 산정에 나가 취해서 드러누워 있는데, 고부 군수(古阜郡守) 심극(沈極)[187]이 찾아와 결국 산정에서 함께 잤다.

186 서장대(西將臺) : 입암산성 서쪽에 있던 대(臺)이다.

187 심극(沈極) : 1649~? 본관은 청송(青松), 자는 일재(一哉)이다.

12일

삼례 찰방(參禮察訪)이 와서 만났다. 아침이 지난 후에 길을 떠나 금구(金溝)에 도착해서 조금 쉬었다. 현령이 병이 심해져 못 나왔다는 말을 듣고 잠시 가서 문병했다. 저녁에 완산(完山)에 도착했는데, 아직 달이 떠 있었다. 성남(城南)에서 한씨 석중(韓氏碩重)을 찾아가 만나 보았으니, 올 때나 갈 때 모두 그를 만난 것이다. 선화당(宣化堂)[188]에서 안찰사를 만나 보고 풍패관(豐沛館)[189]으로 돌아왔더니 반자(半刺)[190] 윤군(尹君)과 영장(營將) 우군(禹君)이 찾아왔다. 대화가 끝나기 전에[191] 안찰사가 찾아오자 윤군과 우군이 모두 나갔다. 한씨도 찾아왔다.

13일

아침에 안찰사가 편지를 보내 함께 위봉산성(威鳳山城)[192]을 보러 가자고 하였으나 갈 길이 바빠 거절하였다. 반자와 영장도 모두 왔고, 고

188 선화당(宣化堂) : 전라 감영에 있었던 감사의 집무실이다.

189 풍패관(豐沛館) : 현 전라북도 전주시 완산구 중앙동에 위치한 전주 객사를 가리킨다. 객사 현판에 명나라 재상 주지번(朱之蕃)의 글씨로 풍패지관(豐沛之館)이라고 적혀 있는데, 풍패는 한 고조(漢高祖)가 처음 군대를 일으켰던 곳으로 제왕의 고향을 뜻한다. 조선 태조(太祖) 이성계(李成桂)의 관향이 전주이기 때문에 이곳에 풍패관이라 이름을 붙인 것이다.

190 반자(半刺) : 주와 군의 장관 밑에 속한 관리로, 장사(長史), 별가(別加), 통판(通判) 등을 말한다.

191 대화가 끝나기 전에 : 원문은 '어미(語未)'이다. 문맥상 뒤에 흘(訖), 필(畢) 등 '끝나다'는 뜻을 가진 글자가 빠진 듯하여 보충하여 번역하였다.

192 위봉산성(威鳳山城) : 전주에 있는 산성으로, 석축이고 둘레는 5097파(把)이다. 《萬機要覽 軍政篇4 關防 全羅道》

(故) 이정평(李定平)의 서자 이휘거(李彙擧) 형제도 찾아왔다. 아침을 먹고 나서 선화당에 가서 안찰사와 석별의 정을 나누느라 술을 조금 마시다 보니 일정이 지체되어 정오가 지나서야 길을 떠났다. 잠시 공북루(拱北樓)[193]에 올라 쉬었다. 삼례에 가자 비비정(飛飛亭)[194]에 식사가 마련되어 있었다. 주인 최후량(崔後良)이 아픈 몸을 이끌고 나와 만나 보았는데, 그의 두 아들 최세장(崔世張)과 최세악(崔世岳)도 나왔다. 해 질 무렵 길을 떠나 횃불을 들고 20여 리를 가 여산(礪山)에 도착하였다. 읍청정(挹淸亭) 위에서 머물렀는데, 가을 달빛이 대낮처럼 밝아 섬돌의 국화꽃이 눈부시게 빛나 잠들고 싶지 않게 했다. 여산 군수 이군(李君 이적길(李迪吉))이 나와서 조용히 이야기를 나누었다.

14일

아침에 여산 군수가 와서 이야기를 나누었고, 영장 한□[195]도 와서 만나 보았다. 길을 떠나 은진(恩津)[196]에 이르자 은진 현감(恩津縣監)[197]이

193 공북루(拱北樓) : 현 전라북도 전주시 팔복동에 자리한 누각이다. 조선 시대에 조정에서 조령(朝令)을 받들고 내려오는 사람을 부윤(府尹)이 이곳에 나아가 맞이했다.

194 비비정(飛飛亭) : 창주 첨사(昌洲僉使) 최영길(崔永吉)이 1633년(인조11)에 세운 정자이다. 현 완주군 삼례읍 남쪽에 있다. 최영길의 손자 최후량(崔後良)이 기문을 써 줄 것을 청하여 송시열이 써 준 〈비비정기(飛飛亭記)〉가 《송자대전(宋子大全)》 권144에 실려 있는데, 이 기문에는 삼국 시대 명장 장비(張飛)의 신용(信勇)과 남송 시대 명장 악비(岳飛)의 충효(忠孝)가 세도(世道)에 보탬이 되었으니, 이 정자에 오르는 자는 그들의 뜻을 새겨 세도에 보탬이 되도록 하라는 내용이 담겨 있다.

195 영장 한□ : 신익상(申翼相)이 1681년(숙종7) 전라도 관찰사로서 올린 장계에 여산 영장(礪山營將) 한지(韓楮)라는 기록이 보이는 것으로 보아 이 사람인 듯하다. 《醒齋遺稿 冊6 在湖南時狀啓》

나와서 만났고, 고을 사람 5, 6인도 와서 만나 보았다. 저녁에 출발하여 연산(連山)[198]과 안곡(安谷)[199]에서 족숙을 차례로 만나고, 이산(尼山)에 도착하자 밤이 되었다.

15일

아침에 길을 떠나 유봉(酉峯)[200]으로 명재(明齋) 윤증(尹拯)[201]을 방문하였다. 정오에 이인(利仁)[202]에서 쉬고, 저녁에 공주(公州)에서 투숙했다. 백씨(伯氏)가 알성시 제2등으로 합격하였다는 소식을 들었다.[203] 산성에 가서 공북루(拱北樓)[204]에 올랐다. 저녁에 돌아오면서 공주 목사(公州牧使)[205]의 아들 이상임(李相任)을 방문해 만났다. 안찰사, 도

196 은진(恩津) : 현 충청남도 논산시 은진면 지역이다.

197 은진 현감(恩津縣監) : 《승정원일기》 숙종 7년 4월 27일 기사에 은진 현감에 이태룡(李台龍)이 제수된 기록이 보인다.

198 연산(連山) : 현 충청남도 논산시 연산면 지역이다.

199 안곡(安谷) : 현 충청남도 논산시에 있는 지역이다.

200 유봉(酉峯) : 현 충청남도 논산시 노성면 교촌리 지역이다.

201 윤증(尹拯) : 1629~1714. 본관은 파평(坡平), 자는 자인(子仁), 호는 명재(明齋)·유봉(酉峯), 시호는 문성(文成)이다.

202 이인(利仁) : 현 충청남도 공주시의 남서부에 위치한 지역이다.

203 백씨(伯氏)가……들었다 : 창계의 형 임환(林渙)은 이때 국왕이 문묘에 가서 제례를 올릴 때 성균관 유생에게 시험을 보여 성적이 우수한 몇 사람을 선발하는 시험인 알성시(謁聖試)에서 1위로 입격하였다. 《國朝文科榜目》

204 공북루(拱北樓) : 현 충청남도 공주시 공산성에 있는 누각이다. 원래 이 자리에 있던 망북루(望北樓)를 1603년(선조36)에 중수하여 공북루라 개명하였다.

205 공주 목사(公州牧使) : 이제두(李齊杜, 1626~1687)이다. 자는 한경(漢卿), 호는 충담(忠潭)이다. 양녕대군(讓寧大君)의 후손으로 서윤(庶尹) 이민후(李敏厚)의 아

사(都事), 목사는 모두 없었다.

16일

아침에 전년에 시를 써 주었던 사람을 불러서 만났다. 아침 안개를 무릅쓰고 길을 떠났다. 금강(錦江)을 건너 20여 리를 갔을 때 길가에서 족제(族弟) 임세양(林世讓)[206]을 만나 말에서 내려 잠시 이야기했다. 이산(尼山) 진사(進士) 윤채(尹採)[207]·윤부(尹扶)[208] 형제와도 만났다. 얼마 안 가 또 척숙(戚叔) 김제(金堤)를 만나 말에서 내려서 만나 보았다. 광정역(廣程驛)[209]에서 쉬고, 또 차령(車嶺) 아래로 가서 그곳에서 진안 현감(鎭安縣監) 종표숙(從表叔)[210]을 만나 길 왼쪽의 작은 언덕에서 만나 보았다. 시를 요구하기에 급히 차운하여 써 주었다. 고개를 넘어 참봉 김원후(金元厚)의 집에 도착했는데, 그의 아들만 있었다. 천안(天安)에 도착하자 비가 조금 내렸다.

들이다. 파주 목사(坡州牧使), 공주 목사 등을 역임하였다.

206 임세양(林世讓) : 1659~1733. 자는 퇴백(退伯)·득지(得之)이다. 임굉유(林宏儒)의 맏아들로 창계의 십촌이다.

207 윤채(尹採) : 본관은 파평(坡平)이다. 윤증의 숙부인 불우당(不憂堂) 윤해거(尹海擧)의 아들이고, 윤부(尹扶)의 둘째 형이다.

208 윤부(尹扶) : 1656~? 자는 입여(立汝)이다.

209 광정역(廣程驛) : 현 충청남도 공주시 정안면 지역에 있던 역참이다. 삼남(三南)으로 연결되는 지점이어서 지방으로 가거나 서울로 돌아오는 관리가 이곳에서 말을 쉬어 갔다.

210 종표숙(從表叔) : 창계 외가의 숙부 김성달(金盛達, 1642~1696)이다. 본관은 안동, 자는 백겸(伯謙)이다. 김성달의 부친은 창계 외조모의 남동생 김수민(金壽民)이다.

17일

바람이 크게 불었다. 아침에 길을 떠나 성환(成懽)[211]에 이르러서 조금 쉬었다. 또 진위현(振威縣)에 가기 전에 옥천 군수(沃川郡守) 조 사군(曺使君)[212]을 만났다. 말에서 내려 술을 마시며 옥천 군수에게 내가 통신사 종사관이 되었다는 말을 전해 주었다. 진위현에 도착하자 진위현령 권유(權愉) 의원이 나와 보았다. 또 10여 리를 가서 참의(參議) 이문백(李文伯)[213]을 만났다. 수원에 도착하여 찰목당(察牧堂)에서 묵었다. 수원 부사(水原府使) 권공 계상(權公季常)[214]이 나와서 한밤중까지 이야기를 나누었다. 이 옥천(李沃川)[215]도 마침 서울에서 와서 함께 묵었다.

18일

새벽에 출발하여 사근천(沙斤川)에 이르러 잠깐 말을 쉬게 하였다. 과천(果川)에 도착하니 청지기들이 나와 있었다. 사헌부 헌납에 이배(移拜)[216]되었다는 소식을 듣고 동작진(銅雀津)에서 강을 건넜다. 도성

211 성환(成懽) : 현 충청북도 천안시 서북구 성환읍 지역이다.

212 조 사군(曺使君) : 조전주(曺殿周, 1640~?)를 가리킨다. 본관은 창녕(昌寧), 자는 만취(萬聚)이다.

213 이문백(李文伯) : 문백은 이인환(李寅煥, 1633~1699)의 자이다. 본관은 경주(慶州), 호는 생곡(生谷)이다. 형조 참의 등을 지냈다.

214 권공 계상(權公季常) : 계상은 권시경(權是經, 1625~1708)의 자이다.

215 이 옥천(李沃川) : 1678년(숙종4) 11월 11일 옥천 군수에 제수된 이선(李選)을 가리키는 듯하다. 《承政院日記 肅宗 4年 11月 11日》

216 사헌부 헌납에 이배(移拜) : 창계가 시관(試官)으로 갔다 돌아오기 전에 일본 통신사(通信使)의 서장관(書狀官)에 차임되었으나 조정에서 어버이가 늙었다는 이유

남쪽 촌사(村舍)에서 옷을 갈아입고 대궐로 가서 복명(復命)하고 이어 사은(謝恩)하였다. 옥당(玉堂)과 기성(騎省 병조(兵曹))에서 송언(送言)할 것을 요구하였으나 바빠서 하지 못하고, 바로 집으로 돌아와 부모님께 절하고 가묘(家廟)에 배알하였다. 백씨(伯氏)가 도성 서쪽에서 들어와 밤이 깊도록 이야기를 나누었다. 삼형제가 아랫방에서 함께 잤다.

19일

종일 집에 있었다. 오관지(吳貫之)[217]가 와서 만났다. 밤에 형제가 또 같이 잤다.

20일

백씨가 성 서쪽에서 돌아와 집에 머물렀다. 아침이 지나고 나서 죽동(竹洞)[218]과 성 서쪽의 생동(生洞)과 남동(南洞)에 갔다가 저녁에 돌아왔다. 신공헌(申公獻)[219]이 밤에 찾아왔다가 한밤중이 되어서야 돌아갔다.

로 교체해 줄 것을 아뢰어 체차되고, 헌납이 되었다가 며칠 뒤 또 교리가 되었다.《滄溪集 附錄補 滄溪先生年譜草》

217 오관지(吳貫之) : 관지는 오도일(吳道一, 1645～1703)의 자이다.

218 죽동(竹洞) : 현 서울특별시 중구 을지로2가, 을지로3가, 수표동, 장교동, 저동2가에 걸쳐 있던 마을이다. 대나무와 대그릇을 파는 죽전이 있어 대전골이라 불렀다.

219 신공헌(申公獻) : 신완(申琓, 1646～1707)으로, 공헌은 자이다. 본관은 평산(平山), 호는 경암(絅菴), 시호는 문장(文莊)이다. 저서로《경암집(絅菴集)》이 있다.

21일

집에 있었다. 정언(正言) 이세백(李世白)[220]이 찾아와서 만났다.

22일

집에 있었다.

23일

집에 있었다. 백씨가 왔다.

24일

패(牌)를 받들고 사헌부에 가서 인피(引避)하고 3일간 사국(史局 춘추관)에 나아가지 않았다. 집으로 돌아와 백씨와 함께 삼청동(三淸洞)에 갔다. 피혐(避嫌)한 것을 처치하기도 전에 교리에 이배(移拜)되었다.

25일

패(牌)를 받들고 나아가 숙배하고 이어 강연(講筵)에 참석했다. 영의정, 우의정, 대제학, 형조 참판 김우석(金禹錫), 하번(下番) 오도일(吳道一), 승지 이세익(李世翊) 등이 입시하였다.[221] 《시경》 〈정풍(鄭

220 이세백(李世白) : 1635~1703. 본관은 용인(龍仁), 자는 중경(仲庚), 호는 우사(雩沙)·북계(北溪), 시호는 충정(忠正)이다. 목사 이정악(李挺岳)의 아들이며, 김상헌(金尙憲)의 외증손, 김수항(金壽恒)의 외종질이다. 도곡(陶谷) 이의현(李宜顯)의 부친이다. 1675년(숙종1) 증광 문과에 급제하였고, 교리, 도승지, 대사헌, 예조 판서, 우의정, 좌의정 등을 역임하였다. 노론의 중심인물로서 소론, 남인과의 정치적 대립에서 중요한 역할을 하였다. 저서로 《우사집(雩沙集)》 등이 있다.

風)〉 내 9개 장[222]을 강독하고, 신시(申時) 이후에 마치고 나왔다. 공헌(公獻)을 찾아갔는데, 관지(貫之)도 와서 함께 했다. 저녁에 집에 돌아왔다.

26일

처음으로 서학 유생(西學儒生)을 시취(試取)하였다. 시제(詩題)는 '서당에서 달밤에 허진이 거문고를 타게 하다〔書堂月夜勉許進之彈琴〕'[223]이고, 부제(賦題)는 '기러기가 경상에 모여들었네〔雁集瓊庠〕'[224]였다.

221 영의정……입시하였다 : 이 당시 영의정은 김수항(金壽恒), 우의정은 이상진(李尙眞), 대제학은 이민서(李敏敍)였다. 《승정원일기》 숙종 7년 9월 25일 기사에는 동지사(同知事) 이민서, 특진관 김우석, 참찬관 오두인(吳斗寅), 시독관 임영, 검토관 오도일, 주서(注書) 유득일(兪得一), 겸춘추 최원(崔援), 기사관 서종태(徐宗泰)가 입시하였다고 기록되어 있다. 김우석(金禹錫, 1625~1691)은 본관은 상산(商山), 자는 하경(夏卿), 호는 귀래당(歸來堂), 시호는 정목(貞穆)이다. 이세익(李世翊, 1626~1705)은 본관은 부평(富平), 자는 숙필(叔弼), 호는 철애(鐵厓)이다.

222 정풍(鄭風)……장 : 《승정원일기》 숙종 7년 9월 25일 기사에는 "'유녀동거(有女同車)'부터 '자금 삼장(子衿三章)'까지이다."라고 되어 있다. 이 사이 총 9편의 시가 속해 있다.

223 서당에서……하다 : 중국 송나라 학자 주희(朱熹)가 지은 〈초은조(招隱操)〉에 나오는 말이다. 이 작품의 서문(序文)에 "10월 16일 밤 허진이 거문고를 끼고 나의 서당에 들렀다. 밤은 깊고 달은 밝으며, 바람과 이슬은 찬데, 줄을 퉁기는 곡조 소리가 매우 비장하였다."라는 구절이 보인다. 주희는 《초사(楚辭)》에 실린 회남소산(淮南小山)의 〈초은(招隱)〉을 모방해서 이 곡조에 노랫말을 붙였다고 했다. 회남소산은 한(漢)나라 회남왕(淮南王) 유안(劉安)의 일부 문객에 대한 총칭이다.

224 기러기가 경상(瓊庠)에 모여들었네 : 경상은 명(明)나라 학자 구준(丘濬)이 머물며 독서하던 곳으로, 이곳에 기러기 떼가 서식했다 한다. 구준이 지은 작품에 〈안집경상기(雁集瓊庠記)〉가 있다. 《重編瓊臺藁 卷19》

3경(更)에 마치고 돌아왔다.

27일

아침에 사국(史局)에 갔다가 동네 종숙모(從叔母)에게 배곡(拜哭)했다. 성균관 사람들과 함께 종일 초(草)를 잡고, 저녁에 또 입직하였다. 공헌에게 잠깐 들러 함께 식사했다. 저녁 때 크게 번개가 쳤다.

28일

연석(筵席)에 입시하여 《시경》 〈제풍(齊風〉 □장[225]을 강독하였다. 동지경연사 이익상(李翊相),[226] 특진관 남용익(南龍翼),[227] 승지 이유(李濡),[228] 하번(下番) 이언강(李彦綱)[229]이 입시하였다. 신시(申時) 이후에 마치고 나왔다.

225 □장 : 《승정원일기》 숙종 7년 9월 28일 기사에는 "'제일지팔 제국명(齊一之八齊國名)'부터 '동방미명 삼장(東方未明三章)'까지이다."라고 되어 있다. '제일지팔'은 《시경》에서 〈제풍〉의 차례가 권1 〈국풍(國風)〉 중 8번째 편임을 뜻한다.

226 이익상(李翊相) : 1625~1691. 본관은 연안(延安), 자는 필경(弼卿), 호는 매간(梅磵), 시호는 문희(文僖)이다. 저서로 《매간집(梅磵集)》이 있다.

227 남용익(南龍翼) : 1628~1692. 본관 의령(宜寧), 자는 운경(雲卿), 호는 호곡(壺谷), 시호는 문헌(文憲)이다. 저서로 《호곡집(壺谷集)》이 있다.

228 이유(李濡) : 1645~1721. 본관은 전주(全州), 자는 자우(子雨), 호는 녹천(鹿川)이다.

229 이언강(李彦綱) : 1648~1716. 본관은 전주, 자는 계심(季心), 시호는 정효(貞孝)이다.

29일

숙직실에서 낮근무를 하다가 서학(西學)으로 나가 유생들에게 시험을 보였다. 시제는 '석당은 여산 북쪽에 있으니, 주염계의 고택이 있는 곳이다〔石塘廬北濂溪故宅〕'[230]였고, 부제(賦題)는 '익풍(弋諷)'[231]이었다. 신공헌이 중학겸관으로서 왔다. 3경에 파하였다.

30일

또 유생들에게 시험을 보였다. 시제는 '잎이 지자 송옥의 슬픔을 깊이 알겠네〔搖落深知宋玉悲〕'[232]였고, 부제(賦題)는 '노래를 지어 거문고 타

230 석당(石塘)은……곳이다 : 석당은 여산(廬山) 북쪽에 있던 주돈이(周敦頤)의 고택(故宅)을 말한다. 주희가 이곳을 찾아 지은 〈산북기행(山北紀行)〉이라는 시에 "북쪽으로 석당의 다리를 건너 서쪽으로 염계 선생 댁을 찾았네.〔北渡石塘橋, 西訪濂溪宅.〕"라는 구절이 보인다. 주희는 이 시에서 염계 선생의 위대한 공적을 찬양하고 자신이 공경해 우러르는 마음을 묘사했다. 《晦庵集 卷7》

231 익풍(弋諷) : 안자(晏子)가 제 경공(齊景公)을 풍간(諷諫)한 것을 가리키는 듯하다. 제 경공은 수렵을 좋아하여 촉추(燭鄒)로 하여금 사냥하는 새를 관리하도록 했는데, 촉추가 새를 잃어버리자 화가 나 그를 죽이려 했다. 그러자 안자가 촉추 앞에서 세 가지 죄를 꼽겠다고 하였다. 그리고 첫째, 새를 잃어버린 것, 둘째, 임금으로 하여금 새 때문에 사람을 죽이도록 한 것, 셋째, 제후들로 하여금 임금이 새는 소중히 여기고 선비는 소홀히 여긴다는 말을 듣게 한 것을 꼽았다. 그러자 제 경공은 안자의 뜻을 알겠다고 하며 촉추를 죽이지 말라고 명하였다. 《晏子春秋》

232 잎이……알겠네 : 송옥(宋玉)은 전국 시대 초(楚)나라 사람으로 《초사(楚辭)》에 그가 지은 장편 서정시 〈구변(九辯)〉이 실려 있다. 이 시에 "슬프다, 가을 기운이여. 쓸쓸해라, 초목은 낙엽이 지고 시들어 버렸도다. 처량해라, 먼 길 떠난 길손과도 같으니, 산에 올라 물 굽어보며 송별하는 심정이네.〔悲哉秋之爲氣也, 蕭瑟兮草木搖落而變衰! 憭慄兮若在遠行, 登山臨水兮送將歸.〕"라는 구절이 있다.

는 선비를 전송하다〔歌送琴士〕'[233]였다. 3경에 마치고 돌아왔다.

10월 1일

피로로 인해 몸이 안 좋아 집에 있었다. 오관지(吳貫之)가 찾아왔다. 호남백(湖南伯)이 왔다 갔다. 백씨가 와서 함께 잤다.

2일

입직하여 강연(講筵)에 참석했다. 대제학 이민서(李敏敍),[234] 형조 판서 남용익(南龍翼), 승지 이세익(李世翊), 수찬 김진귀(金鎭龜)[235]가 입시하였다. 《시경》〈위풍(魏風)〉을 읽고 치도(治道)에 대해 극력 진달하였다.

3일

처부(妻父)[236]의 귀장(歸葬)과 관련해 해유장(解由狀)을 올렸다. 사국(史局)에 낮근무하러 나갔다. 이소(二所)의 시관(試官)에 의망된 자들

233 노래를……전송하다 : 당나라의 시인 이백(李白)이 명고산(鳴皐山)으로 은거하러 가는 잠징군을 전송하며 지은 시 〈명고가를 지어 잠징군을 전송하다〔鳴皐歌送岑徵君〕〉에 잠징군이 명고산에 들어간 뒤에 "고요한 계곡에 송풍곡(松風曲)을 연주하는 거문고 소리가 퍼지리라.〔琴松風兮寂萬壑〕"라고 한 구절이 있다. 《全唐詩 卷166》

234 이민서(李敏敍) : 1633~1688. 본관은 전주(全州), 자는 이중(彝仲), 호는 서하(西河), 시호는 문간(文簡)이다. 저서로 《서하집(西河集)》이 있다.

235 김진귀(金鎭龜) : 1651~1704. 본관은 광산(光山), 자는 수보(守甫), 호는 만구와(晩求窩), 시호는 경헌(景獻)이다.

236 처부(妻父) : 창계의 계실(繼室) 한산 이씨(韓山李氏)의 아버지 이귀년(李龜年)이다.

이 모두 집으로 돌아가 잠시 머문다는 말을 듣고 어스름 저녁에야 궐에 들어갔다. 여러 동료와 옥당에 함께 모여 있다가 낙점을 받은 후에 숙배하고 유문(留門)하여 나왔다. 성균관 비천당(丕闡堂)[237]에 이르러 여러 시관과 상견례를 행하였다. 상시관(上試官)은 이단하(李端夏),[238] 그다음은 이사명(李師命),[239] 박태상(朴泰尙),[240] 그다음은 나와 심용경(沈龍卿)[241]이었고, 감시관(監試官)은 우정구(禹鼎九)[242]였다. 상시관 방에 모여 시제(詩題)와 부제(賦題)를 찾았으나 찾지 못했다.

4일

개장(開場)한 후에 바로 나와 앉아 유생들을 불러들였다. 시제는 '황, 진 이생에게 부탁하여 오로봉의 새 폭포를 그리다〔託黃陳二生畫五老峯

237 비천당(丕闡堂) : 1664년(현종5)에 건립되어 과거 시험장 등으로 쓰인, 성균관 내에 있는 건물이다. '비천'이라는 이름은 '우리 도를 크게 밝힌다〔丕闡吾道〕'는 뜻이다. 조선 시대에는 식년 소과(小科), 문과(文科)의 회시(會試) 등을 치를 때 시험장을 일소(一所)와 이소(二所) 두 곳으로 나누어, 일소는 예조, 이소는 성균관으로 정하는 것이 상례였는데, 비천당이 건립되면서부터 비천당 뜰이 이소로 사용되었다. 《無名子集 冊2 泮中雜詠》

238 이단하(李端夏) : 1625~1689. 본관은 덕수(德水), 자는 계주(季周), 호는 외재(畏齋)・송간(松磵), 시호는 문충(文忠)이다. 대사헌, 홍문관 제학 등을 지냈다.

239 이사명(李師命) : 1647~1689. 본관은 전주(全州), 자는 백길(伯吉), 호는 포암(蒲菴)이다. 병조 참판을 지냈다.

240 박태상(朴泰尙) : 1636~1696. 본관은 반남(潘南), 자는 사행(士行), 호는 만휴당(晩休堂), 시호는 문효(文孝)이다.

241 심용경(沈龍卿) : 용경은 심수량(沈壽亮, 1644~1692)의 자이다. 본관은 청송(靑松)이다. 홍문관 교리 등을 지냈다.

242 우정구(禹鼎九) : 본관은 단양(丹陽), 자는 덕삼(德三)이다.

新泉〕'[243]이고, 부제는 '인수(印綬)를 차면서 숙도를 생각하다〔佩印思叔度〕'[244]였다. 시제는 내가 낸 것이고, 부제는 박 영감이 낸 것이다. 3경에 파하고 5축(軸)을 채점하기 시작했다. 거둔 시권이 30여 축이었다.

5일
20여 축을 채점하였다.

6일
다시 시장(試場)을 열었다. 의제(疑題)는 상시관이 출제했고, 의제(義題)는 부시관(副試官)이 출제했다. 초장(初場) 시권 채점을 마치고, 3경에 파하고 나서야 종장(終場) 시권 1축을 채점했다. 거둔 시권이 20여 축이었다.

243 황(黃)……그리다 : 송나라 광종(光宗) 2년(1191) 주희(朱熹)가 여산(廬山) 오로봉(五老峯) 아래 있는 백록동서원(白鹿洞書院)에 있을 때, 새로운 폭포가 발견되었으나 직접 갈 수가 없자, 황상백(黃商伯)과 진화성(陳和成)에게 부탁하여 삼첩신천(三疊新泉)을 베껴 그려 오도록 하여 벽에 걸어 두고 감상함으로써 그곳에 가지 못하는 아쉬운 마음을 달랬던 일이 있다. 《晦庵集 別集 卷3 楊伯起》

244 인수(印綬)를……생각하다 : 후한 환제(後漢桓帝) 때의 명신 진번(陳蕃)이 태위(太尉)에 임명되자, "숙도가 살아 있다면 내가 그보다 먼저 인끈을 차지 못했을 것이다.〔叔度若在, 吾不敢先佩印綬矣.〕"라고 탄식한 일이 있다. 숙도는 당시에 명망이 높았던 황헌(黃憲)의 자이다. 황헌은 14세 때부터 인근에서 고사(高士)로 일컬어져 공문(孔門)의 안자(顏子)와 같다는 평까지 받았는데, 당시 동군(同郡) 사람인 진번, 주거상(周擧常) 등이 서로 말하기를 "얼마간 황생을 보지 않으면 비루한 마음이 다시 싹튼다.〔時月之間, 不見黃生, 則鄙吝之萌, 復存乎心.〕"라고 할 정도로 자품(資稟)이 맑고 총명하였다 한다. 《後漢書 卷83 黃憲列傳》

7일

20여 축을 채점하였다.

8일

오전에 종장 시권을 모두 채점하였다.

9일

대궐에 나아갔다. 일소와 이소 시관이 빈청에 함께 모여 출방(出榜)하였다. 진사시 장원은 아우 조정만(趙正萬)[245]이 했는데, 시(詩)에서 이중(二中)을 맞았고, 생원시 장원은 민진후(閔鎭厚)[246]가 했는데, 의제(疑題)에서 삼상(三上)에 들었다. 아우 조정만이 선업(先業)을 잘 이어 모두가 크게 감탄하였으니, 더구나 내 심정이야 이루 말할 수 있겠는가. 즉시 태인(泰仁)으로 축하 편지를 보냈다. 저녁 무렵에 숙배하고 집으로 돌아와 진사시 장원을 부르니, 수차례 진퇴(進退)[247]하면서 몹시도 영광스러워하고 기뻐했다.

245 조정만(趙正萬) : 1656~1739. 본관은 임천(林川), 자는 정이(定而), 호는 오재(寤齋)이다. 창계의 외사촌으로, 창계의 외조부인 조석형(趙錫馨)의 손자이고, 창계의 외삼촌인 조경망(趙景望)의 아들이다. 송준길(宋浚吉), 송시열(宋時烈)의 문인이고 김창협(金昌協), 김창흡(金昌翕), 이희조(李喜朝) 등과 친교가 깊었다. 저서로 《오재집(寤齋集)》이 있다.

246 민진후(閔鎭厚) : 1659~1720. 본관은 여흥(驪興), 자는 정순(靜純), 호는 지재(趾齋), 시호는 충문(忠文)이다. 여양부원군(驪陽府院君) 민유중(閔維重)의 아들이며, 숙종의 계비 인현왕후의 오빠이다. 저서로 《지재집(趾齋集)》이 있다.

247 진퇴(進退) : 새로 과거에 급제한 자들을 골려 주려고 진퇴시키며 장난치는 의식을 말한다.

10일

처부를 귀장(歸葬)하였다. 하직 인사를 하고 집으로 돌아오니, 새로 입격한 생원 진사 중에서도 장원을 보러 온 자가 많이 모여 있었다. 장원 이하를 부르니 문밖으로 나가 진퇴하다 한참만에야 들어왔다. 조카딸 홍부(洪婦)[248]의 병이 매우 위중하여 성(城) 서쪽으로 나가서 만나 보았다. 병환에 차도가 없어 떠날 수가 없었다.

11일

아침에 길을 떠나 나루를 건너 포구 앞의 산소를 찾아가 빈청(殯廳)에서 곡하고 정씨(鄭氏) 집 농막에 가서 쉬었다. 저녁에 제사에 참여하였다. 밤에 이 봉사(李奉事), 이군 덕휘(李君德輝), 강군 연(姜君綖)과 함께 잤다.

12일

일찍 일어나 빈제(殯祭)에 참여하고, 묘시(卯時)에 하관(下棺)하고, 한낮에 우제(虞祭)를 행하였다. 이 봉사가 들어갔다. 밤에는 강군(姜君) 및 상인(喪人)과 함께 잤다.

13일

아침 전에 봉은사(奉恩寺)에 도착하여 혼자 매화당(梅花堂)에 머물렀다.

248 조카딸 홍부(洪婦) : 창계의 큰 형 임환(林渙)의 둘째 딸이 홍훤(洪晅)에게 시집갔는데, 이 조카딸을 가리키는 듯하다.

14일

종일 혼자 있었다.

15일

내가 이 절에 온 뒤로 이 절에 있는 제생(諸生)도 바삐 지내고 있었고, 산승(山僧)도 나를 매화당 생원으로 알고 있었다. 그러다 이날 저녁 학생 하나가 멀리 서울에 갔다 내가 이 절에 와 있다는 말을 듣고 왔다. 제생이 법당에 많이 모여 이른바 산당(山堂)의 고풍(古風)이라며 나와 달라고 졸랐다. 내가 시간이 늦어 나가려 하지 않자 제생이 문밖에서 북을 울려 댔는데, 그래도 나가지 않았다. 내가 "때늦은 고풍에 나갈 이유가 전혀 없지만 만약 북 치는 것을 멈추고 한곳에 모여 앉아 있으면 내가 나가겠다." 하였다. 그제야 제생이 내 말에 따랐다. 내가 나가 보니 족제(族弟) 임세공(林世恭),[249] 성제 수웅(成弟壽雄)[250]도 그 가운데 있어 서로 더 일찍 알지 못한 것을 안타까워했다. 두 아우가 나를 따라 매화당에 와서 한밤중까지 이야기를 나누고 술을 몇 잔 마시고 파했다.

16일

몸이 피곤했다. 저녁에 삼보방(三寶房)에서 두 아우를 만났다. 술을

249 임세공(林世恭) : 1653~1703. 자는 예경(禮卿)이다. 창계의 족숙(族叔) 임종유(林宗儒)의 셋째 아들이다.

250 성제 수웅(成弟壽雄) : 성수웅(成壽雄, 1659~1718)으로, 본관은 창녕(昌寧), 자는 대년(大年)이다. 임담(林墰)의 외손자이다.

일고여덟 잔 마셨다. 하배(下輩)가 와서 조정의 소식을 전해 이조 좌랑으로 옮겨 제수되었다는 소식을 들었다. 밤이 깊어서야 매화당으로 돌아왔다. 성제(成弟)가 따라왔다가 돌아갔다.

17일

두 아우가 와서 만났다. 어제보다 훨씬 더 피곤했다. 이생(李生) 형제, 심생(沈生), 김생(金生), 이제(李弟)가 와서 만났다. 밤이 되어서야 비로소 머리를 빗었다. 서울에 와서 골골하다 보니 이제야 머리를 빗게 된 것이다.

18일

이조의 관원이 어제 왔다 오늘 돌아갔다. 그 편에 집에 편지를 올렸다.

퇴계선생어록[251]

退溪先生語錄

가언 嘉言

이기(理氣)

'이(理)' 자의 뜻에 대하여 여쭙자, 선생께서 말씀하셨다.

"그것을 알기가 어려울 것 같지만 실은 쉽다. 선유(先儒)가 '배를 만들어 물 위를 다니고 수레를 만들어 땅 위를 다닌다.'[252]라고 한 말을 두고 자세히 생각해 보면 그 나머지는 모두 미루어 알 수 있다. 배는 물 위를 가고 수레는 땅 위를 가는 것이 당연하니, 이것이 이(理)이다. 배가 땅 위를 간다거나 수레가 물 위를 가는 것은 이가

251 퇴계선생어록(退溪先生語錄) : 창계가 이황의 문인인 학봉(鶴峯) 김성일(金誠一)의 《퇴계언행록습유(退溪言行錄拾遺)》, 간재(艮齋) 이덕홍(李德弘)의 《계산기선록(溪山記善錄)》, 추연(秋淵) 우성전(禹性傳)의 《언행수록(言行手錄)》과 제가(諸家)의 문집에서 발췌한 이황의 언행 관련 기록을 총 20항목으로 분류해 편찬한 책이다. 창계의 스승인 현석(玄石) 박세채(朴世采)와 상의해 가며 편찬을 진행하여 1680년(숙종6)경에 완성한 것으로 보인다. 17세기 후반 기호학통의 한 유파가 퇴계학으로 접근한 것을 보여 주는 편찬물이라 할 수 있다. 《退溪學報 第119輯 退溪先生語錄 解題》

252 배를……다닌다 : 《주례(周禮)》 〈동관고공기(冬官考工記)〉 총서(總敍)에 "백공의 일은 모두 성인이 만든 것이다. 쇠를 녹여 칼을 만들고, 흙을 뭉쳐 그릇을 만들고, 수레를 만들어 땅 위를 다니고, 배를 만들어 물위를 다니는 것이 모두 성인이 만든 것이다.〔百工之事, 皆聖人之作也. 爍金以爲刃, 凝土以爲器, 作車以行陸, 作舟以行水, 此皆聖人之所作也.〕"라는 내용이 보인다.

아니다. 임금은 어질어야 하고 신하는 공경스러워야 하고, 아버지는 자애로워야 하고 자식은 효성스러워야 하는 것, 이것이 이이다. 임금이 어질지 않고 신하가 공경스럽지 않고 아버지가 자애롭지 않고 자식이 효성스럽지 않으면, 이것은 이가 아니다. 무릇 천하에 행해야 하는 것이 이이며, 행해서는 안 되는 것이 이가 아닌 것이다. 이것으로 미루어 나가면 이의 실체를 알 수 있다."

또 말씀하셨다.

"사물에는 크고 작음이 있지만 이에는 크고 작음이 없다. 놓아도 밖이 없는 것이 이 이이고, 거두어도 속이 없는 것 또한 이 이이다. 정해진 곳도 없고 형체도 없지만 어디에나 충만해 있으면서 저마다 하나의 태극(太極)을 갖추고 있어 모자라거나 남는 곳을 볼 수가 없다."

"사람이 일원(一元)의 기(氣)를 받았는데도 기질(氣質)이 다른 것은 어째서입니까?"

묻자, 선생께서 말씀하셨다.

"비록 일원의 기를 똑같이 받았다고는 하지만, 일원의 기도 그 자체로 같지 않다. 대개 일원이 나뉘어 음양(陰陽)이 되니, 그 기는 본디부터 청탁(淸濁)의 구분이 있다. 음양이 또 나뉘어 오행(五行)이 되니, 그 기는 상생(相生)하기도 하고 상극(相克)하기도 하고, 순행(順行)하기도 하고 역행(逆行)하기도 하고, 상승하기도 하고 하강하기도 하고, 떠나가기도 하고 되돌아오기도 하고, 오기도 하고 가기도 하고, 열리기도 하고 닫히기도 하고, 왕성해지기도 하고 쇠하기도 하고, 어지러이 뒤섞이거나, 전도되고 얽히고설켜, 순후하고 경박하고 맑고 탁함이 모두 제각각이다. 사람이 이 기를 품부받아서 태어났으니, 그 기질이 같지 않은 것이 뭐가 괴이하겠는가. 선유(先儒)가 이른바 '오늘에 이르러 바뀌었다.'라고 한 것[253]이 바로 음양오행이 균일하지 못한 부분을 가리켜 말한 것이다. 동방삭(東方朔)이 말하기를 '하늘은 사람이 춥다 해서 겨울을 없애지 않으며, 땅은 사람이 고생한다고 해서 광활함을 없애지 않으며, 군자는 소인이 떠들어 대는 것 때문에 그 행동을 바꾸지 않는다.' 하였으니,[254] 이 말을 깊이 음미해야 한다."

동짓날에 김취려(金就礪)[255]가 여쭈었다.

"오늘은 일양(一陽)이 처음으로 움직이는 날이니, 바로 하늘이 만물을 낳는 시초입니다. 초목의 뿌리도 오늘 모두 생기를 내겠지요?"

그러자 선생께서 말씀하셨다.

"풍상(風霜)에 꺾인 나머지 나뭇가지들이 말라 아직 생기를 드러내지는 않지만, 그 싹이 터서 자라나는 이치는 오늘 이미 동했다."

253 선유(先儒)가……것 : 선유는 주희(朱熹)를 가리킨다. 《회암집(晦庵集)》 속집(續集) 권5 〈답이효술계선문목(答李孝述繼善問目)〉에 "기의 시초에는 선하지 않음이 없으나 오늘에 이르러 바뀌었으니, 잡되어진 지가 오래되었다.〔氣之始, 固無不善, 然騰倒到今日, 則其雜也久矣.〕"라는 구절이 있다.

254 동방삭(東方朔)이……하였으니 : 동방삭이 한 말로 되어 있으나 《한서(漢書)》 권65에 실린 〈동방삭전(東方朔傳)〉에 인용된 말이다. 《태평어람(太平御覽)》 권27 〈동하(冬下)〉에는 순경자(荀卿子)가 한 말로 기록되어 있다.

255 김취려(金就礪) : 본관은 안산(安山), 자는 이정(而精), 호는 잠재(潛齋)·정암(靜庵)이다. 이황의 문하에서 수학하였다.

"일양이 다시 돌아오니 작은 풀 한 포기까지도 모두 살려는 뜻을 품고 있습니다. 만물의 영장인 사람으로서 이날 유독 생기가 넘쳐 나지 않을 수 있겠습니까?"

묻자, 선생께서 말씀하셨다.

"사람이 형기(形氣)에 구속되다 보면 천지의 조화(造化)와 상관이 없는 것 같지만, 감응(感應)하고 소장(消長)하는 이치는 실로 천지와 서로 교류하며 통한다. 그러므로 선왕(先王)은 구일(姤日)이나 복일(復日)에 관문(關門)을 닫고 몸을 가리는 경계[256]를 하여 이로써 음기(陰氣)를 끊어 미연에 막았던 것이다. 그러니 사람이 이날 유독 생기가 넘쳐 나는 단서가 없을 수 있겠는가. 이뿐만이 아니다. 잠깐 사이에 선한 단서가 싹트면 모두가 양기(陽氣)가 회복되는 날이다. 그런데 사람에겐 욕심이 있기 때문에 그 선한 단서를 확충하는 공을 이루지 못한다. 선한 단서 하나가 겨우 싹트나 싶으면 온갖 욕심이 도로 어지럽혀 천지의 조화와 서로 크게 동떨어지기 시작하니, 참 슬픈 일이다."

"생각이 번잡해지는 것은 무엇 때문입니까?"

묻자, 선생께서 말씀하셨다.

"사람은 이(理)와 기(氣)를 모아 마음으로 삼는데, 이가 주재(主宰)

256 선왕(先王)은……경계 : 구일은 《주역(周易)》 구괘(姤卦)에 해당하는 5월의 하지일(夏至日)로, 음기가 싹트기 시작하는 날이다. 복일은 복괘(復卦)에 해당하는 11월의 동지일(冬至日)로, 양기가 싹트기 시작하는 날이다. 〈복괘 상(象)〉에 "우레가 땅속에 있는 것이 복괘이니, 선왕이 이를 보고서 동짓날에는 관문을 닫아 행려(行旅)를 쉬게 하고, 임금은 사방의 일을 보지 않는다.〔雷在地中, 復. 先王以至日閉關, 商旅不行, 后不省方.〕"라는 구절이 있다.

가 되어 기를 거느리면 마음이 고요해지고 생각이 안정되어 저절로 쓸데없는 생각이 없어지게 된다. 하지만 이가 주재하지 못하여 기에 의해 부림을 받으면 이 마음이 끝없이 어지러워지고 흔들리게 된다. 그리하여 마치 수차(水車)가 한시도 멈추고 살필 새 없이 계속해서 돌아가는 것처럼 사특하고 망녕된 생각이 번갈아 가며 자꾸만 몰려들게 된다."

또 말씀하셨다.

"사람에게 생각이 없을 수는 없다 해도 다만 쓸데없는 생각만은 없애야 한다. 쓸데없는 생각을 없애는 요체는 단지 '경(敬)'에 달려 있다. '경'을 하게 되면 마음이 이내 하나로 모아지고, 마음이 하나로 모아지면 생각은 저절로 고요해진다."

"'솔개는 날아오르고 물고기는 뛰어오른다.〔鳶飛魚躍〕'[257]라는 것과 《맹자》의 '늘 힘쓰되, 미리 그 결과를 기대하지도 말아 잊어버리지도 말고 조장(助長)하지도 말라.'[258]라는 뜻이 같은 것은 어째서입니까?"

묻자, 선생께서 말씀하셨다.

"'솔개가 날아오르고 물고기가 뛰어오른다.'라는 것은, 화육(化育)이 유행(流行)하여 위와 아래에 밝게 드러나 보이는 것이 모두 이 이

257 솔개는……뛰어오른다 : 《시경》 〈대아(大雅) 한록(旱麓)〉에 "솔개는 하늘로 날아오르고, 물고기는 못에서 뛰어오르네.〔鳶飛戾天, 魚躍于淵.〕"라는 말이 있는데, 《중용장구》 제12장에서 이 시를 인용하여 군자의 도(道)의 용(用)이 상하(上下)로 드러난 것으로 설명하였다.

258 늘……말라 : 《맹자》 〈공손추 상(公孫丑上)〉에 나온다.

(理)의 작용임을 나타낸 말이다. 오직 욕심이 없기 때문에 이와 기의 유행에 자연히 한순간의 끊김도 없는 것이다. 사람도 늘 힘쓰되, 미리 기대하거나 잊어버리거나 조장하는 병통이 없게 한다면, 본체가 드러나고 묘용(妙用)이 밝게 행해져 또한 한순간도 중단됨이 없을 것이니, 그 모습이 바로 이와 같은 것이다."

지양(持養)

연평(延平)[259]의 정좌(靜坐)의 설에 대해 선생께 여쭈었다. 그러자 말씀하셨다.

"정좌를 한 다음에야 몸과 마음이 수렴되어 도리(道理)가 자리 잡을 곳이 있게 된다. 만약 육신을 단속함이 없이 방자하고 게으른 채로 둔다면 심신이 혼란스러워 더 이상 도리가 자리 잡을 곳이 없게 된다. 그래서 고정(考亭 주희(朱熹))이 연평 선생을 대했을 때, 종일토록 정좌하고 사적인 공간으로 물러나서도 여전히 그렇게 한 것이다."

"정좌를 하다 육체가 구속되는 병이 생기는 것은 어떻습니까?"

묻자, 선생께서 말씀하셨다.

"피와 살로 이루어진 몸이 어려서부터 검속을 받는 일이 전혀 없다가 하루아침에 갑자기 정좌해서 수렴하니 어찌 구속되는 병이 없겠는가. 모름지기 고생스러움을 굳게 견디느라 시원할 날이 없다가 다시

259 연평(延平) : 중국 송(宋)나라 학자 이동(李侗, 1093~1163)의 호이다. 자는 원중(願中), 시호는 문정(文靖)이며, 남검(南劍) 사람이다. 나종언(羅從彦)이 양시(楊時)에게 낙학(洛學)을 전수받았다는 이야기를 듣고 나종언에게 가서 배워 양시, 나종언과 함께 '남검 삼선생(南劍三先生)'으로 칭해진다. 이정(二程)의 학문이 주희로 이어지도록 하는 역할을 하였다. 저서로 《이연평집(李延平集)》이 있다.

오랜 시간을 거친 뒤에야 구속되는 병이 없어질 것이다. 구속당하는 것을 싫어하면서 자연히 되기를 기다리는 것은 온몸이 모두 마음의 명령에 따라 편안해진 성현(聖賢)에게나 가능한 일이지,[260] 처음 배우는 자가 할 수 있는 일이 아니다. 대개 구속되는 병은 실로 경(敬)을 간직하는 공부가 지극하지 못해 안일하고 방자한 마음이 그 틈을 타고 날로 파고드는 데서 말미암는 것이다. 마음이 항상 깨어 있어서 게으르고 방종함이 없다면, 몸의 모든 부분이 절로 단속되어서 마음의 명령을 따르게 될 것이다."

또 말씀하셨다.

"학문을 하는 도는 반드시 전일(專一)하게 오래도록 한 뒤에야 스스로 완성할 수 있는 것이다. 만약 한번 이랬다저랬다 하는 마음으로 배우다 말다 하는 공부를 한다면 어떻게 학문을 완성하겠는가. 그러므로 주자(朱子)가 등공(滕珙)[261]에게 '전일하게 오래도록 해야만 완성되며 두 번 세 번 중단되면 실패한다.'라고 했던 것이다."

"경계(警戒)하는 말을 써서 가까이에 걸어 놓고 이를 보면서 성찰하는 것이 어떻습니까?"

묻자, 선생께서 말씀하셨다.

"옛사람은 세숫대야나 사발, 안석(案席), 지팡이에도 모두 명(銘)을

260 온몸이……일이지 : 대본에는 '則是乃聖賢百體從令而安之事'로 되어 있는데, 《학봉집(鶴峯集)》 속집 권5 〈퇴계선생언행록(退溪先生言行錄)〉에는 '而' 뒤에 '恭而'가 더 있다.

261 등공(滕珙) : 주희 문하의 뛰어난 제자이다. 자는 덕장(德章), 호는 몽재(蒙齋)이다. 저서로 《경제문형(經濟文衡)》이 있다. 《宋元學案 卷69》

새겼다. 그러나 마음에 경계하고 반성하는 주지(主旨)가 없다면 벽면 가득 경계하는 글을 써 놓는다 해도 보아도 보이지 않을 것이니 참으로 무슨 도움이 되겠는가. 장횡거(張橫渠 장재(張載))처럼 학문하여 낮에는 노력하고 밤에는 터득하며, 말에는 가르침이 있고, 행동에는 법도가 있으며, 잠깐 사이에도 마음을 보존하고 아주 짧은 동안에도 성품을 닦으면, 이 마음이 항상 보존되어 달아나지 않을 것이다. 그러니 가까이에 써서 걸어 둘 필요가 뭐 있겠는가."

"주자는 항상 배우는 자들에게 평이하고 명백한 것을 공부하도록 하였습니다. 이른바 평이하고 명백한 것이란 바로 어버이를 섬기고 형을 따르는 것과 같이 일상에서 늘 행하는 일입니까?"

묻자, 선생께서 말씀하셨다.

"그렇다. 공자(孔子)께서 번지(樊遲)에게 '거처하는 데는 공손하고, 일을 할 때에는 공경하며, 남들과 교제할 적에는 정성을 다하라.'[262] 라고 고한 것이 모두 평이하고 명백한 것들이다."

독서(讀書)

글을 읽는 방법에 대하여 여쭙자 선생께서 말씀하셨다.

"완전히 익히는 수밖에 없다. 글을 읽는 사람이 글의 뜻을 이해했다 하더라도 완전히 익히지 못하면 읽었다가도 곧바로 잊어버려 마음속에 간직할 수 없다. 반드시 배우고 또 충분히 익히는 공부를 더

262 거처하는……다하라 : 번지(樊遲)가 인(仁)을 묻자 공자가 대답한 내용이다. 《論語 子路》

한 뒤에야 바야흐로 마음속에 간직할 수가 있어 푹 젖어 드는 맛이 있게 된다."

또 말씀하셨다.

"독서하는 요체를 살펴보면, 반드시 성현의 말과 행동을 마음에 새기고 깊이 탐구하고 묵묵히 완미한 다음에야 함양(涵養)하여 학문이 진보하는 성과가 있게 되는 것이다. 만약 건성으로 읽어 넘기고 대충 외고 말 뿐이라면, 이는 장구(章句)나 외우고 귀로 들은 것을 입으로 옮기는 말습(末習)에 불과하다. 천 편의 글을 다 외우고 머리가 세도록 경전(經典)을 가지고 이야기한다 한들 무슨 도움이 되겠는가."

또 말씀하셨다.

"낮에 읽은 것을 반드시 밤에 생각하고 따져 보아야 한다."

선생께서 일찍이 이렇게 말씀하셨다.

"성학(聖學)은 사서(四書)에 지나지 않는다. 선비로서 학문에 뜻을 둔 사람이 이 책[263]이 아니면 무엇으로 학문을 하겠는가. 다만 요즘 사람들이 글을 읽지 않는 것은 아니지만, 단지 첩송(帖誦)[264]으로 과거에 통과하는 것에만 힘쓸 뿐 몸과 마음을 닦는 일에는 전혀 관심

263 이 책 : 《퇴계집(退溪集)》 고증(攷證) 권7 〈주서절요서(朱書節要序)〉에 근거할 때 《주자서절요》를 가리킨다.

264 첩송(帖誦) : 첩괄(帖括)을 외우는 것을 말하는데, 후에는 과거에 응시할 때 외우는 문장을 범칭하는 말로 쓰였다. 첩괄은 경서의 난해한 구를 뽑아 기억하기 쉽게 노래처럼 만든 것으로, 첩경(帖經)에 응시하는 이들을 위해 만들었다. 첩경은 경서의 수미(首尾)를 가리고 중간의 한 행만 보이게 출제하여 응시자가 대의를 쓰게 하던 것이다.

이 없고, 거기에 빠져드는 게 오래되다 보니 계발(啓發)하기가 어렵게 되었다. 이 책은 그런 폐해가 없는 데다 이 책을 읽음으로써 사람들로 하여금 쉽게 감발하여 흥기하게 할 수가 있다. 그러므로 초학자(初學者)들을 이끌어 줄 때에 반드시 이 책을 가지고 하는 것이다."

또 말씀하셨다.

"이 책을 읽어 낸다면 학문하는 방법을 알 수 있다. 방법을 알면 반드시 감발하고 흥기하게 되어 밖으로만 치달리던 마음이 조금 잦아들 것이다. 이로부터 공부를 해 오랫동안 학습을 쌓아 간 뒤에 다시 사서(四書)를 본다면, 성현의 말씀이 구절구절 맛이 있어서 자신이 수용할 만한 부분이 있을 것이다."

또 말씀하셨다.

"'이 책을 읽기 전에도 이 사람이고, 이 책을 읽고 나서도 이 사람이다.'[265]라는 이 한[266] 구절을 깊이 경계해야 한다."

265 이 책을 읽기……사람이다 : 책을 읽은 후에도 인격적으로 아무 변화가 없는 것을 경계한 말이다. 《논어집주(論語集註)》 〈서설(序說)〉에 "정자가 말하기를 '지금 사람들은 글을 읽는 것을 잘하지 못한다. 이를테면 《논어》를 읽을 때에 읽기 전에도 이런 사람이고, 읽고 난 뒤에도 또 그저 이런 사람이라면 이는 바로 읽지 않은 것이다.'라고 하였다.〔程子曰 : 今人不會讀書. 如讀論語, 未讀時是此等人; 讀了後, 又只是此等人, 便是不曾讀.〕"라는 문장이 있고, 《대학연의(大學衍義)》 권4에 "이 책을 읽기 전에도 이 사람이고, 이 책을 읽고 나서도 이 사람이라면 책을 잘 읽은 것이 아니다.〔未讀是書猶是人, 既讀是書猶是人, 則爲不善讀矣.〕"라는 문장이 있다.

266 한 : 대본에는 '一'로 되어 있는데, 《학봉집》 속집 권5 〈퇴계선생언행록〉에는 '二'로 되어 있다.

"〈경재잠(敬齋箴)〉[267]에 '이(貳)를 이(二)로 하지 말고 삼(參)을 삼(三)으로 하지 말라.'[268]라고 하였는데, 이(二)와 이(貳), 삼(三)과 삼(參)의 뜻에 어떤 차이가 있습니까?"

묻자, 선생께서 말씀하셨다.

"이(二)와 삼(三)은 성수(成數)[269]이고, 이(貳)와 삼(參)은 그 수를 이루어 주는 개념이다. 《주역》에 '삼천양지(參天兩地)'[270]라고 한 것과 《예기(禮記)》에 '두 사람이 앉아 있거나 두 사람이 서 있을 때 거기에 가서 셋이 되게 하지 말라.〔離坐離立 毋往參焉〕'[271]라고 한 것과 《논어》에 '잘못을 거듭하지 않았다.〔不貳過〕'[272]라고 한 것의 삼(參)이나 이(貳) 자도 이런 뜻이다."

봉선(奉先)

세속(世俗)에서 친상(親喪)을 당하여 고위(考位)와 비위(妣位)를 함

267 경재잠(敬齋箴) : 주희가 지어서 서재 벽에 걸어 두고 스스로를 경계했던 글이다.

268 이(貳)를……말라 : 대본에는 '勿貳以二, 勿參以三'으로 되어 있는데, 《회암집(晦庵集)》에는 '勿'이 '弗'로 되어 있다.

269 성수(成數) : 정수(整數)로, 자연수를 말한다.

270 삼천양지(參天兩地) : 《주역》 〈설괘전(說卦傳)〉에 "하늘의 수를 3으로 하고 땅의 수를 2로 하여 수를 세웠다.〔參天兩地而倚數〕"라는 말이 보인다.

271 두 사람이 앉아……말라 : 《예기》 〈곡례 상(曲禮上)〉에 실린 말로, 그 주(註)에 엄릉 방씨(嚴陵方氏)가 "둘이 서로 마주하는 것을 이라 이르고, 셋이 서로 이루는 것을 삼이라 이른다.〔兩相麗之謂離, 三相成之謂參.〕"라고 해석한 내용이 보인다.

272 잘못을 거듭하지 않았다 : 노(魯)나라 애공(哀公)이 공자에게 제자 중에 누가 학문을 좋아하느냐고 묻자 공자가 안회(顔回)라는 자가 있었다고 하면서 그에 대해 한 말이다. 《論語 雍也》

께 제사 지내자, 선생께서 말씀하셨다.

"길례(吉禮)를 가져다 흉례(凶禮)로 나아가는 것은 몹시 예에 맞지 않는 일이다. 여묘살이하는 제도는 후대에 나온 것으로, 장사를 마치면 반혼(返魂)하는 것이 예이다. 다만 집에서는 내외와 남녀의 분별을 분명히 할 수가 없다 보니, 상사(喪事)나 제사에서 엄격하게 분별해 치르지 못해 끝내 온당치 못한 점이 있게 된 듯하다."

또 말씀하셨다.

"옛날 사람 가운데 상을 당해 병이 났을 때 계집종으로 하여금 탕약(湯藥)을 올리게 했다가 삼가지 않았다는 평판을 얻어 평생토록 세상에 쓰이지 못하고 불우하게 산 사람이 있다. 그러니 혐의스러운 일을 엄격히 분별해 내지 않아서는 안 된다."

김취려(金就礪)가 여쭈었다.

"내상(內喪)에 사내종을 제복(祭僕)[273]으로 삼는 것은 어떻습니까?"

그러자 선생께서 말씀하셨다.

"그것은 예가 아니다. 계집종으로 하는 것이 온당할 듯하나 여소(廬所)에서 계집종을 데리고 있는 것이 또 온당치 못하니, 자제를 집사(執事)로 삼아 진설(陳設) 등 여러 가지 일을 모두 자제가 행하도록 하는 것이 예에 합당할 듯하다. 일찍이 종묘(宗廟)의 제향(祭享)을 보니 대축(大祝)이 군(君)의 주독(主櫝)을 열고 내관(內官)이 소군

273 제복(祭僕) : 주(周)나라 때 왕명(王命)을 받아서 제사를 감독했던 관직의 이름이다. 여기서는 제사 지낼 때 사무를 처리하는 사람을 가리킨다.

(小君)의 주독을 열었는데, 이 역시 이런 이유에서이다. 요즘은 사람들은 내상을 조문할 때 친척도 아닌데 영좌(靈座) 앞에서 바로 절을 하는데, 이것은 예가 아니다. 살아 있을 때 집안끼리 서로 알고 지내 당(堂)에도 드나든 사이가 아니라면 내외(內外)를 구별하는 예를 엄격히 지켜 어지럽히지 않아야 한다. 어찌 그가 죽었다 해서 갑자기 부인을 대하는 도리를 폐할 수 있겠는가."

"아내가 죽었을 때 아들이 없고 또 뒤를 이을 만한 사람도 없을 경우, 그 신주(神主)나 축문(祝文)의 제사(題辭)는 어떻게 해야 합니까?"
묻자, 선생께서 말씀하셨다.
"신주에는 당연히 '고실모인모씨운운(故室某人某氏云云)'이라고 써야 한다. 주자(朱子)의 문인이 이에 대하여 물었을 때, 주 선생께서 말씀하시기를 '마땅히 망실(亡室)로 써야 한다.……'라고 하였다. 그런데 내 생각에는 '망(亡)' 자는 좀 박절하여 죽었다고 여길 수 없는 마음과는 다르니, '고(故)' 자로 쓰는 것이 무방할 듯하다. 축문에서 고하는 말도 마찬가지이다. 다만 고유(告由)하는 자는 남편의 이름을 쓰되, '부(夫)' 자는 쓸 필요가 없다. '감소고(敢昭告)'도 '근고(謹告)'로 고쳐 쓰면서 '감(敢)' 자는 빼도[274] 될 듯하다."

"처(妻)가 후사(後嗣) 없이 죽었을 때와 누이가 본가(本家)에서 성인(成人)이 되어 죽었을 경우, 그 속칭(屬稱)[275]과 방제(旁題)를 어

274 감(敢) 자는 빼도 : 대본에는 '去敢字'로 되어 있는데, 《학봉집》 속집 권5 〈퇴계선생언행록〉에는 '敢' 뒤에 '昭'가 더 있다.

떻게 쓰는 것이 좋습니까?[276]"

묻자, 선생께서 말씀하셨다.

"제시한 일은 모두 예(禮)를 달리 적용해야 하는 부분이다. 예를 달리 적용해야 하는 부분은 성현도 어렵게 여기는 일이니, 우매한 자가 어찌 감히 거기에 대해 함부로 의논할 수 있겠는가. 그러나 제시한 설에 대해 의견을 말해 보자면, '망실모봉모씨(亡室某封某氏)'라고 쓰고, 방제는 쓰지 않는 것이 맞을 듯하다. 방제는 높은 이에게 쓰는 것이라 아랫사람에게는 쓸 필요가 없다는 것[277]은 주 선생의 말이다. '망(亡)' 자 대신 '고(故)' 자를 쓰고자 하는 것은, 내 생각은 참으로 그러한데 옳은지는 모르겠다.-봉(封)해진 것이 없으면 관향(貫鄕)을 쓴다.- 누이에 대해서도 그러하니, 역시 위의 예대로 '고매운운(故妹云云)'이라 쓰고 방제는 쓰지 않는다. 이미 누이라고 칭했으니, 신이 의지하는 것이 어찌 꼭 방제를 쓴 뒤에야 가능하겠는가. 방제란 곧 존경하는 예이니, 이들에 대해서는 써서는 안 되는 것이다. 지방(紙牓)을 쓰는 것 또한 너무 소략한 듯하다.[278]"

275 속칭(屬稱) : 속은 고조(高祖), 증조(曾祖), 조(祖), 고(考) 등을 말하고, 칭은 관(官)이나 호(號) 등을 가리킨다.

276 어떻게……좋습니까 : 《퇴계집》 권34 〈답김사순문목(答金士純問目)〉과 《학봉집》 속집 권4 〈상퇴계선생문목(上退溪先生問目)〉에는 이 뒤에 '或云: 無旁題則神無所依, 或欲設紙牓祭妹, 此說何如'가 더 있다.

277 방제는……것 : 이 내용은 《회암집(晦庵集)》 권59 〈답두문경(答竇文卿)〉에 보인다.

278 이미……듯하다 : 이 내용은 편집 과정에서 삭제되었으나 《퇴계집》 권34 〈답김사순문목(答金士純問目)〉과 《학봉집(鶴峯集)》 속집 권4 〈상퇴계선생문목(上退溪先生問目)〉에는 실려 있는 "어떤 사람은 방제가 없으면 신이 의지할 바가 없다고 하고,

"역월(易月)의 제도[279]는 비록 부모[280]나 형제의 상에도 기월(期月) 이외에는 복을 입는 것을 허락하지 않고 있습니다. 그러다 보니 관직에 있는 자가 모두 길관(吉冠)을 쓰고서 종사(從仕)한 지가 오래되어 갑자기 고칠 수도 없습니다. 그러나 국사(國事)를 당해서는 참으로 그렇게 하는 것이 마땅하다 해도, 사관(四館)이 함께 나아가는 일 같은 연회는 사적인 모임인데 높은 지위에 있는 자가 현재 왕의 제도라 하면서 연회에 참석하기를 강요하면 어떻게 해야 합니까?"

묻자, 선생께서 말씀하셨다.

"옛날에 송나라의 여자약(呂子約 여조검(呂祖儉))이 그의 형인 동래(東萊 여조겸(呂祖謙)) 선생의 상을 치르기 위해 관복을 벗고 상복을 입는 것을 조정에서 허락하였는데, 군자들이 지금까지도 미담으로 전하고 있다. 계속해서 상복을 입으려면 이렇게 해야만 자신의 뜻대로 행할 수 있었을 것이다. 그렇게 하지 않았다면 단지 세속에서 하는 대로 따를 수밖에 없었을 것이다. 현재 왕의 제도에 대해서는 내가 어떻다고 논할 수 없다."

또 말씀하셨다.

"예에는 양쪽이 다 옳은 경우가 없고, 일에는 양쪽이 다 편한 경우가

어떤 이는 지방을 써서 누이를 제사 지내고 싶어 하는데, 이 설이 어떻습니까?〔或云無旁題則神無所依, 或欲設紙牓祭妹, 此說何如?〕"라는 물음에 대한 답변이다.

279 역월(易月)의 제도 : 날로써 달을 대신하는 제도로, 임금이 죽었을 경우 후사(後嗣)가 된 자가 본디 삼년상(三年喪)을 입어야 하나, 정무를 처리하기 위하여 36일 동안만 상복을 입는 것을 말한다.

280 부모 : 《학봉집》 속집 권5 〈퇴계선생언행록〉에는 '祖父母'로 되어 있다.

없다. 관직에 있는 자가 자기의 뜻대로 행하고자 해도 일에 방해되는 것이 많아서 결국 그대로 되는 경우를 보지 못하였다."

유중엄(柳仲淹)[281]이 양자로 들어간 뒤에 생모 상을 당하였는데,[282] 1년이 지난 뒤에도 차마 최복(衰服)을 벗지 못해 3년을 마치리라 굳게 마음을 먹었다. 그러자 선생께서 몹시 나무라면서 말씀하셨다.

"선왕(先王)이 정해 놓은 예를 넘어서서는 안 된다. 어찌 마음 내키는 대로 곧장 행할 수 있겠는가. 이미 남의 양자로 들어가 놓고 또다시 사친(私親)을 돌아보려 한다면 이는 근본을 둘로 만드는 것이니, 이래서야 되겠는가."

또 말씀하셨다.

"세상 사람들이 남의 재산을 탐내 너도나도 계후(繼後)가 되려고 하다가도 그의 후사(後嗣)가 되고 나서는 살아 계실 때 모시고 돌아가셨을 때 장사 지내는 일 등에서 도리어 낳아 준 부모를 중시하고 양부모는 저버린다. 풍속이 야박하고 나쁘기가 끝내 이 지경에 이르렀으니, 참으로 한탄스럽다."

281 유중엄(柳仲淹) : 1538~1571. 본관은 풍산(豐山), 자는 경문(景文)·희범(希范), 초명(初名)은 중련(仲漣), 호는 파산(巴山)이다. 이황의 문인으로, 자질이 순박하고 정숙하여 '계문(溪門)의 안자(顏子)'라고 불리었다. 타양서원(陀陽書院)에 제향되었다. 저서로 《파산일고(巴山逸稿)》가 있다.

282 생모 상을 당하였는데 : 대본에는 '丁母喪'으로 되어 있는데, 《학봉집》 속집 권5 〈퇴계선생언행록〉에는 '丁' 뒤에 '本生'이 더 있다.

같은 마을에 사는 윤의정(尹義貞)[283]이라는 사람이 황장목(黃腸木)을 베어서 곽(槨)을 만들어 친상(親喪)을 치렀다. 그러자 선생께서 말씀하시기를,

"아무리 어버이를 후하게 장례 지내고 싶어도 그렇지, 어찌 벌채를 금하는 나무를 벨 수 있단 말인가."

하고는 "시어머니의 것을 헐어서 며느리의 것을 만들어 준다."라고 한 고사(故事)[284]를 인용하면서 그를 꾸짖었다.

"시제(時祭)에서 전물(奠物)을[285] 오른쪽부터 진설하는 것은 왜 그렇습니까?"

묻자, 선생께서 말씀하셨다.

"신도(神道)는 오른쪽을 숭상하기 때문이다. 왼쪽은 양(陽)이고 오른쪽은 음(陰)이다. 오른쪽을 숭상하는 이유는 신도가 음에 속하기 때문이다."

"제례(祭禮)에 관하여 《오례의(五禮儀)》를 상고해 보니, 제찬(祭

283 윤의정(尹義貞) : 1525~1612. 본관은 덕산(德山), 자는 이직(而直)이다. 1573년(선조6)의 생원시에 입격하였으며, 유성룡(柳成龍), 정탁(鄭琢) 등과 교유하였다.

284 시어머니의……고사(故事) : 계문자(季文子)가 상례를 잘못 치른 것을 비판한 고사를 가리킨다. 처음에 제강(齊姜)의 시어머니 목강(穆姜)이 품질이 좋은 노(櫓)나무를 골라서 자기 관을 만들었다. 그런데 제강이 먼저 죽자 계문자가 그 관을 가져다가 장사를 지냈다. 이에 대해 군자가 시어머니의 것을 헐어서 며느리의 것을 만들어 주는 것보다 더 예를 어기는 일은 없다고 했다는 기록이 있다. 《春秋左氏傳 襄公2年》

285 시제(時祭)에서 전물(奠物)을 : 대본에는 '時祭奠物'로 되어 있는데, 《학봉집》 속집 권5 〈퇴계선생언행록〉에는 '祭物'로 되어 있다.

饌)의 그릇 수가 경대부(卿大夫)로부터 사서인(士庶人)에 이르기까지 각각 차등이 있었습니다. 정해진 수 외로는 절대로 넘을 수가 없는 것입니까?"

묻자, 선생께서 말씀하셨다.

"제사 지내는 사람의 명성과 직위에도 구분이 있으니, 제사 지내는 예도 그 등급을 따르는 것이 맞다. 다만 《오례의》 가운데에도 따르기 어려운 것이 있다. 제물의 수가 포(脯), 해(醢), 과일은 너무 많고, 어육(魚肉)으로 만든 반찬은 몹시 적다. 민가에서 어육은 그래도 구하려는 대로 쉽게 마련할 수 있지만, 포, 해, 과일의 경우는 어찌 항상 많은 양을 비축해 둘 수 있겠는가. 내 생각에는 정해진 예대로 모두 다 따를 것 없이 집안 형편에 맞추어서 제사 지내더라도 무방할 듯하다. 다만 분에 넘치지 않게 해야 하고 제기(祭器)의 수도 너무 많아서 번잡해서는 안 되니, 번잡해지면 자질구레해지고 또 정결하게 할 수도 없게 된다."

"주자가 늘 소목(昭穆)[286]의 예가 오랫동안 행해지지 않는 것을 한탄하면서도 《가례(家禮)》를 만들 때에는 도리어 시속(時俗)의 예를

286 소목(昭穆) : 조상의 신주를 사당에 모시는 차례를 말한다. 종족 내부의 장유(長幼)와 친소(親疎) 및 원근(遠近)을 구분하기 위해서 만든 것으로, 왼쪽 줄을 '소(昭)', 오른쪽 줄은 '목(穆)'이라고 한다. 시조의 신주는 한복판에 모시고 2·4·6대를 소에, 3·5·7대를 목에 모신다. 《예기》 〈왕제(王制)〉에 "천자는 7묘로 3소 3목에 태조의 묘까지 7묘이고, 제후는 5묘로 2소 2목에 태조의 묘까지 5묘이며, 대부는 3묘로 1소 1목에 태조의 묘까지 3묘이다. 사(士)는 1묘이고 서인(庶人)은 정침(正寢)에서 제사를 올린다."라고 하였다.

따랐으니, 이는 무슨 이유에서입니까?"

묻자, 선생께서 말씀하셨다.

"현재 왕의 제도를 어찌 함부로 고칠 수가 있겠는가. 그리고 예란 천하에 통용되어 행해지는 것이다. 온 세상이 행하지 않는다면 괜히 문장으로 만들어 놓은들 무슨 도움이 되겠는가. 그래서 제자들에게 답한 편지를 보면 고례(古禮)를 회복하지 못한 것을 깊이 탄식하고, 끝에다 '조정에 건의해서 하나하나 잘못된 것을 시정하는 것만큼 시원스러운 게 있겠는가.……'라고 한 것이다."

"세속에서 대부분 고조(高祖) 제사를 지내지 않고, 기일(忌日)에 술을 마시고 고기를 먹기도 하며, 심지어는 잔치에 가기까지 하니 몹시도 놀랍습니다."

묻자, 선생께서 말씀하셨다.

"고조는 유복지친(有服之親)인데 어찌 제사 지내지 않을 수 있겠는가. 정자(程子)와 주자(朱子)도 제사를 지낸 것을 예문(禮文)에서도 상고해 볼 수 있다.[287] 그러나 현재 왕의 제도가 이러하니, 세속에서 행하지 않는 것을 어찌 책망할 수 있겠는가. 다만 스스로 정성을 다해야 할 뿐이다."

"할아버지나 아버지가 윤달에 돌아가셨는데 돌아가신 해의 윤달이

287 정자(程子)와……있다 : 《오례통고(五禮通考)》 권109 〈대부사묘제(大夫士廟祭)〉에, 정자가 "고조는 유복지친이니 제사 지내지 않을 수 없다.〔高祖有服, 不可不祭.〕"라고 한 말을 주희가 상고했다는 내용이 보인다.

다시 오면 윤달에 제사를 지냅니까?"

묻자, 선생께서 말씀하셨다.

"윤달은 정상적인 달〔正月〕이 아니다. 사람들은 항상 정상적인 달에 제사를 지내는데, 유독 그해에만 돌아가신 해의 윤달에 따라 제사 지내는 것은 온당치 않을 듯하다. 제사는 보통 달〔常月〕에 지내고 윤달의 돌아가신 날에는 재계(齋戒)하고 소식(素食)은 하되 제사는 지내지 않는 것이 마땅할 듯하다."

"장자(長子)는 본디 처부모 제사를 지내서는 안 되거니와, 장자가 아닌 자는 사위로서 제사를 주관할 수 있지 않겠습니까?"

묻자, 선생께서 말씀하셨다.

"장자로서 누군가의 외동딸에게 장가들어 사위가 되면 막혀서 난처해지는 일이 꽤 있을 것이다. 대개 처가 쪽에 후사(後嗣)가 없고 또 양자로 들일 만한 사람도 없다면 자신이 제사를 모셔야 한다. 그런데 자신이 대종사(大宗祀)를 받들고 있다면 양쪽 다 지낼 수는 없는 것이다. 요즈음 사람들은 같은 사당에 모시고서 제사를 지내기도 하는데, 이는 근본을 둘로 만듦이 심한 것으로 참으로 말할 것이 못 된다. 따로 사당을 세운다 해도 그 또한 근본을 둘로 만드는 잘못을 면할 수 없다. 그러니 참 난처하지 않은가. 하지만 불행히도 이런 경우에 처했다면 처족(妻族) 가운데 가까운 이를 정해 노비를 나누어 주면서 제사를 주관하도록 하는 것이 좋다."

출처(出處)

이익에만 골몰하는 세상 사람들에 대해 이야기할 때면 거듭 한탄하고 애석해하면서 두 손을 맞잡아 예를 표하며 좌중(座中)의 사람들에게 말씀하셨다.

"우리 동인(同人)들은 모름지기 이런 마음을 맹렬히 반성하여 소인(小人)이 되고 마는 일이 없도록 해야 할 것이다."

"우리나라의 언로(言路)가 넓지 못한 것은 완석(完席)[288]의 제도가 있어서이고, 믿을 만한 역사 기록을 남기지 못하는 것은 조사(曹司)[289]가 있기 때문이다. 간관(諫官)은 임금의 눈과 귀가 되어 각자 자신이 보고 들은 바를 논계해야 하는데, 꼭 완석을 만들어서 모두의 의견을 모은 다음에야 아뢰다 보니 의견이 합치되지 않으면 정론(正論)이 있어도 행할 수가 없다. 그러니 그에 따른 해가 어찌 크지 않겠는가. 옛날에는 아래로 백공(百工)에 이르기까지 각자 자신의 기술을 가지고 간할 수가 있었다. 그때에 어찌 완석이라는 제도가 있었겠는가. 사관(史官)이 많은데도 하번(下番) 한 사람에게만 맡겨 두니, 소견이 모두 옳을 수만은 없고, 직필(直筆)한 것이 상급자의 뜻과 맞지 않기라도 하면 삭제되고 만다. 영원히 믿고 보아야 할 역사 기록이 엉성하기 짝이 없으니, 참으로 한심하다 하겠다."

또 말씀하셨다.

"실록청(實錄廳)에 들어가 시정기(時政記)를 본 적이 있었는데, 사

288 완석(完席) : 완의석(完議席)으로, 사헌부나 사간원 관원들이 좌기(坐起)할 때에 빙 둘러앉아서 풍헌(風憲)에 관계되는 일이나 탄핵과 서경(署經) 등의 일을 의논하던 자리를 말한다.

289 조사(曹司) : 벼슬에 갓 임명되어 일의 경험이 적은 사람을 이르는 말이다.

실상 조보(朝報)의 내용과 다른 것이 거의 없었다."

아무개〔某〕[290]가 여쭈었다.

"벼슬하는 자가 조급하게 승진하려는 마음이 있게 되면 이로 인해 아버지와 임금을 시해하는 일까지도 차차 하게 될 것입니다."

그러자 선생께서 말씀하셨다.

"그렇다. 세상에서 벼슬길에 나아가는 사람들을 보면 개미가 누린내를 좋아하는 것과 같아 어떡하면 벼슬을 얻을까, 행여 벼슬을 잃지나 않을까 걱정하는 모습이 말투나 얼굴에까지 드러나니, 몹시도 비루하다. 나는 평생 많은 벼슬을 역임했지만 내가 그것을 얻기를 바랐던 적은 없었다."

"벼슬하는 자가 의리로 보아 물러나야 할 경우라면, 임금이 강하게 만류하더라도 소를 올리고 나서 명을 기다릴 것도 없이 곧바로 떠나도 됩니까?"

묻자, 선생께서 말씀하셨다.

"두범(杜範)[291]은 송(宋)나라 이종(理宗) 때 사람으로 참정(參政)이 되었는데, 자신의 말이 수용되지 않자 상소를 올리고 물러나기를 청하였다. 황제가 간곡하게 만류했지만 두범은 오히려 더 강력하게

290 아무개 : 《학봉집(鶴峯集)》 속집 권5 〈퇴계선생언행록(退溪先生言行錄)〉에는 '성일(誠一)'로 되어 있다. 편집 과정에서 휘하여 수정한 것으로 보인다.

291 두범(杜範) : 1182~1245. 중국 송(宋)나라의 학자이다. 주희(朱熹)의 제자로, 직언(直言)을 잘했다.

요청하였다. 그러자 황제는 성문을 닫도록 명하여 두범이 나가지 못하도록 하였다. 이는 두범이 명령을 기다리지 않고 곧바로 떠나려 했기 때문이다. 범순인(范純仁)[292]은 귀양살이에서 풀려나 돌아올 적에 휘종(徽宗)이 사람을 보내 그를 불렀다. 그러자 범순인은 늙고 병들었다는 이유로 사양하고 곧장 시골로 돌아갔다. 또 오징(吳澄)[293]은 도성을 떠나던 날 사직을 청하지도 않고 곧장 떠났다. 황제가 사신을 보내 뒤따라갔으나 따라잡지 못하였다. 이런 일들로 본다면 옛사람들도 임금의 명을 기다리지 않고 떠나가는 경우가 있었다."

일찍이 배우는 자들에게 말씀하셨다.

"옛날에는 치사(致仕)하는 예(禮)가 있었는데, 이는 염치(廉恥)를 차리고 절의(節義)를 가다듬기 위한 것이었다. 심지어 송나라 때는 치사할 나이가 되기 전이라도 완전히 물러나는 것을 허락하여 그 뜻을 이루어 주었으니, 선비를 대우하는 도에 예가 있었다고 하겠다. 후세에는 이런 길이 막혀 한번 공명(功名)의 굴레에 매이면 더 이상 물러나도록 허락받을 기약이 없게 되었으니, 참으로 한탄스럽다."

상론(尙論)

"정자(程子) 이후[294] 이연평(李延平 이동(李侗))이 배우는 자들에게

292 범순인(范純仁) : 1027~1101. 중국 송나라 때의 문신이다. 사마광(司馬光)과 같은 보수파였지만 왕안석(王安石)의 신법(新法) 중 일부 합리적인 것은 수용하는 등 유연한 자세를 지녔다.

293 오징(吳澄) : 1249~1333. 중국 원(元)나라의 학자이다. 천문학에 밝아 《찬언(纂言)》을 저술하였다.

희로애락(喜怒哀樂)이 발하기 전의 기상(氣象)을 살펴보도록 하였으니, 대체로 연평의 학문은 모두가 여기에 있다."

또 말씀하셨다.

"연평의 학문은 막힘없고 여유 있는 경지를 깨달았기에 그 기상이 얼음 항아리나 가을 달처럼 맑고 밝았던 것이다."

또 말씀하셨다.

"연평이 말한 '묵묵히 앉아서 마음을 맑게 하고 천리(天理)를 체인(體認)하였다.'[295]라는 설은 글을 읽고 이치를 궁구하는 방법을 배우는 데 가장 요긴하다."

허형(許衡)[296]의 출처(出處)에 대해서 여쭈었다. 그러자 선생께서 말씀하셨다.

"경산(瓊山) 구준(丘濬)의 무리가 모두 원(元)나라를 섬긴 잘못을 두고 나무랐다. 하지만 그때는 오랑캐가 중화(中華)를 주장하여 천

294 정자(程子) 이후 : 대본에는 '程子後'로 되어 있는데, 《학봉집》 속집 권5 〈퇴계선생언행록〉에는 '嘗曰'로 되어 있다.

295 묵묵히……체인(體認)하였다 : 《성리대전서(性理大全書)》 권43 〈총론위학지방(總論爲學之方)〉에 "학문의 도는 말을 많이 하는 데 있지 않다. 다만 묵묵히 앉아서 마음을 맑게 하고 천리를 체인하는 것뿐이다.〔學問之道, 不在多言. 但默坐澄心, 體認天理.〕"라는 내용이 보인다.

296 허형(許衡) : 1209~1281. 중국 송(宋)나라 말, 원(元)나라 시기의 학자이다. 이학(理學)에 밝았으며, 세조 때 역법을 수정하여 《수시력(授時曆)》을 완성하였고, 집현전 태학사(集賢殿太學士) 등을 지내며 평생 교육에 힘썼다.

리(天理)와 이륜(彛倫) 및 전장(典章)과 문물(文物)이 거의 다 사라졌을 때이니, 하늘이 허형을 낸 것이 우연이 아닌 듯하다. 허형이 만약 자기 몸 하나 깨끗하게 지키겠다고 세상을 잊는 쪽으로 결정했다면, 천리는 누가 밝히고 이륜은 누가 바로잡았겠는가. 천하가 결국 오랑캐의 나라가 되어 구할 수가 없게 되었을 것이다. 나는 허형이 세상을 위하여 나간 것이 의(義)를 해치는 것 같지 않다고 보는데, 성현이 다시 태어난다면 뭐라고 논할지는 모르겠다."

선생께서 말씀하셨다.

"김종직(金宗直)은 학문하는 사람이 아니다. 종신토록 문장 짓는 일에 종사했음을 그의 문집을 보면 알 수 있다."

"한훤당(寒暄堂)[297] 선생의 학문은 저술이 없는 데다 징험할 만한 문헌도 없어서 그 조예의 정도를 알 수가 없다. 지금 천곡서원(川谷書院)에서 정자(程子)와 주자(朱子)의 제사를 받들면서 한훤당을 배향(配享)하는데, '배(配)' 자의 뜻을 가볍게 다루어서는 안 될 듯하다. 문선왕(文宣王)의 사당 안에는 단지 안자(顔子), 증자(曾子), 자사(子思), 맹자(孟子)만을 배향하고, 그 나머지 제자들은 공문십철(孔門十哲)에 드는 사람이라도 모두 전내(殿內)에서 종사(從祀)된다고 칭하였고, 정자나 주자 같은 대현도 오히려 동서 양무(兩廡)에

297 한훤당(寒暄堂) : 김굉필(金宏弼, 1454~1504)의 호이다. 본관은 서흥(瑞興), 자는 대유(大猷)이다. 김종직(金宗直)의 문인이다. 무오사화(戊午士禍) 때 평안도 희천에 유배되고 갑자사화(甲子士禍) 때 극형에 처해졌다.

정렬하여 종사된다고 칭하였다. 이것으로 보더라도 '배(配)' 자와 '종(從)' 자에는 차이가 있다. 한훤당의 학문이 문묘에 들어가기에 부끄러울 것이 없다 하더라도 그저 종사라고만 칭하고 배향이라고는 칭하지 않는 것이 옳다. 이런 내용으로 원중(院中)에 통문(通文)하라."

또 말씀하셨다.

"한훤당의 학문이 실천을 독실히 하기는 하였지만, 도문학(道問學)의 공부에는 미진한 점이 있는 듯하다."

일찍이 《추강냉화(秋江冷話)》를 읽어 보시고는 탄식하셨다.

"우리나라에는 징험할 만한 문헌이 없어 옛사람의 언행과 사업이 사라져 전해지지 않는다. 그러니 이런 글이 남아 있기도 참 쉽지 않은 일이다."

일찍이 말씀하셨다.

"명(明)나라 학자들은 대체로 모두 총령(葱嶺 불교)[298] 색채가 나는데, 유독 설 문청(薛文淸)[299]만은 참으로 현인의 종지(宗旨)를 얻었다."

298 총령(葱嶺) : 중앙아시아 남동쪽 지방으로, 히말라야, 카라코람, 쿤룬산맥이 모이는 대산계(大山系)와 고원으로 이루어진 곳이다. 불교가 처음 중국으로 유입될 때 이 길을 경유했으므로 불교를 지칭하는 말로 쓰인다.

299 설 문청(薛文淸) : 1389～1464. 문청은 명(明)나라 설선(薛瑄)의 시호이다. 영종(英宗)이 복위하자 예부우시랑 겸 한림원학사(禮部右侍郎兼翰林院學士)로 입각(入閣)하여 기무(機務)에 참여하였다. 그는 정주(程朱)에 뿌리를 두고 복성(復性)에 힘쓰면서 함양(涵養)을 위주로 학문하였는데, 주희(朱熹)가 나온 이후로 사도(斯道)가 크게 밝아져 굳이 저작을 할 필요가 없다고 말하기도 하였다. 《明史 卷282 儒林列傳 薛瑄》

또 말씀하셨다.

"문청공의 학문은 평생토록 공부한 것이 온통 '경(敬)' 자에 있었다."

"포은(圃隱) 정몽주(鄭夢周)[300]와 야은(冶隱) 길재(吉再)[301]의 출처(出處)에는 알 수 없는 점이 있다. 우왕(禑王)과 창왕(昌王)이 신씨(辛氏)라는데도 두 공은 어째서 시종일관 신하로서 충성을 다하고 떠나지 않은 것인가.[302] 이 점이 몹시 의아하다."

일찍이 말씀하셨다.

"조광조(趙光祖)는 타고난 자질이 참으로 훌륭했으나 학문적 역량이

300 정몽주(鄭夢周) : 1337~1392. 본관은 영일(迎日), 자는 달가(達可), 호는 포은(圃隱), 시호는 문충(文忠)이다. 1357년(공민왕6) 감시(監試)에 합격하고, 1360년 문과에 장원하여 벼슬이 문하시중에 이르렀다. 이성계(李成桂)의 위망(威望)이 날로 높아지자 기회를 보아 이들을 제거하려 하였으나, 도리어 선죽교(善竹橋)에서 이방원(李芳遠)의 부하인 조영규(趙英珪) 등에게 격살되었다. 1517년(중종12) 문묘에 종사되었다. 저서로 《포은집(圃隱集)》이 있다.

301 길재(吉再) : 1353~1419. 본관은 해평(海平), 자는 재보(再父), 호는 야은(冶隱)·금오산인(金烏山人), 시호는 충절(忠節)이다. 후학 교육에 힘써 그의 문하에서 김숙자(金叔滋) 등 많은 학자가 배출되었고, 김종직(金宗直), 김굉필(金宏弼), 정여창(鄭汝昌), 조광조(趙光祖)로 그 학통이 이어졌다. 금산의 성곡서원(星谷書院), 선산의 금오서원(金烏書院), 인동(仁同)의 오산서원(吳山書院)에 종사되었고, 이색, 정몽주와 함께 고려의 삼은(三隱)으로 일컬어졌다. 저서로 《야은집(冶隱集)》이 있고, 《야은언행습유록(冶隱言行拾遺錄)》이 전한다.

302 우왕(禑王)과……것인가 : 우왕이 신돈(辛旽)의 자식이라면 이들은 고려의 역적인데도 길재와 정몽주가 충성을 다해 그들을 섬기고, 이성계가 새 왕조를 세운 뒤에도 출사하지 않은 것을 두고 말한 것이다.

모자라다 보니 그가 시행한 바가 지나친 부분이 있음을 면치 못하여 끝내는 실패하고 말았던 것이다. 만약 학문적 역량이 충실해지고 덕의 그릇이 완성된 뒤에 출사하여 세상일을 담당했다면, 그가 어떤 성취를 이루었을지 짐작하기 어렵다."

또 말씀하셨다.

"요순(堯舜) 시대의 임금과 백성에게 군자의 뜻을 편다고 해도, 어찌 때와 역량을 헤아리지 않고 무슨 일을 할 수 있는 사람이 있겠는가. 기묘년(1519, 중종14)의 실패[303]는 바로 이 때문이었다. 당시에 정암(靜菴) 조광조는 이미 일이 틀어진 것을 깨닫고서 상당히 자제하였다. 그러나 여러 사람이 도리어 그것을 그르다고 하면서 창끝을 돌려서 자기들끼리 서로 공격하려고까지 하였다. 조광조로서도 더 이상 어쩔 수 없는 상황이었다."

또 말씀하셨다.

"기묘년의 인재들이 나온 것은 우연한 일이 아닌데도 급작스러운 개혁으로 사림(士林)의 화를 불러오고 말았다. 그러니 별 볼 일 없는 인물이 함부로 무슨 일을 벌였다가는 일을 그르치지 않는 경우가 거의 없을 것이다."

또 말씀하셨다.

303 기묘년의 실패 : 1519년(중종14) 남곤(南袞), 홍경주(洪景舟) 등의 훈구파(勳舊派)에 의해 조광조(趙光祖) 등의 신진 사류가 숙청된 것을 가리킨다.

"일찍이 중종조(中宗朝) 때 알성(謁聖)하면서 조광조를 바라보았는데, 걸음걸이가 단아하고 위의(威儀)를 본받을 만하여 한 번 보고서도 그의 사람됨을 알 수 있었다."

또 말씀하셨다.

"조원기(趙元紀)[304]나 조광림(趙廣臨)[305]은 모두 선한 사람이니, 조광조 가학(家學)의 연원(淵源)이 역시 우연한 것이 아니었다. 우리 동방에 도학(道學)을 한 선비가 없지는 않으나, 징험할 만한 문헌이 없어서 그 조예의 깊이를 살펴볼 방법이 없다. 좨주(祭酒) 우탁(禹倬),[306] 포은(圃隱) 정몽주(鄭夢周)는 시대가 멀리 떨어져 있다 해도 한훤당(寒暄堂) 김굉필(金宏弼)이나 일두(一蠹) 정여창(鄭汝昌)[307]

304 조원기(趙元紀) : 1457~1533. 본관은 한양(漢陽), 자는 이지(理之), 호는 돈후재(敦厚齋), 시호는 문절(文節)로, 조광조의 숙부이다. 1496년(연산군2) 문과에 급제하였다. 사관(史官)으로 재직 중 연산군이 사초(史草)를 보여 달라고 하였으나 이에 불응하여 파직되었다. 저술로 《조문절공유고(趙文節公遺稿)》가 있다.

305 조광림(趙廣臨) : 1463~1494. 본관은 한양이다. 금산 군수(金山郡守)를 지낸 조훈(趙勛)의 아들로, 조광조의 종형(從兄)이다. 김일손(金馹孫)과 함께 동방급제(同榜及第)하고, 봉상시 봉사를 지냈다.

306 우탁(禹倬) : 1263~1342. 본관은 단양(丹陽), 자는 천장(天章)·탁보(卓甫), 호는 백운(白雲)·단암(丹巖), 시호는 문희(文僖)이다. 원나라를 통해 들어온 정주학(程朱學) 서적을 처음으로 연구하여 후진에게 가르쳤으며, 경사(經史)와 역학(易學)에 통달하였다. 우리나라 사람으로 역학에 통달했다 해서 역동선생(易東先生)으로도 불렸다.

307 정여창(鄭汝昌) : 1450~1504. 본관은 하동(河東), 자는 백욱(伯勗), 호는 일두(一蠹), 시호는 문헌(文獻)이다. 점필재(佔畢齋) 김종직(金宗直)의 문인으로 무오사화에 연루되어 귀양 가서 죽었다. 함양의 남계서원(藍溪書院)에 제향되었다. 저서로 《일두집(一蠹集)》이 있다.

같은 유학자들은 전해 들을 수 있는 가까운 시대의 사람들인데도 그들의 일 역시 찾아낼 수가 없으니, 몹시 한탄스럽다. 징험할 수 있는 것으로 말하자면, 근대의 회재(晦齋)[308]의 학문이 아주 바르다. 그가 저술한 글을 보노라면 모두 가슴속에서 흘러나와 이치가 분명하고 의리가 정확하여 자연히 이루어진 듯 완전하니, 조예가 깊지 않고서 이럴 수가 있겠는가."

회재가 귀양 가 있을 때 일찍이 〈진수팔규(進修八規)〉[309]를 써 놓고 올리려고 하다가 올리지 못하고 죽었다. 서자(庶子)인 이전인(李全仁)이 아버지의 뜻을 이루려고 하였다. 그러자 선생께서 말씀하셨다.

"때에는 해도 될 때와 해서는 안 될 때가 있고, 일에는 적당한 것과 적당하지 않은 것이 있다. 지금은 때로 보나 일로 보나 모두 적당하지 않다. 혹시라도 이로 인해 사달이 생길지도 모르니, 대상자에 깊숙이 감추어 두는 것이 더 나을 것이다."

이는 윤원형(尹元衡)이 정권을 잡고 있고 명종께서도 아직 의심을 풀지 않은 때라 유소(遺疏)를 올린다 하더라도 득이 된다는 보장도

308 회재(晦齋) : 이언적(李彦迪, 1491~1553)의 호이다. 본관은 여주(驪州), 자는 복고(復古), 또 다른 호는 자계옹(紫溪翁), 시호는 문원(文元)이다. 양재역 벽서 사건에 무고하게 연루되어 강계로 유배되었고, 그곳에서 많은 저술을 남겼다. 저서로 《구인록(求仁錄)》, 《대학장구보유(大學章句補遺)》, 《중용구경연의(中庸九經衍義)》, 《봉선잡의(奉先雜儀)》 등이 있다.

309 진수팔규(進修八規) : 이언적이 명종(明宗) 때 나라를 다스리는 요점을 정리한 글이다. 1566년(명종21) 9월 이언적의 아들 이전인(李全仁)이 이를 올렸는데, 《명종실록(明宗實錄)》 21년 9월 4일 기사에 이 글의 전체 내용이 보인다.

없고, 혹 의외의 환란을 불러올 수도 있기 때문에 선생께서 극구 말린 것이다.

수행(粹行)

선생께서는 온계리(溫溪里)[310]에 있는 집에서 태어나셨는데, 대부인(大夫人)이 꿈속에서 공자(孔子)가 문 앞에 있는 것을 보고 선생을 낳았다. 전해 들은 말이라 믿을 수는 없지만, 우선 여기에 적어 참고하도록 해 둔다.[311]

또 말씀하셨다.

> "젊었을 적에 종숙부이신 송재공(松齋公 이우(李堣))을 따라 영가(永嘉 안동)에 갔었다.-이때 송재공이 부사(府使)로 있었다.- 하루는 사람들과 들판에서 사냥하다가 술에 취하여 말에서 떨어졌다. 깨어나서는 스스로 통렬하게 질책하면서 경계하고 반성하는 마음을 잠시도 잊은 적이 없었다. 지금도 그때 일을 생각하면 어제 일마냥 두려워진다."

16, 7세에 이미 학문에 뜻을 두었다. 일찍이 연못가 초정(草亭)을 두고 다음과 같은 시를 지었다.[312]

> 이슬 젖은 풀 야들야들 물가를 둘러 있고 露草夭夭繞水涯

310 온계리(溫溪里) : 이황이 태어난 경상도 예안현(禮安縣)에 있는 마을이다.

311 전해……둔다 : 《학봉집》 속집 권5 〈퇴계선생언행록〉에는 원주로 되어 있다.

312 16, 7세에……지었다 : 《퇴계집》 〈연보〉에는 18세에 지었다고 되어 있다.

작은 못은 맑고 맑아 티끌 한 점 없구나　　小塘淸活淨無沙
구름 나는 데 새 지나는 것이야 그러려니 해도　雲飛鳥過元相管
다만 두려운 건 때때로 제비가 물결을 차는 일이네　只怕時時燕蹴波

그 의미가 심장하여 〈관서유감(觀書有感)〉[313] 시와 그 뜻을 같이한다 하겠다.

어려서부터 글씨를 반드시 반듯하게 써서 과문(科文)이나 잡서(雜書)를 베낄 때에도 흘려 쓰는 일이 거의 없었고, 남에게 써 달라고 부탁한 적도 없었는데 이는 남들이 흘려 쓴 글씨를 싫어해서였다.

선생께서 일찍이 말씀하셨다.

"숙부 송재공께서는 학문할 것을 권하는 태도가 아주 엄격하여, 말과 얼굴빛에 의중을 드러내지 않으셨다. 《논어》를 암송한 적이 있는데, 초장(初章)부터 종편(終篇)까지 한 글자도 틀리지 않았는데도 칭찬

313 관서유감(觀書有感) : 주희(朱熹)가 학문과 수양을 통해 청정한 정신세계에 도달한 것을 노래한 시이다. 2수로 되어 있는데 첫째 수에는 "반묘의 네모난 연못 거울 하나 열렸는데, 하늘빛과 구름 그림자가 함께 배회하네. 묻노니 어찌하여 그처럼 맑은 것인가? 근원에서 물이 콸콸 솟아나기 때문이라네.〔半畝方塘一鑑開, 天光雲影共徘徊. 問渠那得淸如許? 爲有源頭活水來.〕"라는 내용이, 둘째 수에는 "지난밤 강가에 봄물이 불어나니, 거대한 전함이 터럭처럼 떠올랐네. 이전에 힘들여 옮기려고 애썼는데, 오늘은 강 가운데 저절로 떠다니네.〔昨夜江邊春水生, 蒙衝巨艦一毛輕. 向來枉費推移力, 此日中流自在行.〕"라는 내용이 있다. 《朱子大全 卷2》

하는 말씀 한마디가 없으셨다. 내가 학문을 게을리하지 않은 것은 모두 송재공 덕분이다."

또 말씀하셨다.

"내가 어려서부터 학문에 뜻을 두기는 하였으나, 계발(啓發)해 줄 스승이나 벗이 없었다. 그래서 수십 년간을 헤매면서도 어디서부터 어떻게 공부해야 할지 몰라 마음과 생각을 허비하면서 탐색하기를 멈추지 않았다. 어떤 때는 밤새도록 고요히 앉은 채로 있고 잠도 자지 않다가 결국 마음의 병을 얻어 여러 해 동안 학문을 덮어 버리기도 했다. 그때 만약 스승이나 벗을 만나 미로(迷路)를 헤쳐 나갈 수 있도록 지도받았더라면, 어찌 이처럼 헛되이 심력(心力)만 허비하고 늙을 때까지 아무것도 얻지 못하는 지경에 이르렀겠는가."-이것이 비록 초연히 홀로 얻고도 스스로 겸양하느라 하신 말씀이기는 하지만, 선생께서 스승이나 벗을 통하지 않고 학문하신 것 또한 이를 통해 알 수 있다.-[314]

선생께서 서울에서 《주자전서(朱子全書)》를 구한 적이 있었는데, 이때부터 문을 닫고 들어앉아 조용히 책을 읽었는데 여름이 다 지나갈 때까지 이를 멈추지 않았다. 어떤 사람이 더위에 건강을 해치겠다고 주의를 주자, 선생께서는 "이 책을 읽으면 바로 가슴속에서 시원한 기운이 이는 것이 느껴져 더운 줄도 모른다. 그러니 어찌 병이 나겠는가." 하였다.

314 이것이……있다 : 대본에는 '此雖是超然獨得自謙之辭, 而其爲學不由師友亦可想也'로 되어 있는데, 《학봉집》 속집 권5 〈퇴계선생언행록〉에는 '超然獨得'이 '其爲學' 뒤에 있다.

다 읽고 나서 마침내 중요한 말을 뽑아내어 한 질을 만들었는데, 지금 인쇄하여 간행한 《주자서절요(朱子書節要)》 8권이 바로 그것이다.

선생의 댁에 있는 《주자전서》 사본(寫本) 한 질이 책이 몹시 오래되어 글자의 획이 거의 떨어져 나가다시피 되었는데, 이는 읽어서 그렇게 된 것이다. 이것을 보면 삼절(三絶)의 공부를 떠올릴 만하다. 그 후 사람들이 이 책을 많이 간행해 냈는데, 책을 구할 때마다 반드시 대조하고 고쳤다. 한 번 익히고 나면 문장마다 충분히 이해하고 구절마다 완전히 파악하여 마치 손으로 잡는 듯, 발로 밟는 듯, 귀로 듣는 듯, 눈으로 보는 듯 받아들였다. 그래서 일상생활의 말과 행동, 사양하거나 취하는 일, 세상에 나아가고 물러나는 의리 등이 이 책의 내용과 부합하지 않는 것이 없었다. 누군가 의심스럽거나 어려운 일을 두고 질문을 해 오면 반드시 이 책을 인용해서 대답하였는데, 그것 역시 사정에 합당하지 않거나 도의(道義)에 맞지 않는 것이 없었다. 이는 바로 몸소 터득하고 믿게 되고 마음으로 이해하고 정신이 합치되었기에 가능한 것으로, 책에만 의존하거나 귀로 듣고 입으로 말하는 정도로는 할 수가 없는 일이다. 선생과 같은 분은 책을 잘 읽었다고 할 수 있다.

선생은 읽지 않은 책이 없었으나, 특히 성리학에 관심을 두었다. 문장마다 완전히 파악하고 구절마다 충분히 이해하여, 강론할 적에 친절하고 적당하기가 마치 당신의 말을 외우는 것 같았다. 만년에는 《주자전서》에만 전념하였는데, 평생에 얻은 힘이 모두 이 책에서 나왔다.

선생께서는 성현(聖賢)을 존경하고 사모하여 마치 신명(神明)이 위에 계신 것처럼 그들을 공경하였으며, 글을 읽을 적에도 꼭 이름자를 휘(諱)하여 '모(某)'라고만 칭했지 글자대로 읽은 적이 없었다.

선생께서 글을 읽을 적에는 단정히 앉아서 장중(莊重)하게 읽었으며, 글자마다 그 뜻을 찾고 구절마다 그 의미를 탐구하여 대충대충 읽은 적이 없었다. 한 자 한 획의 작은 부분이라도 그냥 지나치지 않았으며, '어(魚)'를 '노(魯)'로 쓴다든지 '시(豕)'를 '해(亥)'로 쓴다든지 하는 비슷한 글자 간의 오류들을 반드시 잡아내고야 말았다. 그러나 본디 있는 글자를 바로 고쳐 버리지 않고 반드시 책머리에 주(註)를 달기를 "아무 글자는 아무 글자가 되어야 할 듯하다." 하였으니, 신중하고 정밀하게 다룸이 이와 같았다. 상사(上舍) 조목(趙穆)[315]이 일찍이 《심경부주(心經附註)》를 교정할 적에 자획이 잘못된 것을 곧바로 수정하고, 고쳐서는 안 되는 주석인데 바로 보충했다. 그러자 선생께서 나무라시기를 "선유(先儒)가 쓴 글을 어찌 자기 생각만으로 이처럼 지나치게 취사(取捨)한단 말인가. 금은거(金銀車)로 고친 것을 꾸짖은 일[316]을 유독 생각지 않는단 말인가?" 하였다.

315 조목(趙穆) : 1524~1606. 본관은 횡성(橫城), 자는 사경(士敬), 호는 월천(月川)이다. 이황을 가까이에서 모신 제자이다. 이황이 세상을 떠난 뒤 문집의 편간, 사원(祠院)의 건립 및 봉안 등에 힘썼으며, 사후 도산서원 상덕사(尙德祠)에 배향되었다. 저서로 《월천집(月川集)》, 《곤지잡록(困知雜錄)》이 있다.

316 금은거(金銀車)로……일 : 글자를 경솔하게 잘못 고치는 것을 경계한 일을 가리킨다. 한퇴지(韓退之)의 아들 한창(韓昶)이 우둔하고 용렬하였는데, 그가 집현전 교리(集賢殿校理)로 있을 때 황제가 타는 황금으로 장식한 수레를 가리키는 '금근거(金根車)'라는 말을 보고 "어찌 잘못된 것이 아니겠는가. 반드시 금은거일 것이다." 하고는 '근(根)' 자를 모두 '은(銀)' 자로 고쳤다고 한다. 《尙書故實》

금계(錦溪) 황준량(黃俊良)[317]이 《성리군서(性理群書)》[318]의 주석에 틀린 내용이 많다고 하면서 바로잡아 줄 것을 청하였다. 그러자 선생께서는 겸양하느라 겨를이 없었다.

"《역학계몽(易學啓蒙)》과 같은 책은 처음 배우는 자들에게는 절실하지 않은 듯한데, 어떻습니까?"

묻자, 선생께서 말씀하셨다.

"참으로 그렇다. 그러나 배우는 자들이 먼저 알지 않아서는 안 된다. 선유(先儒)가 이 말을 한 것이 있다."

신유년(1561, 명종16) 겨울, 선생께서 도산(陶山)의 완락재(玩樂齋)에 계실 때 닭이 울면 일어나서 꼭 글을 한 차례 장중하게 외우셨는데, 잘 들어 보니 바로 《심경부주》였다.

심법(心法)

거자(擧子)로 있을 적에 군(郡)의 향교(鄉校)에 가서 공부한 적이 있었는데, 반드시 의관을 정제하고 언동(言動)을 삼갔다. 사람들을 접할

317 황준량(黃俊良) : 1517~1563. 본관은 평해(平海), 자는 중거(仲擧), 호는 금계이다. 1540년(중종35) 문과에 급제하였고, 성주 목사 등을 지냈다. 저술로 《금계집(錦溪集)》이 있다.

318 성리군서(性理群書) : 송대(宋代) 제유(諸儒)의 유문(遺文)을 분류해서 23권으로 편찬한 《성리군서구해(性理群書句解)》의 약칭이다. 송나라의 웅절(熊節)이 주돈이(周敦頤), 정호(程顥)와 정이(程頤), 장재(張載), 소옹(邵雍), 사마광(司馬光), 주희(朱熹) 등 학자들의 글을 모아 분류하여 편차하고, 웅강대(熊剛大)가 주석하였다.

때에도 고고(孤高)하게 행동하지는 않았어도 저절로 범접하기 어려운 숙연한 기색이 있어 사람들이 경애(敬愛)하였다.

어려서부터 편한 대로 함부로 행동하거나 게으름을 피운 적이 없었다. 새벽에 일어나서는 반드시 이불과 대자리를 개었고, 아침저녁으로 대부인(大夫人)께 문안을 드렸다. 형수를 보면 하루에도 몇 번이고 만날 때마다 반드시 인사하면서 공경을 표하였다.

선생께서 말씀하셨다.

"일찍이 금난수(琴蘭秀)[319]의 집에 간 일이 있었는데, 산길이 꽤 험하여 갈 적에는 고삐를 잡고 집중해서 말을 몰면서 계속 마음을 놓지 않았다. 그런데 돌아갈 적에는 술에 좀 취하여 오는 길이 험했던 것은 싹 잊고 마치 탄탄대로라도 가는 듯 내맡겨 두고 편안하게 왔다. 마음을 관리하는 일이 이토록 두려운 것이다."

거처는 항상 정돈되어 있고 고요하였으며, 궤안(几案)은 늘 깔끔하고 깨끗했다. 벽에는 책이 가득하였으나 늘 가지런해 어지러운 법이 없었다. 새벽에 일어나서는 반드시 향을 피우고 정좌(靜坐)하였으며, 종일토록 글을 읽어 게으른 모습을 본 적이 없었다.

319 금난수(琴蘭秀) : 1530~1604. 본관은 봉화(奉化), 자는 문원(聞遠), 호는 성재(惺齋)·고산주인(孤山主人)이다. 이황의 문인으로 임진왜란 때 의병을 일으켜 선무원종공신에 봉해지고 좌승지에 추증되었다. 저서로 《성재집(惺齋集)》이 있다.

선생께서는 연세가 많아지면서 병이 더욱 깊어졌지만 그럴수록 더욱더 학문에 나아가는 데 힘썼고, 더욱더 무거운 책임을 지고 도(道)를 자임했다. 깊숙이 홀로 있어서 자기 마음대로 할 수 있는 곳에서는 특히나 엄격하게 엄중한 태도로 수양하는 공부를 하였다. 평소에는 날이 밝기 전에 일어나서 꼭 세수하고 머리를 빗고 의관을 차려 입었으며, 종일토록 글을 읽으면서 더러는 향을 피우고 정좌를 하기도 하였는데, 항상 이런 마음을 가다듬고 살피는 것이 해가 처음 떠오르는 것처럼 활력이 있었다.

선생께서는 젊어서부터 타고난 자품(資稟)이 도(道)와 함께여서 깨끗하고 총명하고 온화하고 순수하였으며, 독실하고 후덕하고 참되고 순일(純一)하였다. 마음을 쓰는 일이나 일을 처리하는 것이 도의(道義)에서 나와 혈기(血氣)에 의해 움직인 적이 없었다.

선생께서는 겸허(謙虛)한 덕을 지녀 털끝만큼도 자만하는 마음이 없었다. 도(道)를 분명히 보았는데도 그를 보면 마치 보지 못한 듯하였고, 덕이 높았는데도 가진 것이 없는 것처럼 부족한 듯이 행동했다. 높은 경지를 지향하는 마음은 죽을 때까지 한결같아서 항상 차라리 성인을 배우다가 이르지 못할지언정 한 가지를 잘하는 것으로 이름을 이루려고 하지 않겠다고 다짐했다. 세상 사람 가운데 자부심이 너무 지나친 자를 보고는 매우 잘못되었다고 여겨 반드시 거론해 경계로 삼았다.

선생께서는 온후하고 선량하고 공손하고 신중하며 단정하고 자상하고 느긋하고 편안하여, 몸과 마음에 거칠고 태만한 모습이나 분을 참지 못하거나 사나운 기운을 지닌 적이 없었다. 바라보면 엄숙하여 존경할 만한 법도가 있었고, 대해 보면 따스하여 사랑할 만한 너그러운 덕성이 있었다.

평이하고 명백함이 선생의 학문이며, 정대(正大)하고 광명(光明)함이 선생의 도(道)이다. 온화한 바람 같고 상서로운 구름 같은 것이 선생의 덕(德)이며, 포백(布帛)과 숙속(菽粟)[320] 정도가 선생이 차리는 격식이다. 흉금이 탁 트여 가을 달이나 얼음 항아리 같았고, 기상이 따뜻하고 순수하여 정금(精金)이나 미옥(美玉)과 같았다. 중후하기는 산악과 같았고, 고요하고 깊숙하기는 깊은 샘과 같았다. 그를 바라보면 덕을 이룬 군자임을 알 수가 있었다.

선생께서는 자신을 다스릴 때나 남을 대할 때나 한결같이 지극히 정성스럽게 하였고, 조금도 비루하거나 정직하지 못한 마음이 없었다.

선생께서는 마음이 깨끗하여 욕심이 없었다. 항상 이런 마음으로 만물을 대하여 천지 사이에 마음속에 걸리는 것이 하나도 없었다.

320 포백(布帛)과 숙속(菽粟) : 옷감이나 곡식 등 의식주에 절대적으로 필요한 물품으로, 일상생활에 꼭 필요한 기본적인 것들을 가리킨다. 《송사(宋史)》 권427 〈도학열전(道學列傳) 정이(程頤)〉에 "마침내는 공맹이 전하지 못한 학문을 터득하여 유자들의 영수가 되었는데, 그가 말한 뜻을 보면 모두 포백이나 숙속과 같은 것이어서 덕을 아는 이들이 그를 더욱 존숭하였다.〔卒得孔孟不傳之學, 以爲諸儒倡, 其言之旨, 若布帛菽粟然, 知德者尤尊崇之.〕"라는 말이 나온다.

선생의 학문은 일상생활 속 언행상에서 힘쓰는 것이었다. 평이하고 명백하여 지나치게 고원(高遠)한 일이 없었으며, 움직이고 일을 처리하는 것들이 예에 맞아 스스로 남들은 미칠 수 없는 신묘한 점을 지니고 있었다.

선생께서는 이미 지극히 덕성을 함양하였기에 일을 만나면 여유롭게 대처하였다. 아무리 급박한 경우에 처해서도 정신과 뜻이 한가롭고 안정되어 함부로 규범을 벗어나는 기상이 전혀 없었다.

선생의 학문은 사욕(私欲)이 싹 사라지고 천리(天理)가 날로 밝아져서 나와 상대 사이에 피차(彼此)의 경계가 있는 것을 볼 수가 없었다. 그 마음은 바로 천지 만물과 위아래로 함께 유행하여 모든 것이 각각 제자리를 얻는 신묘함이 있었다. 그러니 선생과 같은 분은 거의 '무아(無我)'의 경지에 이른 자이다.

법언(法言)

선생께서는 남을 상대로 이야기할 적에 말과 행동에 각각 절도가 있었다. 누군가가 물어서는 안 될 것을 묻거나 말해서는 안 될 것을 말하면 반드시 정색하고 대답하지 않았다.

누군가가 친구의 허물을 말하는 경우에는 반드시 정색하고 대답하지 않았다.

누군가 의롭지 않은 일을 했다는 말을 들으면 반복해서 탄식하며 안타까워했고, 누군가 작은 선행을 하는 것을 보면 반드시 여러 차례 칭찬했다.

누군가 질문을 하면 아무리 별것 아닌 말이라도 반드시 잠시 생각한 뒤에 대답하였으며, 말이 끝나기가 무섭게 대답한 적이 없었다.

선생께서는 배우는 자들과 강론하다가 의심나는 곳에 이르면 당신의 견해를 내세우지 않고 반드시 중론(衆論)을 널리 채택하였다. 비록 장구(章句)나 익힌 비루한 선비의 말이라도 우선 유의하여 듣고 마음을 비우고 이해하였으며, 반복해서 참고하고 수정하여 끝내 올바른 결론을 내고야 말았다. 논변(論辨)할 때에는 기운이 조화롭고 말씀이 시원스러웠으며, 이치가 분명하고 의리가 정확하였다. 온갖 의견이 쏟아져 나와도 말이 뒤죽박죽되지 않게 하여, 반드시 상대의 말이 다 끝나기를 기다린 뒤에 천천히 한마디로 가닥을 잡아 판단을 내렸다. 그러나 그것이 꼭 옳다고 하지는 않고, 단지 "내 견해는 이러한데 어떤가?"라고 말할 뿐이었다.

선생께서는 문자와 언어 사용에서 장난치는 말이나 외설스러운 말을 한 적이 없었다. 어떤 사람이, 태진(太眞)이 임공 도사(臨邛道士)를 보내어 당 현종(唐玄宗)에게 답장을 전하는 내용의 시[321]를 지어 그것

321 태진(太眞)이……시 : 태진은 양 귀비(楊貴妃)를 가리킨다. 백낙천이 지은 〈장한가(長恨歌)〉에, 양 귀비가 죽은 뒤 현종이 몹시 그리워하자 임공(臨邛) 땅에 사는 도사가 하늘나라로 가 양 귀비를 만나 그리워하는 현종의 마음을 전하였고 양 귀비가 현종에 대한 사랑을 그 도사를 통하여 현종에게 전하였다는 내용이 보인다.

으로 시험을 보이려고 하였다. 그러자 선생께서 비판하셨다.

"태진의 일은 백낙천(白樂天)이 처음으로 못된 것을 만들어 냈고, 어무적(魚無迹)이 한껏 칭찬해 띄웠다.[322] 대장부의 입으로 어찌 음란하고 추잡한 말을 할 수 있겠는가."

자봉(自奉)

선생께서는 50세가 될 때까지도 집이 없었다. 처음에는 하봉(霞峯)에 집터를 잡았고 중간에 죽곡(竹谷)으로 옮겼다가 마침내 퇴계(退溪)가에 집터를 잡았다. 집 서쪽 시내 앞에 정사(精舍)를 짓고는 '한서(寒棲)'라고 이름하였고, 샘물을 끌어다 못을 만들고는 '광영(光影)'이라고 이름하였다. 그리고 매화와 버들을 심고 세 갈래로 길을 내었다. 앞에는 탄금석(彈琴石)이 있고 뒤[323]에는 고등석(古藤石)[324]이 있는데, 시내와 산이 아름답고 예뻐 마치 딴 세상 같았다. 병진년(1556, 명종 11)에 아무개〔某 김성일〕가 처음으로 그곳에 가서 절하고 뵈었는데, 주위에 책을 두고 향을 피우고 조용히 앉아 계신 모습이 마치 그대로

322 어무적(魚無迹)이……띄웠다 : 어무적의 본관은 함종(咸從), 자는 잠부(潛夫), 호는 낭선(浪仙)이다. 어머니가 관비(官婢)여서 국법에 따라 관노가 되었다. 신분 제도 때문에 과거에도 응시하지 못하고 불우하게 살았지만, 시와 문장에 뛰어난 재능이 있었다. 성종, 연산군 연간에 시인으로 활동하면서 백성들의 어려움을 대변한 〈작매부(斫梅賦)〉, 〈유민탄(流民嘆)〉, 〈신력탄(新曆嘆)〉 등의 시를 남겼다. 이 글로 보아 그가 태진의 일을 소재로 지은 시가 있는 듯하나 미상이다.

323 뒤 : 《학봉집》 속집 권5 〈퇴계선생언행록〉에는 '東'으로 되어 있다.

324 고등석(古藤石) : 《학봉집》 속집 권5 〈퇴계선생언행록〉에는 '石'이 '巖'으로 되어 있다.

홀연히 생을 마칠 듯하였다. 사람들은 그가 관인(官人)인 줄 몰랐다.

선생은 성품상 환하게 툭 터진 것을 좋아하고 덮거나 가리는 것을 싫어하셨다. 나무 같은 것들도 반드시 모두 솎아 내고 베어 내도록 하여 앞을 가리지 않게 하였다.

선생께서는 본디 검소함을 숭상하여 질그릇에 세수하고 부들자리에 앉았으며, 베옷에 끈으로 된 띠를 매고 칡을 엮어 만든 신발에 대지팡이를 짚는 식으로 담박하게 지냈다. 시냇가의 집이라야 겨우 10여 가(架)로 된 작은 규모였다. 겨울 혹한과 여름에 내리는 큰비는 사람들이 견딜 수 없는 것인데, 그런 곳에 거하면서도 여유롭게 지냈다. 영천군수(永川郡守) 허시(許時)[325]가 가서 찾아뵙고는 몹시 놀라면서 여쭈었다.

"이렇게 누추한 곳에서 어떻게 견디십니까?"

그러자 선생께서는 천천히 말씀하셨다.

"익숙해진 지 오래라 불편한 걸 못 느낀다."

선생의 선실(先室)[326] 부인이 소유한 논밭이 영천군(榮川郡)에 꽤 많이 있었고, 시냇가에는 겨우 척박한 밭 몇 경(頃)이 있을 뿐이었다. 그런

325 허시(許時) : 1513~? 본관은 양천(陽川), 자는 행가(行可)이다.

326 선실(先室) : 이황이 21세인 1521년(중종16)에 혼인한 진사(進士) 허찬(許瓚)의 딸 허씨 부인을 가리킨다. 이황은 27세 되던 해인 1527년 11월 허씨 부인이 세상을 떠난 뒤, 30세에 봉사(奉事) 권질의 딸과 두 번째 혼인을 하였다.

데도 끝내 그쪽으로 가서 살지 않았으며, 집안이 몹시 궁색하였는데도 편안하게 지냈다.

권질(權礩)[327] 공은 선생의 장인(丈人)이다. 그의 집이 서울 서소문(西小門) 안에 있었는데, 그것을 선생께 주려고 하자 선생께서는 이를 사양하고 받지 않았다. 그 뒤에 서울에 들어가면 다른 곳에서 임시로 거처하였고 그 집에 거처한 적이 없었다.

김취려(金就礪)가 복건(幅巾)과 심의(深衣)를 만들어 보내자, 선생께서는 "복건은 승려들이 쓰는 두건과 같아서 쓰는 것이 온당치 않을 듯하다." 하고는, 심의를 입고 정자관(程子冠)을 썼다. 만년에 집에 거할 적에도 이렇게 하였는데, 손님이 오면 평상복으로 갈아입었다.

선생께서는 손님을 맞아 음식을 드실 때 수저 소리를 들을 수 없었다. 음식을 드시는 것을 보면 아무리 더운 여름철이라 해도 포(脯)나 건어물뿐이었으며, 매끼 먹는 반찬이 두서너 가지에 불과하였다. 이는 건장한 사람일지라도 감당하기 어려운 점이 있는데 선생께서는 마치 고량진미라도 되는 양 맛있게 드셨다.-일찍이 도산(陶山)에서 선생을 모시고 식사를 한 적이 있었는데, 상 위에 가지 잎, 무, 미역만 있고 다른 것은 없었다.- 손님을 맞아 식사를 차릴 적에는 반드시 집안의 형편에 맞게 하였다. 그래서

327 권질(權礩) : 1483～1545. 본관은 안동(安東). 자는 사안(士安)이다. 조선 중종(中宗) 때의 문신으로 신사무옥(辛巳誣獄)으로 사림파가 쫓겨날 때 아우 권전(權磌)이 장살(杖殺)되면서 그도 예안(禮安)으로 유배되었다.

아무리 귀한 손님이 찾아온다 해도 성찬(盛饌)을 차리지 않았고, 지체가 낮고 어린 사람이 왔다 해도 그를 소홀히 대접하지 않았다.

선생께서 일찍이 이렇게 말씀하셨다.

"나는 정말 박복한 사람인가 보다. 좋은 음식을 먹으면 기가 꽉 막혀 체한 것 같아, 반드시 쓰고 담담한 음식을 먹어야 장과 위가 편안하다.……"

선생께서는 술을 마셔도 취하도록 마신 적이 없었고, 약간 취기가 도는 정도에서 그쳤다. 손님을 접대할 적에는 상대의 주량에 맞게 권하고 친한 정도에 맞게 하였다.

선생께서 말씀하셨다.

"화려하고 요란한 가운데에 사람이 변하기가 가장 쉽다. 내가 늘 이 점에 신경을 쓰고 노력하여 거의 동요되지 않게 되었는데, 의정부 사인(議政府舍人)으로 있을 적에 눈앞 가득히 노래하는 기생들을 보자 기뻐하는 마음이 싹트는 것을 느꼈다. 애써 욕망을 억눌러서 간신히 구렁텅이에 빠져드는 것을 면하기는 했지만, 그 갈림길에서 생사가 갈리니 이 얼마나 두려운 일인가."

관서(關西)가 본래부터 번화한 곳으로 일컬어지다 보니, 이곳에서 구렁텅이로 빠져드는 선비가 전후로 계속 이어졌다. 하지만 선생께서는 자문점마(咨文點馬)[328]로 계실 적에 일 때문에 의주(義州)에 한 달 간 머물면서도 절대로 여색(女色)을 가까이하지 않았다. 평양(平壤)을 지날 적에도 감사(監司)가 이름난 기생을 곱게 꾸며서 올렸지만, 끝내 전혀 돌아보지 않았다.

동지(同知) 권응정(權應挺)[329]이 안동 부사(安東府使)로 있을 적에 기생과 악기를 싣고 선생의 서당 앞을 지난 일이 있었다. 선생이 시를 지어 이를 풍자하자 권응정이 그 뒤로는 감히 그렇게 하지 못하였다.

추원(追遠)

선생께서 말씀하셨다.

"사람들이 기제(忌祭) 때 항상 고위(考位)와 비위(妣位)를 함께 제사 지내는데, 이는 매우 예에 맞지 않는다. 고위의 제사에 비위를 함께 제사 지내는 것은 그래도 괜찮거니와, 비위의 제사에 고위의 제사를 함께 지내는 것으로 말하자면 감히 높은 이를 끌어내려서 지내는 의리가 어찌 있을 수 있겠는가. 우리 가문에서도 일찍이 그렇게 하고 있는데, 내가 종자(宗子)가 아니라 마음대로 고칠 수가 없었다. 그래서 그저 내가 죽은 뒤에는 이런 풍습을 따르지 말도록 하였을 뿐이다."

328 자문점마(咨文點馬) : 중국에 사신이 갈 때 자문(咨文)과 함께 보낼 말을 점고하는 직책이다.

329 권응정(權應挺) : 1498~1564. 본관은 안동, 자는 사우(士遇), 호는 묵암(默菴)이다. 1528년(중종23) 문과에 급제한 후 여러 청요직(淸要職)을 지냈다. 1547년(명종2) 양재역 벽서 사건 때 봉성군(鳳城君) 일파로 몰려 고초를 겪었으며 경주 부윤(慶州府尹)과 안동 부사(安東府使)를 역임하였다.

절사(節祀)와 시향(時享)에는 아무리 춥거나 덥더라도 질병이 없는 한 반드시 가서 주독(主櫝)을 받들고 제물을 올렸으며, 남이 대신하도록 하는 일이 없었다. 혹 제철 음식이나 별미를 얻으면 말리거나 절여 두었다가 절사를 만나 제사를 지낼 때 올렸다. 이는 선생께서 지자(支子)라서 가묘(家廟)에서 천신(薦新)하는 예를 행할 수 없었기 때문에 이렇게 한 것이다.

선생께서는 속절(俗節)[330]에 묘제(墓祭)를 지내는 것은 예가 아니라고 생각해서, 세속의 풍습을 따라 성묘를 하기는 해도 가묘에서 제사를 올린 적은 없었다. 이는 주자(朱子)가 장경부(張敬夫 장식(張栻))에게 속절에 관해 답한 대목[331]의 뜻이기도 하다.

기일(忌日)에는 술상을 차리거나 고기를 받지 않았으며 제사에 참여하지 않더라도 종일토록 외침(外寢)에서 재계하였다. 다른 사람을 대할 적에도 이와 같았다. 하루는 손님이 찾아와 술상을 차리려던 차에 그 사람이 재계 중인 것을 알고는 이내 술상 차리는 일을 중지시키고 차로만 대접했다. 한번은 이웃 고을에서 노루 고기를 보내왔는데, 그날이 마침 기일이었다. 그러자 그것을 도로 돌려보냈다.

330 속절(俗節) : 세속의 명절이라는 뜻이다. 《가례(家禮)》 〈통례(通禮)〉에 "속절에는 시식(時食)을 올린다."라는 구절이 있는데, 이 아래 "청명(淸明), 한식(寒食), 중오(重五), 중원(中元), 중양(重陽) 따위이다."라는 주석이 있다.

331 주자(朱子)가……대목 : 《회암집》 권30 〈답장흠부(答張欽夫)〉에 속절에 제향을 올리는 것이 정식 예가 아님을 말한 대목이 있다. 흠부는 장식의 호이다.

선생께서 부인(夫人)의 기일을 당하였을 때 감사(監司)가 찾아왔다. 선생께서는 기일이라는 말을 하지 않고 평소처럼 술과 고기로 상을 보았다. 다만 올린 안주로 손님과 주인의 상에 차린 찬이 서로 달랐다. 감사가 그 사실을 알고는 둘 다 소식(素食)을 하였다.

선생께서는 재궁(齋宮)에서 기제(忌祭)를 지내기도 하였는데, 누군가가 선생께 물었다.

"그렇게 하는 것이 예입니까?"

그러자 선생께서 대답하셨다.

"사당에서 제사 지내는 것이 예이다. 그러나 만약 종가(宗家)에 어떤 사정이 생기거나 족속(族屬)이 소원(疎遠)할 경우에는 그 집에서 제사 지내는 데 방해되는 것이 많다. 재궁은 묘소(墓所)로, 불사(佛寺)에 비할 바가 아니니다. 자손들이 여기에서 모이더라도 무방하다."

일찍이 부인의 기일에 아무개〔某 김성일〕가 선생을 모시고 식사를 한 일이 있었는데, 선생께서 말씀하셨다.

"세상 사람들이 기일에 술과 음식을 장만하고 이웃을 부르기도 하는데, 이는 매우 예에 맞지 않는 일이다. 오늘은 자네가 마침 곁에 있기 때문에 불러서 함께 먹는 것일 뿐이다."

생일날에는 술과 음식을 차리지 않고, 자손들에게도 술잔을 올려 헌수(獻壽)하지 못하게 하면서 종일 고요하게 보냈다.

선생의 가묘(家廟)는 온계리(溫溪里)에 있었다. 종자(宗子)가 후사가 없어 조카인 진사 이완(李完)이 제사를 이어받아야 했는데, 그가 이미 다른 곳에 거처를 정하고 전토(田土)도 마련하여 안정되게 살고 있다 보니 이사하는 것을 두고 난처해했다. 그러자 선생께서 대의(大義)를 가지고 꾸짖고 반복해서 일깨워 주었다. 그러자 이완은 그의 아들 이종도(李宗道)로 하여금 옮겨 가 살면서 종사(宗祀)를 받들게 하였다. 선생께서는 그렇게 한 것을 기뻐하며 비용을 내어서 집안 살림을 돌보아 주었는데, 모든 면에서 편안하게 지낼 수 있도록 도와주었다. 종가(宗家)가 세월이 많이 흐르면서 퇴락하자 이종도가 수리하고자 했지만 집이 가난하여 재목을 마련할 길이 없었다. 그러자 선생께서는 묘소의 나무를 베어다 쓰게 하였다. 어떤 이가 묘소의 나무를 베어서 쓰는 것을 이상하게 생각하자, 선생께서는 "그것을 사적인 용도로 쓴다면 참으로 옳지 않지만, 선산(先山)의 나무를 베어서 선조의 묘궁(廟宮)을 지어 선조의 제사를 받드는 것은 아버지의 사업을 아들이 계승하여 이루는 큰일이다. 그러니 안 될 것이 뭐 있겠는가."라고 하였다.

선생께서는 일찍이 묘전(墓田)이 많지 않아서 종자가 안정되게 살아갈 수 없는 것을 한스러워하였다. 그러던 차에 마침 묘소 곁에 있는 밭을 팔려는 자가 있었는데, 그 밭의 토질이 아주 비옥하여 집안사람들이 모두 사들이려고 하였다. 그러자 선생께서는 규약을 만들어서 반드시 종자로 하여금 그것을 사게 하였다. 그런데 족질(族姪) 아무개가 욕심을 못 버리고 결국 집안의 규약을 어겼다. 선생께서는 덕이 박하다 보니 집안사람들에게 말이 먹히지 않는다고 스스로 상심해 여러 날을 괴로워했다. 그 사람이 나중에 뵙고자 했지만 선생께서는 이를 거절하고 만나지 않았다.

일찍이 배우는 자들에게 말씀하셨다.

"우리나라는 상례(喪禮)의 기강이 무너져서 말할 만한 것이 없다. 세속에서는 으레 장례를 치르는 날에 상가(喪家)에서 꼭 술과 음식을 마련하여 조문객들을 대접하는데, 무지한 조문객 중에는 술에 취한 이도 있고 밤을 새우는 이도 있으니, 참으로 뭐라 할 말이 없다. 그대들은 이에 대처할 방도를 강구하라."

그리고 돌아가시는 날에도 "만약 난처한 경우에는 음식을 멀리 떨어진 곳에 차려 대접하라.……"라고 하여 이를 금하는 명을 남겼다.

종형(從兄)

선생께서는 늘 고요함을 지키며 단정하게 지내면서 바깥출입을 하지 않았지만 선비들이 모이는 고상한 술자리나 마을 잔치 같은 데는 그래도 가끔 참여하였다. 친척들에게 길흉사나 경조사가 있으면 가까우면 꼭 직접 가고 멀더라도 꼭 사람을 보내어 예를 표하였는데, 늙어서까지도 이를 그만두지 않았다.

찰방공(察訪公)[332]이 집에 오면 문밖에 나가 맞이했고, 앉는 자리도 손님과 주인 자리를 구별하지 않고 한자리에 순서대로 앉았다. 기뻐하면서도 공경하고 삼가는 모습이 표정이나 태도에서 겉으로 드러나, 보는 사람들로 하여금 효도하고 우애하는 마음이 생겨나게 하였다.

찰방공이 문에 들어서면 항상 선생에게 앞자리를 양보하였다. 그러면

332 찰방공(察訪公) : 제원 찰방(濟原察訪)을 지낸 형 이징(李澄)을 말한다.

선생은 움츠린 채 몸 둘 바를 몰라 하면서 몸을 구부리고 서서 "어찌 감히 그럴 수 있겠습니까."라고 말씀하셨다. 하루는 문생들에게 말씀하셨다.

"옛사람들은 형을 섬기기를 엄부(嚴父)를 섬기듯이 하여 출입할 적에 부축하고 거처할 적에 봉양하여 자제로서의 도리를 다하였다. 그런데 지금 나는 겨우 형님 한 분 계신데도 자제로서의 도리를 다하지 못하고 있으니, 한탄스럽다."

"형제간에 잘못이 있으면 서로 말해 주어도 괜찮습니까?"

묻자, 선생께서 말씀하셨다.

"이것이야말로 가장 난처한 일이다. 다만 나의 성의를 다하여 형제가 마음으로 느껴 깨닫게 해야 한다. 그런 뒤에야 의(義)를 해치는 일이 없을 수 있다. 만약 성의가 미덥지 못한 상태에서 그저 말로만 힐책하게 되면 서로 소원해지지 않는 경우가 드물 것이다. 공자께서 '형제간에 화락하다.〔兄弟怡怡〕'[333]라고 말씀하신 것도 참으로 이 때문이다."

자손들을 가르칠 적에 반드시 먼저 《효경(孝經)》과 《소학(小學)》 같은 책으로 하고, 어느 정도 문리가 트인 다음에야 사서(四書)를 가르쳤다. 순서대로 차례차례 가르쳤고 단계를 뛰어넘는 법이 없었다. 자손들

333 형제간에 화락하다 : 《논어》 〈자로(子路)〉에 "붕우간에는 간곡하게 권면해야 하고, 형제간에는 화락하게 대해야 한다.〔朋友切切偲偲, 兄弟怡怡.〕"라는 공자의 말이 나온다.

이 잘못을 저지르면 준엄하게 꾸짖지 않고 간곡하게 반복해서 타이르고 훈계해서 스스로 감동하여 깨닫도록 하였다. 종들을 대할 적에도 심하게 노해서 성내어 꾸짖은 적이 없었다. 이에 집 안팎이 즐겁고 화목하여 일부러 무얼 하지 않아도 모든 일이 저절로 다스려졌다.

행장(行藏)

무자년(1528, 중종23) 봄에 사마시(司馬試) 복시(覆試)에 응시하였다가 출방(出榜)을 기다리지도 않고 시골로 돌아왔다. 한강(漢江)을 건너기 전에 합격했다는 기별을 들었으나, 태연히 남쪽으로 계속해서 길을 가면서 전혀 기뻐하는 기색이 없었다. 이미 길을 떠난 데다, 속히 돌아갈 일이 있거나 해서 응방(應榜)하여 사은(謝恩)하지 않은 것이다. -이것은 전해 들은 말로 과연 그랬는지는 알 수 없다. 진퇴를 분명히 하여 명리(名利)에 동요되지 않은 것이 이 일에서 잘 드러난다.-

또 말씀하셨다.

"나는 어릴 적부터 병이 많아 사마시에 합격한 뒤로는 전혀 벼슬에 나갈 생각 없이 오직 어버이를 모시면서 병이나 조리할 요량이었다. 그러다가 중형(仲兄)께서 간곡히 권하는 바람에 다시 성균관에 들어가 과거에 응시할 생각을 하게 되었다. 그러나 몇 달 동안 노력해 보았지만 견제를 받는 일이 많고 시끄러운 데서 지내다 보니 정신이 어지러워, 한밤중에 생각해 보고는 견뎌 낼 수 없으리라는 것을 점차 깨닫게 되었다. 그러던 차에 마침 얼마 지나지 않아 과거에 합격했기 때문에 오늘날까지 오게 된 것이다. 만약 그렇지 않았더라면 다시 성균관에 들어가서 과거에 합격하기를 도모하는 일은 하지 않았을 것이 분명하다."

또 말씀하셨다.

"내가 비록 과거에 응시하기는 하였지만 애당초 합격에 연연해하지 않아 24세 때 연달아 세 차례나 시험에 낙방했는데도 낙담하는 마음이 없었다. 그런데 어느 날 시골집에서 갑자기 누군가가 무슨 일로 '이 서방(李書房)' 하고 부르는데, 나를 부르나 싶어 천천히 살펴보니 그 사람이 늙은 종을 찾는 소리였다. 그래서 내가 '내가 과거에 급제하지 못하여서 이런 욕을 초래하였구나!' 하고 탄식하였다. 잠깐 동안이나마 과거 시험에 합격하는 데 관심을 가진 것을 깨달았으니, 과거가 사람을 동요시킴이 매우 두려운 일이다. 그대들은 경계하라."

제수(除授)하는 명이 있을 때마다 반드시 두려워하는 기색을 보이면서 배우는 자들에게 말씀하셨다.

"평생을 헛된 이름에 매여 이렇게 되었으니, 내가 누구를 속이겠는가. 하늘을 속이겠는가."

임금의 명이 문 앞에 이르면 반드시 공경하고 두려워하여 서둘러 관디〔冠帶〕를 갖추고 문밖으로 나가서 공경스럽게 맞이하여 책상 위에 받들어 모셨다. 그리고 섬돌 아래로 내려가서 네 번 절한 다음 다시 당(堂)으로 올라와 꿇어앉아서 읽었다. 그러고 나서는 또 섬돌 아래로 내려가 네 번 절하였다.

소명(召命)이 내릴 때마다 병을 이유로 사직하고 나아가지 않았지만 그래도 항상 좌불안석(坐不安席)하였고, 이른 아침부터 늦은 밤까지 노심초사하면서 다음 명이 내리기를 기다렸다. 윤허를 받지 못하면 병든 몸으로 수레를 타고 길에 올랐는데, 길을 가면서도 또 사장(辭狀)을 올려 기어코 체차된 뒤에야 그만두었다.

병인년(1566, 명종21) 봄에 아무개〔某 김성일〕가 계남재(溪南齋)에 있을 적에 부르는 내용의 교지(敎旨)가 내렸다. 그러자 선생께서 말씀하셨다.

"자네는 돌아가게나. 내가 지금 병으로 사퇴한 처지인데, 어찌 감히 남들과 강론을 하겠는가."

병인년에 아무개〔某 김성일〕가 성균관에 들어가려 하면서 여쭈었다.

"'어떤 나라에 살게 되면 그 나라의 대부(大夫) 가운데 현자(賢者)를 섬기고, 선비 가운데 인자(仁者)를 사귄다.'[334]라고 하였습니다. 서울에는 분명 인자와 현자가 많을 것이니, 이들을 찾아가 만나 공부에 도움을 받으면 어떨지요?"

그러자 선생께서 말씀하셨다.

"그대는 지금 다만 고요함을 지키게."

선생께서는 관청 문을 들어갈 때 반드시 공수(拱手)하고 빠른 걸음으

334 어떤……사귄다 : 《논어》 〈위령공(衛靈公)〉에, 자공(子貢)이 인(仁)을 행하는 방도를 묻자 공자가 말한 내용 가운데 나온다.

로 들어갔으며 느릿느릿 걸어서 들어간 적이 없었다. 삼전(三殿)에 숙배(肅拜)한 적이 있었는데, 처음부터 끝까지 삼가는 태도로 행동을 가다듬었으며 피곤해하거나 권태로워하는 기색을 보인 적이 없었다.

선생께서는 벼슬은 도를 행하기 위한 것이지, 녹봉을 받기 위한 것이 아니라고 여기셨다. 그래서 벼슬에 나아간 후 40년 동안 네 조정을 거치면서도 벼슬하고 물러나는 것과 오래 있고 바로 떠나는 것을 한결같이 의(義)에 따라 행했다. 의에 있어서 온당치 못한 바가 있으면 반드시 몸을 받들어 벼슬에서 물러났는데,[335] 이와 같이 한 것이 전후로 일곱 차례였다. 어떤 사람들은 선생께서 본디 벼슬할 마음이 적었다고 하는데, 이는 선생에 대해서 잘 안 것이 아니다. 통정대부(通政大夫)에서부터 숭품(崇品)에 이르기까지는 거친 관직이 더욱 적었는데, 모두 사양해도 어쩔 수 없게 된 다음에 받아들인 것으로, 본래 선생의 마음이 아니었다.

선생께서는 일찍이 말씀하셨다.

"내가 벼슬길에 나아가고 물러난 것이 전후가 다른 듯하다. 전에는 소명(召命)이 있으면 곧바로 나아갔지만, 뒤에는 부름을 받아도 반드시 사양하였고, 간다 해도 머물지 않았다. 대개 지위가 낮으면

335 의에……물러났는데 : 《춘추좌씨전》 양공(襄公) 26년 조에 "신하의 녹봉은 임금이 실로 소유하는 것이다. 의로운 일에는 나아가 녹을 받고, 그렇지 않을 경우에는 몸을 받들어 벼슬에서 물러나야 한다.〔臣之祿, 君實有之. 義則進, 否則奉身而退.〕"라고 한 데서 온 말이다.

책임도 가벼워 그래도 한번 나아갈 수 있지만 관직이 높으면 책임도 커지니, 어찌 함부로 나아갈 수 있겠는가. 옛날에 어떤 이름난 사람이 대관(大官)에 제수되자 바로 나아가면서 '임금의 은혜가 지중하거늘 어찌 물러날 수 있겠는가.'라고 하였지만, 내 생각엔 그렇지 않은 듯하다. 출처의 의리는 돌아보지 않은 채 임금의 총애만을 중시한다면, 이는 임금이 신하를 부리고 신하가 임금을 섬기는 일을 예로써 하지 않고 작록(爵祿)으로써 하는 것이니, 그래서야 되겠는가."

을사년(1545, 명종 즉위년)의 변란에 선생께서 이미 죄적(罪籍)에 들어 있었는데,[336] 이원록(李元祿)[337]-이기(李芑)의 조카이며, 이행(李荇)의 아들이다.-이 죄가 없음을 극력 해명해 구해 주었기에, 이기가 도리어 대죄(待罪)하게 되면서 풀려날 수 있었다. 이는 선생께서 수행하심이 단아하고 깨끗하여 전혀 흠이 없었기에 소인배들이 흠을 찾아내려고 해도 찾아낼 수가 없었던 것이다. 또 하늘이 이분을 낸 것은 우연이 아님이 틀림없으니, 참소하는 무리가 어찌 해칠 수 있었겠는가.

336 을사년의……있었는데 : 1545년(명종 즉위년)에 일어난 을사사화(乙巳士禍)를 가리킨다. 명종의 외숙인 윤원형(尹元衡)과 인종의 외숙인 윤임(尹任)이 서로 대립하고 있다가, 명종이 즉위하고 문정왕후(文定王后)가 수렴청정(垂簾聽政)하는 것을 계기로 소윤(小尹)의 거두인 윤원형이 이기(李芑), 정순붕(鄭順朋) 등과 함께 음모를 꾸며 대윤(大尹)의 거두인 윤임과 유관(柳灌), 유인숙(柳仁淑) 등을 죽이고 많은 명사(名士)들을 축출한 사건이다. 이황은 10월, 이기의 계청에 따라 삭직되었다가 다시 직첩이 환수되었다.

337 이원록(李元祿) : 1514~1574. 본관은 덕수(德水), 자는 정서(廷瑞), 호는 송담(松潭)이다. 이조 정랑으로 재직 중 을사사화가 일어나 많은 사림이 화를 입자, 당시 권신이던 숙부 이기를 비판하여 이황과 정황(丁熿) 등 많은 선비를 구해 주었다.

정미년(1547) 가을에 선생께서 병 때문에 물러나 향리에 계실 적에 홍문관 응교에 제수되었다. 부름을 받고 서울로 올라가다가 배가 양근(楊根)에 이르렀을 때 비로소 양재역 벽서 사건[338]에 대해서 들었다. 도성에 들어가기 전에 옥당(玉堂)의 서리(胥吏)가 조보(朝報)를 가지고 와서 보여 주는 것을 보니, 큰 화란이 일어나 한 시대의 유명 인사들이 죽거나 귀양 가거나 하였다. 선생께서는 이럴 수도 저럴 수도 없는 지경에 빠져 마지못해 직임을 수행하면서 외직(外職)을 청해 나갈 생각이었으나 적당한 기회를 얻지 못하고 있었다. 그런데 얼마 안 지나서 봉성군(鳳城君)의 옥사(獄事)[339]가 일어났다. 옥당에서 차자(箚子)를 올릴 때, 선생께서는 어쩔 수 없는 상황임을 알고는 단 한마디 말도 하지 않았다. 그리고 얼마 지나지 않아 병을 핑계로 조정에 나아가지 않고 있다가 이어 단양 군수(丹陽郡守)가 되어 외직으로 나갔다. 차자를 올릴 적에 선생께서 옥당에 계셨기 때문에 두 차자에 선생의 성함이 들어가게 된 것인데, 사람들은 이것을 가지고 의심하였다.[340] -선생께서

338 양재역 벽서 사건 : 1547년 9월 양재역 벽에 나붙은 익명서(匿名書)를 발견한 정언각(鄭彦慤)이 이기와 정순붕 등에게 알려 옥사를 일으킨 사건이다. 벽서는 문정왕후의 수렴청정과 이기 등의 비행을 비난하는 내용으로 "여자 임금이 위에서 정권을 잡고 있고, 간신인 이기 등이 아래에서 권력을 농락하고 있으니, 나라가 망하는 것이 얼마 남지 않았다."라는 글 등이 적혀 있었다.

339 봉성군(鳳城君)의 옥사(獄事) : 봉성군은 중종의 여섯째 아들인 이완(李岏)으로, 희빈(熙嬪) 홍씨(洪氏)의 소생이며, 대윤인 윤임(尹任)의 조카이다. 을사사화 때 윤임이 봉성군을 왕위에 올리려고 획책하였다는 모략을 받아 대윤이 몰락하였는데, 양재역 벽서 사건이 발생하자 윤원형(尹元衡) 일파가 사론(邪論)이 아직도 남아 있는 증거라고 하여, 봉성군과 이약빙(李若氷), 송인수(宋麟壽) 등이 사사(賜死)되고, 노수신(盧守愼), 이언적(李彦迪) 등 30여 명이 유배되었다.

김이정(金而精)[341]과 문답한 내용에서 상고할 수 있다.-

조정에서 벼슬할 적에는 조용히 자신을 지켰으며 권신(權臣)의 집에는 발길을 끊어 오래 알고 지내 온 사이라 해도 분주하게 왕래한 적이 없었다. 선생이 종유(從遊)하는 사람들은 모두 한 시대의 명망 있는 사람들이었으며, 선생께서 불러서 만나는 사람은 틀림없이 향학열이 있는 선비였다.

선묘(宣廟)께서 즉위한 첫 해에 선생께서는 예조 판서를 사임하였는데, 정고(呈告)도 하기 전에 시골로 돌아오자, 사람들이 모두 이를 의아해했다. 고봉(高峯) 기대승(奇大升) 등 여러 현인(賢人)이 조정에 많이 모여 있으면서 경연 석상에서 매번 "선생의 도덕과 절의(節義)가 정자(程子)나 주자(朱子)에 비해 보아도 부끄러울 게 없으니, 급히 높이 등용하여[342] 도를 행하고 시대를 구제하는 의리로 삼지 않아서는 안 됩니다."라고 극력 주장하였다. 선생께서는 그 말을 듣고 좋아하지 않았다. 그러던 어느 날 문인(門人)이 고하기를 "고봉 등 여러 현인의 뜻을 보니, 모두 '선생께서 먼저 재상이 되신 뒤에야 유학의 도가 행해질 수 있다고 여기며 청대(請對)해서 아뢰어야 한다.'라고 말했습니

340 차자를……의심하였다 : 봉성군에게 죄주기를 청할 적에 퇴계 이황도 옥당에 있으면서 서명한 데 대해 사람들이 불만스러운 뜻을 보인 것을 두고 말한 것이다.《鶴峯集 續集 卷4 上退溪先生》

341 김이정(金而精) : 이정은 김취려(金就礪)의 자이다.

342 높이 등용하여 : 대본에는 '超用'으로 되어 있는데,《학봉집》 속집 권5 〈퇴계선생 언행록〉에는 '超'가 '招'로 되어 있다.

다.” 하였다. 그러자 선생께서는 깜짝 놀라 벗들에게 고하지도 않고 남쪽으로 훌쩍 길을 떠났다. 선생의 뜻은 혐의를 멀리 피하기를 간절히 바란 것으로, 아무 이유도 없이 급히 떠난 것이 아니었다.

시사(時事)가 일변하고 나서 선생은 도를 행할 뜻이 없어졌으니, 단양 군수(丹陽郡守)로 나간 것은 장차 벼슬을 그만두고 시골로 돌아가려는 생각에서였다. 공무(公務)를 보는 여가에는 오직 서사(書史)를 읽으면서 스스로 즐기거나 혼자서 구담(龜潭)이나 석문(石門) 같은 곳에 가서 하루 종일 거닐다가 돌아왔다. 군을 다스릴 적에는 거문고와 학을 가까이하던 맑은 기풍[343]이 전에 없이 뛰어났다. 벼슬을 그만두고 돌아올 적에는 행장이 조촐하여 단지 괴석(怪石) 세 개만 싣고 왔을 뿐 다른 물건이 전혀 없었다. 풍기 군수(豐基郡守)로 옮겨 가서는 학교에 뜻을 두었다. 무릉(武陵) 주신재(周愼齋 주세붕(周世鵬))가 일찍이 백운동서원(白雲洞書院)을 창건하고 일이 아직 끝나지 않은 상태에서, 선생께서 방백(方伯)에게 글을 올려 조정에 전달되도록 하였다. 서원에 사액하고 서적을 나누어 준 일이 선생에 의해 시작된 것이다. 한가한 날에는 서원에 가서 제생(諸生)과 열심히 강학하였는데, 반드시 옛사람들이 한 위기지학(爲己之學)을 정성껏 반복하여 일러 주었다. 과거 공부는 금하지는 않았어도 권하는 바는 아니었다.

343 거문고와……기풍 : 송(宋)나라 조변(趙抃)이 필마로 촉(蜀) 땅으로 부임할 때 거문고 하나와 학 한 마리만 데리고 갔던 고사에서 유래해, 거문고와 학은 수령 생활을 청빈하게 하는 기풍을 지칭하는 말로 많이 쓰인다. 《宋史 卷316 趙抃列傳》

군(郡)에는 소백산(小白山)이 있는데, 남쪽 지방의 명산이다. 선생께서 여름이면 말을 타고 홀로 그곳에 가서 산에 올라 며칠을 머물고 돌아오곤 하였으니, 시원스러운 남악(南岳)의 홍기(興起)[344]가 있었던 것이다.

고을을 다스리는 일은 한결같이 소란스럽지 않게 간결하고 조용히 처리함을 중시하였다. 백성에게 세금을 거두는 것은 아주 가볍고 간략하게 해 주었지만, 백성이 당연히 해야 할 일에 대해서는 정해진 대로 시행하였다. 도리를 어기면서 명예를 구하는 일을 하지 않아 고을살이를 하는 동안에 혁혁한 명성이 없다 보니, 사람들은 선생의 정사가 신재(愼齋) 주세붕만 못하다고 하였다. 그러나 신재가 정사를 하면서는 술수를 상당히 써서 고을 백성들의 마음이 쏠리도록 했기 때문에 백성들이 모두 그를 칭송했던 것이다. 선생은 지성스럽기만 하고 꾸밈이 없으며 한결같이 정도(正道)로만 하다 보니 사람들은 하루의 계획으로 보면 부족해도 한 해의 계획으로 보면 여유가 있다는 것[345]을 몰라서 그렇게

344 남악(南岳)의 홍기(興起) : 주희가 남헌(南軒) 장식(張栻)과 남악 형산(衡山)에 올라 지은 〈취하여 축융봉에서 내려오며 짓다〔醉下祝融峯作〕〉에 "내가 만리 먼 곳에 와서 큰 바람을 타니 깊은 계곡과 층층 구름이 가슴을 씻어 주네. 석 잔 술에 호기가 일어 낭랑히 시 읊조리며 날듯이 축융봉에서 내려오네.〔我來萬里駕長風, 絶壑層雲許盪胸. 濁酒三杯豪氣發, 朗吟飛下祝融峯.〕"라고 한 구절이 있다. 이황이 남쪽에 있는 소백산에 올라 유람할 때 느낀 시원스러운 심정이 주희가 형산에 올랐을 때 느낀 홍취와 같았을 것이라고 보고 한 말이다. 《晦庵集 卷5》

345 하루의……것 : 《장자》〈경상초(庚桑楚)〉에 노자(老子)의 제자라고 전하는 경상초가 노자에게서 도를 터득하고, 북쪽의 외루(畏壘)라는 산에 들어가 살면서 첩이나 하인 중에 지혜로운 자는 멀리하고 어리석은 자들만 데리고 살았다. 그곳에 산 지 3년

말했을 뿐이다. 그러나 이것이 어찌 선생에 대해 경중(輕重)을 논할 만한 것이겠는가. 아전과 백성들을 대할 적에도 한결같이 정성과 믿음으로만 하였고 그들이 속이지나 않을까 미리 판단하려 하지 않았다.

감사공(監司公)[346]께서 결국 큰 화에 걸려 벼슬을 떠나 집으로 돌아오신 뒤로는 특히나 세상사에 뜻이 없었다. 선생께서는 일찍 아버지를 여읜 데다 선부인(先夫人)도 과부로 홀로 지내며 몹시 쪼들렸으니, 과거에 응시하여 합격하는 것은 실로 잘 봉양하기 위한 계책이었다. 그런데 마침 장인(丈人)의 죄에 연좌되어[347] 직접 백성을 다스리는 관

만에 그곳에 큰 풍년이 들자, 외루 사람들이 경상초에 대하여 "경상초가 처음 왔을 때에 우리가 놀랍도록 기이하다 여겼더니만 지금 우리가 하루의 계획으로 보면 부족해도 한 해의 계획으로 보면 여유가 있으니, 아마도 성인인가 보다.〔庚桑子之始來, 吾灑然異之, 今吾日計之而不足, 歲計之而有餘, 庶幾其聖人乎!〕"라고 하였다. 이 말을 인용하여 단기적으로는 손해를 보는 것 같지만 장기적으로 보면 이롭다는 것을 말한 것이다.

346 감사공(監司公) : 이황의 다섯째 형인 이해(李瀣, 1496~1550)이다. 본관은 진보(眞寶), 자는 경명(景明), 호는 온계(溫溪), 시호는 정민(貞敏)이다. 권신 이기(李芑)를 우의정에 탁용(擢用)하려는 것을 반대하고 탄핵하였다가 이기의 원한을 샀는데, 명종이 즉위하고 소윤이 득세하면서 이기의 심복인 사간 이무강(李無彊)의 탄핵을 받아 무고 사건에 연좌된 구수담(具壽聃)의 일파로 몰렸다. 결국 갑산으로 귀양 가던 도중 양주에서 병사하였다. 강원도·황해도·청홍도 관찰사를 지냈으므로 감사공이라 부른 것이다.

347 장인(丈人)의 죄에 연좌되어 : 이황의 장인인 권질(權礩)은 기묘 사류(己卯士類)로서 안처겸(安處謙)의 옥사(獄事)에 연루되어 죄를 입고 죽은 정언(正言) 권전(權磌)의 형이다. 권질이 연좌되어 내쳐질 때, 간관이 사위 또한 사관(史官)이 될 수 없다며 사관의 직임에서 체차할 것을 청하였고, 이에 따라 이황도 예문관 검열에 천거되었다가 체차되었다. 《退溪集 退溪先生年譜 壬午》

직에는 나가지 못하게 되었다. 그리고 얼마 안 지나서 대부인(大夫人)께서 세상을 떠나자, 선생께서는 늘 〈육아(蓼莪)〉와 풍수(風樹)의 감회[348]에 젖어, 문인(門人)이 부모를 봉양하는 일에 대해 언급하면 반드시 삼가는 태도로 스스로 죄인이라고 칭하였다.

도산(道山)에서 사가독서(賜暇讀書)를 하던 날에는 동료들 모두가 구속에서 풀려나 자유로워진 마음에 매일같이 술 마시고 시 읊는 것으로 소일하였다. 그러나 선생은 홀로 하루 종일 단정하게 앉아 있거나 문을 닫고 글을 읽었다. 가끔씩 여러 사람과 유람하며 자연을 감상하기도 하였으나, 그 또한 방탕한 데로 흐르는 지경에는 이르지 않았다. 이에 동료들이 모두 그 지조(志操)를 고상하게 여겨 존경하였고, 자기들과 다르다 해서 그를 미워하지 않았다.

병진년(1556, 명종11)[349]에 부름을 받아 부임하였다. 이때는 윤원형(尹

348 육아(蓼莪)와 풍수(風樹)의 감회 : 부모가 살아 계실 때 잘 봉양하지 못한 데 대한 후회를 말한다. 〈육아〉는 《시경》 〈소아(小雅)〉의 편명으로, 이 시에서 부모가 세상을 떠난 뒤 생전에 효도하지 못한 슬픔을 노래하였다. 풍수는 《한시외전(韓詩外傳)》 권9의 "나무는 고요히 있으려 하나 바람이 그치지 않고, 자식이 봉양하려고 하나 부모가 기다려 주지 않는다.〔樹欲靜而風不止, 子欲養而親不待也.〕"라고 한 데서 온 말이다.

349 병진년 : 《학봉집》 속집 권5 〈퇴계선생언행록〉에는 '戊午'로 되어 있다. 병진년(1556, 명종11)에는 명종이 전지(傳旨)를 내려 부르고 또 홍문관 부제학에 제수하였으나 이황은 모두 사양하였다. 1558년 윤7월에 상소를 올려 소명(召命)을 거두어 주기를 청하였으나, 상이 허락하지 않자 서울로 들어와 사은하였다. 얼마 있다가 공조 참판에 제수되었을 때에도 여러 차례 사직을 청하였으나 상이 허락하지 않은 일이 있었다. 이로 보면 무오년으로 보는 것이 맞을 듯하다. 《退溪集 退溪先生年譜 戊午》

元衡)이 권력을 잡고 있으면서 한창 조정이 혼란스럽던 시기였다. 그러다 보니 어떤 사관(史官)이 선생의 출처를 가지고 문제를 삼았는데, 이는 선생의 마음을 모른 것이다. 애초에 명종의 소명(召命)이 여러 차례 내려졌는데도 굳게 사양한 것은 바로 시기상 나가서는 안 되었기 때문이다. 그런데 부르는 명이 점점 엄준해져 심지어는 '내가 함께 일을 할 만한 임금이 못 되어서……'라는 하교까지 있었다. 선생께서는 그 명을 듣고 놀라서 억지로 대궐에 나아가기는 했지만 그것은 선생의 본심이 아니었다. 그러므로 대사성, 공조 참판 등에 제수되었지만 일찍이 직임을 수행할 생각이 없어, 서울에 있는 일 년 동안 산직(散職)에만 오래 있었던 것이다. 그러니 누가 선생을 두고 출처에 어둡다고 할 수 있겠는가.

서울에 있을 때 윤원형이 방회(榜會 동년(同年) 모임)를 열었지만 선생은 병이 났다고 핑계 대고 가지 않았다.

성균관 대사성에 제수되어 인재 양성을 자신의 임무로 삼아 사학(四學) 학생들에게 통문(通文)하여 학문에 힘쓰도록 권하였다.[350] 또 책문(策問)을 내어 학문하는 도리에 대해 물었는데, 당시에 선비의 풍습이 이미 망가져 이를 두고 도리어 물정 모르는 일이라 여겨 한 사람도 책문에 응한 자가 없었다.

350 사학(四學)……권하였다 : 이황은 학교는 교화의 근원이고 가장 모범이 되는 곳이며, 선비는 예의의 근본이고 원기(元氣)가 깃든 사람이라며 국가가 학교를 세워 선비를 양성하는 뜻을 새길 것을 당부하는 내용의 글로 유생들을 가르쳤다. 《退溪集 退溪先生年譜 癸丑》《退溪集 卷41 諭四學師生文》

관학 유생(館學儒生)들이 음식의 질을 가지고 선비 양성을 잘하느니 못하느니 하면서 조금이라도 마음에 들지 않으면 비방하는 의론이 들끓었다. 관원들이 혹 뜻에 맞춰 줌으로써 잘한다는 소리를 들으려고 음식을 더없이 풍성하게 잘 차려 제공하여 창고의 재물을 탕진하여 전복(典僕)도 유지하지 못할 지경이 되자 선생께서는 이를 매우 비루하게 여겼다. 대사성이 되고 나서 오로지 예의로써 선비를 기르고, 잘 먹이는 데에는 힘을 쓰지 않자 성균관 내 사람들이 모두 괴이쩍게 여기고 성을 냈다. 그러자 선생께서는 사습(士習)을 고칠 수 없다는 것을 알고 얼마 지나지 않아 병을 핑계로 출사하지 않았다.

선생께서는 일찍이 초야에 있으면서 관함(官銜)을 띠고 있는 것을 온당치 않다고 여겨 여러 해 동안 글을 올려서 사퇴하였다. 그리고 을축년(1565, 명종20)에 와서야 명묘(明廟)께서 비로소 이를 윤허하였다. 선생께서는 임금의 은혜에 감격해 희색이 만면하여 좌우의 사람들을 돌아보며 "내가 이제야 비로소 임금께서 놓아 준 몸이 되었다."라고 하였다. 그리고 8수의 시[351]를 지어서 그 기쁨을 적었다.

명묘께서 승하하여 국상(國喪)을 치를 적에 선생은 《오례의(五禮儀)》에 나오는 군신간의 상제(喪制)가 대부분 맞지 않다는 이유로 주자(朱

351 8수의 시 : 《퇴계집》 속집 권2에 〈임금의 은혜를 입어 물러나 한가히 지내도 좋다는 허락을 받고 감격스럽고 경사스러워 스스로 절구 8수를 짓는다〔伏蒙天恩許遂退閒且感且慶自述八絶〕〉라는 제목의 시가 실려 있다. 이 시는 1565년(명종20) 5월에 지은 것으로, 재주도 없이 벼슬살이하면서 겪은 어려움을 토로하며 임금의 은혜를 입어 물러날 수 있게 된 기쁜 마음과 남은 세월을 학문에 매진하겠다는 다짐을 담고 있다.

子)가 군신복(君臣服)에 대해 한 말을 참작하여 다시 정하고자 해서 예조에 일러 주었다. 그러나 예조 당상[352]이 이를 곤란하게 여겨 그 의론은 결국 시행되지 못하였다.

선생은 임금이 인(仁)의 본체를 알지 못하기 때문에 천지 만물이 나와는 상관없는 것이 되어 눈꺼풀 밖이 모두 초나라나 월나라처럼 상관이 없는 것이 되었다고 여겼다. 그래서 선조(宣祖)께서 즉위한 초기에 〈서명(西銘)〉[353]을 진강(進講)할 것을 청하였다.

사수(辭受)

선생은 물건을 받는 기준이 엄격하여 의리에 맞지 않으면 단 하나라도 다른 사람에게서 취하지 않았다. 그래도 고을 수령이 교제(交際)의 예로 물품을 보내오는 경우에는 무턱대고 사양하지 않았다. 당시에 몹시 청렴하지 못한 관원 하나가 선생을 뵈러 자주 찾아오고 물품을 드릴 때도 있었는데, 선생께서 그가 주는 물건도 받자 문인(門人) 조목(趙穆)[354]이 그것을 받은 것을 몹시 안 좋아했다. 미처 여쭈어 보지는 못했지만 내 생각에는 선생께서 무턱대고 받은 것은 아니라고 본다. 《맹자》의 각지불공장(卻之不恭章)[355]을 자세히 보면 이해가 갈 것이다.

352 예조 당상 : 당시 예조 참판을 맡았던 박순(朴淳)을 가리킨다. 《白軒集 卷53 古今喪禮異同議 成服》

353 서명(西銘) : 송나라 때의 유학자인 장재(張載)가 서재(書齋)의 서쪽 창에 걸어 놓았던 명(銘)으로, 인도(人道)의 근본 원리에 대해 밝힌 글이다.

354 조목(趙穆) : 213쪽 주315 참조.

355 각지불공장(卻之不恭章) : 《맹자》 〈만장 하(萬章下)〉에 "높은 사람이 주는 물품

누가 물품을 보내오면 그것이 의리상 받아서는 안 될 물건이 아니라 해도 반드시 많다고 사양하고 조금만 받았다. 한번은 누가 꿩 두 마리를 바친 적이 있었는데, 한 마리만 받고 한 마리는 되돌려 주었다. 다른 경우도 이와 같았다.

고을에서 물품을 보내오기라도 하면 반드시 먼저 찰방공(察訪公)께 보내고, 그다음 이웃과 친척들 및 와서 배우는 제자들에게 나누어 주었으며, 집에 남겨 둔 적이 없었다. 서울에 있을 적에는 봉록을 받는 것으로 충분히 생계를 꾸릴 만하자 여윳돈으로 친구들을 두루 도와주었는데, 반드시 친소(親疎)와 빈부(貧富)를 기준으로 삼아 정의(情誼)를 상한 적이 없었다.

접인(接引)

손님이 찾아오면 항상 술과 음식을 내어 대접하였는데, 반드시 미리 집안사람에게 이를 장만하도록 하였으며 손님 앞에서 이를 말한 적이 없었다.

선생께서는 벼슬에서 물러나 집에 거하실 때에도 존귀한 손님이 찾아오면 반드시 당상관의 관복(冠服)을 차려 입되, 다만 관모(冠帽)를 쓰거나 품대(品帶)를 띠지 않았다. 전송하거나 맞이할 적에는 반드시

을 두고 이것을 받는 것이 옳은가 옳지 않은가를 따져 본 다음에 받는다면, 그것으로 공손하지 못한 것이 되기 때문에 물리치지 않는 것이다.〔尊者賜之, 曰'其所取之者, 義乎, 不義乎', 而後受之, 以是爲不恭, 故不卻也.〕"라고 한 구절이 있다.

대문 밖까지 나갔고, 당에 오르내리거나 읍하며 공손한 태도를 보일 때에는 행동이 법도에 맞아 조금도 실수가 없었다.

선생께서는 사람을 대할 적에 표정에 희로(喜怒)를 나타내지 않았다. 영천 군수(榮川郡守) 이명(李銘)[356]이 본디 성질이 사납고 교만했다. 한번은 선생을 찾아와 뵈었는데, 거만하고 무례한 데다 아무렇지도 않게 침을 뱉고 병풍과 족자를 손가락으로 가리키면서 글씨와 그림을 평하였다. 그런데도 선생께서는 거기에 맞추어서 답하였다. 선생을 모시고 앉아 있던 사람들이 모두 불쾌한 기색을 내보였으나, 선생은 안면(顔面)에 그런 기색이 전혀 없었다.

선생께서는 사람을 대하는 것이 아주 너그러워 진실로 큰 잘못이 없는 자는 일찍이 끊어 버린 적이 없이 모두 포용하여 가르쳤으니, 이는 허물을 고쳐 스스로 새로워지기를 바라서였다.

녹사(錄事)[357] 양성의(梁成義)라는 자가 본현의 현감(縣監)이 되었을 적에 사인(士人)들이 모두 그의 사람됨을 천하게 여겼다. 그러나 선생께서는 백성으로서 관리를 모시는 예를 다하였으며, 시간이 오래될수록 더욱더 공경하였다. 그런데도 양성의는 지체 높은 수령 행세를 하려

356 이명(李銘) : 1521~? 본관은 전주, 자는 자신(子新)이다.

357 녹사(錄事) : 조선 시대 중앙의 각 관아에 두었던 이속(吏屬)이다. 의정부와 중추부에 소속되어 있는데, 동반의 각 아문에는 의정부에서, 서반의 각 아문에는 중추부에서 파견하였다. 후에 수령 취재(取才)에 입격하는 자는 서용(敍用)하였다. 《經國大典 吏典 京衙前 錄事》

들었다. 한번은 어량(漁梁)에 와서는 심부름꾼을 보내어 선생을 불러 오도록 했는데, 말투가 몹시도 거만하였다. 그러자 선생께서는 병을 핑계로 사양하고 봉화(奉化)[358]를 시켜 가 보게 하였다. 이를 들은 사람들이 모두 괴이쩍게 여기면서 분노하였으나, 선생께서는 끝내 그의 잘못을 말하지 않았다.

이감(李戡)[359]이 망하기 전에 경상도 방백(方伯)이 되어 서당에 찾아왔는데, 선생께서 그를 만나 보았다. 그 뒤에 이감의 당파인 이량(李樑)[360]이 사림(士林)들을 모함하려 하자, 선생께서는 당 위의 한곳을 손가락으로 가리키면서 "이곳이 아무개가 그날 앉아 있던 곳이다. 지척에서 마주했지만 그의 악이 이 지경에 이를 줄 어찌 알았겠는가." 하면서 한참을 개탄하였다.

벗이 죽었을 때에는 상가(喪家)가 멀더라도 반드시 자제를 보내어 제문(祭文)을 가지고 가서 치제(致祭)하게 하였다.

358 봉화(奉化) : 봉화 현감(奉化縣監)을 지낸, 이황의 아들 이준(李寯)을 가리킨다.

359 이감(李戡) : 1516~1583. 본관은 우계(羽溪), 자는 언신(彦信)이다. 윤원형(尹元衡), 이량(李樑) 등과 결탁하여 기대승(奇大升), 허엽(許曄) 등 사림을 공격하는 데 가담하였다.

360 이량(李樑) : 1519~1582. 본관은 전주, 자는 공거(公擧)이다. 효령대군(孝寧大君)의 5대손이고, 국구(國舅) 심강(沈鋼)의 처남이다. 윤원형 일파가 득세하여 권세를 맘대로 하는 것을 견제하고자 왕이 이량에게 벼슬을 내렸는데, 지위가 이조 판서에까지 이르자 권세를 잡고 화(禍)를 일으키려 했다. 이량의 생질 심의겸(沈義謙)이 우연히 모의를 엿듣고 부제학 기대항(奇大恒)을 유인하여 상소로 그 죄를 탄핵하게 하여 이량은 강계(江界)로 귀양을 가게 되었다.

교인(敎人)

문하의 제자들을 벗을 대하듯 대하여 젊은 사람이라 해도 이름을 바로 부르거나 너라고 칭한 적이 없었다. 전송하고 맞이할 적에는 반드시 계단 아래로 내려갔으며 주선하고 예의를 갖추는 데서 공경을 다하였다. 자리에 앉고 나면 반드시 먼저 부형의 안부를 물었다.

아무개〔某 김성일〕가 《대학》을 읽다가 이(理)와 기(氣)에 대해 잘 이해하지 못하자, 선생께서 "그대가 《태극도설(太極圖說)》을 배우지 않아 이렇게 담벼락을 마주한 것처럼 갑갑한 것이다." 하고는, 곧바로 그것을 읽게 하였다. 또 "《태극도설》 가운데 '군자는 닦아서 길하고 소인은 어겨서 흉하다.〔君子修之吉 小人悖之凶〕'라고 한 이 구절은 배우는 자가 가장 힘써서 공부해야 할 대목이다. 닦느냐 어기느냐는 단지 공경하느냐 제멋대로 행동하느냐에 달려 있는 것이니, 두려워하지 않을 수 있겠는가."라고 말씀하셨다. 이는 배우는 자는 그 본체를 우선으로 하지 않아서는 안 되기 때문에 《태극도설》, 〈서명(西銘)〉, 《역학계몽(易學啓蒙)》 등의 글로써 가르친 것이다. 남명(南冥) 조식(曺植)이 그 말을 듣고는, 손으로는 물 뿌리고 쓰는 예절도 모르면서 입으로는 천리(天理)의 오묘함을 말하는 것에 대해 말한 일이 있다.[361] 그러자 선생은

361 남명(南冥)……있다 : 조식이 이황에게 편지를 보내 "요즈음 학자들을 보면, 손으로는 물 뿌리고 쓰는 예절도 알지 못하면서 입으로 천리를 얘기하곤 하는데, 이는 명예를 얻고자 하는 계책으로 이로써 남을 속이려 하지만 거꾸로 남에게 중상을 당하고 다른 사람들에게 피해가 가게 하니, 이 어찌 선생이나 어른이 그것을 꾸짖어 그만두게 하지 않아서가 아니겠습니까.〔近見學者, 手不知灑掃之節, 而口談天理, 計欲盜名, 而用以欺人, 反爲人所中傷, 害及他人, 豈先生長老無有以呵止之故耶?〕"라고 말하였다. 《南冥集 卷4 補遺 與退溪書》

편지를 보내면서 이에 대해 변론하였다.[362] 문하생인 이덕홍(李德弘)[363]이 처음 학문에 뜻을 두었을 적에 《역학계몽》을 배우고자 한 적이 있었다. 그러자 선생께서는 "자네는 그저 사서(四書)를 읽게. 이 책은 급한 것이 아니네."라고 말씀하셨다.

"우성전(禹性傳)[364]과 유성룡(柳成龍)[365]이 《주자전서(朱子全書)》가 《심경(心經)》만큼 절실하고 긴요하지 않다고 하는데, 이 말이 어떻습니까?"

묻자 선생께서 말씀하셨다.

"다 읽어 보지도 않고 성급하게 이런 말을 해서는 안 된다. 반드시 여러 해에 걸쳐 침잠하여 충분히 읽고 자세히 음미한 뒤에야 그 친절

362 선생은……변론하였다 : 이황이 남명 조식의 편지를 받고 정자중(鄭子中)에게 편지를 보내면서 이에 대한 자신의 견해를 밝혔다. 요지는 조식의 말에 치우친 폐단이 있기는 하지만 뜻을 세우는 것이 독실하지 않고 도를 행하다 중도에 그만두면서 입으로는 천리를 말하고 일상에서 실천하는 일을 소홀히 한다면 도적질하고 속인다는 질책을 면할 수 없으니, 조식의 말을 약석(藥石)으로 삼아 지행합일(知行合一)하도록 힘쓰기를 바란다는 것이었다. 《退溪集 卷26 與鄭子中》 자중은 정유일(鄭惟一)의 자이다.

363 이덕홍(李德弘) : 1541~1596. 본관은 영천(永川), 자는 굉중(宏仲), 호는 간재(艮齋)이다. 이황의 문하에서 학문에 힘썼다.

364 우성전(禹性傳) : 1542~1593. 본관은 단양(丹陽), 자는 경선(景善), 호는 추연(秋淵)이다. 이황의 문인이다. 저서로 《계갑록(癸甲錄)》, 《역설(易說)》, 《이기설(理氣說)》 등이 있다. 시호는 문강(文康)이다.

365 유성룡(柳成龍) : 1542~1607. 본관은 풍산(豐山), 자는 이현(而見), 호는 서애(西厓)이다. 이황의 문인이다. 저서로 《서애집(西厓集)》, 《징비록(懲毖錄)》, 《신종록(愼終錄)》, 《영모록(永慕錄)》, 《관화록(觀化錄)》, 《운암잡기(雲巖雜記)》, 《난후잡록(亂後雜錄)》, 《상례고증(喪禮考證)》 등이 있다. 시호는 문충(文忠)이다.

함을 알 수 있을 것이다. 그리고 학문하면서 어찌 간략한 데로만 나아가고 번거로운 것은 마다해서야 되겠는가."

한결같이 성리학으로 사람들을 가르쳤다. 혹 과거 공부를 하러 찾아와 물으면 무턱대고 사양하지도 않았으나 과거 공부는 권면하는 바도 아니었다. 어떤 선비가 왔을 때가 마침 과거 시험을 칠 때였는데, 머물면서 과문(科文)을 익히도록 해 달라고 청하였다. 그러자 선생께서 말씀하셨다.

"무릇 학업을 익히는 데에는 각자 하고자 하는 바가 있을 수 있거니와 과문을 익힐 양이면 여기에 머물 필요가 없다."

"과목(科目)에 매이다 보니 학문에 전념할 수 없어 과거 공부를 그만두고자 합니다."

묻자, 선생께서 말씀하셨다.

"그 뜻은 아주 좋지만, 그렇다고 좋은 일만은 아니다. 옛날에 채백정(蔡伯靜)[366] 형제가 과거 공부를 하지 않고 학문에만 전념하여 마침내 가업(家業)을 전수하여 세상의 대유(大儒)가 되었으니, 이렇게 되기만 한다면야 좋은 일이다. 그러나 과거 공부를 그만두고 실속이 없다면 무슨 일을 성취하겠는가."

그러고는 즉시 채씨(蔡氏)의 행장(行狀)을 보여 주시며 말씀하셨다.

"그대가 이처럼 공부할 수 있겠는가? 한 통을 베껴 써 두고 항상

366 채백정(蔡伯靜) : 백정은 중국 송(宋)나라 때의 학자 채연(蔡淵, 1156~1236)의 자이다. 그는 《역상의언(易象意言)》, 《주역경전훈해(周易經傳訓解)》를 저술하였다.

보면서 성찰해야 할 것이다."

"과거 공부를 해도 진전이 없어 성균관에 거한다 해도 도움 되는 것이 없을 것이니, 이곳에 남아서 수업하고자 합니다."

하자, 선생께서 말씀하시기를,

"그대의 부형이 계신데 어찌 그대 마음대로 결정해서야 되겠는가?"

하였다. 그가 말하기를,

"허락을 받았습니다."

하자, 선생께서는 글을 써서 일러 주셨다.

"이곳에 있는 사우(士友)들이 대부분 공부는 하지 않으면서 요행으로 벼슬이나 한 자리 얻으려 드니, 몹시 마음에 들지 않는다. 그대가 이미 과거 공부를 중단했고 또 독서에 전념하겠다 하니, 그대가 어른으로부터 허락받은 것을 매우 축하한다."

선생께서 유중엄(柳仲淹)에게 말씀하셨다.

"눈앞에 있는 벗들 중에 대단한 진보가 있는 자를 보지 못하였고, 또 이 일을 믿고 지향하지도 않는다. 이 어찌 내가 하는 일이 믿을 만한 것이 없어서가 아니겠는가. 몹시 걱정스럽고 두렵다."

배우는 자가 공부에 관해 물으면서 가르침을 청하면 학문의 깊이에 맞게 일러 주었다. 만약 깨닫지 못하는 곳이 있으면 반복해서 자세히 설명하여 깨우쳐 준 다음에야 그쳤다. 후생을 가르치는 일을 싫어하거나 게을리하지 않아 병이 있어도 강론하는 일을 그만두지 않았다. 돌아가시기 전달에 이미 중한 병이 들었는데도 평소와 다름없이 학생들과 강론하였는데, 학생들은 오래 지난 뒤에야 이를 깨달았다. 강론을 그만 둔 지 며칠 만에 병세가 위독해졌다.

멀리서 선비가 찾아왔는데 군색할 경우에는 거친 밥에 나물국이라도 반드시 그와 함께 먹었고, 질병이 있는 경우에는 반드시 몸소 가서 진찰하고 탕약을 지어 주었다.

최응룡(崔應龍)[367]이 여쭈었다.

"형서(邢恕)[368]는 사문(師門)에 죄를 지었는데도 제자의 반열에 들어가 있으니, 이는 어째서입니까?"

그러자 선생께서 말씀하셨다.

"후세의 학자들을 경계하기 위해서이다. 화숙(和叔)이 두 정자(程子)를 매우 오랫동안 따랐는데, 한 생각 삿되게 먹어 바로 색성소인(索性小人)[369]이 되었던 것이니, 배우는 자가 두려워하지 않아서야 되겠는가."

367 최응룡(崔應龍) : 1514～1580. 본관은 전주(全州), 자는 견숙(見叔), 호는 송정(松亭)이다. 이황의 문인이다.

368 형서(邢恕) : 자는 화숙(和叔), 송나라 양무(陽武) 사람이다. 명도(明道) 정호(程顥)의 문인으로 공경(公卿)의 지위에 올라 크게 명성을 떨쳤으나, 마음이 바르지 못하여 스승을 저버리고 장돈(章惇), 채경(蔡京) 등의 간신에게 붙었던 자이다.《宋史 卷471 姦臣列傳1 邢恕》

369 색성소인(索性小人) : 성격이 직선적이고 거침없이 결정을 내리는 사람을 가리키는 말이다.

벽이단(闢異端)

선생의 학문은 한결같이 주자학을 지향하여, 육학(陸學)[370]을 높이 떠받드는 사람을 보면 반드시 몹시 배척하여 통렬히 끊어 버렸다. 소재(穌齋) 노수신(盧守愼)[371]은 《곤지기(困知記)》[372]를 대단히 신봉하였다. 선생께서는 정암(整菴 나흠순(羅欽順))의 학문에 대해, 스스로 이단이 아니라고 여기지만 겉으로는 배척하면서 속으로는 도우며 이쪽저쪽으로 막아 주니 실로 정자(程子)와 주자(朱子)의 죄인이라고 여겼다. 이에 소재와 힘껏 논변하였는데, 소재가 끝내 수긍하지 않았다. 하지만 고봉(高峯) 기대승(奇大升)만은 선생과 뜻이 맞아 〈곤지기론(困知記論)〉[373]을 지어 그의 학문을 배척했다. 선생께서 그것을 보시고는 "이 의론이 아주 명쾌하다. 참으로 쉽지 않은 일이다. 참으로 쉽지 않은 일이다."라고 하였다.

370 육학(陸學) : 남송의 철학자 상산(象山) 육구연(陸九淵)의 학문으로, 주희의 객관적 유심론(唯心論)에 반대하여 주관적 유심론을 주장하였다. 육구연의 학문은 후대에 왕양명(王陽明)에게 계승되었다.

371 노수신(盧守愼) : 1515~1590. 본관은 광주(光州), 자는 과회(寡悔), 호는 소재이다. 시·문·서예에 능했으며, 주희의 학설을 수용했는데, 진도로 유배되어 그 당시 들어온 나흠순(羅欽順)의 《곤지기》를 보고 난 후로 이전의 학설을 바꾸게 되었다. 저서로 《소재집(穌齋集)》이 있다.

372 곤지기(困知記) : 명나라 때의 유학자 나흠순의 저작이다. 나흠순의 자는 윤승(允升), 시호는 문장(文莊)이다. 벼슬을 사양하고 20여 년간 시골에서 격물치지학(格物致知學)에 전념하고 《곤지기》를 지었다. 저서로 《정암존고(整菴存稿)》가 있다. 나흠순은 《곤지기》에서 자신이 불교의 선종(禪宗)에서 영향을 받았지만 오랫동안 공부하여 깨달아서 심성(心性)의 참된 이치를 보았음을 서술하였다.

373 곤지기론(困知記論) : 고봉 기대승이 《곤지기》의 내용을 옳다고 본 노수신(盧守愼)을 논박하고, 《곤지기》 내용의 그릇됨을 논변하기 위해 지은 글이다.

선생께서는 이단(異端)에 대하여 마치 음탕한 음악이나 아름다운 여색과 같이 여겨 엄격히 끊어 버리지 못할까 두려워하며 말씀하셨다.

"내가 불경(佛經)을 보며 사벽(邪辟)한 말이나 도피하는 말을 규명하고자 했지만, 물을 건너는 자가 처음에는 물의 깊이를 시험해 보고자 하다가 끝내는 빠져 버리는 근심이 있게 되는 것처럼 될까 두려울 뿐이었다. 배우는 자는 다만 경서를 읽어서 다 알아내고 다 믿어야 할 뿐이니, 이단의 글 같은 것은 전혀 알지 못하더라도 무방하다."

어렸을 적에 청량산(淸涼山)을 유람하고서 〈백운암기(白雲菴記)〉를 지었는데, 그 절의 승려가 암자의 벽에 이를 새겨 놓았다. 선생께서 말년에 그 사실을 아시고는 즉시 제거하게 하였다.

산승(山僧)이 와서 시를 지어 주기를 청하면 거절하지는 않아도 그저 연하(煙霞)와 수석(水石)의 빼어난 경치만을 써 주었을 뿐 승가(僧家)에 관한 말은 한 글자도 쓰지 않았다. 그나마도 말년에는 거의 하지 않았다.

처음에 도산서당(陶山書堂)을 지었을 적에 종들을 시켜 지키게 하려고 하다가 부정(不淨)한 것을 꺼려서 산승에게 농운정사(隴雲精舍)[374]에 따로 거처하면서 이를 지키게 하였다. 이는 주자(朱子)가 도사(道士)를 시켜서 운곡(雲谷)[375]을 지키게 했던 것과 같은 뜻이다.

374 농운정사(隴雲精舍) : 이황이 1560년(명종15) 경상도 예안(禮安)에 건립한 정사(精舍)이다.

"유생들이 보우(普雨)를 주벌하기를 청하면서 상소에 원수를 갚고 역적을 토벌한다는 내용으로 말을 만들었는데, 어떻습니까?"

묻자, 선생께서 말씀하셨다.

"초야(草野)에서 올리는 말은 으레 과격한 법이다. 그러나 죄목은 반드시 사실과 부합해야만 사특한 마음을 제압하고 임금의 뜻을 돌릴 수 있다. 지금 보우의 죄는 요사한 말로 임금을 속이고, 나라를 좀먹고 백성을 해쳤으며, 이교(異教)가 날로 치성해지게 하고 오도(吾道)가 날로 쇠미해지게 한 데 있으니, 그 죄가 참으로 죽여 마땅하다. 그러나 시역(弑逆)의 죄를 씌우는 것은 그의 죄에 맞지 않다. 그러므로 말이 격렬하면 격렬할수록 임금이 수용할 가망은 더욱더 멀어질 것이니, 그렇게 되면 임금의 뜻을 돌리지 못하게 될 뿐만 아니라 그 역시도 자기의 죄에 승복하지 않고 또 여러 말을 하게 될 것이다."

"유생들이 공관(空館)하는 것은 어떻습니까?"

묻자, 선생께서 말씀하셨다.

"언론을 책임진 자는 임금에게 간해도 듣지 않으면 떠나는 것이 옳거니와 벼슬을 하지 않는 선비는 본래 언론에 책임이 없으니, 상소를 올려서 일을 논하는 것은 그들의 직분이 아니다. 만약 종사(宗社)의 존망과 도학(道學)의 성쇠에 관계되는 것이어서 의리상 말하지 않을 수 없는 경우라면 이들 역시 상소하여 논열할 수가 있겠지만, 들어주

375 운곡(雲谷) : 중국 복건성(福建省) 건양현(建陽縣) 서쪽에 있는 골짜기인데, 여기서는 주희(朱熹)가 이곳에 지은 운곡초당(雲谷草堂)을 가리킨다.

느냐 여부는 임금에게 달린 것이니, 어찌 꼭 들어주어서 허락을 받는 것까지 기필해서야 되겠는가. 오늘날 관학(館學)을 보면 무슨 일만 있다 하면 반드시 소를 올리고, 허락을 받지 못하면 서로 이끌고 공관을 하며, 공관을 하고도 허락을 받지 못하면 또 서로 이끌고 학관으로 모여든다. 떠날 때는 남보다 먼저 나가지 못할까 걱정하고, 모여들 때는 혹시라도 뒤처질까 걱정한다. 떠난 것이 정당한 도리가 아닌 데다 모여드는 것이 또 명분이 없으니, 이것이 무슨 도리인가. 옛날의 군자는 국가의 대사(大事) 앞에서 분연히 자신을 돌아보지 않고 소를 올려 극력 간하고, 임금이 내 말을 들어주지 않으면 결연히 떠나 끝내 세상에 나오지 않은 자도 있었으니, 이것은 귀한 일이다. 그러나 공관에 대해서는 나는 모르겠다."

또 묻기를,

"공관이 언제부터 시작되었습니까?"

하자, 선생께서 말씀하시기를,

"역사책에 보이는 것으로 말하면 송나라 때 권당(捲堂)한 데서 비롯된 듯하다."

하고, 또 말씀하시기를,

"공관하며 소를 올리는 것은[376] 임금을 으르는 것과 같다."

하였다.

을축년(1565, 명종20) 여름에 문정왕후(文定王后)가 승하하자 관학 유

376 공관하며……것은 : 대본에는 '空館疏'로 되어 있는데, 《학봉집》 속집 권5 〈퇴계선생언행록〉에는 '疏'가 '迹'으로 되어 있다.

생(館學儒生)들이 보우를 주벌할 것을 공관을 해 가면서까지 와서 청하였다. 그러자 영남(嶺南) 유생들이 온 도내에 통문(通文)을 돌리고 대궐에 가서 상소하였다. 그러자 선생께서 말씀하셨다.

"역적을 쳐서 원수를 갚는다는 명분으로 보우를 주벌하는 것이 그의 죄와 맞아떨어지지 않는 데다 온 도내에 통문을 돌려 서로 이끌고 대궐에 나아가는 것이 또 온편한 일이 아니다. 사람마다 다 소견이 있는데 어찌 남의 주장에 무턱대고 동의할 수 있겠는가. 만약 사람의 마음이 다 같다고 할 것 같으면 통문을 돌리지 않더라도 반드시 서로 일제히 호응했을 것이고, 만약 그런 경우가 아니라면 아무리 집집마다 찾아다니면서 일깨워도 응하는 사람이 없을 것이다. 그러니 누군가 말해야 할 일이 있으면 반드시 스스로 소(疏)를 올리는 것이 맞거늘, 어찌 온 도내에 통문을 돌려서 서로 이끌고 대궐로 나아가게 하는가."

이에 선성(宣城 예안(禮安))과 영가(永嘉 안동(安東))의 선비들이 선생의 가르침을 듣고는 유독 대궐로 나아가지 않았다. 또 말씀하셨다.

"통문을 돌려 소를 올리는 것은 유자(儒者)로서 마땅히 할 바가 아니다."

숭선정(崇先正)

중국에서 문묘(文廟)에 추숭(追崇)할 때의 칭호를 버리고 '선성선사(先聖先師)'로 고쳐 적었는데,[377] 조정에서도 이 제도를 따르고자 하는

377 문묘(文廟)에……적었는데 : 《상변통고(常變通攷)》 권27 〈학교례(學校禮) 선성위호(先聖位號)〉에서 《황명속명신록(皇明續名臣錄)》에 기록된 공자의 칭호에 관한 내용을 인용하였다. 이를 보면, 성화(成化) 연간에 하인(夏寅)이 "공자는 실로 영원한

자가 있었다. 그러자 선생께서 말씀하셨다.

"성인(聖人)의 덕이 붙여진 봉호(封號)에 따라 더해지거나 덜해지거나 하는 것은 없다. 그러나 이미 오랜 세대에 걸쳐 이 칭호로 불리며 존숭되어 왔고, 정자(程子)나 주자 같은 대유(大儒)들도 이에 대해 아무런 이의도 제기하지 않았는데, 하루아침에 삭제하는 것은 실로 온당하지 않은 일이다. 그러니 지금 이 일을 어찌 가볍게 의논할 수 있겠는가."

"우리나라에서 종사(從祀)하는 전례(典禮)에는 이해하지 못할 점이 많다. 고운(孤雲) 최치원(崔致遠)과 같은 경우는 그저 문장을 숭상했을 뿐이고, 불교(佛敎)에 아첨함이 또 심했다."

또 말씀하셨다.

"그의 문집(文集) 중에 나오는 불교 관련 소(疏) 등의 작품[378]을 볼 적마다 매우 미워하면서 통렬하게 끊어 버리지 않은 적이 없었다. 그를 문묘에서 함께 제향(祭享)하는 것이 어찌 선성(先聖)을 심하게 모욕하는 것이 아니겠는가. 참으로 개탄스럽고 개탄스럽다."

도학(道學)의 종주(宗主)이므로 '선성(先聖)'이라 일컬음이 마땅하지, '제(帝)'라 일컫거나 '왕(王)'이라 일컬어서는 안 된다."라고 했고, 홍치(弘治) 초에 학사(學士) 정민정(程敏政)도 하인의 말과 같이 논하였으며, 그 후 1531년 가정(嘉靖) 10년에 천하에 조서를 내리면서 '대성지성문선왕(大成至聖文宣王)' 대신 '지성선사공자(至聖先師孔子)'로 통칭하게 되었다는 내용이 적혀 있다.

378 그의……작품 : 최치원의 문집《계원필경집(桂苑筆耕集)》권16에 〈대운사 중수를 위해 보시하기를 청한 글〔求化修大雲寺疏〕〉과 〈여러 도관의 중수를 위해 보시하기를 청한 글〔求化修諸道觀疏〕〉이 실려 있는데, 이를 가리키는 듯하다.

또 말씀하셨다.

"우리나라 사현(四賢)[379]의 경우는 비록 공덕(功德)이 있으나 문묘에 종사하기까지 하는 것은 또한 가벼이 의논해서는 안 된다."

이 당시에 관학 유생들이 상소를 올려 종사하기를 청하였는데, 선생께서 그 말을 듣고서는 끝내 옳게 여기지 않으셨다.

"천곡서원(川谷書院)[380]의 이천(伊川 정이(程頤)) 선생 제문(祭文)[381] 가운데 '혁(赫)'과 '훤(喧)' 두 글자는 온당치 못하니, '정(正)'과 '대(大)' 자로 고쳐야 한다. 이는 〈화상찬(畫像贊)〉에서 '전야대성(展也大成)'이라 하였고,[382] 시호(謚號)를 '정공(正公)'이라 했으니, '정' 자

379 사현(四賢) : 김굉필(金宏弼), 정여창(鄭汝昌), 조광조(趙光祖), 이언적(李彦迪)을 가리킨다. 《연려실기술(燃藜室記述)》 별집 권3 〈사전전고(祀典典故) 오현종향(五賢從享)〉에, 1570년(선조3) 4월 관학 유생들이 소를 올려 김굉필, 정여창, 조광조, 이언적 등 4명을 문묘에 종사하기를 청했으나, 윤허하지 않았다는 내용이 보인다.

380 천곡서원(川谷書院) : 경상도 성주(星州)에 있던 서원이다. 1558년(명종13) 성주 목사로 있던 노경린(盧慶麟)을 중심으로 한 지방 유림의 공론으로 창건하여 정이(程頤), 주희(朱熹), 김굉필, 이언적의 위패를 모셨다.

381 이천(伊川) 선생 제문(祭文) : 천곡서원에서 제향할 때의 제문 가운데 이천 정이의 덕을 칭송하는 말로 '혁훤(赫喧)'을 사용한 제문이 있는 듯하나 어떤 제문인지는 미상(未詳)이다.

382 화상찬(畫像贊)에서 전야대성(展也大成)이라 하였고 : 주희는 이천 정이를 두고 쓴 〈화상찬〉에서 "규처럼 둥글고, 구처럼 방정하며, 승처럼 곧고, 준처럼 평평하니, 진실로 군자로다. 참으로 크게 이루었도다. 비단 같은 문장이요, 숙속 같은 맛인데, 이 덕을 아는 이가 드무니, 누가 그 진귀한 것을 알겠는가.〔規圓矩方, 繩直準平, 允矣君子, 展也大成. 布帛之文, 菽粟之味, 知德者希, 孰識其貴.〕"라고 칭송하였다. 《晦庵集 卷85 六先生畫像贊 伊川先生》

와 '대' 자가 더욱 적절해서이다."

오천(烏川) 김부필(金富弼)[383]이 여쭈었다.

"역동서원(易東書院)[384]에 정자(程子)와 주자(朱子)를 받들어 제사 지내면 어떻겠습니까?"

그러자 선생께서 말씀하셨다.

"정자와 주자 모두 역학(易學)에 크게 공이 있는 분이다. 서원 이름을 '역동(易東)'이라 하였으니, 사당을 세워서 제사를 받들고 우 좨주(禹祭酒)를 배향(配享)하는 것은 참으로 성대한 일이다. 하지만 서원의 제반 여건이 몹시도 엉성해서 학전(學田)도 없는 데다 전복(典僕)도 거의 없다. 그러니 경솔하게 이런 중한 예를 정해 놓았다가 결국에 가서 소홀해지게 되면 받들어 모시려다가 도리어 소홀히 대하게 되고 말 것이다. 그러니 간편하게 우 좨주만 제사 지내는 것이 더 나을 듯하다."

김부필이 여쭈었다.

"서원의 학전에서 들어오는 수입이 부족합니다. 곡식을 비축해 두고

383 김부필(金富弼) : 1516~1577. 본관은 광산(光山), 자는 언우(彦遇), 호는 후조당(後彫堂)이다. 안동(安東) 오천(烏川) 출생으로, 인종(仁宗)의 사후에 외척이 발호하자 벼슬길을 단념하고 이황 문하에 들어가 도학에 전념하였다. 시호는 문순(文純)이다.

384 역동서원(易東書院) : 우탁(禹倬)의 위패를 봉안한 서원이다. 이황의 발의로 1570년(선조3) 예안에 창건되어 1684년(숙종10)에 사액되었으나, 1868년(고종5)에 훼철되었다가 1969년 11월 안동대학교 교정으로 이전하여 복원하였다. 이곳에서 이황이 제자들과 강학하기도 하였다.

이자를 받으시지요.”

그러자 선생께서 말씀하셨다.

“‘식리(息利)’ 두 글자는 유자(儒者)가 할 말이 아니다.”

주세붕(周世鵬)이 백운동서원(白雲洞書院)을 세웠는데, 후세 사람들이 그를 서원의 사당에 배향하고자 하였다. 그러자 선생께서 말씀하셨다.

“해주(海州)의 문헌서원(文獻書院)[385]에서도 그렇게 하려 하였으나 여론이 몹시 들끓어서[386] 결국 그렇게 하지 못하였다. 그러니 이 일도 시비가 정해지기를 기다려서 하더라도 늦지 않을 것이다. 또 그가 사당을 세웠는데 거기에 그를 배향한다면 그의 마음이 편하겠는가.”

대개 주세붕은 이기(李芑)의 문하에 발을 들여놓아 그 처신에 크게 낭패스러운 점이 있었다. 선생의 이 말씀에는 실로 숨은 뜻이 있다.

향당(鄕黨)

도산정사(陶山精舍) 아래에 어량(漁梁)이 있었는데, 관(官)에서 접근을 엄금(嚴禁)하여 사람들이 사사로이 고기를 잡을 수가 없었다. 선생께서는 여름마다 꼭 계사(溪舍)에 거처하였는데, 한 번도 이곳에 간

385 문헌서원(文獻書院) : 명종(明宗) 때 주세붕이 해주(海州)에 건립하고 사액을 받은 서원이다.

386 여론이 몹시 들끓어서 : 《문봉집(文峯集)》 권5 〈한중필록(閑中筆錄)〉에 주세붕에 관한 인물평과 그의 행적에 관한 기록이 있다. 이 가운데 강직하지 못하여 여러 번 권세를 가진 자들에게 농간을 당하여 절개를 잃었다는 비방을 면하지 못하였으며, 만년에는 병이 많았는데도 물러나지 않아 이황이 매번 물러날 것을 권했는데도 따르지 않다가 결국 서울에서 죽자 여론이 이를 애석하게 여겼다는 내용이 실려 있다.

적이 없었으니, 이는 혐의를 받을 일을 피한 것이다. 조남명(曺南冥 조식(曺植))이 그 말을 듣고는 웃으면서 말하였다.

"어찌 그리도 소심한가. 내가 스스로 고기를 잡지 않을진대 관청의 어량이 있다 한들 혐의쩍을 게 뭐 있겠으며 피할 것이 뭐 있겠는가?"

그러자 선생께서 말씀하셨다.

"남명이야 그렇게 하겠지만 나는 또한 이렇게 한다네. 내가 할 수 없는 것으로써 유하혜(柳下惠)가 할 수 있는 것을 배우는 것[387] 또한 마땅하지 않겠는가."

선생께서는 향리에 사실 적에 조역(調役)이나 부세(賦稅)를 반드시 하호(下戶)[388]보다 먼저 바치고 미룬 적이 없어, 아전들도 선생의 집이

387 내가……것 : 이황이 노(魯)나라에 혼자 사는 홀아비와 그 이웃에 사는 과부에 얽힌 고사를 인용해 남명 조식의 의견도 존중하면서 자신의 뜻도 전한 것으로 보인다. 인용한 고사의 내용은 다음과 같다. 어느 날 밤에 비바람이 불어 과부의 집이 무너지자 과부가 이웃집으로 달려가 들여보내 달라고 부탁했지만, 남자는 서로 젊다는 이유로 문을 닫고 들여보내 주지 않았다. 과부가 유하혜(柳下惠)는 죄를 짓고 도망 다니는 여자를 자신의 옷으로 감싸고 하룻밤을 앉아 있었지만 나라 사람들은 그를 두고 문란하다고 하지 않았다고 하자, 홀아비는 "유하혜는 진실로 그렇게 할 수 있거니와 나는 진실로 그렇게 할 수 없으니, 내가 장차 내가 할 수 없는 것으로써 유하혜가 할 수 있는 것을 배우겠소.〔柳下惠則可, 吾固不可. 吾將以吾之不可學柳下惠之可.〕"라고 하였다.《孔子家語 好生》

388 하호(下戶) : 조선 시대, 벼슬의 등급이나 빈부(貧富), 식구 수에 따라 등급을 나누어 호적을 작성하던 연호법(煙戶法)의 한 등급이다.《태종실록(太宗實錄)》6년 11월 17일 기사에, 의정부에서 연호미를 거두는 법을 정하여 보고를 올린 내용이 실려 있는데, 여기에 따르면 하호는 서울에서는 호주가 5, 6품 벼슬아치인 집이 이에 해당하고, 지방에서는 농토가 5결(結)이 되고 식구가 5인 이상인 집이 이에 해당한다.

높은 벼슬을 한 분의 집이라는 것을 몰랐다. 한번은 선생께서 시냇가에 나가 앉아 있는데, 색부(嗇夫 말단 관리)가 와서는 "올해 잣나무 숲 지키는 일은 나리댁에서 해야 합니다."라고 고하였다. 그러자 선생은 웃으며 아무 대답도 하지 않았다. 잣나무 숲이 시내 동쪽에 있다 해서 선생댁에서 지키도록 한 것이었다.

마을에서 학문에 뜻을 둔 자가 품관(品官)의 반열을 수행하는 것을 수치스러워하자 선생께서 말씀하셨다.

"마을은 부형과 종족이 사는 곳이다. 수행하는 것을 부끄럽게 여기는 것은 무슨 마음에서인가?"

그러자 그가 말했다.

"가문(家門)의 지체가 낮고 별 볼 일 없는 자가 윗자리에 있으면, 남의 뒤꽁무니나 좇는 듯해 부끄러운 마음이 드는 것이 사실입니다."

그러자 선생께서 말씀하셨다.

"마을에서 귀하게 여기는 것은 나이이다. 낮은 자리에 있다 하더라도 예로 보나 의리로 보나 해서는 안 될 것이 뭐가 있겠는가."

별혐(別嫌)

"처형(妻兄)이 과부가 되어 의탁할 곳도, 따로 살 만한 집도 없다면 한집에 사는 것은 어떻습니까?"

묻자, 선생께서 말씀하셨다.

"그것은 의리로 보아 편치 않은 점이 있는 듯하다. 요즘 사람들이 비록 아내의 자매를 아주 가까운 관계로 보아 내외하지 않기는 하나, 구양공(歐陽公)은 두 번이나 설씨(薛氏)의 집에 장가들었고,[389] 동래(東萊) 여조겸(呂祖謙)은 거듭해서 한무구(韓無咎)의 딸을 아내로 맞이하였다.[390] 고례(古禮)가 이러하니, 지금 아주 가까운 관계로 대하여 한집에 사는 것이 어찌 혐의를 변별하는 도이겠는가.[391] 의탁할 곳이 없다면 다만 집을 지어 주어 따로 살면서 살림을 해 나갈 터전을 잃지 않도록 해 주어야 한다."

이어 말씀하셨다.

"혐의를 받을 수 있는 상황에서는 조심하지 않아서는 안 된다. 옛날에 구양공이 의지할 곳 없는 친척 딸을 거두어 길러서 장성한 뒤에 시집을 보냈는데 또 과부가 되자 한집에서 살게 해 주었다. 그러자

389 구양공(歐陽公)은……장가들었고 : 구양공은 송(宋)나라의 문신 구양수(歐陽脩)를, 설씨는 송나라 때의 문신 설규(薛奎)를 가리킨다. 《사문유취(事文類聚)》에 구양수가 처음에 설규의 장녀(長女)에게 장가를 들었다가 나중에 처의 동생에게 재취(再娶)하였다고 되어 있다. 그러나 구양수가 지은 설규의 묘지(墓誌)에는 "딸 다섯을 두었는데, 맏이는 장기(張奇)에게 출가하고, 다음은 교이종(喬易從)에게 출가하여 일찍 죽고, 다음은 왕공신(王拱辰)에게 출가하여 일찍 죽고, 다음은 구양수에게 출가하고, 다음은 또 왕씨에게 출가하였다."라고 적혀 있다. 이황은 《사문유취》의 기록을 근거로 대답한 듯하다. 《古今事文類聚 卷13 婚姻》《文忠集 卷26 資政殿學士尙書戶部侍郎簡肅薛公墓誌銘》

390 동래(東萊)……맞이하였다 : 여조겸(呂祖謙, 1137~1181)은 남송(南宋)의 학자로, 동래는 그의 호이다. 주희(朱熹)와 절친한 벗으로, 함께 북송 도학자들의 어록인 《근사록(近思錄)》을 엮었다. 저서로 《동래박의(東萊博義)》 등이 있다. 무구(無咎)는 한원길(韓元吉, 1118~1187)의 자이다. 여조겸은 한원길의 큰딸에게 장가들었는데 5년도 안 되어 처가 죽자, 처제를 계실로 맞았다. 《左氏博議 春秋類 提要》

391 혐의를 변별하는 도이겠는가 : 《예기》〈예운(禮運)〉에 "예는 임금이 나라를 다스리는 큰 수단이니, 혐의를 변별하고 미세한 일을 밝혀 주는 것이다.〔禮者, 君之大柄也, 所以別嫌明微.〕"라는 문장이 있다.

공을 꺼리는 자가 공이 남녀 간에 분별하는 도리를 지키지 못했다고 말하였고, 식견 있는 자들도 모두 이를 의심하여 구양공이 소(疏)를 올려 무고임을 밝힌 뒤에야 혐의를 씻을 수 있었다. 이렇게 된 것 또한 혐의스러운 일을 잘 분별하지 못해서 생긴 잘못이다."

"부형(父兄)이 고을의 수령으로 나갈 적에 자제(子弟)가 따라가는 것은 의리로 볼 때 어떻습니까?"

묻자, 선생께서 말씀하셨다.

"국법으로 헤아려 본다면 처자(妻子)는 당연히 데리고 갈 수 있으나 출가한 자녀는 데리고 갈 수 없도록 하고 있으니, 자제는 따라가지 않는 것이 옳다. 다만 옛일을 가지고 헤아려 보면, 이신보(李信甫)[392]가 연산(鉛山)에 부임했을 적에 연평(延平) 선생도 때때로 왕래하였고, 부인과 함께 가기도 하였다. 아버지가 자식을 따라가는 것도 괜찮으니, 하물며 자제야 말할 것이 있겠는가. 그러나 옛날과 지금은 기준이 다르고 중국은 군현(郡縣)을 맡은 자에게는 모두 월봉(月俸)을 주었기 때문에 웃어른을 봉양하고 나이 어린 사람을 부양하는 일을 친척한테까지 한다 해도 해로울 것이 없다. 그러나 지금 우리나라는 월봉의 제도가 없어서 관가의 물품을 쓰고 있으니, 자제들을 많이 거느리고 가서 관사(官舍)를 어지럽히는 것이 어찌 의리에 합당하겠는가. 자제들이 부모를 찾아뵙는 일로 왕래한다 하더라도 계속해서 머물면서 폐를 끼쳐서는 안 된다."

392 이신보(李信甫) : 송나라 연평(延平) 이동(李侗)의 아들이다.

창계집

부록보
附錄補

창계선생연보초[1]

滄溪先生年譜草

기축년(1649, 인조27) 1세

1월 19일 사시(巳時)에 선생이 장의동(壯義洞) 외가에서 태어났다.

경인년(1650, 효종1) 2세

신묘년(1651, 효종2) 3세

총명하고 슬기로워 기상이 보통 아이들과는 같지 않았다. 모부인이 말로 문자를 알려 주고 혹은 몇 줄을 써서 가르치면 바로 뜻을 이해하였다. 한번은 등불 아래 앉아 장난을 치다가, 밝은 곳을 가리키며 '양(陽)'이라 하고 어두운 곳을 가리키며 '음(陰)'이라 하니 보던 사람들이 기이하게 여겼다.

이해 11월에 양씨(梁氏) 집안에 출가한 누이[2]가 태어났다. 선생은

1 창계선생연보초(滄溪先生年譜草) : 창계의 아우 임정(林淨)이 지은 것이다. 《한국문집총간》 159집에 수록된 《창계집(滄溪集)》에는 창계의 연보가 없으나, 성균관대학교 대동문화연구원에서 임형택(林熒澤) 소장본을 대본으로 영인 간행한 《창계집》에는 〈연보초〉, 〈행장초(行狀草)〉, 〈신도비명〉 등이 필사본 형태로 수록되어 있다. 여기서는 이 〈연보초〉를 대본으로 번역하였으며, 이 외에 창계의 문인 박태구(朴台耈)가 찬한 연보가 전하는데 이 연보와는 편집 체제 및 글자에 약간의 이동(異同)이 있고 결락된 부분이 있어 번역에 참고 자료로 활용하였다.

2 양씨(梁氏)……누이 : 창계의 어머니 임천 조씨(林川趙氏)가 낳은 2남 3녀 중 둘째 딸로 후에 사인(士人) 양대가(梁大家)에게 시집간 누이를 말한다.

이때부터 외사(外舍)로 나가서 생활하였다.

임진년(1652, 효종3) 4세

외사로 나온 뒤로는 항상 백씨(伯氏)[3]의 품속에서 잤다. 백씨가 한번은 자리에서 일어나기 전에 입으로 《천자문》 몇 줄을 가르쳐 주었더니 그 음과 뜻을 잘 깨우쳤으며, 몇 차례 되풀이하지도 않고서 바로 외웠다.

계사년(1653, 효종4) 5세

부친인 참판공이 이제 막 관직 생활을 하느라 집에 없을 때가 많았다. 모부인이 혹 이런저런 글자나 연구(聯句)를 가르치기도 하고 글씨 쓰는 법을 가르치기도 하였는데, 애써 끌어 주거나 타이르지 않아도 일취월장하는 효과가 있었다. 시험 삼아 산자(散字)[4]를 읽어 보게 했더니 마치 익숙한 책을 보는 듯 읽었다. 매일같이 놀이를 하다가도 어른이 그만하라고 하면 곧바로 그만두고 다시 하지 않았다.

갑오년(1654, 효종5) 6세

을미년(1655, 효종6) 7세

3 백씨(伯氏) : 창계의 부친 임일유(林一儒)의 첫째 부인 반남 박씨(潘南朴氏)는 임환(林渙)과 임정(林淀) 두 아들과 심사혼(沈思渾)에게 시집간 딸을 두고 32세에 죽었다. 여기서는 임환을 가리키는 듯하다. 임환의 자는 문보(文甫)로 1681년(숙종7) 알성시(謁聖試)에서 1위로 합격하였다.

4 산자(散字) : 《천자문(千字文)》을 가리키는 것으로 보인다.

병신년(1656, 효종7) 8세

성격이 침착하고 온화하였으며 재능과 도량이 넉넉하였다. 희로(喜怒)의 감정을 드러내지 않고 말수와 웃음이 적었다. 어른을 모시고 응대할 때는 반드시 신중히 하였으며 동년배들과 놀 때에도 함부로 굴지 않았다. 이때 나이가 열 살이 안 되었는데도 사람들이 이미 존중해 주었다.

1월에 참판공이 은진현(恩津縣)에 수령으로 나가게 되자 선생이 따라갔다. 임지에 도착하던 날 참판공이 모란을 그린 병풍을 가리키며 "네가 이걸 두고 시를 읊을 수 있겠느냐?" 하시자, 선생이 즉시 답하기를 "작은 매화가 병신년 봄에 피었네.〔小梅花發丙申春〕" 하였다.

여름에 연꽃이 핀 정자에 있으면서 시를 지었는데 "큰비가 연잎에 떨어지니, 흰 구슬이 푸른 쟁반에서 구르는구나.〔大雨落荷葉 白璧轉青盤〕" 하니, 참판공이 기이하게 여겨 사랑하였다. 무릇 말을 배운 뒤로부터 글로 지은 것 중에 빼어난 것이 매우 많았는데, 참판공은 그가 너무 일찍 성취할까 염려하여 하는 대로 내버려 두었지 한 번도 기한을 정해 놓고 권면한 일이 없었다.

이해에 비로소 《사략(史略)》[5]을 읽기 시작하여 7권을 모두 끝냈는데, 첫 권을 읽을 때 이미 2권에 나올 일을 이야기하고 2권을 읽을 때 이미 3, 4권에 나올 일을 이야기하였다. 참판공이 기이하게 여겨

5 사략(史略) : 원나라의 증선지(曾先之)가 지은 중국의 역사책 《십팔사략(十八史略)》을 가리킨다. 중국의 정사 18종 가운데 풍교(風教)에 관계있는 말을 가려 뽑아 만든 책으로, 중국의 역사와 아울러 한문을 익히기 위하여 조선 초기부터 학동들에게 읽혔다. 원간본은 2권이나 명나라 진은(陳殷)의 음석본(音釋本)은 7권으로 되어 있다.

묻기를 "네가 어떻게 이 일을 아느냐?" 하니, 대답하기를 "일과로 책을 읽고 남은 시간에 보아서 알았을 뿐입니다." 하였다. 참판공이 "보면 능히 이해할 수 있겠더냐?"라고 물으니, 답하기를 "처음 볼 때에는 온통 모르겠고 간혹 한두 구절을 이해하였는데, 보고 또 보면서 반복해서 되풀이하다 보니 이해하지 못하던 곳을 조금씩 이해할 수 있게 되었습니다." 하였다. 이렇게 하였기 때문에 2권을 읽고 난 뒤로는 거의 스스로 읽을 수 있게 되어서 물어보는 것이 적었던 것이다.

독서하는 여가에는 반드시 누이에게 여사(女史)의 서책[6]이나 옛이야기 책을 읽게 하고는 그것을 들었다. 누이가 싫증을 내고 괴로워하면서 스스로 보지 못하느냐고 나무라자, 드디어 분연(奮然)히 책에 음을 써 달라고 하더니 책을 가지고 어떤 방으로 들어가서 문을 닫고 궁구하더니 반나절 만에 나왔는데 환히 통하여 막히는 것이 없었다.

정유년(1657, 효종8) 9세

은진(恩津)에 있었다. 《소학(小學)》과 사서(四書)를 읽었다. 무릇 스승에게 의지하여 배우지는 않았으나 이미 깨치지 못한 책이 없었다. 그러면서도 겸허한 태도로 사양하고 겸손하여 한 번도 스스로 깨쳤다고 여긴 적이 없었다. 같이 어울리던 아이들이 질문하는 것이 있으면, 비록 자기가 환히 알고 있는 것일지라도 묻자마자 경솔히 답해 준 적이 한 번도 없었으며, 반드시 한 번 더 상세히 살피고 나서야 답하여 주었

6 여사(女史)의 서책 : 여사는 고대 중국에서 후궁을 섬기면서 기록과 문서를 맡아보던 여관(女官)을 말한다. 여기서는 여인들의 일을 기록한 《열녀전(列女傳)》 등의 서책을 가리키는 듯하다.

다. 매일같이 오직 독서를 일과로 삼았으며 절대로 놀이를 하는 일이 없었다. 사물에 대해서도 담담한 태도를 보여 특별히 좋아하는 것이 없었다. 참판공이 이를 기이하게 여겨 시험 삼아 빛깔이 아름다운 망아지를 골라 한 아이종을 시켜 끌고 가서 주도록 하였는데, 나와서 보더니 아이종에게 "사랑스럽구나. 잘 먹여라." 하고는 그 후로 한 번도 그 망아지가 있는지 없는지 묻지 않았다. 참판공이 탄복하고 칭찬하면서 그 망아지를 치우게 하였다.

무술년(1658, 효종9) 10세

나주(羅州) 고향에 왕래하였다. 계부(季父)이신 상사공(上舍公)[7]은 오래된 병이 있어 일찌감치 과거를 포기하고는 집안의 후진(後進)들을 가르치는 일을 하였다. 서당을 짓고는 이름을 '자효당(慈孝堂)'이라 하였는데, 선생은 여러 형제들과 함께 여기에 거주하였다. 이때에 문사(文詞)만 크게 성취한 것이 아니라 어묵(語默)과 동정(動靜)에도 마치 성인(成人) 같은 점이 있었다. 상사공이 이를 몹시 사랑하였으며, 큰 그릇이 될 것으로 기대하고 늘 함께 거처하였다.

기해년(1659, 효종10) 11세

은진(恩津)에 있었다. 《대학》을 읽다가, 소주(小註) 가운데 "한 번의 숨을 혹 내쉬고 혹 들이쉴 때와 하나의 먼지가 혹 일어나고 혹 가라앉는 곳에 모두 이 이치가 있다."[8]라는 말이 있는 것을 보고는 몹시 기뻐하며

7 상사공(上舍公) : 임장유(林長儒, 1618~1672)로, 자는 여홍(汝弘)이다. 1648년(인조26) 진사시에 입격하였다.

깨달은 바가 있어 곧바로 침잠하여 궁리하더니, 그 본체를 깨닫게 되었다.

입학한 후로는 책 읽는 것이 고질병처럼 되었다. 그런데 관아에는 다른 책은 없고 단지《사문유취(事文類聚)》한 질만 있었는데, 일과로 정해진 공부를 하는 사이에 틈만 나면 곧 이 책을 가지고 홀로 한 방으로 들어가 잠심(潛心)하여 뜻을 음미하면서 읽었다. 혹 아이들이 따라와 시끄럽게 방해할까 염려하여 문을 닫고 신발을 감추어 남들이 알지 못하게 하였다. 집안사람들이 그가 간 곳을 찾아다니면 언제나 그 방에서 나오곤 하였다. 매일같이 탐독하여 한 질을 다 읽어 냈는데, 간혹 이해가 가지 않는 곳이 있으면 반드시 벽을 향하고 앉아 깊이 생각하였으며, 깨달아 이해가 된 뒤에야 그만두었다. 선생이 일찍이 말하기를 "이 책은 어렸을 때 읽어 본 뒤로는 다시 펴 보지 않았다. 그러나 무릇 시부(詩賦)나 명제(命題), 책제(冊題), 축조(逐條)[9] 등이 대부분 이 책으로부터 나왔으며, 그 외에 옛것을 널리 아는 것도 이 책의 덕을 많이 보았다." 하였다.

이해에 여러 형들을 따라 시를 지었는데, 고풍(古風) 같은 것은 이미 자못 정제되고 다듬어져 있었다. 참판공이 한번은 공무의 여가에 과표(科表) 한 편을 지은 일이 있었다. 선생은 곁에서 그 글제를 적더니

8 한……있다 :《대학혹문(大學或問)》격물치지(格物致知) 부분의 "미세한 먼지 하나, 숨 한 번 쉬는 순간에도 놓아둘 수 없는 것이다.〔一塵之微, 一息之頃, 不能遺也.〕"에 대한 소주(小註)에 나오는 격암(格菴) 조순손(趙順孫)의 말이다. 조순손은 남송 때의 학자로 주희의 제자이며,《사서찬소(四書纂疏)》등의 저작을 남겼다.

9 축조(逐條) : 대책문에서 사용하는 투식으로, 질문한 조목에 따라 논리를 전개하여 대책을 열거하는 것을 말한다.

물러 나와 글을 지었는데 체제와 격식이 이미 이루어졌으니 참판공이 더욱 기이하게 여겼다.

경자년(1660, 현종1) 12세

은진에 있었다. 전 부사(府使) 이홍록(李興祿)[10]이 현내(縣內)로 귀양을 왔는데 평소 문명(文名)이 있었다. 참판공이 가서 배우도록 명하여 매일같이 왕래하면서 《서전(書傳)》을 배웠다. 기삼백(朞三百) 주(註)[11]에 이르러 배우기를 청하니 이홍록이 "이것은 노사(老師)나 숙유(宿儒)들도 알기 어려운 곳인데 동자가 어떻게 그것을 알겠는가. 좀 더 자란 뒤에 알더라도 늦지 않을 것이다." 하였다. 선생이 집으로 돌아와 잠심하고 궁구하더니 하루가 지난 뒤에 갔다. 이홍록이 "어제는 왜 안 왔는가?"라고 물으니 선생이 "기삼백의 이치를 궁구하고자 해서 올 수가 없었습니다." 하였다. 이홍록이 "알아냈는가?" 하자 "알아냈습니다." 하였다. 이홍록이 "어디 한번 나에게 말해 보거라." 하니 선생이 상세하게 진술하였는데 빠뜨리는 것이 없었다. 이홍록이 크게 놀라 말하기를 "천하에 뛰어난 동자로다." 하고 서화담(徐花潭)의 일[12]을 끌어다 비유

10 이홍록(李興祿) : 《승정원일기》 효종 5년 12월 25일 기사에 정평 부사(定平府使) 이홍록이 상소한 내용과 이에 답한 내용이 보이나 자세한 인적 사항은 미상이다.

11 기삼백(朞三百) 주(註) : 《서경》 〈요전(堯典)〉의 "기는 366일이다.〔朞三百有六旬有六日〕"에 대한 채침(蔡沈)의 주를 말한다.

12 서화담(徐花潭)의 일 : 화담은 서경덕(徐敬德, 1489~1546)의 호이다. 기일원론(氣一元論)을 완성하여 주기론(主氣論)의 선구자가 되었다. 《연려실기술(燃藜室記述)》 권9 〈중종조 고사본말(中宗朝故事本末)〉에 "화담이 어렸을 때 이웃집 선비에게 《서전》을 배우는데 기삼백 대목에서 그 책장을 가르치지 않고 다음 책장으로 넘어갔다.

하고는 곧바로 참판공에게 편지를 보내 치하하였다.

이해 여름에 백씨를 따라 서울로 올라와 교관(敎官) 조견소(趙見素)[13]에게 나아가 배웠다. 독송(讀誦)과 제술(製述)에서 늘 윗자리를 차지하여 동료들이 크게 칭찬하고 심복하였다. 여름이 지나서 은진 관아로 돌아왔다.

신축년(1661, 현종2) 13세

가을에 참판공의 임기가 다 되어 나주(羅州)로 돌아오는데 선생도 따라서 돌아왔다.

왕고(王考) 목사공(牧使公)[14]께서 말씀하시기를 "너는 이미 사서와 이경을 읽었으니 이제 읽을 만한 것은 《주역》이다. 그런데 이 책은 이해하기 어려우니 반드시 동리옹(東里翁)[15]에게 가서 배우거라." 하였

공이 그 까닭을 물으니 선비는 말하기를 '온 세상에 이 장을 아는 이가 없어서 사람들이 읽지 않기 때문이다.' 하였다. 이에 공은 스스로 생각하기에 '실지로 알 수 없는 것이라면 옛 선비들이 무엇 때문에 이 경전에 실었으랴?' 하고 그 구두만 떼어 주기를 청해서, 15일 동안에 몇천 번을 외워 자연히 터득하여 알게 되었다."라는 일화가 전한다.

13 조견소(趙見素) : 1610~1677. 본관은 풍양(豐壤), 자는 자장(自章), 호는 성강(星江)이다. 제자백가의 학문에 널리 통하여 문사(文詞)로 사우(士友)들 사이에 명망이 높았다. 대과에 누차 응시하였으나 실패하고는 후학을 가르치는 데 힘썼다. 저술로는 유고(遺稿) 약간이 가장(家藏)되어 전한다.

14 목사공(牧使公) : 창계의 조부 임타(林墶, 1593~1664)이다. 본관은 나주, 자는 실지(實之), 호는 몽촌(夢村)이다. 인조반정에 가담하여 정사 원종공신(靖社原從功臣)이 되었다. 상주 목사(尙州牧使) 등을 역임하였으며, 이조 참의에 증직되었다.

15 동리옹(東里翁) : 창계의 작은할아버지 임위(林㙔, 1597~1668)이다. 창계가 지은 임위의 행장에 따르면 평생 지극히 효성스러웠으며, 형인 목사공 임타(林墶)와 우애가 깊었다. 과거에 뜻이 없었으나 어머니의 명으로 향시에 합격한 바 있고, 사계(沙溪)

다. 동리는 곧 선생의 숙조(叔祖) 지평공(持平公)의 호인데, 성리학에 종사하면서 많은 사람들에게 추앙을 받던 분이었다. 선생이 마침내 나아가 배웠는데 미묘한 말과 오묘한 의미에 대해 언외(言外)의 뜻을 많이 밝혀내니 동리공이 깜짝 놀라 감탄을 금치 못하며 말하기를 "우리 집안에 이러한 기재(奇才)가 있는 줄 몰랐구나. 네가 나에게 배우는 것이 아니라 내가 네 덕분에 알아내고 깨우치는 것이 많다." 하였으며, 무릇 의심스럽고 잘 모르는 곳이 있으면 반드시 선생과 함께 강론하였다.

임인년(1662, 현종3) 14세

회향(會鄕 나주(羅州) 회진(會津))에 있었다. 봄에 상사공이 '자효당(慈孝堂)'으로 시제를 삼아 자질(子姪)들에게 서문을 짓도록 하였다. 선생이 변려문(騈儷文)으로 지어 올렸는데 상사공이 읽어 보고는 감탄을 금치 못하였다.

목사공이 말년에 벼슬에서 물러나 무안(務安)의 바닷가 집에 있으면서 정사(精舍)를 짓고 이름을 '관해정(觀海亭)'이라 붙이고는 손자들에게 정자의 기문을 지으라고 명하였다. 손자들이 모두 산문으로 지어 올렸으나 선생만 홀로 변려문으로 지었는데, 구법이나 체격(體格)이 청신(淸新)하면서도 노숙하니 목사공이 매우 뛰어나다고 여기고는 마침내 벽에 걸어 놓았다. 문사(文士)들이 와서 보고는 감탄하지 않는 사람이 없었다.

김장생(金長生)의 천거로 상의원 별좌에 제수되었으나 나아가지 않았다. 지평으로 부르는 교지가 내려오자 병중에 사직 상소를 올리려다 죽었다. 《滄溪集 卷17 叔祖司憲府持平東里林公行狀》

계묘년(1663, 현종4) 15세

회향에 있었다. 역사책을 널리 읽으면서 역대 치란 흥망(治亂興亡)의 이유와 인물의 현우(賢愚), 사리의 옳고 그름에 대해 하나라도 마음에 새기지 않은 것이 없었다. 그리하여 문사(文辭)만 나날이 진보한 것이 아니라 식견과 의취(意趣) 또한 나날이 점점 넓어졌다.

갑진년(1664, 현종5) 16세

봄에 참판공이 용안 현감(龍安縣監)으로 나가는데 선생이 따라갔다. 현(縣) 내에 만경(萬頃) 도거원(都擧元)[16]이라는 사람이 있었는데 문명(文名)이 있었다. 선생이 나아가 《문선(文選)》을 배웠는데, 부(賦) 10여 편을 100번이 넘도록 읽었다. 이로부터 문사가 더욱 창달(暢達)하게 되어 시(詩), 부(賦), 표(表), 책(策)을 붓만 잡았다 하면 바로 완성하였으며 조금도 막히는 바가 없었다. 7월에 목사공의 상을 당하여 회향(會鄕)으로 돌아왔다.

을사년(1665, 현종6) 17세

봄에 서울로 갔다. 갈 무렵에 참판공이 말씀하시기를 "이유능(李幼能)[17]은 어질고 문장이 뛰어나며 나와 친하니, 네가 찾아가 스승으로

16 도거원(都擧元) : 1605~1677. 본관은 성주(星州), 자는 화숙(和叔)이다. 초려(草廬) 이유태(李惟泰)와 잠곡(潛谷) 김육(金堉)의 문하에서 수학하였다. 1646년(인조24) 문과에 급제하여 홍양 군수(興陽郡守), 만경 현령(萬頃縣令), 순천 군수(順天郡守) 등을 역임하였다.

17 이유능(李幼能) : 이단상(李端相, 1628~1669)으로, 유능은 자이며, 호는 정관재(靜觀齋)이다. 이정귀(李廷龜)의 손자로 학문에 전념하였으며 이조 판서에 추증되었

삼을 만하다." 하였다. 유능은 정관재(靜觀齋) 이단상(李端相)의 자(字)이다. 그가 한 번 보더니 서로 통하여 애지중지하였다. 때때로 시부(詩賦)의 글제를 내어 시험해 보고는 크게 칭찬하고 격려하면서 이어 명공(名公)들에게 전하여 보게 하니, 선생의 문명(文名)이 이로부터 더욱 떨치게 되었다. 정관재는 선생의 아름다운 자질을 사랑하면서 또한 그 자신을 더욱 향상시키도록 권면하니, 이로부터 마침내 위기지학(爲己之學)에 마음을 두게 되었다. 선생이 일찍이 말하기를 "정관재 선생은 나에게 문자를 지도해 주신 공이 있을 뿐만 아니라, 내가 학문의 방향을 일찌감치 알도록 해 주신 것 또한 선생께서 열어 깨우쳐 주신 데 힘입었다." 하였다.

이해 여름에 정시(庭試)에 응시하였는데 지은 글이 합고(合考)[18]에 들었다. 가을에 또 별시(別試)에 합격하였고, 지은 글이 또 합고에 들었으며, 또 감시(監試)에 합격하였다. 겨울에 창녕 조씨(昌寧曺氏) 하흥군(夏興君) 조한영(曺漢英)[19]의 손녀와 혼인하였다. 하흥군이 선생을 매우 큰 그릇으로 여겨 밤낮없이 함께 고금의 일을 이야기하고

다. 문하에서 아들 이희조(李喜朝), 김창협(金昌協)·김창흡(金昌翕)·창계 등이 배출되었다.

18 합고(合考) : 시권(試券)을 나누어 고시(考試)한 뒤, 과거 급제자를 결정하기 위하여 시관(試官)들이 모여서 급제 대상으로 뽑아 올린 시권을 다시 심사하는 일을 말한다.

19 조한영(曺漢英) : 1608~1670. 본관은 창녕(昌寧), 자는 수이(守而), 호는 회곡(晦谷)이다. 이식(李植), 김장생(金長生)의 문인이다. 지평으로 있을 때 청나라가 원병을 청하고 원손을 심양(瀋陽)에 볼모로 보내라는 요구에 반대하는 만언소(萬言疏)를 올렸다가 심양으로 잡혀가 고문을 받고 투옥되었다. 효종 즉위 후 부수찬, 헌납 등을 지냈다. 하흥군(夏興君)에 봉해졌다.

의리(義理)를 강론하기를 끊임없이 하면서도 피로한 줄을 몰랐다. 한 방에 있으면서 아침저녁으로 대하였지만, 대할 때는 반드시 관을 쓰고 띠를 둘렀으며 한 번도 누워서 대한 적이 없었다. 매번 이별할 때마다 번번이 "곁에 외우(畏友)가 없구나."라고 말하곤 하였다.

병오년(1666, 현종7) 18세

봄에 사마시에 수석으로 합격하였다. 3월에 어버이를 뵈러 갔다. 이해에 독서하느라 지나치게 애를 쓴 나머지 식적(食積)이 생겼는데 이것이 곧 평생 고질병의 뿌리가 되었다.

여름에 《주자대전(朱子大全)》을 보다가 뜻이 더욱 감분(感奮)하여 마침내 한 몸 바쳐 이 일에 종사하겠다는 계획을 정하였다. 곧바로 이 책을 가지고 똑바로 앉아서 두문불출하며, 읽다가 암송하다가 하면서 밤낮없이 각고의 노력을 기울였다. 그 은미하고 오묘한 곳에 이르면 잠심(潛心)하고 완미하며 탐색하느라 거의 침식(寢食)을 잊을 정도였으며, 반드시 철저하고 완벽하게 이해한 뒤에야 그쳤다. 한여름 삼복더위에 좁은 방에 앉아 땀이 흘러 등을 적셔도 힘들다고 여기지 않았다. 부모님께서 이를 근심하여 문을 열고 바람을 쐬도록 하였으나 외물이 눈에 띄는 것을 싫어하여 끝내 문을 열지 않았다. 식적 증상이 간혹 발작할 때면 베개를 겹쳐서 눈높이까지 쌓아 놓고 그 위에 책을 올려놓고 읽었다. 아침저녁 문안드리는 시간 외에는 잠시도 그만두지 않았다. 무릇 한 질(帙) 안에서 절실하고 요긴한 곳은 빠짐없이 외웠으며, 정미(精微)한 의미에 대해서는 빠짐없이 연구하였다. 이것이 선생의 학문이 첫걸음을 내디딘 곳이다.-선생이 일찍이 아우 임정(林淨)에게 이르기를 "사람들이 나를 보고 총명함이 남보다 뛰어나다고 하지만 내가 책을 읽는 방법이 남들과 다른 것은 알지 못한다. 책을 읽을 때는 다른 생각이 섞이지 않게 하고 정신과 마음씀이 온통 책 위에 있었으며, 안력(眼力)은 늘 책장을 뚫고자 하였다. 그러므로 한번 보면 곧 외웠고, 한번 외우면 오래도록 잊지 않았던 것이다. 일찍이 《주자대전(朱子大全)》을 볼 때도 정밀함과 전일함이 이와 같았다. 그래서 한 질을 몇 달 안에 훑어보았지만 이제 와서 생각해도 단지 그 뜻만 기억나고 마는 정도가 아니라 또렷이 눈앞에 떠오른다. 그 문장 10여 행이나 수십 행을 외운 것도 어느 하나 고심 끝에 얻은 것 아닌 것이 없다. 너희들은, 총명함은 나에게 미치지 못하면서도 책을 볼 때는 범범하게 읽어 마치 소일거리로 삼는 듯하니, 이렇게 하고서야 어찌 내용을 기억할 수 있겠느냐." 하고는, 곧 한숨을 내쉬고 탄식하면서 "내가 병오년(1666, 현종7)과 정미년(1667) 사이에 했던 것처럼 전심으로 노력하기를 10여 년만 지속할 수 있었더라면 반드시 크게 성취한 바가 있었을 텐데, 일찍부터 질병을 얻어 그럭저럭 지금에 이르렀으니 어찌 운명이 아니겠는가."라고 말하였다.-

또한 이해부터 처음으로 '칠성례(七省例)'를 행하였다. 이 예(例)는 다음과 같다. 새벽에 일어나서 〈사물잠(四勿箴)〉, 〈경재잠(敬齋箴)〉과 직접 가려 뽑은 격언들을 외운다. 아침밥 먹기 전에 그렇게 하고, 아침밥 먹은 뒤와 오시(午時)에도 그렇게 한다. 저녁밥 먹기 전과 저녁밥 먹은 뒤, 잠자리에 들 때에도 그렇게 한다. 이렇게 하루에 일곱 차례 지극히 반성한다고 해서 이름을 '칠성례'라고 붙인 것이다.

또한 '일방권점획례(日傍圈點畫例)'를 행하였다. 이 예는 매일 자신의 언행과 동정을 기록하여 보고 반성하려고 한 것이다. 당일에 계획했던 일이 마음에 흡족하지 않음이 없으면 동그라미를 치고, 속인 바가 있으면 선을 긋고, 처음에는 흡족하였으나 끝에서는 속였다면 동그라미를 치고 선을 긋고, 처음에는 속였으나 끝에서는 흡족하였다면 선을 긋고 동그라미를 치고, 속인 것과 흡족한 것이 뒤섞여 있다면 점을 찍었다. 무릇 동그라미, 점, 선의 크기에 차이가 있는 이유는 속임과 흡족함에 크고 작음이 있기 때문이다. 대개 작은 일들은 번거롭게 기록할 것이 없고, 또한 마음의 은미함을 이루 다 글로 적을 수 없기 때문에 이러한 예를 만들어 자신의 상태를 나타낸 것이다.-대개 선생의 학문은 전적으로 내면을 다스리는 데 마음을 썼기 때문에, 그 일상에서 늘 행하는 일이나 행동거지에 있어서 오직 '스스로를 속이지 말라.〔毋自欺〕'는 데에 힘썼다. 일찍이 시를 지었는데 "학문은 남에게 과시하려 하지 않을 때 바야흐로 진전이 있으며, 도는 나를 잊을 수 있을 때 절로 근심이 없으리라.〔學不爲人方有進 道能忘我自無憂〕" 하였다. 또 자신에게 와서 배우는 사람들을 항상 정성스럽게 깨우쳐 주면서 말하기를 "성(誠)과 위(僞) 두 글자는 학문의 가장 중요한 핵심이 나뉘는 곳이다. 진실로 이 관문을 완전히 꿰뚫고 나아갈 수 없다면 비록 천 권의 책을 읽는다 할지라도 또한 무엇 하겠는가." 하였다.-

9월에 다시 서울로 갔다. 정관재공(靜觀齋公)이 더욱 공경하고 중히 여기면서 선생에게 박현석(朴玄石)[20]을 찾아가 만나 뵙도록 권하였다. 현석이 함께 며칠 동안 이야기해 보더니 매우 기특하게 여기고는 정관재에게 편지를 보내어 "임군과 함께 공부해 보았는데, 박학다식하고 기억력이 좋은 것이 스승으로 삼을 만하다." 하였다. 이어서 왕래하면서 강학하였는데, 정의(情義)가 매우 깊고 단단해졌다.

겨울에 《소학》을 읽고 〈독서록〉을 지었다. 이해 6월에 조모의 상을 당하였다.

20 박현석(朴玄石) : 박세채(朴世采, 1631~1695)로, 호가 현석이다. 자의대비(慈懿大妃) 복상(服喪) 문제에서 서인 측의 기년설(朞年說)을 지지하였다가 1674년(현종15) 관직을 삭탈당하고 유배 생활을 하였다. 1680년(숙종6) 경신대출척으로 다시 등용되었으며 1694년 갑술옥사 이후 이른바 소론의 영도자가 되었다. 대동법의 실시를 적극 주장하였다. 시호는 문순(文純)이다.

정미년(1667, 현종8) 19세

서울에 있었다. '일방권점획례'를 작년보다 더욱 엄밀하게 시행하였다.

봄에 시험 삼아 시무책(時務策)을 지었는데, 절반 정도 짓다가 말하기를 "조존(操存) 공부[21]에 힘쓰는 것과 비슷해서 스스로 생각하기에 '이런 대수롭지 않은 문장을 지으면 마음이 어지러운 지경에 이르지는 않겠지.' 하였는데, 짓다 보니 매우 그렇지 않은 점이 있다." 하고는 드디어 붓을 던지고 원고를 찢어 버렸다. 전심(專心)하여 《대학》을 읽고, 아울러 《주자어류(朱子語類)》, 《이정전서(二程全書)》, 《성리대전(性理大全)》 등을 읽었다. 6월에 어버이를 뵈러 갔다.

가을에 백씨를 따라 다시 서울로 갔다. 행렬이 소사평(素沙坪)에 이르렀을 때, 홍경(洪慶)[22]의 옛 비석을 발견하고는 말에서 내려 한 번 읽고 떠나갔다. 저녁에 주막에 도착하여 백씨가 "비문이 제법 좋았는데 바빠서 대충 보고 지난 것이 안타깝구나. 너는 그것을 기억할 수 있겠느냐?" 하여 선생이 시험 삼아 외웠는데 빠뜨린 것이 없었다. 그 총명함이 대부분 이와 같았다.

무신년(1668, 현종9) 20세

1월에 어버이를 뵈러 갔다. 《근사록》과 《소학》을 읽고 돌아가면서 반

21 조존(操存) 공부 : 인간의 본연한 선심(善心)을 간직하여 잃어버리지 않는 공부를 말한다. 《맹자》 〈고자 상(告子上)〉에 "잡고 있으면 보존되고, 놓아 버리면 없어지며, 나가고 들어오는 것이 일정한 때가 없고, 어디로 향할지 종잡을 수가 없는 것은 오직 사람의 마음을 두고 말한 것이다.〔操則存, 舍則亡, 出入無時, 莫知其鄕, 惟心之謂與!〕" 라고 하였다.

22 홍경(洪慶) : 신라 말, 고려 초의 승려로 홍경이 있으나 동일인인지는 미상이다.

복하여 익혔으며 이어서 차록(箚錄)을 지었다. 가을에 다시 서울로 갔다.

기유년(1669, 현종10) 21세
참판공이 북관(北關 함흥(咸興))에 부임하였는데 선생이 따라가서 방 하나에 고요히 머물면서 《논어》와 《맹자》를 읽었다.

경술년(1670, 현종11) 22세
북관에 있었다. 《맹자》를 숙독하였다. 가을에 서울로 올라갔다. 참판공도 일이 있어 서울에 올라갔는데 이때 마침 별과(別科)가 있어 참판공이 시험을 보도록 권하여 마침내 수석으로 합격하였다. 그러나 회시(會試)에는 낙방하고 북쪽으로 돌아갔다.

신해년(1671, 현종12) 23세
북관에 있었다. 《중용》과 《시전》을 숙독하였다. 겨울에 정시(庭試)에 응시하여 제2등을 차지하였다. 형제들을 따라 돌아와 어버이를 모셨다. 이해 7월에 아들을 낳았으나 7일 만에 죽었다.

임자년(1672, 현종13) 24세
북관에 있었다. 또 《중용》, 《시전》, 《근사록》, 《소학》 등을 읽었다. 〈근사록차록〉을 지었다. 가을에 서울로 가서 가주서(假注書)로 승정원에 들어갔으며, 겸하여 괴원(槐院 승문원)에서 면신례(免身禮)를 행하였다. 겨울에 참판공을 따라 나주(羅州) 고향으로 돌아갔다.

계축년(1673, 현종14) 25세

서울에 있었다. 삭서(朔書)와 삭시사(朔試射) 때문에 상참에 참석하지 않아 파산(罷散) 상태에 있어서 《근사록》과 《소학》을 숙독하였다.

갑인년(1674, 현종15) 26세

2월에 부인 조씨(曺氏)의 상을 당하였다. 9월에 의원을 찾아 용협(龍峽 용담(龍潭))을 다녀왔다. 이해에 《소학》과 《대학》을 읽었다.-겸하여 《혹문(或問)》을 읽었다.- 또한 《가례(家禮)》와 《주자어류》를 보았다. 11월에 퇴계(退溪)와 율곡(栗谷)의 글을 펼쳐 보다가 이기설(理氣說) 및 사단칠정설(四端七情說)에 대해 깊이 깨달은 바 있어 차록을 지었다.-일기(日記) 중에 보인다.-

을묘년(1675, 숙종1) 27세

친가가 몇 년 동안 서울에서 살면서 궁핍함이 날로 심해지자 장차 고향으로 돌아갈 계획을 세웠다. 그런데 서울에서는 바야흐로 남쪽의 근심[23]으로 뒤숭숭하고 소란하였다. 선생은 어버이를 모시고 남쪽으로 내려가는 것이 걱정이 되었다. 그래서 이해 2월에 뜻을 같이하는 사람들과 함께 영동(嶺東) 지역으로 깊이 들어가 거처할 만한 곳을 구하였다. 통천(通川)에 다다르니 지세가 험하고 깊어서 병화(兵禍)를 피하기에

23 남쪽의 근심 : 고향인 나주로 가려던 계획을 바꾸어 병화를 피할 만한 곳을 찾아 강원도 깊은 산골로 향한 것을 보면 당시 남쪽 지방에 왜구의 노략질 등이 있었던 것으로 보이나 자세히 알 수 없다. 《숙종실록》 즉위년 9월 4일 기사에는 왜선(倭船)이 들어왔다는 뜬소문으로 서울 안팎이 경동(驚動)하다가 이튿날 진정되었다는 기록이 나온다.

적당한 데다가 빈터가 있어 밭을 일굴 만하였기에 마침내 머물면서 농사를 지었다.

7월에 서울로 돌아왔다. 10월에 어버이를 모시고 떠났다.[24] 집안의 노복들은 본래 남쪽 지방에서 온 자들이라 모두 남쪽으로 돌아가기를 원하였으며, 깊은 산골로 들어가는 것을 좋아하지 않았다. 선생은 이해(利害)로 깨우치고 잘 어루만져 달래서 그들이 편안하게 따를 수 있도록 하였다.

이때 이태서(李台瑞)[25]가 통천의 수령이었는데, 일찍이 참판공과 면식이 있어서 때때로 찾아와 문자에 대해 담론하곤 하였다. 선생은 그의 사람됨이 불길한 것을 알고, 시장(詩章)으로 창화(唱和)하는 일이 생길까 두려워 평소 시 짓는 법을 알지 못한다고 핑계를 대었다. 뒤에 들으니 이태서는 다른 사람에게 "임모(林某)는 문학은 출중한데 시를 짓지 못하니 그것이 애석하다."라고 했다고 하였다.

병진년(1676, 숙종2) 28세

통천 골짜기에 있었다. 이른 봄부터 노복들을 단속하고 일을 맡겨 농사일에 힘을 다하도록 하였다. 윗사람을 봉양하고 아랫사람을 거느리는

24 어버이를 모시고 떠났다 : 이에 관한 시가 《창계집》 권1에 수록된 〈양친을 모시고 영동으로 들어가다〔奉親入嶺東〕〉이며, 제목에 "을묘년(1675, 숙종1) 10월 24일 서울을 출발하였다."라는 주석이 있다. 이 시 뒤로는 송산(松山), 축석(祝石), 포천(抱川), 김화(金化) 등 통천(通川)까지의 여정에 따라 감회를 읊은 시가 이어진다.

25 이태서(李台瑞) : 1614~1680. 본관은 성주(星州), 자는 공현(公鉉)이다. 그의 부친은 광해군 때 폐모(廢母)를 주장한 무리에 속해 있었는데, 이태서가 자신의 부친 이름을 숨기고자 당시의 상소문 기록을 조작했다는 죄목으로 파면을 당하고 이후 여러 차례 국문 끝에 죽었다.

데 비용이 매우 많이 들었으나 궁핍한 지경에 이르지는 않았다. 가을에 6품으로 올라 전적(典籍)에 제수되었으나 나아가지 않았다.-연전에 추천 명단에 들었으나 지금에 와서 비로소 6품으로 오른 것이다.-

10월에 서울로 올라가 이귀년(李龜年)[26]의 딸을 계실(繼室)로 맞아 들였다. 11월에 아우 임정(林淨)과 함께 돌아왔다. 추령(楸嶺 추지령(楸池嶺))에 이르렀을 때 눈길이 험난하여 말을 버리고 걷다가 넘어져 오른쪽 팔뚝을 다쳤다. 이에 관한 시[27]가 있다.

정사년(1677, 숙종3) 29세

통천 골짜기에 있었다. 경치가 좋은 곳에 자리를 잡아 집을 짓고 들어가 살았다.[28] 《논어》를 읽고 차록을 지었다.

처음으로 하나의 법규를 세웠는데, '존덕성(尊德性)'과 '도문학(道問學)'[29] 두 가지 일로 자신의 지난 일을 점검하고 앞으로 다가올 일을 경책(警策)하는 것이었다. '존덕성'의 일은 경(敬)을 위주로 하여, 어

26 이귀년(李龜年) : 본관은 한산(韓山)으로, 목은(牧隱) 이색(李穡)의 후예이나 자세한 정보는 알 수 없다. 〈신도비명〉이나 〈가장초(家狀草)〉 등에는 장사랑(將仕郞)으로 나와 있다.

27 이에 관한 시 : 《창계집》 권1에 수록된 〈추지령(楸池嶺)에 이르러 넘어져서 오른팔이 부러졌기에 입으로 바로 읊다〔到嶺上顚仆折右臂口占〕〉이다.

28 경치가……살았다 : 《창계집》 권1에 〈용연의 새 거처에서 두보의 〈동가〉 시에 차운하다〔龍淵新居次杜詩東柯韻〕〉가 있는 것으로 보아 용연(龍淵)에 새 집을 짓고 들어가 산 것으로 보인다. 용연은 통천(通川)에서 북쪽으로 5리 되는 곳에 있다.

29 존덕성(尊德性)과 도문학(道問學) : 《중용장구》 제27장에 "군자는 덕성을 높이고 학문을 말미암는다."라고 한 데서 나온 말로, 존덕성은 하늘로부터 부여받은 덕성을 보존하는 것이고, 도문학은 학문을 통하여 이치를 궁구하는 것을 이른다.

버이를 섬기는 데는 성의(誠意)를 다하고, 집안일을 처리하는 데는 옛날의 바른 도리에 의거하며, 몸가짐은 엄중하게 하고, 말은 충신(忠信)하게 하는 것이다. '도문학'의 일은 곧 아침에는 《논어》를 읽고, 낮에는 《시전(詩傳)》이나 다른 경전을 읽으며, 밤에는 《중용》과 《대학》을 복습하여 익히는 것이다. 3일마다 한 차례씩 정리하여 근만(勤慢)을 일기에 기록하였다.

이곳은 외지고 누추한 두메여서 선비들이 착실하게 학문에 정진하는 자가 없었는데, 선생이 와서 거한 이후로 흥기(興起)하는 바가 많았다. 배우기를 원하는 자는 재주에 따라 교육하였으며 자못 성취하는 효과가 있었다.

무오년(1678, 숙종4) 30세

통천 골짜기에 있었다. 《성리대전(性理大全)》을 보고 차록을 지었다.

선생은 평소 산수(山水)를 좋아하여, 비록 어디에 가는 길이거나 급박한 순간일지라도 길가에 경치가 아름다운 곳이 있으면 반드시 올라가 유람하고 소요(逍遙)하느라 시일이 늦어지는 것을 따지지 않았다. 이 지역은 볼만한 곳이 매우 많았는데, 풍악(楓嶽)도 하루 이틀 일정의 거리였다. 그러나 항상 어버이를 모시고 위로해 드리는 데 힘쓰느라 하루 안에 다녀올 수 있는 곳이 아니면 감히 나가 유람할 계획을 세우지 않았다.-어버이의 연세가 많은 데다 사는 곳 또한 고적(孤寂)하여 평상시 아무 일이 없으니 소일(消日)하기가 어려웠다. 그래서 선생이 항상 곁을 떠나지 않으면서 고금의 일을 많이 이야기하여 위로하고 기쁘게 해 드렸다. 모부인께서 일찍이 말씀하시기를 "네가 이야기하는 것은 모두 성현의 가언(嘉言)과 선행(善行) 아닌 것이 없으니, 만약 책으로 쓴다면 좋은 옛이야기 책이 되겠구나." 하였다. 매번 그렇게 할 뜻은 있었지

만 실행하지는 못하였다고 한다.-

이해 여름에 아우 임정(林淨)이 마침 와서 어버이를 모셨다. 선생이 이때를 타서 잠시 풍악을 보러 가겠다고 청하니 참판공이 허락하였다. 즉시 필마(匹馬)를 타고 홀로 떠나 내금강과 외금강을 두루 다니고 돌아왔다.

이때에 세상의 어지러운 소식이 다소 진정되었는데, 선대의 묘소와 친척들이 천 리 밖 멀리 떨어져 있어 그 사정이 절박하고 고민스러운 것을 이루 말할 수가 없었다. 부득이하여 마침내 통천에서 나갈 계획을 세웠다.

9월에 참판공이 가족을 이끌고 서쪽으로 돌아갔다. 11월에 선생이 뒤따라 이르러 어버이를 모시고 호서(湖西)로 와서 부여(扶餘)에 임시로 거주하였다.

기미년(1679, 숙종5) 31세

부여(扶餘) 조계촌(藻溪村)에 있었다. 《주역》과 《시전》을 읽고 모두 차록을 지었다. 또 《근사록》을 읽었다.

경신년(1680, 숙종6) 32세

부여에 있었다. 총암정사(叢巖精舍)를 지어서 어버이를 모시고 들어가 살았다.

이때는 경화(更化)[30]의 초기여서 상께서 간절히 어진 인재를 구하려

30 경화(更化) : 정치를 개혁하여 교화를 다시 한다는 뜻으로, 여기서는 1680년(숙종6)에 남인이 실각하고 서인이 집권하게 된 경신대출척(庚申大黜陟)을 말한다.

는 뜻이 있어 대신(大臣)들에게 명하여 각각 어진 인재를 천거하도록 하였다. 이때에 선생은 물러나 거하면서 진덕수업(進德修業)에 힘써 바야흐로 두터운 신망(信望)이 있었으니, 대신이며 재신(宰臣)들이 대부분 선생을 첫 번째로 천거하였다. 처음에는 전적(典籍)과 기성(騎省 병조)의 낭관에 제수되었다가 곧이어 사간원 정언, 홍문관 수찬에 제수되었다. 상소하여 체차를 청하였으나 상께서 내리신 비지(批旨)가 융중(隆重)하였다.-그대의 문학은 내가 이미 들어 알고 있다. 지나치게 사양하지 말고 속히 올라오기 바란다고 하였다.- 어버이의 뜻 또한 억지로라도 일어나 나아갈 것을 권하였기에 마침내 길을 나서 도성 밖에 이르렀으나 소(疏)를 올리고 들어가지 않았다. 그런데 문득 패초(牌招)하여 부르셔서 마침내 나아가 사은숙배하고 입직(入直)하였다. 다음 날 곧바로 소대(召對)의 명이 내리니, 사람들이 "당일 소대하는 일은 선생을 위해 만든 규례이다." 하였다. 들어가《자치통감강목(資治通鑑綱目)》을 진강하고 이어서 학문의 도와 치란(治亂)의 기틀에 대해 진달한 것이 도합 누천언(累千言)에 달하였는데 상께서 매우 칭찬하고 감탄하였다.-부수찬의 명성을 들은 지 오래였는데, 지금 어전에서 만나 문학을 토론해 보니 재행(才行)이 과연 탁월하다고 하였다.- 당대의 벗들이 시를 지어 은총을 칭송하였다. 이날부터 경연(經筵)에서 상을 모시면서 무릇 글의 뜻을 해석하고 성학(聖學)을 권면하는 일 외에도 시정(時政)의 득실에 대해 많이 진술하였는데, 옛일을 끌어다 오늘의 일을 증명하니 말이 모두 절실하고 지극하였다. 사람들이 연석(筵席)에서 이야기한 것은 율곡(栗谷) 이후로 없었다고 말하였다.-이때에《태극도설(太極圖說)》,〈서명(西銘)〉 등의 글을 진강하였는데, 상이 특별히 명하여 선생은 읽고 우재(尤齋) 송시열(宋時烈)에게는 해석을 하도록 하였다.-

8월 이후로 정언에 제수된 것이 두 번, 지평에 제수된 것이 세 번, 수찬과 교리에 제수된 것이 다섯 번이었다. 옥당에 있을 때에는 상소하여 학업의 규모에 대해 상세히 논하였다.-추향(趨向)을 정하는 것을 강(綱)으로 지행(知行)을 목(目)으로 삼았다.- 또한 응지소(應旨疏)를 올려 3개 항목을 진달하였다.-옥에 갇힌 죄수를 소결(疏決)[31]할 것, 도망자나 죽은 자에게 징포(徵布)하는 일을 혁파할 것, 필요하지 않은 잡비를 절약하고 공물(貢物)을 줄여 줄 것 등을 청하였다.- 모두 소차(疏箚) 권에 보인다.

신유년(1681, 숙종7) 33세

1월에 또다시 교리로 부름을 받아 대궐에 나아갔다.-이때 참판공은 시종신(侍從臣)의 아버지로서 나이가 70이었기 때문에 통정(通政)의 품계에 올랐다. 사은(謝恩)하러 올라와야 하는 데다 또한 선생이 객지에서 벼슬살이하는 것이 불편할까 염려하여 마침내 집안 식구들을 모두 이끌고 서울로 올라왔다. 선생이 항상 곁에서 모셨다.-

5월에 일을 논한 것 때문에 엄한 비지를 받고는[32] 나가서 동교(東郊)에 있었다.

가을에 호남(湖南)에 시관(試官)으로 가라는 명을 받들고 남쪽 고을

31 소결(疏決) : 나라에 경사가 있거나 혹한, 무더위, 가뭄이 있을 때 은전(恩典)을 베풀 목적으로 실시하는 특별 재판이다.

32 일을……받고는 : 교리인 창계 등이 국구(國舅)인 김만기(金萬基)가 병권(兵權)을 맡고 외척(外戚)인 김석주(金錫冑)가 전조(銓曹)를 맡는 데 대한 반대 의견을 진달하자, 숙종은 그런 전례가 많았으므로 문제 될 것이 없다면서 창계 등을 '부박(浮薄)한 무리' 등의 말로 비판하는 비답을 내렸다. 이에 창계가 계를 올려 "평소의 성의가 천박하여 상께 신임을 얻지 못하여 이런 말을 듣게 되었으니, 더 이상 언책(言責)을 맡을 수 없습니다." 하고 승정원에서도 '부박한 무리'라는 말은 지나치니 하교를 거두어 주기를 청한 바 있다.《承政院日記 肅宗 7年 5月 4日, 12日》

을 다녀왔다. 미처 돌아오기도 전에 일본 통신사의 서장관에 차임되었으나 조정에서 어버이가 연로하다는 의견을 올려 체차되었다.

대개 이해에 지평에 제수된 것이 두 번, 수찬과 교리에 제수된 것이 여섯 번, 헌납에 제수된 것이 두 번이었으며, 호당(湖堂 독서당)의 선발에 들었고 겸 서학 교수(兼西學敎授)가 되었다.

겨울에 이조 좌랑에 제수되었으며 또한 수어사(守禦使)의 종사관(從事官)을 겸하였다. 벼슬에 뜻이 없어서 반드시 체직되기를 원하였다. 시관으로 패초(牌招)하는 명을 어겼는데도 체직되지 않아 마지못해 도목 정사(都目政事)를 행하였다.

임술년(1682, 숙종8) 34세

1월에 송도(松都)에 시호(諡號)를 내리는 일로 다녀왔다. 2월에 남한산성(南漢山城)에 환곡을 나누어 주는 일로 갔다. 돌아와서는 또 시관으로 패초하는 명을 어겨 파직되었다. 실록청(實錄廳)에서 군직(軍職)에 붙일 것을 계청하였다. 4월에 말미를 받아 부강(扶江 부여 백마강)으로 어버이를 뵈러 갔다. 7월에 서울로 돌아왔다.

8월에 만언소(萬言疏)[33]를 올려 나라를 다스리는 제도에 대해 논하였는데 강령(綱領)이나 조목(條目)이 갖추어지지 않은 것이 없었다.-소차 권에 보인다.○선생은 비록 강호(江湖)에 물러나 있을 때라도 언제나 세도(世道)를 걱정하였으며, 무릇 국가를 다스리는 방도나 병폐를 구제하는 방책은 반드시 모두 제도를 만들고 규범을 강정(講定)하여 훗날 시행할 수 있는 도구로 삼고자 하였다. 특별히

33 만언소(萬言疏) : 창계가 이조 정랑으로서 올린 응지소(應旨疏)로 《창계집》 권4에 수록된 〈성지(聖旨)에 응하여 시사를 말한 소〔應旨言事疏〕〉를 가리킨다.

사대부와 선비들에게는 반드시 서로 공경하는 마음으로 협력하고 붕당을 없애는 것을 급선무로 삼기를 간절히 원하였다.-

또 상소[34]를 올려 호포(戶布)의 폐단을 그대로 두지 말 것과, 나라의 비용을 넉넉하게 만들고 민역(民役)을 줄여 주는 방법에 대해 극진히 논하였으니, 모두 4개 조항이다.-여러 군문(軍門)의 재용(財用)을 모두 한곳에 귀속시켜서 각자 멋대로 쓰지 못하도록 할 것, 훈련도감의 별대군(別隊軍) 인원을 줄이고 번(番)을 면제해 준 다음 면포를 납부하도록 할 것, 역(役)의 명목이 지나치게 많은 것을 줄여서 군액(軍額)에 보충할 것, 일 없이 노는 선비들에게 면포를 징수하여 민역을 도울 것 등이다. 자세한 내용은 소차 권에 보인다.-

이때에 아우 임정(林淨)이 사마시(司馬試)에 합격하였다. 11월에 가족들을 이끌고 부강(扶江)으로 돌아왔다.

계해년(1683, 숙종9) 35세

1월 12일에 모친상을 당하였다. 모부인의 춘추는 60이 못 되었고 평소에 특별한 질병도 없었다. 선생이 외사(外舍)에 있을 때 문득 배 속이 몹시 뒤틀리면서 마치 뒤집어지는 듯한 증상이 있어 깜짝 놀라고 괴이하게 여겨 곧바로 안으로 들어가 보니 어머니의 상태가 좋지 않아 갑자기 혼미해져서 기절했다가 잠시 후에 깨어나셨다. 이 상태로 차도가 없이 5, 6일이 지나더니 끝내 돌아가셨다. 이때 백씨(伯氏)는 서울에서 벼슬하고 있었고 중씨(仲氏)는 본래부터 남쪽 고향에 살고 있었으며, 아우 임정도 소분(掃墳)하러 남쪽 고향에 가 있었다. 급히 사람을 남북으로 보냈으나 모두 때에 맞춰 돌아오지 못하였다. 선생은 근년 이래로

34 상소 : 《창계집》 권4에 수록된 〈호포를 논한 소〔論戶布疏〕〉를 가리킨다.

조정에 있을 때가 많았으나, 형제들이 모두 집에 없을 때 마침 돌아와 모시고 있었기에 병수발이며 장례 치르는 일을 유감없이 할 수 있었다. 사람들이 선생의 지극한 효성으로 이렇게 된 것이라고 말하였다.

3월에 영구를 모시고 돌아가 함평(咸平) 선산에 장사 지내고 신주(神主)를 모시고 부강으로 돌아왔다. 7월에 성묘하러 갔다가 그대로 4개월 동안 머물면서 석역(石役)을 끝내고 돌아왔다.

갑자년(1684, 숙종10) 36세

1월에 국상[35]이 있어 장례를 치르기 전에는 대상(大祥)을 지낼 수가 없었다. 장차 부곡(赴哭)하러 떠나려 하였는데 마침 참판공께서 병환이 있어 가지 못하였다. 이달 22일에 끝내 부친상을 당하였다.

3월에 선산으로 옮겨서 장사를 지냈다. 마침내 부강에서의 생활을 끝내고 용담(龍潭)의 조림촌(照林村)으로 옮겨 살았다. 친상(親喪)을 당한 뒤로 몸의 병이 더욱 고질이 되어 조금만 생각을 깊이 하여도 곧바로 기(氣)가 올라오고 머리가 욱신거리는 증상이 생겼다. 그래서 그저 한만(閑漫)한 글이나 들춰 보고 간혹 붓을 놀리는 데 마음을 두면서 몸을 조리(調理)하였다. 무릇 책을 보다가도 매번 고인(古人)이 효(孝)에 대해 얘기한 곳이 나오면 반드시 책을 덮고 흐느꼈다.

을축년(1685, 숙종11) 37세

용담 골짜기에 있었다. 상패(喪敗)하고 떠돌아다닌 끝에 가난이 더욱

35 국상 : 1683년(숙종9) 12월 5일 현종의 비 명성왕후(明聖王后) 김씨(金氏)가 창경궁 저승전(儲承殿)에서 42세를 일기로 승하하였다.

심하여져서 음식은 굶주림을 면하지 못하고 의복은 더위와 추위를 막을 수 없었다. 수재(守宰)와 방백(方伯)이 이를 보고 안타깝게 여겨 간혹 쌀가마나 피륙이라도 보내면 곧 서신을 올려 그 후의에 감사하면서도 그 물건은 사양하였다. 무릇 부의(賻儀)로 보내거나 받을 만한 명분이 있는 음식이 아니면 결코 받지 않았다.-집이 몹시 가난하였으면서도 남에게 베푸는 것을 좋아하여 남이 굶주리거나 추위에 떠는 곤궁한 모습을 보면 자기 옷을 벗어 입혀 주기도 하고 행장을 기울여 다 털어 주기도 하였다. 남들이 혹 너무 지나치다고 하면 곧 말하기를 "우리 집에는 본래 귀한 물건이 없는데 어찌 지나치다고 걱정을 하는가." 하였다.-

병인년(1686, 숙종12) 38세

1월에 대상(大祥)을 지냈다. 2월에 백씨가 가묘(家廟)를 받들고 남쪽 고향으로 돌아가는데 여러 아우가 따라갔다. 3월에 담제(禫祭)를 지냈다. 선생이 아우 임정(林淨)과 함께 용담 골짜기 집으로 돌아갔다.

5월에 진안(鎭安) 반월촌(半月村)으로 옮겨 거하였다. 탈상하고 복을 벗은 뒤에 형제들이 집안의 재산을 나누었는데, 선생은 늙고 병든 자를 달라고 하면서 "이 사람은 나에게 공로가 있는 데다 나와 함께 고생하였으니 내가 마땅히 데려가겠다." 하였다. 중씨가 빈궁한 데다 자녀까지 많아 살아갈 방도가 없자, 자기가 갖고 있던 밭이며 노복을 주어서 농사지어 먹고 부릴 수 있게 하고는 자신은 항상 남의 밭을 빌려 농사지으면서도 죽을 때까지 돌려받지 않았다.

이해에 이조 정랑, 사헌부 집의, 의정부의 검상(檢詳)과 사인(舍人), 사간원 사간, 사복시 정에 제수되고 승정원의 동부승지와 좌부승지 등에 승급하여 제수되었다. 그러나 스스로 종천지통(終天之痛)[36]을 품어 더욱 당세에 나아갈 뜻이 없었기에 모두 상소하고 나아가지 않았다.

정묘년(1687, 숙종13) 39세

진안 골짜기에 있었다. 계획을 세워 《대학》을 읽고 아울러 《주자어류》, 《자치통감강목》을 보았다. 2월에 아들 임동(林董)이 태어났다. 이해에 예조 참의, 홍문관 부제학, 성균관 대사성에 제수되었으나 모두 나아가지 않았다.

10월에 황해도 관찰사에 제수되었으나 상소하여 체차를 청하였다. 비지(批旨)가 융중(隆重)하였다.-경의 문학은 경악(經幄)에 두어야 마땅하나, 이번에 황해도 관찰사에 임명한 것은 복잡하여 처리하기 어려운 일에 대해 경의 뛰어난 재능을 시험해 보고자 해서이다. 경은 고사(固辭)하지 말고 속히 올라와 임지로 가서 직임을 잘 행하라고 하였다.- 경외(京外)의 친구들 또한 모두들 선생에게 일어나 나가기를 권하였으나 선생은 결단코 벼슬길에 나아가고자 하는 생각이 없었으므로 두 번, 세 번 상소하여 끝내 체직될 수 있었다.

가을에 아우 임정이 벼슬에 올라 서울로 들어갔기에 객지에 우거하는 고적(孤寂)함이 더욱 심해졌다. 겨울 동안에 또한 화재를 만나 마침내 읍내로 옮겨 살았다. 이에 비로소 남쪽으로 돌아갈 계획을 정하였다.

무진년(1688, 숙종14) 40세

2월에 식구들을 이끌고 회향(會鄕 회진(會津))으로 돌아갔다. 4월에 능주 목사(綾州牧使)에 제수되었다. 대개 몇 년 이래로 부르시는 전지(傳

36 종천지통(終天之痛) : 부모의 초상에 참최복(斬衰服)과 자최복(齊衰服)을 입는 기한은 있지만 자식 된 자의 비통한 생각은 이 세상이 다하도록 끝이 없다는 뜻이다.

旨)가 계속 이어졌으나 모두 나아가지 않으니, 분의(分義)로 헤아려 보건대 매우 편치 않은 점이 있었다. 그래서 은명(恩命)에 한 번 사례하고자 생각하여 억지로 일어나 서울로 들어갔다.

이 무렵에 대신이며 여러 재신(宰臣) 중에 이때를 틈타 선생을 잡아두자는 논의가 있었으나 선생은 실로 알지 못하였다. 서울에 머문 지 며칠이 되어 이제 막 임금께 하직 인사를 드리려 할 때, 격식을 벗어난 계청으로 대사성에 수망(首望)으로 천거되어 낙점을 받았다. 선생은 도성에 왔다가 스스로 묶여 버린 것이 부끄러워 끝내 직임을 수행하지 않았다. 얼마 후 이조 참의에 제수되고 겸하여 승문원 제조에 차임되었으나 패초를 받고도 나아가지 않았다. 엄한 특지(特旨)가 내려 파직되니 선생은 그날로 성을 나왔다. 그런데 이때 대왕대비의 병환이 있어 바야흐로 시약청(侍藥廳)을 설치하였기에 선생은 곧바로 돌아가지 못하고 근교에서 머물며 기다렸다.

8월에 호조 참의에 제수되었다. 이때 대왕대비께서 승하(昇遐)하시어[37] 부득이하게 곡반(哭班)에 나아가 참여하였다.

9월에 전라도 관찰사로 옮겨 제수되었으나 상소하여 체차를 청하고 아울러 박현석(朴玄石)의 일[38]에 대해 언급하였다. 임금이 또 엄한 특

37 대왕대비께서 승하(昇遐)하시어 : 1688년(숙종14) 8월 26일 인조의 계비였던 대왕대비 장렬왕후(莊烈王后) 조씨(趙氏)가 창경궁(昌慶宮) 내반원(內班院)에서 승하하여 12월 16일 휘릉(徽陵)에 장사 지냈다.

38 박현석(朴玄石)의 일 : 박세채(朴世采)는 1688년 7월 13일 이조 판서로서 차자(箚子)를 올리면서 5건의 일을 들어 진계(陳戒)하였는데, 숙종은 7월 15일 비망기를 내려 박세채를 괴물(怪物)이라고까지 표현하며 겸하고 있던 여러 관직을 체차하도록 하였다. 이에 대해 장령(掌令) 권항(權恒), 관학 유생(館學儒生) 조유수(趙裕壽) 등이 상소

지를 내려 파직하도록 하였다.[39] 선생은 곧바로 성 밖으로 나와 고향으로 돌아오고 있었는데, 양사(兩司)와 옥당(玉堂)에서 한목소리로 합사(合辭)하여 엄한 특지를 거두어들이고 그가 가는 것을 되돌리도록 청하였으나, 임금께서는 단지 서용(敍用)하라는 명만 내렸다.

겨울에 또 양근 군수(楊根郡守)에 제수되었다. 대개 조정의 의론이 지난번 선생이 올라왔을 때 잡아 두고자 했던 것이 잘못이었음을 비로소 후회하고, 또한 선생이 인산(因山) 때 올 뜻이 있음을 알았기 때문이었다. 선생은 즉시 길을 떠났는데 정읍(井邑)에 이르러 병이 나서 지체되었다. 헤아려 보니 인산일에 맞춰 이르지 못하게 되었기에 정장(呈狀)하고 돌아왔다.

기사년(1689, 숙종15) 41세

회향(會鄕)에 있었다. 《중용》과 《맹자》를 읽었다. 이해 가을에 한집안 사람들을 모아 놓고 제식(祭式)을 정하고 가약(家約)을 세웠다.-골육(骨肉)과 종족(宗族)에게는 은혜와 의리가 곡진하고도 지극하였으며, 비록 소원(疎遠)하거나 미천한 사람일지라도 모두 위로하고 어루만지며 불쌍하게 여기고 도와주는데 그 정(情)과 의리를 다하였다. 항상 효제(孝悌) 돈목(敦睦)의 의리와 근후(謹厚) 충신(忠信)한 도리로 집안의 후손들을 가르치고 인도하였으며 또한 조약(條約)을 만들어

하여 명을 거두기를 청하였으나, 숙종은 따르지 않았다.《국역 숙종실록 14년 7월 13일, 15일, 16일, 23일》

39 엄한……하였다 : 창계는 전라도 관찰사를 사직하는 상소를 올리면서, 자신은 박세채와 사제(師弟)의 의리가 있음과 박세채의 차자에는 다른 뜻이 없었음을 변명하였다. 이에 숙종이 국가를 경시하였다고 진노하면서 창계를 파직하고 서용하지 말라고 하였다.《국역 숙종실록 14년 9월 27일》

그것을 지키도록 하였다. 그러므로 온 집안이 보고 느껴서 권계(勸戒)할 바를 알게 되었으며 이웃들은 기쁘게 복종하며 깊이 존경하고 사모하였다.-

가을에 성주 목사(星州牧使)에 제수되었으나, 정장하여 체차되었다.

경오년(1690, 숙종16) 42세

3월에 마을에 돌고 있는 두역(痘疫)을 피해서 식구들을 이끌고 사교(沙橋)에 있는 중씨(仲氏)의 집에 가서 우거(寓居)하였다. 《맹자》를 읽고 차록을 지었다. 아침마다 구용(九容),[40] 구사(九思)[41]와 〈경재잠(敬齋箴)〉, 〈사물잠(四勿箴)〉을 묵송(默誦)하였다.

신미년(1691, 숙종17) 43세

사교에 계속 머물러 있었다. 《논어》와 《남헌집(南軒集)》을 읽고 아울러 《성리대전(性理大全)》을 보았다.

임신년(1692, 숙종18) 44세

회향(會鄉)에 있었다. 창계초당(滄溪草堂)을 짓고 좌우에 서적을 쌓아

40 구용(九容) : 군자가 지녀야 할 아홉 가지 모습을 말한다. 《예기》 〈옥조(玉藻)〉에 "발 모양은 무겁게 하며, 손 모양은 공손하게 하며, 눈 모양은 단정하게 하며, 입 모양은 얌전하게 하며, 말소리는 조용하게 하며, 머리 모양은 곧게 하며, 숨 쉬는 모양은 엄숙하게 하며, 서 있는 모양은 덕스럽게 하며, 얼굴 모양은 장엄하게 해야 한다." 하였다.

41 구사(九思) : 《논어》 〈계씨(季氏)〉에 "군자가 지녀야 할 아홉 가지 생각이 있으니, 즉 볼 때에는 밝음을 생각하며, 들을 때에는 총명함을 생각하며, 안색은 온화함을 생각하며, 용모는 공손함을 생각하며, 말은 성실함을 생각하며, 일은 공경함을 생각하며, 의심스러울 때에는 물을 것을 생각하며, 분한 일을 당했을 때에는 후환을 생각하며, 이익을 보았을 때에는 의(義)를 생각해야 한다." 하였다.

두고서 고요히 그 사이에 거처하면서 깊이 생각하고 글의 깊은 뜻을 찾는 것으로 밤낮을 보냈다. 간혹 《초사(楚辭)》나 《금조(琴操)》,[42] 《이소경(離騷經)》, 〈출사표(出師表)〉 등을 외우면서 그윽한 회포를 펴기도 하였다.

계유년(1693, 숙종19) 45세

1월에 홍역(紅疫)을 앓았다. 큰 병을 앓은 뒤라 우선 독송(讀誦)하는 것은 그만두고 오직 주일(主一) 공부에만 매달렸다.-평소에 독서하거나 무슨 일이 있을 때가 아니면 반드시 단정히 팔짱을 끼고 묵묵히 있으면서 종일토록 똑바로 앉아 있으니 굳어 있는 듯한 것이 마치 흙으로 빚은 사람 같았다. 아우 임정(林淨)이 묻기를 "그러한 때는 무언가 사색을 하십니까, 아니면 적연부동(寂然不動)하시는 것입니까?" 하니 선생이 답하기를 "생각하는 것이 아니라 이때는 곧 마음을 보존하고 본성을 기르는 때이니, 독송하는 공부보다 훨씬 낫다. 이러한 때에는 오히려 천지(天地)와 그 덕을 함께하는 뜻이 생겨나는데, 이는 남들이 알지 못하는 것이요 나만이 홀로 즐기는 경지이다. 다만 한스러운 것은 이를 오래 지속하지 못하여 중도에 끊어지는 때가 있음을 면치 못하는 것이다." 하였다.○병이 들었을 때 성질이 차가운 약을 많이 복용하였는데 계속 이어서 먹지를 못하였다. 어떤 노부(老夫)가 항아리를 하나 가지고 와서는 사내종을 불러 이를 주면서 말하기를 "내가 들으니, 영공(令公)께서 지금 앓고 계신 병이 있어 이 약을 많이 드신다고 하였다. 그래서 좋은 것을 얻어 가지고 왔다." 하였다. 그의 이름이나 사는 곳을 물었으나 대답하지 않고 가 버렸다.- 7월에 백씨(伯氏)의 상을 당하였다.

42 금조(琴操) : 중국 후한(後漢)의 채옹(蔡邕)이 지었다는 금곡(琴曲) 작품집이다.

갑술년(1694, 숙종20) 46세

4월에 경화(更化)[43]의 초기를 만나, 특별히 공조 참판에 제수되었으며, 곧이어 행 대사간, 행 대사성, 대사헌에 옮겨 제수되었고 다시 공조 참판에 제수되었다. 몇 달 동안에 부르시는 전지(傳旨)가 끊이지 않고 이르렀으나 선생은 벼슬길에 나아갈 뜻이 없었을 뿐만 아니라, 또한 4월 말부터 거듭 담궐(痰闕)의 증세가 보여 눈이 어두워 캄캄하고 정신이 혼미해졌기에 먼 길을 떠날 수가 없었다. 모두 상소하여 체직되었다.

10월에 개성 유수(開城留守)에 제수되어 여러 차례 상소하였으나 체차를 허락받지 못하였다. 대개 이때에 영의정 남공(南公 남구만(南九萬))과 좌의정 박공(朴公 박세채(朴世采))은 반드시 선생을 불러와 함께 일하려고 하였는데 선생은 병이 아직 다 낫지 않아 내직(內職)을 수행할 수 없었다. 그러다 마침내 '분사(分司)[44]는 직무도 한가하고 약물(藥物)도 쉽게 구할 수 있으니 병을 조섭할 수 있을 것이다. 비록 같은 조정에서 함께 일하는 것만은 못하겠지만 그래도 또한 일이 생길 때마다 의견을 교환할 수 있으니 도움되는 바가 있을 것이다.'라고 생각하고는 마침내 이 자리에 의망(擬望)하여 낙점을 받고, 반드시 오게 해야

43 경화(更化) : 갑술환국(甲戌換局)을 가리킨다. 1689년(숙종15) 희빈(禧嬪) 장씨(張氏) 소생을 원자로 정호(定號)하는 문제를 계기로 서인이 축출되고 남인이 정권을 장악한 기사환국(己巳換局)이 있었다. 그런데 1694년 노론계의 김춘택(金春澤)과 소론계의 한중혁(韓重爀) 등이 폐비 민씨(閔氏)의 복위 운동을 전개하였으며, 이 과정에서 집권한 남인이 물러나고 소론과 노론이 다시 정국을 장악하게 되었으니, 이를 갑술환국이라 한다.

44 분사(分司) : 나라에 특별한 일이 있을 때 중앙 관아의 사무를 분담하여 처리하기 위해 도성 이외의 다른 지방에 특별히 설치하는 관아이다. 여기서는 개성을 가리킨다.

한다는 뜻으로 들어가 임금께 아뢰었다. 또한 선생에게 편지를 보내 몸을 일으켜 나오라고 매우 열심히 권고하였기 때문에 선생이 어쩔 수 없이 11월 20일경 길을 나섰다.

호서(湖西) 지경에 이르렀을 때 박상(朴相 박세채)이 도성을 떠났다는 소식을 듣고는[45] 나아가고 싶은 마음이 더욱 없어져 마침내 족제(族弟) 임세양(林世讓)의 집에 머물러 있으면서 상소하여 체차를 청하였다. 아우 임정(林淨)은 서울에 있다가, 선생이 올라오는 도중에 낭패를 겪고 있다는 소식을 듣고는 말을 달려 찾아가 안부를 살폈는데, 선생은 그를 책망하며 말하기를 "나는 젊은 시절부터 본래 벼슬살이를 좋아하는 마음이 없었다. 경신년(1680, 숙종6)과 신유년(1681) 때부터 몇 년간 세상에 나온 것은 어버이를 위해 뜻을 굽힌 것[46]일 뿐이다. 부모님이 모두 돌아가신 뒤로는 벼슬길에 나아갈 마음이 더욱 없었으니, 10년간 물러나 은둔한 것은 그 뜻이 우연히 그렇게 된 것이 아니다. 남들이야 비록 이것을 헤아리지 못한다지만 너는 어찌하여 이를 알지 못하고, 두 재상의 집을 드나들면서도 나의 본뜻을 전달하고 잘 주선하지 못하여 나로 하여금 이토록 낭패를 겪게 하느냐. 이는 너에게

45 박상(朴相)이……듣고는 : 1694년(숙종20) 11월 21일 좌의정 박세채가 차자를 올려, 노모(老母)를 봉양하기 위해 돌아가겠다고 청하였으나 숙종이 윤허하지 않았다. 박세채는 24일 또 차자를 올리고는 임금의 허락도 없이 도성을 나가 파주로 갔다. 조정에서 여러 차례 소환하였으나 끝내 응하지 않다가 1695년 2월 5일 65세를 일기로 파주에서 졸하였다.《국역 숙종실록 20년 11월 21일・24일, 21년 2월 5일》

46 경신년과……것 : 1680년의 경신대출척 이후 숙종이 어진 인재를 구하였고 부친도 나아갈 것을 권하였기에 창계는 벼슬길에 나아갔다. 이후 1683년 1월에 모친상, 다음 해인 1684년 1월 부친상을 당하기 전까지 창계는 교리, 전적, 수찬, 정언, 지평, 헌납 등에 제수되었고 경연(經筵)에서 진강을 하였으며, 여러 차례 시무(時務)를 진달하였다.

그저 서로 만나는 사사로운 정만 있을 뿐 의리(義理)를 알지 못해 그리 된 것이니 어찌 개탄하지 않을 수 있겠느냐." 하였다. 임정이 자신의 불민(不敏)함을 사죄하니 선생이 다시 말하기를 "오늘 내가 여기까지 온 것도 이미 애써 지키던 평소의 뜻에 크게 어긋나는 일이다. 하물며 이 병든 몸을 이끌고 이렇게 추운 날씨를 무릅쓰면서까지 천리 길을 나섰으니 남들이 들으면 어찌 깜짝 놀라지 않겠느냐. 나도 이를 모르는 바는 아니다. 많은 사람들이 의약품을 구하기 위해서라고 말들을 하지만, 사생(死生)은 운명에 달려 있어서 약으로 구할 수 있는 것이 아니니 나 또한 이것 때문에 나온 것은 아니다. 상하(上下)에서 출사(出仕)하라고 여간 재촉하지 않았으며, 심지어 현석(玄石 박세채)의 편지에서는 '하루만이라도 함께 일할 수 있다면 비록 죽어도 여한이 없겠다.'라는 말까지 하였으니, 그 뜻이 간절하고 정성스러워 저버리기 어려웠던 것이다. 그렇지만 또한 어찌 이것 때문에 나의 본래의 뜻을 무너뜨릴 수 있겠느냐. 다만 생각건대 내가 임금을 처음 뵌 날부터 특별히 은총을 입어 이 지위에까지 이르렀으니, 보답하고자 하는 구구한 마음과 오매불망 나라를 걱정하는 충심은 벼슬길에 나아가거나 물러나거나 간에 한 번도 달랐던 적이 없었다. 경신년(1680, 숙종6)의 경화(更化) 때에는 인심이 들끓었으니 무언가 할 만한 때였다고 할 수 있다. 그런데 대소 신료들은 고식적인 태도로 우물쭈물하다가 마침내 좋은 기회를 놓치고 말았다. 몇 년 지나지 않아 조정의 의론이 갈라졌으니, 동인 서인을 표방한 것이 이미 망국의 화를 잉태한 것이었다면, 노론 소론으로 당이 갈라진 것은 같은 집안에서 싸우는 것과 같아 그 해로움은 동인 서인으로 나뉜 것보다 더하다. 이러한 습속을 제거하지 않는다면 머지않아 나라가 어지러워지고 망하리라는 것을 알 수 있다. 오늘날 인심이 들끓는 것이 비록 경신년에는 못 미치지만, 이러한 기회도 다시 만나기는 어렵다. 만일 이러한 때에 서로 공경하는 마음으로 협력하여 붕당을 깨뜨려 없애지 않는다면 나랏일은 더욱 가망이 없어질 것이다. 경화의 소식을 들은 뒤로 시세(時勢)를 헤아려 보느라 혹 밤새도록 잠을 못 이루기도 했으며, 비록 병세가 위독한 가운데서도 구구한 생각이 오직 여기에 있지 않은 적이 없었다.-5월에 병세가 심해졌을 때 스스로 헤아려 보니 살아날 길이 없을 것 같아 상소 한 통을 봉진(封進)하여 간직한 뜻을 다 쏟아 내고자 하였으나 정력(精力)이 미치지 못하여 실행에 옮기지 못하였다.- 지금의 수석(首席 영의정 남구만)은 자못 사람들의 기대를 충족시키고 있으며, 좌규(左揆 좌의정 박세채)는 산림에서 나왔으니, 두 사람이 가부를 잘 절충하면 조정의 의론이며 선비들의 공론이 거의 하나로 모아질 것이다. 그런데 다만 듣기로는 임금과 신하 사이에 이미 서로 막히는 실마리[47]가 생겼다고 하는데 이는 일을 망치는 조짐이다. 나는 두 재상과 평소 마음이 서로 맞고 뜻이 잘 통하는 데다 중화(仲和)[48] 무리들과도 자못 서로 신뢰하기 때문에, 내가 비록 병들어

47 서로 막히는 실마리 : 1694년(숙종20) 11월 21일부터 좌의정 박세채는 차자를 올려 돌아가기를 청하였고 마침내 숙종의 윤허도 없이 도성을 나가 파주로 갔다. 그런가 하면 영의정 남구만도 11월 22일 이후로 몇 차례 병을 이유로 사직을 청하였으며 12월 5일 자책하는 상소를 올린 이후로 여러 차례 면직을 청한 바 있다. 《국역 숙종실록 20년 11월 21일·22일, 12월 5일》

48 중화(仲和) : 김창협(金昌協, 1651~1708)의 자이며, 호는 농암(農巖)이다. 기사환국으로 부친 김수항(金壽恒)이 사사되자 사직하고 영평(永平)에 은거하였으며, 1694년 갑술옥사 이후 아버지가 신원됨에 따라 호조 참의, 대제학 등에 임명되었으나, 모두 사직하고 학문에만 전념하였다. 숙종의 묘정에 배향되었으며, 양주의 석실서원(石室書院) 등에 제향되었다.

직무에 힘을 다하지는 못하더라도 임금의 뜻을 받들고 아래의 뜻을 이어서 조절하고 화합하게 할 수 있을 것으로 기대하였다. 만약 그렇게 된다면 당론의 고질적인 폐단을 구제하여 바로잡을 수 있을 것이니, 이러한 이유로 길을 나서기로 결심하고 어렵사리 여기까지 온 것이다. 그런데 현석은 이미 도성을 떠났다고 하니 나 혼자 제멋대로 생각했던 것들이 모두 헛일이 되고 말았다. 이 또한 하늘의 뜻이니 인력으로 어떻게 해 볼 수가 없다. 그러니 이제 다시 고향으로 돌아가 원래 가졌던 뜻을 잃지 않는 것이 또한 옳지 않겠느냐. 나는 일가의 가까운 사람들에게도 일찍이 이런 말을 한 적이 없다. 지금 너는 여전히 나아가는 것을 기뻐하고 물러나는 것을 기뻐하지 않으니, 이는 나의 본뜻을 모르기 때문이다. 이러한 까닭에 가슴속에 간직한 뜻을 모두 너에게 말해 주는 것이니, 너는 모름지기 이 뜻을 잘 알아서 다시는 더 높은 자리를 바라거나 도모하지 말고 인근(隣近)의 작은 고을 수령 자리나 하나 얻어 돌아가, 몇 년간이라도 서로 의지할 수 있도록 하는 것이 좋겠다." 하였다.

며칠을 머무르자 상소에 대한 비답은 내렸으나 체차를 허락받지는 못하였다. 또한 북사(北使)가 국경을 들어오는 일 때문에 매우 급하게 재촉하여[49] 부득이 앞으로 나아가다 천안군(天安郡)에 이르러 또 비국(備局)에 정장(呈狀)하여 체차를 청하였으나 허락을 받지 못하였다.

49 북사(北使)가……재촉하여 : 1694년(숙종20) 12월 비변사에서 계를 올려, 칙사(勅使)가 곧 강을 건너니 서로(西路) 및 경기에 아직 부임하지 않은 수령은 속히 내려보낼 것을 청하였다.《承政院日記 肅宗 20年 12月 13日》

을해년(1695, 숙종21) 47세

1월 12일에 만리현(萬里峴)에 이르렀다.-달려가느라 흔들린 데다 응접하는 일 또한 번거로웠기 때문에 앓던 병이 더욱 심해졌다. 며칠을 조리한 뒤에야 비로소 사은숙배(謝恩肅拜)할 수 있었다.-

22일에 하직 인사를 드리고 임지에 부임하였다.-파주(坡州)로 가서 현석(玄石)을 방문하였다.- 도임한 지 7, 8일 만에 현석의 부음을 듣고 곡하였다. 오래 직임을 맡고 싶은 생각이 더욱 없어져 여러 차례 사직 상소를 올렸으나 체차되지 못하였다.

가을에 행 부제학에 임명되었다. 10월에 비로소 서울로 들어갔다. 단자를 올려 말미를 받아서 장차 남쪽으로 돌아가고자 하였다. 서울에 사는 오랜 벗들이 선생이 떠나가는 것을 애석해하면서 그 병을 걱정하여 매우 간곡히 만류하였으나 선생은 머무르려 하지 않았다. 이때에 좌의정 유상운(柳尙運)과 대사성 최규서(崔奎瑞)가 합동으로 계사(啓辭)를 올려 선생을 산반(散班)에 머물게 하고 약물(藥物)을 지급할 것을 청하였다.-10월 13일에 대신(大臣)과 비국 당상(備局堂上)을 인견할 때에 대사성 최규서가 아뢰기를 "부제학 임영(林泳)의 문학(文學)과 견식(見識)은 세상에서 높이 평가하는데, 이는 상께서도 이미 잘 알고 계시는 일입니다. 그가 불행히도 근래에 질병이 더욱 깊어져 직무를 수행할 수 없었는데, 헛되이 직명(職名)만 띠고 있는 것을 편치 않게 여겨 여러 차례 사직 단자를 올렸으나 체차되지 못하였습니다. 이제 또 소분(掃墳)을 위해 말미를 청하여 장차 고향으로 돌아가려 합니다만, 한번 떠나간 뒤로는 조정으로 돌아오기가 쉽지 않을 것이니, 국가에서 재주 있는 선비를 아끼는 도리로 보아 참으로 애석하다 하겠습니다. 또한 그가 멀리 궁벽한 시골에 있게 되면 의약(醫藥)을 조달하는 것도 어려워져 실로 회생할 길이 없을 터이니, 사사로운 정리로 보아도 몹시 슬프고 안타깝습니다. 신이 그의 병세를 보니 지금의 형세로는 힘을 다하여 반열에 나아갈 가망이 없을 듯합니다. 우선은 억지로 직무를 맡기지 말고 산반에 두어 서울에 머물러 있게 함으로써 의약을 쓰기에 편하도록 하는 것이 좋을 듯합니다." 하였다. 좌의정 유상운이 아뢰기를 "임영이 말미를 받아 고향으로 내려가는 것은 그 뜻이 고향으로 내려가 죽고자 하는 데 있으니, 결코 다시 올라올 기약이 없습니다. 그런데 이러한 병세로는 고향에 도착하는 것 또한 장담할 수 없습니다. 그 사람이 아까운 것이야 참으로 최규서가 아뢴 바와 같지만, 게다가 그가 오랫동안 경악(經幄)에 있었는데, 이제 머나먼 고향으로 돌아가게 되면 또한 의약으로 치료할 길도 없을 테니 너무 안타깝습니다. 지금 만약 속히 그 직임을 체차하고 의약을 나누어 주어서 구제하게 한다면 다행일 것입니다. 일찍이 선조(先朝) 때에도 고 부제학 이단상(李端相)에게 질병이 있었는데, 고 판서 김좌명(金佐明)[50]이 연석에서 진달하여 선왕(先王)께서 특별히 약물을 하사한 일[51]이 있었습니다. 이단상은 본래부터 서울에 살았으니 의약품을 쉽게 구할 수 있었음에도 그 당시 성상의 은혜가 이와 같았습니다. 임영은, 그 집이 나주(羅州)에 있고 지금은 병든 채 객관에 머물러 있으니 고초가 매우 심한 데다 약물 또한 대기 어려울 것입니다." 하였다. 상이 이르기를 "부제학 임모(林某)는 실로 국가가 아끼는 신하이다. 그 병세가 중하다 하니 내 마음이 몹시 슬프다. 본직을 특별히 체차하고, 서울에 머무르면서 의약에 의지할 수 있도록 하며, 약물은 넉넉히 내려 주도록 하라." 하였다.- 선생

50 김좌명(金佐明) : 1616~1671. 이조 좌랑, 대사헌, 경기도 관찰사, 도승지 등을 지냈으며, 1662년(현종3) 공조 판서, 예조 판서를 역임할 때, 전라도 산군(山郡)의 대동법을 재차 시행하게 하였다. 아버지 김육(金堉)의 유언에 따라 《전라도대동사목(全羅道大同事目)》을 강정(講定)하여 이듬해에 발표하였다. 영의정에 추증되고 청릉부원군(淸陵府院君)에 추봉되었다.

51 약물을 하사한 일 : 1669년(현종10) 7월 약방 제조 홍중보(洪重普)가 이단상의 병세를 아뢰자 현종이 내국(內局)으로 하여금 약재를 찾아 주도록 하였다. 《承政院日記 顯宗 10年 7月 20日》

이 명을 듣고는 울면서 말하기를 "성상의 돌보심이 이 정도이니 나는 내려갈 수가 없겠구나." 하였다. 마침내 상소하여 은명(恩命)을 거두어 들일 것을 청하였다.

오래지 않아 공조 참판에 제수되었다. 대개 수조(水曹 공조의 별칭)는 일이 없어서 병을 치료할 수 있기 때문이었다. 그런데 추위를 만난 이후로 병세가 점점 깊어져서 사은숙배를 할 수가 없었다. 국가의 규례로는 사은숙배를 하기 전에는 녹봉을 지급하지 않았다. 이조 판서 윤지선(尹趾善)이 규례에 따르지 말고 특별히 지급할 것을 청하였으며, 영의정 남구만과 좌의정 유상운이 또한 합동으로 계사를 올려 약물을 계속해서 지급해 줄 것을 청하였다. 상이 이르기를 "내국(內局)에서는 상당하는 약물을 계속해서 내려 주고, 비록 사은숙배를 하지 않았어도 특별히 녹봉을 지급하라." 하였다.

이때에 병세가 더욱 심해져서 정신은 가물가물하고 말은 막혀서 소리를 낼 수가 없어, 오랜 벗들이 문병을 와도 응답할 수가 없었다. 벗 남학명(南鶴鳴)[52]이 들어와 보고 말하기를 "영공(令公)께서는 평소에도 나랏일을 늘 잊지 않고 생각하시더니, 이 지경이 되어서도 그런 생각이 듭니까?" 하니, 선생이 간신히 답하기를 "인사불성이 되었을 때는 이런 생각이 들지 않다가, 조금이라도 나아지면 이 생각을 놓을 수가 없소." 하였다.

52 남학명(南鶴鳴) : 1654~1722. 본관은 의령(宜寧), 자는 자문(子聞), 호는 회은(悔隱)이다. 영의정 남구만(南九萬)의 아들로, 은거하며 학문 연구에 힘썼다. 문집에 《회은집(晦隱集)》, 《회은잡지(晦隱雜識)》, 편저에 《와유록(臥游錄)》, 《남판윤유사(南判尹遺事)》 등이 있다.

11월 29일 아침에 상께서 중사(中使)를 보내어 병세를 살피고, 납약(臘藥) 7종, 땔나무 20단, 탄(炭) 2섬을 내려 주셨으며 또한 어찰(御札)을 보내오셨다.-어찰에는 이렇게 적혀 있었다. "경(卿)의 고황(膏肓)에 든 병이 갈수록 점점 심해지니, 이 어찌 경의 불행일 뿐이겠는가. 눈 쌓인 객관에 있으니 약물도 필시 대기 어려울 것이다. 특별히 납약 몇 종과 약간의 땔나무, 탄(炭)을 하사하여 나의 걱정하는 뜻을 표하노라."- 선생은 감읍하여 마지않다가 마침내 아우 임정(林淨)에게 말하기를 "특별한 은혜가 이 정도까지 내렸으니 마땅히 한번 상소하여 사은하여야 할 것이나 병든 몸이라 초안도 쓸 수 없구나. 네가 여화(汝和),[53] 자문(子聞 남학명)과 상의하여 상소문을 써서 올리도록 하라." 하여, 임정이 그 말대로 하였다.

병자년(1696, 숙종22) 48세

병세가 나날이 위급하여졌다. 2월 6일 유시(酉時)에 □□리(□□里) 집에서[54] 숨을 거두었다. 경외(京外)의 선비들이 탄식하고 슬퍼하며 서로 조문하지 않는 사람이 없었으며, 선생을 위하여 상복을 입는 자 또한 많았다. 영의정 남공(南公 남구만)이 진계(陳啓)하여, 은(銀)과 베를 지급하여 고군(雇軍)들이 상여를 운반하는 비용으로 쓰도록 하자고 청하였다.-"임영(林泳)이 병든 몸으로 돌아가기를 간청하였을 때, 좌상(左相 유

53 여화(汝和) : 최석정(崔錫鼎, 1646~1715)의 자이다. 호는 명곡(明谷)이다. 최명길(崔鳴吉)의 손자로 남구만, 이경억(李慶億)의 문인이고, 박세채(朴世采)와 종유하면서 학문을 닦았다. 1694년(숙종20) 갑술환국 이후 사헌부 대사헌, 홍문관 대제학, 이조판서 등에 올랐으며, 1710년까지 모두 열 차례 재상이 되었다. 시호는 문정(文貞)이다.

54 □□리(□□里) 집에서 : 대본에는 '□□之里第'로 되어 있는데, 창계의 문인 박태구(朴台耇)가 찬한 연보에는 '太廟坊閭舍'로 되어 있다.

상운)이 생각하기에 그가 서울에 머물러 있으면 병을 치료하는 데 편리할 것 같아서 우러러 아뢰어 그를 머물게 하였던 것입니다. 그런데 뜻밖에도 지금 끝내 갑자기 세상을 떠났습니다. 나라에서 쓸 만한 신하가 점점 줄어드니 참으로 슬프고 안타깝습니다. 게다가 저 사람의 본뜻은 반드시 고향으로 돌아가 죽고자 하는 것이었는데 조정에서는 그를 붙들어 두고 보내지 않았으니, 이제 그의 죽음에 대해 마땅히 불쌍하게 여기고 도와주는 은전(恩典)이 있어야 할 것입니다. 비록 미관(微官)에 있던 사람일지라도 객관에서 객사(客死)를 하였다면 반드시 관에서 운구(運柩)해 주는 규례가 있습니다. 하물며 이 사람은 일찍이 재신(宰臣)의 반열에 있었으니 운구하는 담군(擔軍)을 마땅히 내어 주어야 합니다. 그런데 지금 연도(沿道)의 백성들은 바야흐로 기아(飢餓) 상태에 놓여 있습니다. 이러한 때에 담군을 내어 주는 것은 실로 편치 못한 점이 있습니다. 또 들으니 근자에 강현(姜鋧)[55]이 모친상을 당하였는데, 그가 일찍이 감사(監司)를 지냈기 때문에 각 읍(邑)에서 모두 담군을 내었으나 백성들이 모두 굶주려서 운구를 할 수 없어 몹시 낭패를 겪었다고 합니다. 하물며 지금은 춘궁기라 백성들의 굶주림이 더욱 심합니다. 게다가 임영의 고향은 나주(羅州)에 있으니, 천리 길을 운구하기 위해서 세 도에서 담군을 제공하는 것은 더욱 힘들고 어렵습니다. 듣자 하니 그 상가(喪家)에서 돈과 베를 써서 서울의 상두꾼을 고용하여 운구하고자 하나 그것을 마련할 길이 없다고 합니다. 해당 조(曹)로 하여금 정황을 헤아려 은과 베를 지급해서 그들로 하여금 담군을 고용하도록 한다면 관에서 담군을 조달하여 제공하는 폐단이 없어질 것입니다. 이에 감히 우러러 아룁니다.[56]" 하였다.- 상이 이르기를 "예조의 단자를 보았는

55 강현(姜鋧) : 1650～1733. 본관은 진주(晉州), 자는 자정(子精), 호는 백각(白閣)·경암(敬庵)이다. 이조 참의, 예조 참판, 경연참찬관, 경기 관찰사 등을 거쳐 1695년(숙종21) 도승지가 되었다. 1701년 인현왕후의 상을 당하였을 때 좌참찬으로 고부사(告訃使)가 되어 청나라에 다녀왔다. 시호는 문안(文安)이다.

56 임영(林泳)이……아룁니다 : 창계가 죽은 며칠 뒤의 입시에서 영의정 남구만(南九

데 임모가 끝내 죽음에 이르렀으니 몹시 놀랍고 참담하다. 내가 불쌍하게 여기고 도와주도록 명하려 하였으나 그럴 겨를이 없었다. 해당 조에 명하여 은과 베를 제급(題給)해서, 담군을 고용하여 운구하는 데 쓰도록 하라." 하였다. 또한 예관(禮官)을 보내어 제사를 지내 주게 하였다.-선생이 도성에 들어왔을 때 거리의 남녀나 여러 관사의 서리(胥吏)들이 모두 모여 바라보지 않은 사람이 없었는데, 선생이 돌아가시자 또한 탄식하고 안타까워하지 않은 사람이 없었다. 먼 지방의 관리 하나가 세찬(歲饌)을 전해 드리려고 선생의 한집안 사람에게 선생이 머무는 곳을 물었는데, 선생이 세상을 떠났다는 소식을 듣고는 흐느끼고 탄식하며 말하기를 "내 들으니 이 영감(令監)께서 어진데도 벼슬하지 않았다고 한다. 근년에 조정으로 돌아오셨기에 백성들이 은택을 입는 일이 생기겠구나 하고 기대했는데, 이제 갑자기 이렇게 돌아가시니 몹시 애통하고 애석하여 눈물이 나려고 한다." 하였다. 무릇 선생을 잘 알지 못하는 천한 아랫사람이나 먼 지방의 백성들조차도 안타까워하고 애석해하는 것이 이와 같았으니, 평소 선생의 덕망이 사람들에게 얼마나 믿음직하였는지를 대개 상상할 수 있다.-

이때 아우 임정(林淨)이 마침 화순 현감(和順縣監)에 제수되어, 운구하여 돌아가 함평(咸平) 선영 곁에 임시로 장사를 지냈다.

5년이 지난 경진년(1700, 숙종26) 11월 29일에 남평(南平) 치소 동쪽 10리 하곡(下谷)의 곤향(坤向) 언덕에 이장하였다. 전 부인 조씨(曺氏) 또한 여주(驪州)로부터 옮겨 와 같은 언덕에 이장하였다.

9년이 지난 무자년(1708)에 나주(羅州) 치소 동쪽 40리쯤에 있는 금아면(金牙面) 걸산촌(傑山村) 신좌을향(辛坐乙向) 언덕에 영원히 장사를 지냈다.

萬)이 아뢴 내용이다.《承政院日記 肅宗 22年 2月 14日》

창계선생가장초
滄溪先生家狀草

공(公)의 성은 임씨(林氏)이고, 휘(諱)는 영(泳)이고, 자(字)는 덕함(德涵)이고, 호(號)는 창계(滄溪)이다. 나주(羅州) 회진현(會津縣) 사람이다. 나주 임씨는 고려조부터 현달(顯達)했는데, 판사재시사(判司宰寺事) 휘 비(庇)가 그 시조이다. 근세에 휘 붕(鵬)이 훌륭한 기절(氣節)을 지녀 중묘조(中廟朝)에 이름이 났는데, 여러 차례 관직을 지내 승정원 좌승지에 이르렀고 후에 예조 참판에 추증되었다. 그가 낳은 휘 복(復)은 승문원 정자를 지내고 병조 판서에 추증되었는데, 이분이 바로 공의 고조(高祖)이다. 증조 휘 협(悏)은 선교랑(宣敎郎)으로 좌승지에 추증되었다. 조부 휘 타(埵)는 통정대부로 상주 목사(尙州牧使)를 지냈는데, 기개(氣槪)와 재지(才智)가 뛰어나 무리 가운데서 두터운 인정을 받았고, 이조 참의에 추증되었다. 부친 휘 일유(一儒)는 첨지중추부사로 여러 차례 군현(郡縣)을 맡았는데 그때마다 공적을 세워 명성이 났고, 이조 참판에 추증되었다. 조부와 부친 양대가 추증된 것은 공이 귀해져서이다. 참판공(參判公)은 처음에 나주 박씨(羅州朴氏)에게 장가들었고, 임천 조씨(林川趙氏)에게 두 번째로 장가들었는데, 공은 조씨가 낳은 자식이다. 조 부인은 시직(侍直) 근수헌(近水軒) 조석형(趙錫馨)의 딸이고, 병조 참판 죽음(竹陰) 조희일(趙希逸)의 손녀이다. 부인은 정숙하고 명철하여 여사(女士)의 기풍이 있었다. 처음에 숙부인(淑夫人)에 봉해졌다가 후에 정부인(貞夫人)으로 추증되었다.

공은 숭정(崇禎) 후 기축년(1649, 인조27) 1월 19일 사시(巳時)에 한성(漢城)에서 태어났다. 태어나면서부터 재능이 뛰어나고 영특하여 여느 아이들과는 달랐다. 겨우 세 살 되었을 때 대부인이 입으로《천자문(千字文)》수십 자를 불러 주자 듣고는 바로 다 외어 버렸는데, 음과 뜻이 모두 다 정확했다. 한번은 등불 아래에서 놀다가 밝은 곳을 가리키며 '양(陽)'이라 하고 어두운 곳을 가리키며 '음(陰)'이라 하였으니, 그의 민첩하고 총명함이 이와 같았다. 글을 이해하고 글귀를 짓게 되면서부터는 문득 사람들을 놀라게 하는 말을 하였고, 수고롭게 가르쳐 주지 않아도 스스로 날로 성취하는 진보가 있었다. 참판공이 매우 기특하게 여기고 아껴 그가 일찍 성취하기를 바라지 않았다.

여덟 살 되었을 때 비로소《사략(史略)》을 가르쳤는데, 첫 책을 읽으면서 2책의 내용을 말하고 2책을 읽으면서 3, 4책의 일을 말하였다. 참판공이 신통하게 여겨 "네가 배우지도 않은 것을 어떻게 스스로 보고 알아냈느냐?"[57]라고 하자, "처음 보았을 때는 알지 못했는데 다시 보니 반쯤 알게 되었고, 익숙해질 때까지 반복해서 보자 다 알 수 있었습니다."라고 대답하였다. 이렇다 보니 몇 책을 읽고 난 뒤에는 가르침을 받을 것이 거의 없었다. 하지만 스스로 다 알았다고 여긴 적이 없었고, 함께 공부하는 자들이 물으면 확실히 아는 것이라도 반드시 더욱 상세히 살핀 뒤에 대답하였다. 이때부터 문자에 대해서만 남보다 뛰어날 뿐 아니라 기개와 도량도 크고 깊어져 말수와 웃음도 줄이고 겸양하기를 좋아하였다. 또 외물에 대해서도 좋아하는 바가 없어서 부모가 혹

57 네가……알아냈느냐 :《창계집》부록보(附錄補)〈창계선생연보초(滄溪先生年譜草)〉에는 이 뒤에 '對曰: 課讀之餘, 見而知之耳. 曰: 見而能曉解耶'가 더 있다.

좋아할 만한 물건을 주어도 관심을 보이지 않아, 보는 이들이 그의 그릇이 큼을 알았다.

열한두 살이 되자 행동거지가 의젓해 이미 성인이나 다름없었다. 덕성이 밖으로 드러나고 총명함이 안으로 쌓였으며, 자연스러운 욕구처럼 책을 몹시도 좋아하였다. 매일 정해진 과업을 완수하는 여가에 여러 책과 기타 기록들을 두루 가져다 남들은 모르게 문을 닫아걸고 즐겨 보았다. 이해가 가지 않는 곳이 있으면 바로 벽을 향해 앉아 깊이 탐구하였는데, 반드시 이해하고 나서야 그만두었다. 그러다 보니 글과 생각이 날로 진보하여 시와 변려문도 모두 스스로 형식을 갖추어 지을 수 있게 되었고, 성리학과 관련한 말도 왕왕 깨우친 곳이 있었다. 한번은 정평(定平) 이흥록(李興祿)에게서 《서경》을 배웠는데, 기삼백(朞三百) 주(註)에 이르러 이 선생이 가르치려 하지 않으면서 "학식과 덕망이 높은 스승과 선비들도 이해하기 어려워하는 부분이다."라고 하였다. 그러자 공은 물러나 그 뜻을 연구하였는데, 하루 만에 완전히 이해했다. 이 선생이 그 설을 물어보고는 몹시 놀라며 기특하게 여겼다.

열세 살에 숙조(叔祖) 동리공(東里公) 휘 위(𡓃)로부터 《주역》을 배웠다. 강습하고 토론할 적에 말 너머의 깊은 뜻까지도 말할 때가 많았다. 그러자 동리공이 "너는 나에게 배우는 자가 아니라 나를 돕는 자이다."라고 말했다. 이때부터 사서오경(四書五經)에 모두 통달한 데다, 점점 역사서와 제자백가(諸子百家)의 글까지 섭렵하여 식견이 날로 넓어지고 문장에 막힘이 없어졌다. 그러자 어른들이 모두 높은 경지에 이를 것이라 기대했다.

을사년(1665, 현종6) 봄에 어버이의 명으로 서울에 가서 정관재(靜觀齋) 문간공(文簡公) 이단상(李端相)의 문하에서 공부하였다. 이공이 한 번 보고는 그를 매우 기특하게 여겨, 각 체(體)별로 시문(詩文)을 써 보도록 하였는데, 한 편을 완성할 때마다 바로 칭찬해 주고, 이어 여러 사람이 있는 가운데서도 칭찬을 이어갔다. 간혹 학교에서 공부할 적에 글을 지으면 바로 우등을 차지하였으며, 또 잇달아 대과(大科)와 소과(小科) 초시(初試)에 합격하였다.

병오년(1666) 봄에는 드디어 생원시(生員試)에서 장원(壯元)으로 뽑혔다. 새로 입격한 여러 사람과 함께 두 현인[58]을 문묘에 종사(從祀)할 것을 청하였는데, 수천 마디 상소를 붓을 잡기가 무섭게 바로 완성하자 명성이 날이 갈수록 자자해졌다. 그러나 공은 문장 짓는 일에 마음을 두지 않았다.

정관공(靜觀公)을 뵙고부터 마음으로 위기지학(爲己之學)을 기뻐하다가 《주자대전(朱子大全)》을 보면서부터는 더욱 마음에 느낌이 이는 바가 있었다. 이에 이 책 한 질 가져다 하루 종일 꼿꼿이 앉아 고개 들어 책을 읽고 고개 숙여 생각하면서 침잠하여 애써 노력하였는데, 거의 먹고 자는 것도 잊을 정도였다. 정밀하고 은미한 깊은 뜻과 절실하고 요체가 되는 부분은 모두 연구하여 암송하였다. 또 성현의 요체가 되는 가르침 십수 조항을 뽑아 아침저녁으로 일곱 번씩 새겼다. 또 언행에 있어서는 항상 스스로 만족스러운 것과 스스로 속인 것을 반드시 살펴 날마다 표기하여, 만족스러우면 동그라미로, 속였다면 선으로, 만족스러운 것과 속인 것이 반반이면 점으로 표시하여 반성하는 바탕을 삼았다. 그가 독실히 학문하는 것이 이와 같았다.

이해 가을 현강(玄江) 박 문순공(文純公 박세채(朴世采))을 뵈러 갔다.

58 두 현인 : 이이(李珥)와 성혼(成渾)을 가리킨다.

문순공이 그와 며칠간 이야기해 보고는 아주 크게 인정해 주고 기대를 걸었다. 또 다른 사람들에게 "임군은 박학다식하고 기억력도 좋아 내가 스승으로 삼을 사람이다."라고 말하였다. 공은 계속 왕래하면서 강학하였는데 처음이나 끝이나 한결같았다.

정미년(1667, 현종8) 이래로 경서 공부에 더욱 힘을 써서 다시 《소학》, 《대학》, 《논어》, 《맹자》부터 순서대로 공부해 나가 염락(濂洛)[59]의 책들에 이르기까지 일체를 꿰뚫어 이해했다. 혹 의심스러운 곳이 있으면 반드시 그것을 기록해 두었다. 집안의 기대 때문에 감히 과거 공부를 하지 않을 수는 없었지만 과문(科文)을 공부한다 해서 그것이 실제로 절실한 공부를 방해하지 않게 하면서 오직 묵묵히 이 일에 전념하였다.

경술년(1670) 가을, 참판공이 함흥(咸興) 임소(任所)에 있다 일이 있어 서울로 오게 되었다. 이때 마침 별시(別試) 초시(初試)가 있자 공에게 시험을 볼 것을 권하였는데, 과연 수석으로 합격하였다.

다음 해 겨울, 정시(庭試)에서 제2등으로 뽑혀 승문원 권지부정자(承文院權知副正字)에 선발되었다가 정자(正字)로 차서에 따라 승진하였다. 공은 스스로 학문이 넉넉지 않다고 생각하여 바로 벼슬하고 싶어 하지 않았다. 그래서 삭서(朔書)와 시사(試射)가 있어도 일부러 응하지 않고, 상례에 따라 벼슬을 그만두고 집에 거하였다.

을묘년(1675, 숙종1), 시사(時事)가 한번 변하여 현인들이 배척당해

59 염락(濂洛) : 염계(濂溪)에 살았던 송나라 주돈이(周敦頤)와 낙양(洛陽)에 살았던 정호(程顥)와 정이(程頤) 형제를 지칭한다. 일반적으로 공맹(孔孟)의 원시 유학에 대비되는 송대(宋代)의 신유학(新儒學)을 의미하는 말로 쓰인다.

축출된 데다 또 변방도 잠잠하지 않아 인심이 흉흉하였다. 공은 이에 어버이를 모시고 통천(通川) 골짜기로 들어가 거하였다. 통천은 영동(嶺東)의 깊고 경치가 뛰어난 곳으로 개간할 만한 넓은 땅이 많았다. 공은 경영하는 법을 잘 찾아 농사를 지었다. 가솔이 수십 명이나 되었지만 살림을 꾸리는 데 부족함이 없었다. 종들이 모두 남쪽 출신이라 처음에는 동쪽으로 이사하는 것을 좋아하지 않았는데, 그들을 잘 달래고 다스려 스스로 편안함을 느끼도록 하였다. 여기에서 공이 집안을 다스리는 일단(一端)을 볼 수 있다.

병진년(1676)에 이전에 천거된 것으로 인해 6품으로 승진되었고, 이어 성균관 전적에 제수되었다. 그러나 공은 결국 나아가지 않고, 즉시 살던 곳 부근에 가서 경치 좋은 곳 한 군데를 구해 집을 짓고 거처하면서 그곳에서 규칙을 정해 놓고 학업에 매진했다. 읍의 습속이 본래 순박한 것을 좇다 보니 문사(文士)가 얼마 없었는데, 이때에 이르러 소문을 듣고는 가르침을 청하는 자들이 있었다. 공은 그들을 재주에 따라 가르치고 인도해 주어 진보가 있게 해 주었다.

공은 거처하는 곳의 자연 경관이 빼어난 것을 사랑하여 날마다 저녁이면 그곳에서 거닐곤 하였는데, 더러는 말 한 필, 동자 하나와 함께 풍악(楓嶽)의 명승지들을 두루 돌아보고 돌아왔다. 그 후 늘 평생 유유자적하던 흥취는 대부분 동쪽 골짜기에 있을 적에 느꼈다고 말하였다.

무오년(1678), 어버이가 멀리 동떨어진 곳에서 객지 생활을 하는 것과 선대의 묘소에서 멀리 떨어져 있는 것을 염려하셨다. 공은 이에 부여(扶餘) 백마강(白馬江) 가로 이사하고, 이어 자리를 정해 총암정사(叢巖精舍)를 짓고서 어버이를 모시고 살았다.

경신년(1680), 흉얼(凶孽)을 처벌하고 옛사람들을 다시 등용했다.[60]

상께서 정성을 다하여 정치에 힘쓰시면서 대신들에게 인재를 천거할 것을 명하셨다. 당시 공이 오래도록 물러나 거하면서 수양하고 있었는데, 사우(士友)들 사이에 명성이 있어 여러 대신이 공을 가장 먼저 추천하였다. 그 즉시 성균관 전적에 제수되고 병조 좌랑으로 옮겨졌으나 모두 나아가지 않았다. 얼마 후 사간원 정언에 제수되었다가 홍문관 부수찬에 옮겨 제수되었다. 공은 상소하여 면직을 청하였으나, 융숭한 비지(批旨)가 내려오고 어버이도 직임에 나아갈 것을 강권하여 7월에 비로소 서울로 왔다. 그리고 다시 상소하여 아뢰었으나 윤허받지 못하였다. 얼마 후 패초에 응해 사은숙배하였는데, 다음 날 상이 유신(儒臣)을 소대(召對)하는 명을 내리셨다. 그러자 사람들은 그날의 소대가 다분히 공 때문이라고 말하였다. 공은 즉시 들어가 《자치통감강목(資治通鑑綱目)》을 강독하였다. 이어 학문하는 방도와 치도(治道)의 요체에 대해 갖추어 진달하였다. 그러자 상이 더더욱 칭찬하면서 "부수찬 임모(林某)의 명성을 이미 오래전에 들었는데, 지금 나와 만난 자리에서 반복해서 토론하는 것을 보니 문학과 재행(才行)이 과연 탁월하구나." 하였다. 그러자 당시의 벗들이 대부분 공을 위해 시를 지어 특별한 은혜를 입었음을 칭찬하였다. 이때부터 날마다 경연에서 모시고 경전의 뜻을 해석하면서 성학(聖學)으로 인도하였다. 또 겸하여 시정(時政)의 잘잘못을 진달하였는데 그 말이 막힘이 없고 명확하였고, 고금

60 경신년……등용했다 : 남인이 정권에서 축출되고 서인이 정권을 잡은 경신환국(庚申換局)을 말한다. 1680년(숙종6) 3월 남인의 영수인 영의정 허적(許積)이 할아버지 허잠(許潛)의 시호(諡號)를 맞이하는 잔칫날, 비가 내리자 숙종이 허적의 집에 유악(油幄) 즉 왕실에서 사용하는 기름칠한 천막을 보내려 했는데, 이미 이것을 가져간 사실을 알고 크게 노한 것이 환국의 계기가 되었다.

을 넘나들면서 전거를 대었는데 애써 가며 정성을 다하는 모습이 임금으로 하여금 귀를 기울이게 하였다. 사람들은 모두 연석에서 논한 말이 근세에 없던 것이라고 하였다. 상이 일찍이 봉조하 문정공(文正公) 송시열(宋時烈)을 불러들여서 《태극도설(太極圖說)》을 강한 적이 있었는데, 특별히 공에게 나와서 읽도록 명하였다. 송 문정공이 뜻을 해석하고 공도 간간이 자기의 견해를 가지고 토론하며 변론하였는데 정확한 설이 꽤 있었다.

윤8월, 사헌부 지평에 제수되고, 사직을 거쳐 수찬으로 돌아왔다가 다시 지평과 정언이 되었다가 병조 정랑으로 옮겨 갔다가 다시 수찬으로 돌아왔다가 교리로 옮겨 갔다. 몇 달 사이에 거친 관직이 매우 많아 다 적을 수도 없다. 옥당에 있을 적에 상소하여 학문하는 규모를 논하였다. 큰 요체는 취향(趣向)을 정하는 것을 강(綱)으로 삼고 지행(知行)을 목(目)으로 삼는 것이었는데, 그 가리키는 뜻이 정밀하여 임금께 고하는 격식을 잘 갖추고 있었다. 얼마 후 또 응지소(應旨疏)[61]를 올려 세 가지 일을 조목별로 진달했는데, 첫째가 옥에 갇힌 죄수를 소결(疏決)[62]하는 것이었고, 둘째가 도망가거나 죽은 자에게 징포(徵布)하는 일을 혁파하는 것이었고, 셋째가 불필요한 비용을 절약하여 공물을 줄이는 것이었다. 이 일이 비록 행해지지는 않았지만 여론은 이를 옳다고 여겼다. 11월에는 말미를 받아 부강(扶江 백마강(白馬江))으

61 응지소(應旨疏) : 창계가 이조 정랑으로서 임금의 명에 응하여 올린 소(疏)이다. 《창계집》 권4에 〈성지(聖旨)에 응하여 시사를 말한 소〔應旨言事疏〕〉라는 제목으로 실려 있다.

62 소결(疏決) : 나라에 경사가 있거나 혹한, 무더위, 가뭄이 있을 때 은전(恩典)을 베풀 목적으로 실시하는 특별 재판이다.

로 어버이를 뵈러 갔다.

신유년(1681, 숙종7) 1월, 지평으로 소환되었다. 그리고 바로 교리로 옮겨 제수되었다가 지평을 거쳐 다시 교리로 돌아왔다. 5월에는 사간원 헌납에 제수되었다가 교체되어 사직(司直)이 되었다가 즉시 옥당으로 돌아왔는데, 어떤 일을 논했다가 엄한 비지(批旨)를 받들고[63] 동쪽 교외로 나가 있었다. 7월에 부교리 겸 서학교수에 제수되었는데, 항상 삼자함(三字銜)[64]을 띠고 있었다. 얼마 있다 호남에 시험관으로 가라는 명을 받들고 갔는데 돌아오기도 전에 일본 통신사 서장관에 차임되었다. 대신이 어버이가 연로하다는 이유로 체차할 것을 아뢰어 오는 길에 헌납에 제수되었다. 이내 옥당으로 옮겨 갔고, 이어 호당(湖堂 독서당)에 선발되었다.

10월에 이조 좌랑에 제수되었으나 사직하였다. 얼마 후 다시 이조 겸 춘추관기사관으로 들어갔고, 또 수어사(守禦使)의 종사관(從事官)을 겸하였다. 당시 조정의 의론에 분당의 조짐이 있어 일에 평탄치 않은 점이 있었다. 공은 점점 벼슬에 나아가고는 있었지만 이미 물러나고자 하는 뜻을 가지고 있었다.

임술년(1682) 봄, 시호(諡號)를 내리는 일로 명을 받들어 송도(松都)로 나갔다. 돌아와서는 시관(試官)에 차임되었으나 패초를 어겨 파직되었다. 실록청에서 군직(軍職)에 붙일 것을 계청하였는데, 이는 실록을 정리하는 일에 대비하려 해서였다. 4월, 휴가를 청하여 어버이

63 어떤……받들고 : 289쪽 주32 참조.

64 삼자함(三字銜) : 세 글자로 된 직함이라는 뜻으로, 지제교(知製教) 또는 봉조하(奉朝賀)를 가리키는 말인데, 여기서는 지제교를 가리킨다.

를 뵈러 갔다. 얼마 후에 수찬 겸 교서관교리에 제수되었고, 다시 이조좌랑과 수찬에 제수되었으나 모두 나아가지 않았다. 7월에 헌납으로서 부름을 받들고 궐에 나아갔다가 다시 이조로 들어갔다. 만언소(萬言疏)를 올려 국가를 다스리는 규모를 논하였다. 위로 근본을 바르게 하고 다스림을 내는 도리에서부터 다스리는 방도와 시대의 폐단을 구하는 방책에 이르기까지 하나도 빠뜨리지 않고 다 거론하였다. 또 환관이 일을 꾸미는 조짐을 통렬히 끊지 않아서는 안 된다고 말하였다. 상소로 아뢰자 대신이 즉시 불러들이도록 하였다. 사람들이 공을 걱정하기도 하였으나, 얼마 있다 대신이 탑전에서 인책(引責)하면서 공의 말이 과연 맞다고 하여 결국 무사할 수 있었다. 겨울에 다시 수찬에 제수되었다. 또 상소하여 군국(軍國)의 폐단에 대해 말씀드리고, 이어 국가의 재용을 넉넉하게 하고 민역(民役)을 줄여 주는 방도에 대해 언급하였다. 그리고 얼마 있다 사직을 거쳐 다시 부교리를 겸대하였는데, 전처럼 겸손한 태도로 일하였다. 얼마 후 휴가를 청하여 고향으로 돌아갔다.

계해년(1683) 1월, 이조 정랑에 제수되었으나 나아가지 않았다. 얼마 후 모친상을 당하였다. 그 전에 공이 다른 곳에서 자고 있다가, 갑자기 배 속이 뒤집히는 것 같은 증상을 느꼈다. 몹시 놀라고 괴이하여 속히 어버이가 계신 곳으로 들어가서 살펴보았더니, 원래 질병이 있던 대부인이 갑자기 기가 막혔다가 잠시 후에 깨어났다. 그리고 5일 뒤 결국 돌아가셨다. 당시 공의 형제가 모두 멀리 있어 돌아오지 못하고 있었는데, 공은 마침 돌아와 있었기에 모실 수 있었다. 탕약을 올리는 일과 염습(殮襲)하는 예를 모두 유감이 없게 진행하자, 사람들이 공의 정성과 효성으로 이렇게 할 수 있었다고 하였다.

갑자년(1684, 숙종10) 봄, 또 참판공 상을 당했다. 3월에 함평 선산으로 옮겨서 장사를 치르고, 형제들이 궤연(几筵)을 받들어 용담(龍潭) 조림촌(照林村)으로 옮겨 가 살았다. 공은 어려서부터 속병이 있었는데, 거듭해서 상을 치르면서 여러 증세가 고질이 되어 몇 번이나 위기를 겪었다. 그러나 병 때문에 예를 폐하지는 않았고, 책을 읽다가 고인이 효에 대해 말한 부분을 볼 때마다 이내 책을 덮고 눈물을 흘렸다.

병인년(1686), 상기(喪期)가 끝나자 아우 임정(林淨)과 진안(鎭安)의 반월리(半月里)로 이사했다. 산을 마주하고 물을 접하여 자못 고반(考槃)의 즐거움[65]이 있었다. 3월에 이조 정랑에 제수되었고, 예(例)에 따라 검상(檢詳)과 사인(舍人)으로 옮겨졌다. 그리고 얼마 후 사헌부 집의와 사간원 사간에 제수되었다가 사복시 정(司僕寺正)으로 옮겨 갔다가 다시 사간으로 돌아왔다. 그리고 얼마 있다가 승정원 동부승지에 올랐고 우부승지로 옮겨 제수되었으나 모두 상소하고 나아가지 않았다.

정묘년(1687), 예조 참의에 제수되었다가 홍문관 부제학에 옮겨 제수되었다. 호군(護軍)을 거쳐 대사성에 제수되었으나 모두 상소하여 체직되었다. 10월에 황해도 관찰사에 제수되었다. 당시 해서(海西)에 기근이 거듭되어 다스리기가 어려워지자 조정에서 선발에 신중을 기한 것이었다. 상소를 올리자 비답을 내렸는데 "경의 문학으로 보면 경악(經幄)에 두어야 마땅한데 이번에 황해도 관찰사로 임명하였으니, 이는 복잡한 문제를 해결하는 능력을 시험해 보고자 해서이다."라는 내용

65 고반(考槃)의 즐거움 : 산림에 은거하며 안빈낙도(安貧樂道)하는 즐거움을 말한다. 《시경》 〈위풍(衛風) 고반〉에 "산골 시냇가에서 한가히 소요하니, 현인의 마음이 넉넉하도다.〔考槃在澗, 碩人之寬.〕"라는 말이 나온다.

이었다.[66] 경외(京外)의 친구들도 모두 편지를 써서 벼슬에 나아가기를 권하였다. 그러나 공은 부모를 모두 여읜 뒤로 더욱 벼슬에 나아갈 뜻이 없어 여러 차례 상소하여 체차되었다.

무진년(1688) 봄, 공의 아우 임정이 벼슬살이하러 상경했다. 궁벽한 골짜기에서 홀로 살기 어려워 고향 나주에 계신 백씨 장령공(掌令公)에게 가서 의지했다. 4월에 능주 목사(綾州牧使)에 제수되었다. 공은 누차 소명을 어겼기에 외직에 제수되었을 때 한번 사은(謝恩)하고자 하여 이에 처음으로 수레를 타고 서울로 갔다. 그러자 여러 재신(宰臣)이 그가 온 틈을 타 붙잡아 두려고 내직에 의망할 것을 계청하여 마침내 대사성에 제수되었다. 공은 끝내 사양하고 직임을 수행하지 않았다. 얼마 후 이조참의 겸 승문원부제조에 제수되었으나 패초를 받고도 나아가지 않았다. 이에 준엄한 하교를 내려 특별히 체차해 주자 공은 속히 성 밖으로 나갔다. 마침 자전(慈殿)의 병환이 있어 감히 돌아가지 못하고 있던 차에 호조 참의에 제수되었다. 국휼(國恤)을 당해 즉시 곡반(哭班)에 나아갔다. 9월에 전라도 관찰사에 제수되었는데, 이때 상이 조정에서 박 문순공(朴文純公 박세채)을 은례(恩禮)로 대우했다가 이내 차자의 내용이 성상의 뜻을 거슬렀다 하여 배척해 물리치자 많은 이들이 몹시 놀랐다.[67] 공은 절하고 상소하여 인피하기를 "신이 박모(朴某)의 진퇴와 영고(榮枯)와 관련하여 의리상 저만 달리 할 수 없습니

66 비답을……내용이었다 : 창계가 병을 이유로 황해도 관찰사에 제수하는 명을 거두어 줄 것을 청하자 이에 대해 비답을 내린 내용이 《승정원일기》 숙종 13년 11월 9일 기사에 보인다.

67 박 문순공(朴文純公)을……놀랐다 : 295쪽 주38 참조.

다.” 하였다. 그러자 상이 또 준엄한 하교를 내려 특별히 파직하였고, 공은 그날로 고향으로 돌아왔다. 양사(兩司)에서 합계하여 엄한 명령을 도로 거두어 줄 것을 계청했고, 옥당(玉堂)에서도 차자를 올려 그가 가는 것을 만류할 것을 청하였으나 상은 서용하기만 하라고 명하였다. 11월에 양근 군수(楊根郡守)에 제수되었다. 이는 조정의 의론이 공이 인산(因山) 때 올 것이라 여겨, 서울 근교의 벽읍(僻邑) 한 곳을 주어 남아 있도록 계획한 것이었다. 그러나 결국 병 때문에 나아가지 못하고 체차되었다.

기사년(1689, 숙종15), 성주 목사(星州牧使)에 제수되었으나 정장(呈狀)하고 나아가지 않았다. 당시 조정이 한번 변하여 폐비(廢妃)하는 일까지 있었다. 공은 이로부터 세상사에 뜻을 접고 시골에 머물면서 형제들과 서로 의지하였고, 이어 창랑(滄浪)에 거처를 정하였다. 창랑은 족조(族祖)인 처사 창랑정공(滄浪亭公) 휘(諱) 탁(恈)의 유지(遺址)이다. 자연 경관이 본래 남쪽 지방에서 빼어나, 그곳에 정사(精舍)를 짓고 도서를 비치하고는 그 안에 조용히 머물며 고아하게 마음을 관조하면서 그대로 훌쩍 세상을 마칠 계획이었다.

갑술년(1694) 4월, 국가에 폐비가 복위된 예[68]가 있어 조야(朝野)에서 눈을 부비며 다스림을 기대하고 있던 차에 상께서 특별히 공에게 한 자급을 건너뛰어 공조 참판을 제수하였다. 그리고 얼마 후 행 대사성과 대사헌에 제수하고, 다시 공조 참판, 행 대사간에 제수하였다. 몇 달 동안 소명이 이어졌으나 모두 상소로 사직을 청하여 체직되었다. 이때 담궐(痰瘚) 증세가 있어 먼 길을 나설 수 없어서였으니, 꼭 거취

68 폐비가 복위된 예 : 인현왕후(仁顯王后) 민씨(閔氏)가 복위된 것을 가리킨다.

(去就)에 난처함이 있어서만은 아니었다. 10월, 송도 유수(松都留守)에 제수되었다. 여러 차례 상소를 올렸으나 그때마다 윤허를 받지 못했다. 당시 영의정 문충공(文忠公) 남구만(南九萬)과 좌의정 문순공(文純公) 박세채(朴世采)가 꼭 공을 조정에 불러 함께 국사를 도모하고자 하였으나 공의 병이 아직까지 낫지 않자, 우선 서울 근교의 한직을 주어 병을 조섭하면서 국사를 의논할 수 있는 여건을 만들고자 하였다. 이런 뜻을 상께 진달하고 또 사적인 편지로 벼슬에 나아갈 것을 매우 간곡히 권하였다. 또 공의 병을 치료할 시골 의원이 모두 약을 구하기 어렵다고 하며 서울에 가서 의원과 약을 찾기를 권하였다. 공은 부득이 애써 아픈 몸을 이끌고 길에 올라 호서(湖西) 경계에 도착했는데, 이때 박현강(朴玄江 박세채)이 도성을 떠났다는 이야기를 들었다. 그래서 결국 연산(連山)에 있는 족제(族弟) 임세양(林世讓)의 집에 머물며 상소하여 체직해 줄 것을 청하였다. 공의 아우 임정이 서울에서 내려와 서울로 갈 것을 강력히 청하였다. 그러자 공은 그를 꾸짖으며 말하기를,

"어쩌면 그리도 나를 모르느냐. 나는 본래 영달할 마음이 없다. 중간에 몇 년간 출사한 것은 부모님 때문이었다. 그 뒤로 한결같이 물러나 칩거한 것이 어찌 우연이겠느냐. 그러나 이번에 길을 떠나온 것에도 의리상 그만둘 수 없는 점이 있어서이니, 이를 모르는 자들과 이야기하기가 어렵다. 처음 연석(筵席)에 들어갔을 때부터 외람되이 지우(知遇)를 입어 전후로 은혜가 갈수록 융숭해졌으니, 내가 충성을 바칠 마음을 어찌 감히 잠시라도 잊었겠느냐. 경신년(1680) 연간의 일을 생각해 보면 무언가를 해볼 만하였는데도 사당(私黨)이 마구 생겨나 도리어 전에 없는 재앙의 빌미가 되었다. 이를 제거하지 않는다면 나라가 어지러워지고 망하는 것을 구하기 어렵다. 현재

현강(玄江)이 불현듯 산림에서 나왔고, 영상 남구만은 평소부터 나라를 걱정하는 마음이 있으니, 만약 두 사람이 한마음으로 조정의 의론을 진정시키면 일이 순조롭게 이루어질 것이다. 이 또한 일대 기회이다. 내가 두 상신(相臣)에 대해 평소 마음과 뜻이 잘 맞는 데다 김중화(金仲和)-농암(農巖) 김창협(金昌協)이다.-, 오관지(吳貫之)-서파(西坡) 오도일(吳道一)이다.- 등 여러 사람과도 서로 잘 지냈다. 그래서 내가 비록 병으로 반열에 나아가지는 못한다 하더라도 보합하는 도를 주선할 수 있겠다 싶었다. 그래서 다른 일은 우선 논하지 않더라도 눈앞의 고질적인 병폐를 반만이라도 구한다면 보탬이 적지 않을 것이라 여겼다. 이는 내 사적인 계획은 돌아볼 겨를이 없는 결정이었다. 지금 현강이 조정을 떠날 조짐을 볼 수 있다. 이젠 일이 잘 될 수가 없을 텐데 내가 무얼 기다리며 떠나지 않겠느냐. 너는 다시는 그런 말을 하지 마라."

하였다.

얼마 지나지 않아 북사(北使)가 국경에 들어오는 일로 상께서 엄한 교지를 내려 빨리 올 것을 재촉하였고, 또 현강이 아직 물러나지 못하고 있다는 말을 듣고는 애써 조정에 나아갔다.

을해년(1695, 숙종21) 1월, 사은숙배하고 임소로 부임하면서 파주(坡州)에서 현강 박 문순공을 방문하였다. 시사(時事)에 대해 언급하며 서로 한참을 걱정하고 탄식하였다. 임소에 도착하고 나서 며칠 뒤 박 문순공의 부음을 들었다. 더 이상 벼슬할 마음이 들지 않아 누차 글을 올려 면직을 청하였으나 오래도록 윤허를 받지 못하였다. 그러다 7월에 행 부제학에 제수되고 몇 차례 교대되는 변동을 겪었다. 그러다 10월에야 서울로 돌아와 즉시 휴가를 청하였다. 남쪽으로 돌아가려

하자 공을 아는 벼슬아치들이 모두가 떠나는 것을 애석해하면서 기어이 만류하였으나, 공은 이미 결심을 굳힌 상태였다. 그러자 상신(相臣)과 연신(筵臣)이 진계(陳啓)하기를,

"부제학 임모(林某)는 문학과 재주와 식견이 당세에 내세울 정도입니다. 그런데 지금 고질이 있어서 막 고향으로 돌아가고자 휴가를 청했습니다. 청컨대 직임을 강요하지 마시고 우선 산직(散職)의 반열에 두어 서울에 머물게 하는 것이 좋을 듯합니다."

하였다. 또 선조(先朝)의 고사(古事)를 인용하면서 약물을 지급할 것을 청하였다. 그러자 상께서 이르기를,

"임모(林某)는 참으로 국가가 아낄 만한 신하이다. 그의 병세가 중하다고 들어 마음이 몹시 측은하다. 우선 본직을 체차하고 그로 하여금 서울에 머물면서 의약을 받을 수 있게 하고, 약물을 넉넉히 내려주도록 하라."

하였다. 그러자 공이 명을 듣고는 감동해 울면서 "성상의 은혜가 이에 이르니, 내가 떠날 수가 없구나." 라고 말하고, 즉시 소를 올려 은명(恩命)을 거두어 주실 것을 청하였으나 얼마 후 공조 참판에 제수되었다. 이는 본조에는 일이 없어 병을 조리하기에 좋아서였다.

공은 추위가 오자 병세가 더욱 악화되어 사은숙배할 수 없었다. 그런데 옛 규례상 사은숙배하기 전에는 녹봉을 지급하지 않았다. 그러자 호조 판서 윤공 지선(尹公趾善)이 예외적으로 녹을 지급할 것을 계청(啓請)하였다. 영상 남 문충공(南文忠公 남구만(南九萬))도 약물을 대어줄 것을 청하자 상이 모두 윤허하였다.

11월에 상이 중사(中使)를 보내 병을 살펴보게 하면서 어찰(御札)을 보내 주셨는데, 그 내용에,

"경에게 깊은 병이 들어 점점 위독해지니, 이 어찌 경의 불행일 뿐이겠는가. 눈 쌓인 여우(旅寓)에서 약을 계속 대기가 분명 어려울 터라 특별히 몇 종류의 납약(臘藥)과 약간의 땔감을 내려 내가 걱정하는 마음을 표한다."

하였다. 공은 더욱 감격하여 눈물을 흘리며 아우 임정에게 말하기를,

"특별한 은혜가 이 정도까지 이르렀는데도 병으로 인해 직접 상소하여 사은할 수가 없으니, 이것이 나의 한이다."

하였다. 당시 병이 매우 위독하여 숨이 거의 넘어갈 지경이었는데, 한 친구-회은(晦隱) 남공 학명(南公鶴鳴)이다.-가 들어와 만나 보고 말하기를,

"영공(令公)께서는 평소 나랏일을 잊지 못하셨는데, 지금도 이런 생각을 하시는지요?"

하자, 공이 기운 없이 겨우 답하기를,

"완전히 인사불성일 때는 이런 생각을 못하지만, 조금이라도 정신이 들면 이런 마음을 풀어 버릴 수가 없소."

하였다.

병자년(1696, 숙종22) 2월 6일 유시(酉時), 끝내 태묘방(太廟坊) 여사(閭舍)에서 졸하였다. 이때 춘추가 겨우 48세였다. 중외(中外)의 선비들이 아는 사람이건 모르는 사람이건 모두가 탄식하며 조문하였고, 전에 은혜를 입은 옛 친구들 중 그를 위해 복을 입는 자도 많았다.

대신(大臣)이 진계(陳啓)하기를,[69]

69 대신(大臣)이 진계(陳啓)하기를 : 《승정원일기》 숙종 22년 2월 14일 기사에, 영의정 남구만(南九萬)이 입시한 자리에서 창계에 대해 휼전(恤典)과 운구(運柩)를 지원할 것을 건의한 내용이 보인다.

"임모가 끝내 병을 떨치고 일어나지 못해 국가에 쓸 만한 사람이 더 줄었으니, 참으로 애통하고 애석합니다. 고향 집으로 돌아가는 길 연로(沿路)에 있는 사람들이 몹시 주리고 있고 고군(雇軍)을 시켜 반상(返喪)하고자 해도 가난해서 스스로 비용을 마련할 길이 없다고 합니다. 조정에서 은과 베를 헤아려 지급하는 것이 어떻겠습니까?" 하였다. 그러자 상이 몹시도 슬퍼하면서 즉시 해당 조에 은과 베를 제급(題給)하도록 명하고, 또 예관을 보내 제사를 지내도록 하였다.

4월 어느 날, 함평(咸平) 선영 근처에 임시로 장사를 지냈다. 그리고 5년 뒤인 경진년(1700) 11월 29일, 남평(南平) 하곡(下谷) 곤향(坤向 서남향) 언덕에 이장하였다. 전 부인 조씨(曺氏)도 묘의 오른쪽에 옮겨 합장하였다.

공은 모두 두 번 장가들었는데, 원배(元配)는 조씨로 창녕(昌寧) 대족(大族) 통덕랑(通德郎) 조건주(曺建周)의 딸이고, 하흥군(夏興君) 문충공(文忠公) 조한영(曺漢英)의 손녀이다. 정숙하고 은혜로워 부덕(婦德)이 있었다. 1남 1녀를 낳았는데, 모두 일찍 죽었다. 계배(繼配) 한산 이씨(韓山李氏)는 장사랑(將仕郎) 이귀년(李龜年)의 딸, 학생(學生) 이질(李秩)의 손녀로, 1남을 낳았다.

공은 무상(舞象)의 나이[70]가 되자 자품이 순수하고 아름답고 덕기(德器)가 완비되어, 중후하면서도 막힘이 없고, 침착하면서도 영특하였으며, 너그러우면서도 절도가 있고, 장중(莊重)하면서도 오만하지

70 무상(舞象)의 나이 : 15세를 가리킨다. 《예기》 〈내칙(內則)〉에 "13세에는 음악을 배우고 시를 외우고 작에 맞춰 춤을 추며, 15세에는 상에 맞춰 춤을 추고 활쏘기와 말타기를 배운다.〔十有三年學樂, 誦詩, 舞勺, 成童舞象, 學射御.〕"라고 하였다.

않아 겸허하게 선을 좋아하는 마음이 있었고, 화락하여 세속과 특별히 다르게 행동하지 않았다. 어려서부터 식견이 월등히 뛰어나《대학집주(大學輯註)》를 읽다 논리를 따져야 할 부분에서는 깨달은 바가 있는 듯 황홀해하여 격물치지(格物致知)한 뜻이 있었다. 17, 8세가 되자 문장 짓는 일 익히는 것이 싫어져 유학(儒學)에 힘썼다. 그러나 조금 이룬 것을 가지고 명예를 얻는 것을 달갑게 여기지 않고 반드시 은은한 가운데 날로 드러나는 학문을 하리라 뜻을 세웠다. 그러므로 강학할 때에도 지극히 영민한 재주를 지니고도 지극히 둔한 태도로 노력했다. 익힌 것을 늘 되새기고, 궁구한 것을 더욱 정밀히 다듬었으며, 널리 여러 책에서 상고하고, 요약하여 도의 묘용(妙用)을 체득하였다. 경서(經書) 및 선유(先儒)들이 남긴 글에서 모두 차록(箚錄)해 둔 것이 있었는데, 정확하고 독창적인 견해가 많았다. 성찰하는 일에도 특히나 각고(刻苦)의 노력을 더하여 생각마다 일마다 잠시도 소홀히 함이 없었다. 그리하여 욕심을 막고 잘못을 고치는 일에 최선을 다했다. 처음 배울 때부터 날마다 기록을 남겨 스스로를 철저히 점검하였는데, 그 경계하며 정진하는 뜻이 죽을 때까지 조금도 해이해지지 않았다. 경(敬)을 지키고 마음을 다스리는 일은 주일무적(主一無適)을 점검하는 것을 위주로 하였으며, 겉으로 긍지를 지니는 데 급급해하지 않고 안으로 스스로 성경(誠敬)에 독실히 힘썼다. 고요한 곳에서 함양할 적에는 텅 비어 밝은 본체를 보존할 수 있었고, 소란스럽고 갑작스러운 상황에서도 안정된 기상을 잃지 않았다. 다만 중년 이후로 습질(濕疾)이 고질이 되고 몸이 약해 혼몽하고 피로해져서 번거로움을 견디고 고생스러운 일을 감당할 수 없게 되자 늘 이것을 스스로 슬퍼하였다. 그래서 다른 사람에게 "내 마음에 별다른 움직임이 없을 때에도 혼몽함을 면치

못할 때가 많다."라고 말하기도 하였다. 또 〈일록〉[71]에

"마음을 보존할 때는 보고 듣고 먹고 쉬는 일에 아주 조금도 사적이고 인색한 뜻이 없음을 느끼지만 조금이라도 간단(間斷)이 있게 되면 바로 혼탁한 사람이 되고 만다."

하였다. 이것이 비록 스스로 한 말이기는 하지만 이를 통해 공부의 수준이 깊은 것을 알 수 있다. 공은 또 남달리 총명하여 저물녘에도 작은 글자까지 다 읽어 냈으며, 책을 보면 여섯 줄씩 한 번에 내리 읽고 한두 번 보면 바로 외었고, 외고 나면 오래도록 잊지 않았다. 젊어서 읽은 책들을 노년에 가서도 계속해서 아주 익숙하게 입으로 외었다. 심지어는 좀 더 뜻을 되새기면서 책을 통째로 늘 외는 것도 많았다. 이는 공이 책을 받아들이는 것이 매우 민첩한 데다 반드시 다시 맹렬히 살펴 정묘해지게 하여 충분히 완미하고야 말았기 때문이니, 그가 잘 기억하고 외는 것이 이러하였다.

그가 집에 거할 때에는 효성과 우애가 돈독하여 부모도 공에게 사랑을 쏟았고 공도 부모를 매우 사랑하였다. 부드럽고 밝은 모습이 마음에서부터 우러나 밖으로 드러났으며, 일이 있어 외출할 때가 아니면 잠시도 부모 곁을 떠난 적이 없이 부모의 마음을 받드는 것을 자기의 마음으로 삼았다. 이치를 해치는 일이 아니라면 반드시 부모가 하고자 하는 바를 따랐다. 어버이가 돌아가신 뒤에는 상례(喪禮)와 제례(祭禮)를 한결같이 고정(考亭 주희(朱熹))이 정한 법에 따라 정성을 다해 치렀다. 사시(四時)에는 반드시 사당에서 시제(時祭)를 지냈고, 기품(器品)을

71 일록 : 창계가 18세인 1666년(현종7)에 시작하여 45세인 1693년(숙종19)까지 일기체로 기록한 자성록(自省錄)이다.

정해 집안의 영원한 규식으로 삼았다.

형제와 화락하게 지내며 늘 서로 지켜 주고, 질환이 있으면 자기가 아픈 것처럼 여겼다. 재산을 분배할 때에도 형제에게는 후하게 주고 자기는 박하게 취했으며, 이를 미루어 종족에게도 화목하고 친근하게 대하여 늘 곡진히 정을 나누었다.

자문을 구할 사안이 있거나 자제에게 모범을 보일 때면, 온 가문에서 오직 공을 우러르면서 흡족해했다. 너그럽고 후덕하게 사람들을 대하고 경계를 두지 않아 누구든 귀천에 상관없이 똑같이 대하였다. 한가하게 거할 적에는 혼후하고 순박하고 깊은 침묵 속에서 지내 말하지 않는 것처럼 보이지만 누군가를 만나 문답하고 논란할 적에는 정신이 영특하고 말이 구슬을 꿴 것처럼 이어져, 경학을 논할 때면 그 미묘하고 깊은 뜻까지를 낱낱이 분석하였고 사무(事務)에 대해 이야기할 때면 그 의리를 철저히 분별하여 자세하고 명쾌하게 사람의 뜻을 잘 개발해 주었다.

조금이라도 지식이 있는 사람이 있으면 바로 듣기를 즐기고 묻기를 좋아하여 자신이 넉넉하다는 생각은 하지 않고 남에게서 도움을 얻기를 바랐다. 그러다 보니 덕을 본 자들이 자기도 모르게 심취하고 물러나서는 얻은 것이 있는 듯 뿌듯해했다. 평생 성격이 담박하고 특별히 좋아하는 것도 없어 평소 가난하게 거하면서 생업을 챙기지 않았다. 자주 곡식이 떨어지는 형편인데도 무엇을 받거나 사양하는 기준을 엄격히 정해 통제했으며, 자신을 위하는 일은 매우 박하게 하면서도 그런 기미를 드러내지 않았다.

세상의 부귀(富貴)와 명리(名利)에 대해 무심하여 그로 인해 마음이 동요되지 않았고, 명예가 오는 일이 있어도 물러나 피하고 즐기지 않았다. 화려한 음악이나 여색에 대해서는 마치 더럽혀지기라도 할 듯이 여겼다. 공은 어려서 어버이를 따라 오랫동안 함흥(咸興)에 머문 적이 있었는데, 노래하는 기생이 앞에 가득했지만 끝내 가까이하는 일이 없자 사람들이 지조를 굳게 지켜 공직에 복무할 사람이라고 여겼다. 조정에서는 관리의 비위를 캐내는 일에 힘쓰지 않고 오직 임금을 보좌하여 덕(德)으로 인도하는 것을 급선무로 삼았다. 스스로 외로운 신세라 여겨 감히 세도(世道)를 담당하지는 않았으나 반드시 그가 배운 바를 행하려는 뜻을 지녔다. 그래서 다스리는 도구도 고금(古今)을 참작하여 마음속으로 충분히 강구하여 결정하였다. 늘 노론과 소론으로 당파가 갈라진 해(害)가 동서 분당보다도 심하다고 하면서 진실로 이 폐습을 타파하지 않으면 더 이상 무슨 일을 할 수 없다고 하였다. 한 시대의 이름난 사람들 대부분이 공과 친한 자들이었는데, 이들이 모두 공과 뜻이 같을 수는 없었다. 그러므로 때를 헤아리고 힘을 재어 나아가기는 어렵게 여기고 물러나기는 쉽게 여긴 것이다. 벼슬살이를 시작하고서 거의 30년이 되었지만 조정에 있었던 것은 4년이 채 안 되니, 그가 구차하게 영합하지 않았음을 알 수 있다.

그가 시골에 숨어 지낼 때에는 본분이 한미한 선비처럼 쓸쓸해 보였다. 오직 서적을 탐독하며 골짜기에서 지내는 것을 즐겼지만 그가 마음을 쓰는 바가 오로지 자기 한 몸 선하게 하는 데에 있는 것만은 아니었다. 말년에 한 번 벼슬에 나아간 것은 무언가 해 볼 만한 기미와 조금씩 바로잡을 만한 의리〔小貞之義〕[72]에 뜻을 두어서였다. 그러나 불행히

72 조금씩……의리 : 《주역》 〈둔괘(屯卦) 구오(九五)〉에 "은택을 베풀기가 어려우니, 조금씩 바로잡으면 길하고 크게 바로잡으면 흉하리라.〔屯其膏, 小貞, 吉; 大貞,

소명에 응하던 초기에 현강(玄江)이 세상을 떠났고, 공의 병세가 또 갑자기 나빠졌다. 이는 시운(時運)과 관계된 것이니, 공이 이러한 상황에서 무엇을 할 수 있었겠는가. 문장을 지을 적에는 꾸미는 데에 뜻을 두지 않았는데도 뜻이 잘 전달되고 정확하면서도 넉넉하였고, 남에게 긴 편지를 보내는 경우에도 붓 가는 대로 즉시 완성하였는데도 자연스럽게 이루어진 것처럼 시원스러워 문장과 조리 모두가 뛰어났다. 시도 전아하여 옛사람의 풍격(風格)이 있었다. 그러나 공은 이것으로 자신의 이름이 나는 것을 기뻐하지 않았는데, 동시대에 문단을 이끌던 자들은 대부분 공을 칭송했다. 공은 선배로서 최고의 유학자인 두세 분-우암(尤菴) 송 문정공(宋文正公), 명재(明齋) 윤 문성공(尹文成公), 남계(南溪) 박 문순공(朴文純)이다.-의 문하에서 서로 뜻이 맞는 사이임을 확인했다. 박남계와 가장 오래 종유(從遊)했기에 비록 책을 놓고 수업하지는 않았지만 스승과 학생의 관계를 자처하였다. 남계도 공을 매우 존중하여 편지를 주고받으며 강론을 이어갔는데, 어떤 경우는 세도(世道)로 서로 권면하였다. 회니(懷尼) 시비(是非)[73]로 서로 뜻이 갈리기 시작할 때 공이 편지로 각각 그 의에 처하는 도를 말하였으나 모두 받아들이지 않았다. 얼마 후 말류의 폐단을 구할 수 없게 되자 늘 이를 개탄하였다.

아, 공은 타고난 신분이 매우 높고 학문이 일찍부터 성취되어 힘써 그 정신을 모으고 기운을 배양하는 동안에 분명 남들보다 크게 뛰어난

凶.]"라고 한 데서 인용한 말이다.

73 회니(懷尼) 시비(是非) : 송시열(宋時烈)과 윤선거(尹宣擧)·윤증(尹拯) 부자 사이의 사상적 견해차에서 비롯된 오랜 갈등과 대립을 일컫는다. 회니는 송시열이 살던 회덕(懷德)과 윤증이 살던 이성(尼城)의 첫 글자를 딴 것이다. 이 대립으로 송시열을 주축으로 한 노론과 윤증을 중심으로 한 소론의 정치적 대립이 심화되었다.

점이 있었다. 오직 뜻을 크게 갖고 스스로 아주 겸손하게 처신하였으며 성품상 이름이 나는 것을 좋아하지 않아 항상 스스로를 감추었다. 그러다 보니 세상에서 공을 논하는 자들이 어떤 이는 그를 두고 문학이 폭넓다 하고, 어떤 이는 그를 두고 한가하게 물러나 스스로를 지킬 줄 안다고 한다. 그러나 그 순수한 마음 씀과 높은 견식과 독신(篤信) 호학(好學)하는 부지런한 모습에 대해서는 아는 이가 드무니, 하물며 그 조예(造詣)의 수준을 가늠할 수가 있겠는가.

비록 그러하나 이는 공과 관계된 것이 아니다. 하늘이 공에게 후하게 재주를 내린 것은 뜻한 바가 있는 듯하나, 결국 그로 하여금 천수를 누리지 못하게 하여 학업을 다하지 못하게 하고 그가 가진 잠재력을 펼 수 없도록 함으로써 백성이 그 은택을 받지 못하고 후생(後生)이 그 도를 듣지 못하게 했다. 아, 이 또한 무슨 이치란 말인가.

지금 유집(遺集) 몇 권이 세상에 통행되고 있으니, 공이 남긴 것을 알고자 한다면 그래도 여기에서 찾을 수 있을 것이다. 공의 아우 임정(林淨) 씨가 나와 공이 오래 알고 지낸 사이라 하여 공의 행장을 써줄 것을 부탁했다. 내가 고루하다는 이유로 사양했으나 뜻대로 되지 않았다. 이에 감히 그 연보에 실린 내용 가운데 잘못된 것을 바로잡고 보고 들은 바를 참고하여 이상과 같이 정리하였다. 그러나 나의 몽매함으로는 공의 깊이 있는 덕과 학문을 드러내 밝힐 수 없는 데다 한 마디 한 글자라도 혹 공의 평소의 겸허한 덕에 누가 될까 염려스럽기도 했다. 그래서 차라리 소략할지언정 늘리지 않고 질박할지언정 꾸미지 않음으로써 후세에 글을 남길 군자가 헤아려 채택하기를 기다릴 뿐이다.

반남(潘南) 박태초(朴泰初)는 삼가 행장을 짓다.

유명 조선국 가선대부 사헌부 대사헌 창계 임 선생 신도비명 병서

有明朝鮮國嘉善大夫司憲府大司憲滄溪林先生神道碑銘 幷序

선생의 성은 임씨(林氏)이고, 이름은 영(泳)이고, 자는 덕함(德涵)이고, 호는 창계(滄溪)이다. 선조는 나주(羅州) 사람이다. 고려 시대 판사재시사(判司宰寺事) 휘 비(庇)가 시조이고, 선교랑(宣敎郎)으로 좌승지에 추증된 휘 협(悏)이 증조이고, 상주 목사(尙州牧使)로 이조 참의에 추증된 휘 타(堶)가 조부이고, 첨지중추부사로 이조 참판에 추증된 휘 일유(一儒)가 부친이다. 어머니는 정부인(貞夫人)에 추증된 임천 조씨(林川趙氏)로, 시직(侍直) 휘 조석형(趙錫馨)의 딸이고, 병조참판 조희일(趙希逸)의 손녀이다.

선생은 나면서부터 영특하여 여느 아이들과는 달랐다. 겨우 세 살 되었을 때 대부인이 입으로 《천자문(千字文)》을 불러 주었는데, 그 음과 뜻을 모두 환히 깨쳤다. 한번은 등불 아래에서 놀다가 밝은 곳을 가리키면서 "이건 양(陽)이다."라고 하고, 어두운 곳을 가리키면서 "이건 음(陰)이다."라고 하였다. 소 강절(邵康節)이 등불 그림자로 음양이 나뉜다고 했는데, 선생이 어린 나이에 본 것이 은연중 이와 부합한다.

증선지(曾先之)의 《사략(史略)》을 읽을 적에는 첫 책을 읽고는 2책의 내용을 말할 수 있었고, 2책을 읽고는 또 3책, 4책의 일을 말할 수 있었다. 어른이 이상해서 "네가 진실로 배우지 않았는데, 어떻게 알았느냐?"라고 물었다. 그러자 "처음 보았을 때는 몰랐다가 다시 보니 반은 알고 반은 모르겠다가, 익숙해질 때까지 반복해서 읽고 나자 모르던 부분을 저절로 알게 되었습니다."라고 대답하였다. 이때부터 문자에서 재지(才智)가 뛰어나고 탁월할 뿐만 아니라 기개와 도량도 크고 깊었다. 말수와 웃음이 적고 겸양하기를 좋아하였고, 외물에 대해 담담하여 좋아하는 바가 없었다.

열한두 살이 되자 행동거지가 의젓해 이미 성인과 다름없었다. 덕성이 밖으로 드러나고 총명함이 안으로 쌓였으니, 책을 좋아하는 것은 천성에서 비롯된 것이었다. 밥을 먹을 땐 찬으로 삼고 잠을 잘 땐 베개로 삼아 문을 닫아걸고 깊이 연구해 사람들이 알지도 못하게 하였다. 이해가 가지 않는 부분이 있으면 이내 벽을 향해 앉아 깊은 생각에 잠겨 있다가 터득하고 나서야 그만두었다. 그러다 보니 글과 생각이 날로 진보하여 한마디라도 입에서 나왔다 하면 모두 욀 수 있었다. 성리학 관련 서적들에 대해서도 상당히 이해가 깊었다.

한번은 정평 부사(定平府使)를 지낸 이홍록(李興祿)[74]에게서 글을 배웠는데, 기삼백(朞三百) 주(註)에 이르러 가르치려 하지 않으면서 "이는 학식과 덕망이 높은 스승과 선비들도 이해하기 어려워하는 부분이다."라고 하였다. 그러자 선생은 물러나 그 뜻을 연구하였는데, 하루만에 완전히 이해했다. 이 선생은 그 내용을 묻고 몹시 놀라며 기특하게 여겼다. 숙조(叔祖) 동리공(東里公) 휘 위(煒)로부터 《주역》을 배웠는데, 말 너머의 깊은 뜻까지도 말할 때가 많았다. 그러자 동리공이 "나는 네 스승이 아니다."라고 말했다. 드디어 사서오경(四書五經)에 모두 통달하고 제자백가(諸子百家)의 글까지 섭렵하여 샘이 골짜기로

74 이홍록(李興祿) : 《승정원일기》 효종 5년 12월 25일 기사에 정평 부사(定平府使) 이홍록이 상소한 내용과 이에 답한 내용이 보이나 자세한 인적 사항은 미상이다.

흘러들고 말이 큰길을 달리듯이 학문 역량이 왕성해졌다.

을사년(1665, 현종6) 봄에 어버이의 명으로 정관재(靜觀齋) 이공 단상(李公端相)의 문하에서 공부하였는데, 이공이 문득 여러 번이나 사석(師席)을 양보하곤 하였다. 그해 겨울 문충공(文忠公) 조한영(曺漢英) 댁으로 장가를 갔다. 조공이 공이 지은 글을 보고는 깜짝 놀라고 얼마 있다가 "자네의 포부를 보니, 시문(詩文)은 그저 여사(餘事)일 뿐이었군."이라 하며 감탄하였다. 잇달아 대과(大科)와 소과(小科) 초시(初試)에 합격하였고, 드디어 생원시(生員試)에서 장원(壯元)으로 뽑혔다. 새로 급제한 여러 사람과 두 현인을 문묘에 종사(從祀)할 것을 청하였는데, 상소의 수천 마디 글을 붓을 잡자마자 바로 써 내려가자 명성이 날이 갈수록 자자해졌다. 그러나 선생은 문장으로 이름이 나는 것을 기뻐하지 않았다. 이어 《주자전서(朱子全書)》를 보았는데, 마음에 깊이 느낌이 일어 하루 종일 꼿꼿이 앉아 고개 숙여 책을 읽고 고개 들어 생각하면서 정밀하게 연구하였다. 또 언행에 있어서는 스스로 만족스러운 것과 스스로를 속인 것을 살펴서 날마다 반드시 표시함으로써 스스로를 성찰하였다. 만족스러우면 동그라미를 쳤고, 속였으면 선을 그었으며, 만족스러운 것과 속인 것이 반반이면 점을 찍었다. 그 마음에 새기고 독실히 공부한 것이 이와 같았다. 한번은 현강(玄江) 박 문순공 세채(朴文純公世采)를 찾아가 뵈었는데, 현강이 다른 사람들에게 "임군은 많이 배우고 기억력도 좋아 내가 미치지 못한다."라고 말하였다.

경술년(1670), 별시 초시에 장원으로 급제하였다. 다음 해에 정시(庭試)에서 2등으로 발탁되어 승문원 관원에 뽑혀 소속되었다. 천거로 6품직에 오르고, 성균관 전적에 제수되었으나 나아가지 않았다.

경신년(1680, 숙종6)에 상이 옛사람을 기용하여 잘 다스리기 위해 노력하면서 조정의 신하에게 재주 있고 어진 사람을 천거하도록 명하자, 대신이 명에 응해 제일 먼저 공을 추천하였다. 그리하여 병조 좌랑을 거쳐 사간원 정언과 홍문관 부수찬에 제수되었다. 상이 유신(儒臣)을 소대(召對)한 자리에서 공이 《자치통감강목》을 진강하고, 이어 학문하는 방법과 다스림의 요체에 대해서도 갖추어 진달하였다. 그러자 상이 "부수찬의 명성을 들은 지가 오래되었는데, 지금 연석에서 반복해서 토론하는 것을 보니, 문학과 재행(才行)이 과연 탁월하다." 하였다. 이때부터 날마다 경연에 참석하게 되었는데, 보탬이 되는 바가 많았다. 시정(時政)의 득실(得失)을 누차 진달하였는데, 그 말이 조리에 막힘이 없고 명확한 데다 고금의 전거를 잘 대어 임금이 경청할 수 있게 하였다. 사람들이 모두 그가 연석에서 논설한 내용은 근래에 없던 바라고 말했다. 사헌부 지평에 제수되었다가 교리로 옮겨 갔는데, 모두 한 번만 제수된 것이 아니었다. 상소로 학문하는 규모를 논하여 그로써 나아갈 방향을 강(綱)으로 삼고 지행(知行)을 목(目)으로 삼는 것으로 정하니, 가리키는 뜻이 정밀해졌다. 얼마 후 또 응지소(應旨疏)를 올려 세 가지 일을 조목별로 아뢰었는데, 그것은 옥에 갇힌 죄수들을 소결(疏決)하는 일, 도망치거나 사망한 자들에 대한 징포를 혁파하는 일, 쓸데없이 드는 비용을 절약하여 공물을 줄이는 일이었다. 이대로 행해지지는 않았지만 여론이 이를 옳다고 여겼다. 사간원헌납 겸 서학교수에 제수되었고, 지제교에 선발되었고, 시사(試士)하는 일로 호남(湖南)에 갔다. 그러고는 복명(復命)하기도 전에 일본 통신사 서장관에 차임되었다. 대신이 어버이가 연로하다고 진달하자 체차해 주어 호당(湖堂)에서 사가독서(賜暇讀書)를 하였다. 이조좌랑 겸 수어사의 종사관, 교서관 교리에 제수되었다. 그가 올린 만언소(萬言疏)에는 근본을 바로 세우고 정치하는 법에서부터 다스리는 방법에 이르기까지 시대의 병폐를 구하는 계책이 갖추어지지 않은 것이 없었다. 또 환관이 일을 꾸미는 조짐을 통렬히 끊지 않아서는 안 된다고 말하였다.

계해년(1683, 숙종9)에 모친상을 당하였다. 그에 앞서 선생이 밖에서 잠을 자다가 갑자기 배 속이 뒤집히는 것 같은 증상을 느꼈다. 놀랍고 괴이한 마음에 속히 들어가 살펴보았더니, 대부인의 기운이 막혀 있다가 조금 지나서 깨어났다. 그리고 5일이 지나서 끝내 돌아가셨다. 그리고 또 그다음 해 봄에 참판공의 상을 당했다. 상기를 마치고 검상(檢詳)과 사인(舍人), 사헌부 집의, 사간원 사간, 사복시 정에 제수되었고, 승정원 동부승지에 뽑혀 제수되었다가 우부승지로 옮겨 갔다. 또 예조 참의와 홍문관 부제학과 성균관 대사성에 제수되었으나 모두 나아가지 않았다. 겨울에 황해도 관찰사에 제수되었으나 선생은 상소하여 사양하였다. 그러자 상께서는 "경의 문학으로 보면 경연에 두는 것이 마땅한데 지금 황해 감사에 임명하는 것은 복잡한 업무를 잘 처리하는 능력을 시험하고자 해서이다."라는 내용의 비답을 내렸다.[75] 친구들도 많이 편지를 써서 권면해 주었으나 선생은 양친을 여읜 뒤로 벼슬에 나아갈 의사가 없어 여러 차례 상소한 끝에 체차되었다. 능주 목사(綾州牧使)에 제수되자 스스로 수레를 타고 서울에 이르렀다. 조정에서는 그가 오는 것을 계기로 그를 머물게 하고자 마침내 대사성에 제수하였다. 그러나 선생께서는 끝내 사양하고 나아가지 않으셨다. 얼마 후 이조참의 겸 승문원부제학에 제수되었는데 패초를 어기자 엄하게

75 상께서는……내렸다 : 321쪽 주66 참조.

하교하여 특별히 체차시키고 호조 참의를 거쳐 전라도 관찰사로 나가도록 하였다. 박 문순공(朴文純公)이 차자를 올렸는데 성상의 뜻을 거스르자, 선생은 소를 올려 자신과 박 문순공은 의리상 진퇴와 영욕을 달리할 수 없다고 말씀드렸다. 그러자 상이 또 엄지(嚴旨)를 내려 특별히 선생을 파직시켰고, 선생은 그날로 고향으로 돌아갔다. 양사(兩司)에서 소를 올려 구하려 하였고, 옥당에서는 차자로 시골로 떠나는 것을 만류할 것을 청했지만 상께서는 단지 서용할 것만을 명하였다. 겨울에 양근 군수(楊根郡守)에 제수되었고 또 성주 목사(星州牧使)에 제수되었으나 모두 부임하지 않았다.

기사년(1689), 폐비(廢妃)하는 일이 있었다. 이로부터는 세상사에 완전히 관심을 끊고 맑은 물이 흐르는 고요한 곳에 정사(精舍)를 짓고, 그곳에서 고아하게 마음을 관조하며 그대로 훌쩍 이생을 마칠 계획을 세웠다.

갑술년(1694), 환국(換局)이 되었다. 특별히 한 자급이 올라 공조 참판에 제수되었고, 연이어 행 대사성, 행 대사간, 대사헌에 제수되었다. 임금이 부르는 명이 계속해서 이어졌으나 모두 상소하여 사양하고 나아가지 않았다. 겨울에 송도 유수(松都留守)에 제수되었다. 영상 문충공(文忠公) 남구만(南九萬)과 좌상 문순공(文純公) 박세채(朴世采)가 반드시 선생을 초치(招致)하여 함께 국사를 의논하고자 했지만 선생이 병이 있기 때문에 우선 서울 근처에 있으면서 치료하기 편하도록 해 주었다. 얼마 뒤에 상께 보고하고 또 사적으로 편지를 써서 몸을 추스르도록 면려하였다. 선생은 어쩔 수 없이 아픈 몸을 일으켜 길에 올랐다. 부임하고 나서 얼마 되지 않아 부제학에 제수되었다. 휴가를 청하여 남쪽으로 돌아가려 하자, 대신(大臣)과 연신(筵臣)이 서로 이어서 진달하여 억지로 직무를 맡기지 말고 우선 선조(先朝)에서 약물을 내려 주었던 고사를 따를 것을 청하였다.

그러자 상께서 하교하기를 "임모(林某)는 국가에서 아끼는 신하이다. 그의 병세가 중하다고 들어 몹시 측은한 마음이 든다. 우선 본직을 체차하고 서울에 머물게 하여 의약을 대 주도록 하라." 하였다. 선생은 명을 듣고 감격에 겨워 흐느끼며 "성은이 이러하니 내가 떠날 수가 없다."라고 하였다. 상소를 올려 은명(恩命)을 거두어 주기를 청했으나 얼마 있다 공조 참판을 제수하였으니, 이는 병을 조리하기 편하도록 조치한 것이다. 상이 중사(中使)를 보내 병세를 살피게 하고 또 어찰을 내려 "경이 고황(膏肓)에 병이 들어 점점 위독해지고 있으니, 이 어찌 경의 불행이기만 하겠는가. 눈 속에서 객지 생활을 하느라 분명 약을 대기가 어려울 것이니, 특별히 몇 가지 납약과 약간의 땔감을 보내어 걱정하는 나의 마음을 표하고자 한다." 하였다. 그러자 선생은 더욱 감격하여 눈물을 흘리면서 아우 임정(林淨)에게 "은혜가 이토록 각별한데 병으로 인해 직접 상소를 올려 사례할 수도 없으니, 이것이 나의 한이다." 하였다.

병자년(1696, 숙종22) 2월 6일, 태묘방(太廟坊)의 집에서 세상을 떠났다. 춘추 48세였다. 중외(中外)의 선비들이 아는 사람이든 모르는 사람이든 모두가 탄식하며 조문하였다. 상께서도 그를 생각하며 몹시 애통해하시고 해당 조(曹)에 명하여 은(銀)과 베를 제급(題給)하여 반장(返葬)하는 밑천으로 삼게 하고, 또 예관을 보내어 치제(致祭)하였다. 4월, 선영(先塋)에 임시로 장사 지냈다가 13년 뒤인 무자년(1708)에 나주 치소 동쪽 40리 금변면(金卞面) 신좌(辛坐) 언덕으로 옮겨 장사 지내고, 조 부인(曺夫人)을 오른쪽에, 이 부인(李夫人)을 왼쪽에 부장하였다. 조 부인은 통덕랑(通德郎) 조건주(曺建周)의 딸로 정숙하고 자애로워 여사의 행실이 있었는데, 일찍 죽었다. 선생은 스스로 행장을 지었는데, 그 내용이 몹시도 슬펐다. 이 부인은 장사랑(將仕郎)[76] 이귀년(李龜年)의 딸로 역시 어질고 부덕(婦德)이 있었다. 아들 동(董)을 낳았는데, 동은 해평 윤씨 윤호(尹濩)의 딸에게 장가들어 아들 적하(迪夏)를 낳았다. 계취(繼娶)는 승지에 증직된 파평 윤씨 윤채(尹採)의 딸로 역시 아들 하나를 낳았는데, 이름은 익하(翊夏)이다.

선생은 순수하고 아름다운 자질을 타고나 중후하면서도 시원스러웠고, 신중하면서도 총기가 넘쳤으며, 너그러우면서도 절제함이 있었고 엄정하면서도 교만하지 않으셨다. 어린아이 때부터 식견이 월등히 뛰어났는데, 《대학집주(大學輯註)》에서 논리를 다룬 부분을 보고는 홀연히 깨달은 것이 있는 듯하였다. 17, 8세가 되자 드디어 문장을 익히는 일을 싫어하고 학문하는 데 뜻을 독실히 하여 지극히 민첩한 재주를 지니고도 지극히 진득하게 공부에 힘썼다. 박학해지고 나서도 오히려 많은 책들을 상고하였고, 아는 것을 요약함에 있어서는 반드시 오묘한 도의 경지를 체득하였다. 오래도록 탐색하여 차록(箚錄)해 둔 것이 많아 내면을 성찰하는 것이 더욱 엄격했고, 경(敬)을 지키고 마음을 다스리는 일을 잠깐 사이도 놓친 적이 없었다. 자긍심을 갖는 데 얽매이지 않고 항상 텅 비어 밝은 마음의 본체를 간직하였다. 오직 번잡한 것을 견디지 못하는 것을 병으로 여기면서 항상 사람들에게 "내가 내 마음을 점검해 보니, 별다른 움직임이 없을 때에도 혼몽함을 면치 못할

76 장사랑(將仕郎) : 《서당사재(西堂私載)》 권6 〈창계임선생신도비명(滄溪林先生神道碑銘)〉에는 '士人'으로 되어 있다.

때가 많다."라고 하였다.

또 스스로 일록(日錄)을 작성하여 "마음을 보존할 때에는 보고 듣고 먹고 쉬는 일에서 조금도 사심이나 인색함이 없다고 느낀다. 하지만 조금이라도 중단이 있으면 바로 혼탁한 사람이 되고 만다." 하였다. 이것이 비록 스스로 한 말이기는 하지만 이 말을 통해 그의 공부가 전일하고 조예가 깊은 것을 알 수 있다. 책을 읽을 적에는 한 번에 여섯 줄을 내리 읽고 한두 번 더 보고는 바로 외워 버렸고, 외웠다 하면 오래 지난 뒤에도 기억할 수 있었다. 집에서 지낼 때는 효성과 우애가 두터워 부모를 모실 적에는 기쁜 기색과 부드러운 모습을 하고 뜻에 맞추어 드리려 노력하였다. 상례나 제례를 지낼 때에는 한결같이 고정(考亭 주희(朱熹))이 정한 법에 따라 하였고, 사시(四時)에는 반드시 사당에서 시제(時祭)를 지냈다. 제기나 제수에 모두 정해진 수를 두어 집안에서 전하는 규식으로 삼았다. 형제와 종족 간에는 사랑이 넉넉하고 정이 넘쳤다. 평소에 거할 때는 깊은 침묵 속에 있으며 공손하게 겸양하는 모습을 보였지만, 누군가를 만나 묻고 논란하는 경우에는 정신이 또렷하고 말이 구슬을 꿴 듯이 이어졌으며 은미하고 깊은 뜻을 잘 분석해 냈다. 남의 뜻을 개발해 주는 데 능하여 누군가 어설프게라도 아는 것이 있으면 잘 듣고 묻기를 좋아하였고, 자신이 가진 것이 더 많은 줄도 몰랐다. 그래서 그의 덕을 본 사람들은 누구라도 심취하여 물러나서도 무언가를 얻은 듯이 뿌듯해했다. 적은 양의 곡식도 자주 떨어질 정도로 자신을 위하는 데는 매우 박했지만 세상의 부귀와 명리(名利)가 그의 마음을 움직일 수는 없었다. 조정에서는 임금을 보좌하여 덕으로 인도하는 것을 우선으로 삼았다. 모든 다스리는 방도에서 고금을 참작해서 깊이 연구하여 정하되 반드시 때를 기다려서 뜻한 바를 행하였다. 말년에 한 번 나와 벼슬한 것은 벼슬할 만한 기틀과 조금이라도 바로잡고자 하는 의리에 뜻을 둔 것이다. 그런데 불행히도 부름에 응한 초기에 현강(玄江)이 세상을 떠났고 선생의 질병이 또 갑자기 악화되었다. 이는 시운(時運)과 관련된 일이니 또 말해 무엇하겠는가. 처음에 선생이 조정의 의론이 분열되는 것을 안타깝게 여겨 항상 석담(石潭 이이(李珥))이 조정하려 했던 논의[77]에 뜻을 두었다. 그러다 경신년(1680, 숙종6) 이후로 산림(山林)과 훈척(勳戚)이 서로 표리가 되어 선비들의 추세가 더욱 구차해지는 것을 보고는 마침내 우재(迂齋) 조지겸(趙持謙), 정재(定齋) 박태보(朴泰輔) 등 동지 서넛과 맑은 의론을 펴는 일에 뜻을 모으고 어전(御前)에 나아가 봉사(封事)를 올렸는데, 전후의 내용이 간곡하였다. 만약 그 말이 당시에 행해질 수 있었다면 기사년의 화[78]에 빠지는 지경에는 이르지 않았을 것이다. 훗날 그의 자취를 더듬으며 돌이켜 생각해 본다면 어찌 이 점에 탄식하며 한숨을 쉬지 않을 수 있겠는가.[79] 문장을 지을 때는 수식(修飾)을

77 석담(石潭)이……논의 : 선조 때 이조 정랑 자리를 두고 김효원(金孝元)과 심의겸(沈義謙)이 대립하자 그 추종 세력이 동인과 서인으로 분당하였는데, 이때 이이(李珥)가 이들을 외직(外職)으로 내보낸 뒤 양비론(兩非論)을 주장하며 갈라진 것을 다시 만회하려고 힘쓴 일이 있다. 《白沙集 卷4 栗谷先生碑銘》

78 기사년의 화 : 1689년(숙종15) 당시 집권 세력인 서인이 숙원(淑媛) 장씨(張氏) 소생인 왕자 윤(昀 경종)의 원자 책봉을 반대하자, 이에 분노한 숙종이 서인의 영수 송시열을 사사하고 김수흥(金壽興)·김수항(金壽恒) 등 서인의 지도층을 대거 축출하고, 1680년(숙종6) 경신대출척(庚申大黜陟)으로 실각하였던 남인들을 다시 등용한 사건을 가리킨다. 이때 서인의 영수 송시열을 비롯해 많은 서인계 인사들이 화를 입었다.

79 처음에……있겠는가 : 이 부분은 《서당사재(西堂私載)》 권6 〈창계임선생신도비명(滄溪林先生神道碑銘)〉에는 실려 있지 않다.

일삼지 않아 천기(天機)가 넉넉하고 시원스러웠으며, 사람들과 여러 책을 놓고 학문을 논할 적에는 자세하고 정성스러워 퇴계 이후로 그에 비할 자가 없었다. 시 또한 전아(典雅)하여 고인의 체격(體格)을 갖추어 동시대에 문원(文苑)을 주도하는 자들이 대부분 자신들은 선생에게 미칠 수 없다고들 하였다.

아, 선생은 타고난 자질이 높고 일찍부터 학문하여 그가 이룬 바는 후학이 감히 엿볼 수 있는 바가 아니다. 도를 감추는 데 능해 드러내지 않다 보니, 세상에서 선생을 안다는 자도 어떤 이는 문학이 폭넓다고 말하고, 어떤 이는 물러나 스스로를 지킨다고 말하고, 어떤 이는 학문에 힘쓰기를 게을리하지 않는다고 말한다. 그러나 그 조예가 얼마나 깊은지에 대해서는 아는 자가 드물었다. 그러나 이것이 선생에게 또 무슨 중요할 것이 있겠는가. 하늘이 선생에게 덕은 주었지만 수명을 길게 내리지 않아 그가 하는 학문을 조금 더 연구하지 못하게 하여 이 백성들이 그 혜택을 받지 못하고 후생들이 자신을 맑게 하지 못하게 하였으니, 이 무슨 이치란 말인가. 남긴 문집 몇 권이 세상에 전한다.[80] 나는 선생이 살아 계실 적에 태어났는데도 남북으로 멀리 떨어져 있다 보니 끝내 그 문하에서 모시지 못했으니, 이것이 평생의 한이다. 지금 임익하(林翊夏)가 묘비명을 지어 줄 것을 부탁해 와 삼가 행장에 적힌 내용을 살펴서 그 대략을 기록한다. 이어 명(銘)을 적는다.

선생의 학문은	先生之學

80 세상에 전한다 : 대본에는 '行于世'로 되어 있는데, 《서당사재》 권6 〈창계임선생신도비명〉에는 '藏于家'로 되어 있다.

다하지 않고 멈추지 않네	不極不輟
학문을 널리 익힌 데다	旣博以文
정밀히 살피기까지 했고	亦精其察
정밀히 살핀 데다	察之旣精
실천에 힘쓰기까지 했네	亦踐之實
경 공부가 깊어	主敬功深
사사로워 인색한 일은 싹 끊어 냈고	私吝廓絶
본원이 텅 비고 밝으니	本源虛明
그 온화함은 무엇이 더 부드러울까	其和孰滑
거울이 사물을 비추는 듯하고	如鑑照物
물결이 일렁이지 않는 것 같네	如波不汩
본체가 서고 실행이 따라	體立用行
안과 밖이 모두 툭 트였다네	外內交徹
성군(聖君)께서도 허심탄회하게	聖主虛襟
그의 의견이 시행되길 기다리셨네	須厥施設
약과 땔나무를 내려 주시며	藥頒薪繼
고질이 낫기를 바라셨다네	念軫貞疾
하늘이 참으로 고쳐 주기를 꺼려	天固厭治
현인이 이 세상을 떠나게 되었지만	俾賢云沒
오직 남긴 글이 있어	惟有遺書
펴지지 않은 이치를 밝힐 수 있네	克闡理窟
훗날 이를 본보기로 하여	尙後是式
가르침을 받드는 듯하기 바라네	如承講說
금성의 동쪽에	錦城之東

그의 유택(幽宅)을 마련하고 有幽其室
좋은 돌 위에 제물(祭物)을 높이 쌓으니 載峙貞珉
높은 기풍이 찬란히 빛나네 高風烈烈

자헌대부(資憲大夫) 이조판서 겸 홍문관대제학 예문관대제학 지경연 춘추관성균관사 세자우빈객(吏曹判書兼弘文館大提學藝文館大提學知經筵春秋館成均館事世子右賓客) 이덕수(李德壽)[81]는 삼가 짓다.-모두 2781자이다.-

81 이덕수(李德壽) : 1673~1744. 본관은 전의(全義). 자는 인로(仁老). 호는 벽계(蘗溪)·서당(西堂)이다. 박세당(朴世堂), 김창흡(金昌翕)의 문인이다. 저서로 《서당집(西堂集)》, 《서당사재(西堂私載)》 등이 있다. 시호는 문정(文貞)이다.

서원 영건 통문[82] 경인년(1710, 숙종36)

書院營建通文 庚寅

이 통문은 창계(滄溪) 임 선생을 받들어 월정서원(月井書院)[83]에 합향(合享)하기 위한 안건이다.

아, 학문의 도는 실속을 다지는 것보다 좋은 것이 없고 명예를 좋아하는 것보다 나쁜 것이 없다. 문로(門路)의 옳고 그름과 마음 씀의 참됨과 거짓됨이 여기에서 나뉜다. 오늘날 세상에서 찾자면, 이 점을 통렬히 분별하여 우뚝 선 분으로는 오직 임 선생이 있을 뿐이다.

선생의 학문은 안으로는 뼈를 깎는 노력을 통해 이룬 것이 있으면서도 밖으로는 꾸미는 태도가 없다. 명예가 실로 실제에 미치지 못했는데도 오히려 이름이 앞설까 근심하는 마음을 품어, 드러나지 않는 가운데 수양하는 데에만 힘썼고 남들이 알아주기를 바라지 않았다. 그러므로 그를 모르는 자는 그의 문장과 글 짓는 솜씨 같은 지엽적인 것만을 인정할 뿐이고, 스스로 그를 안다고 여기는 자도 그를 두고 선을 즐기고 학문을 좋아하는 선비라고 범범하게 칭하는 정도였다. 그러니 선생

82 서원 영건 통문(書院營建通文) : 이 통문에 작성자가 표기되어 있지 않으나, 이해 8월에 작성한 〈재통문〔再通〕〉에 다시 통문을 작성한다는 내용이 있는 것으로 보아 이 통문을 작성한 사람도 〈재통문〉을 작성한 사람과 같은 유학(幼學) 홍이규(洪以珪)를 포함한 다수 인원일 것으로 보인다.

83 월정서원(月井書院) : 전라남도 나주시 노안면 금안리 광곡 마을에 있는 서원이다. 1659년(효종10) 조선 중기의 문신이자 학자인 사암(思庵) 박순(朴淳)의 학덕을 흠모하는 사림들이 상소를 올려 서원을 창건하였고, 1669년(현종10) 사액되었다.

이 참으로 실천할 줄 알고 본체가 서고 두루 행할 수 있어 한 시대의 진유(眞儒)가 되고 백세(百世)의 스승이 될 만하다는 것은 참으로 사람마다 알 수 있는 것이 아니고, 한두 가지로 일컬을 수도 없는 점이 있다.

우리가 덕을 아는 자는 아니지만 다행히 선생께서 기거하시던 고장에 살면서 평소 보고 듣는 가운데 마음으로 기뻐하고 진심으로 복종해 왔다. 그래서 여러 군자를 위해 대략 말해 보고자 한다.

선생은 인품이 맑고 혼후하며 천성이 아주 훌륭했다. 어려서부터 덕의 그릇이 완성되어 기뻐하거나 성내는 감정을 드러내지 않았고 함부로 말하거나 웃지 않았다. 또 스승으로부터 가르침을 받지 않고도 여러 책을 완전히 이해할 수 있었는데, 그러면서도 스스로 잘 안다고 여긴 적이 없었다. 동학(同學)이 물으면 반드시 자세히 살펴서 답하였고 입에서 나오는 대로 경솔히 대답한 적이 없었다. 겸허하고 근후(勤厚)한 기풍은 천성적으로 타고난 것 같았다.

11세 때 《대학》 주해(註解) 중 '이(理)' 자가 있었는데, 확 깨치는 부분이 있는 것 같자 바로 침잠해서 궁구하여 그 본체를 깨달을 수 있었다. 18세 때에는 《주자전서(朱子全書)》를 보고 더욱 느낌이 일어 마침내 이 공부에 몸담아 종사하리라 작정하였다. 이는 성인(聖人)을 배우다 그 경지에 이르지 못할지언정 작은 성과에 만족하고 대번에 그만두는 것을 원치 않아서였다. 그래서 밤낮으로 각고의 노력을 기울여 쉬지 않고 부지런히 학문에 힘썼다. 성현의 경전과 유가의 글로 학문에 관계되고 공부에 절실한 모든 것들을 숙독하고 두루 암송하지 않은 것이 없었다. 그의 학문의 기본은 진실로 20세 전에 이미 확립된 것이 있었다.

이때부터 그가 외고 읽은 것을 계속 반복하여 글자마다 연구하고 구절마다 체득하고 깊이 침잠해 충분히 음미하면서 참되게 쌓아 가고 오래도록 노력해 나갔다. 중년에 이르러 과거에 급제해 벼슬을 하긴 했지만 이는 어버이의 뜻을 심하게 어길까 우려해서였지 평소 좋아했기 때문이 아니다. 또 당시 상황을 보더라도 그가 배운 바를 펼 수 없을 것 같았기에 벼슬에 나아가는 일은 적고 물러나는 일은 많았던 것이고, 한 번도 조정에 오래 머문 적이 없었던 것이다. 부모님을 여읜 뒤로는 더욱 벼슬할 마음이 없어져 마침내 창계 가에 몇 칸 띳집을 지어 그곳에 거처하면서 오직 경전을 궁구하고 도를 논하는 것에만 힘썼다. 그가 자득한 오묘함과 정밀하고 깊은 뜻은 진실로 비루한 사람이 감히 헤아릴 수 있는 바가 아니었다. 그리고 일상생활에서 드러나는 것과 문자로 표현되는 것에는 절로 가릴 수 없는 것이 있으니, 거칠게 대충 하고 경솔하고 거만하게 구는 습관을 한 번도 몸으로 행한 적이 없었고, 잡되고 비루한 말들을 한 번도 입 밖에 낸 적이 없었다.

젊은 나이에 발탁되어 경재(卿宰)의 지위에까지 올랐지만 그 몸가짐을 보면 그저 일반 백성에 지나지 않았다. 여사(餘事)로 하는 문장도 자연히 이루어진 듯 완전했지만 그 자처하는 것을 보면 그저 아무것도 모르는 사람으로만 보였다. 세도(世道)가 무너지고 당파가 매우 심하게 갈리는데도 행여 거기서 더럽혀지기라도 할세라 홀로 초연하게 지냈다. 나라와 세상을 걱정하는 마음을 늘 잊지 않아 당파를 타파하여 융화시키는 것을 제일의 급선무로 삼았다. 세상에서 선생을 모르는 자들이 함부로 지목하며 자기들 생각으로 이러쿵저러쿵하기도 하지만 선생의 마음은 이미 탕탕평평(蕩蕩平平)하고 어디에도 치우침이 없는 경지에 다다랐다.

집안사람들을 대할 때에는 온화하고 공경스러운 태도를 갖추었고, 사람들을 접할 때는 정성스럽고 꾸밈없는 태도를 보였다. 의식(儀式)

을 강구하여 제례(祭禮)를 새롭게 했고, 조약(條約)을 세워 가법(家法)을 정하였다. 몹시 곤궁한 것은 사람들이 견디기 어려워하는 것인데도 음식을 제대로 먹을 수 없고 의복을 철 따라 알맞게 입을 수 없어도 천성인 듯 편안하게 지내면서 애당초 많고 적고를 따지는 생각이 전혀 없었다. 이는 선생 자신의 행동 방식과 가정에 처하는 법이 완전히 갖추어져서 조금도 이지러지고 빠진 것이 없어서 그런 것이다.

병오년(1666, 현종7)에서 갑술년(1694, 숙종20)까지 30년간 매일 말과 행동거지를 기록하여 성찰하는 바탕으로 삼았다. 일상생활하는 가운데 늘 반성하여 자책하는 말을 하였고, 강론할 때에는 늘 겸허한 마음으로 조언을 구하는 뜻을 간절히 보였다. 때에 따라 경계하고 두려워하고, 곳에 따라 점검하면서 부지런히 노력하며 오직 미치지 못할까 걱정하는 것이 모두 마음을 다스리는 도요, 자신을 신칙하는 방법이었다. 일상적으로 말할 때나 침묵할 때와 예사로운 응대에서도 모두 찬찬히 유념하여 합당함을 얻으려고 애썼다. 이를 보면 선생이 자신을 지키는 법과 실천하는 방법이 엄밀하여 과정이 있는 것 같았다.

사서삼경(四書三經), 《근사록(近思錄)》, 《소학(小學)》, 《의례(儀禮)》, 《예기(禮記)》, 《이정전서(二程全書)》, 《주자전서(朱子全書)》, 《성리대전(性理大全)》, 〈논맹독법(論孟讀法)〉부터 아래로 퇴계나 율곡 등 여러 선생의 글에 이르기까지 외고 읽을 때마다 각각 기록해 두었는데, 의문스러운 점을 적어 두기도 하고 오묘한 뜻을 밝혀내기도 하였다. 이는 모두 전인(前人)이 밝히지 못한 것들을 밝혀 후인들에게 방향을 제시하는 것들이었다. 이는 선생의 학문의 공이 극히 정밀하고 범위가 넓어 이로써 유학을 돕고 후학에게 좋은 영향을 끼칠 수 있어서 그러한 것이다.

아, 선생의 자신을 지킴은 이렇듯 철저했고 선생의 학문은 이렇듯 정밀하고 해박했다. 지행(知行)을 함께 닦고 체용(體用)을 모두 성취하여 진실로 도덕의 문에 여유 있게 들어갔다 할 수 있다. 그런데도 오직 그 마음을 아주 크게 갖고 스스로 아주 원대한 것을 기약하였으며 얻은 바가 있더라도 스스로는 그것을 얻었다 여기지 않았다. 또한 실제를 드러내는 것이 명예를 가까이하는 것처럼 여겨질까 하여 함부로 남에게 이에 대해 말하지 않았다. 그러다 보니 함께 어울린 지 오래되어 스스로 그를 잘 안다고 여기는 사람도 오히려 그 깊은 경지를 다 살필 수 없었다. 〈차기(箚記)〉[84]와 〈어록(語錄)〉[85] 등의 글은 참으로 있는 줄도 몰랐다가 돌아가시고 몇 년이 지난 뒤 문집을 정리할 때에야 비로소 이것이 있는 줄을 알게 될 정도였다. 그러니 더구나 직접 모습을 뵙지 못하고 풍도(風度)와 지의(旨意)를 접해 보지 못한 자가 어떻게 그 만분의 일이나마 그의 면모를 알 수 있겠는가. 온 세상 사람 가운데 그를 알아볼 수 있는 자가 드문 것이 당연하도다.

비록 그러하나 비단옷 위에 홑옷을 덧입는다 해도[86] 끝내 그 문채를 덮을 수 없다 보니 자연히 아는 사람은 이를 알게 된 것이다. 덕을 따르고 배움을 청하던 후생들과 도를 함께하고 학업을 강마하던 동류

84 차기(箚記) : 《창계집》 권19~24에 실린 〈독서차록(讀書箚錄)〉을 가리킨다.

85 어록(語錄) : 창계가 이황의 문인인 김성일(金誠一)의 〈퇴계언행록습유(退溪言行錄拾遺)〉, 이덕홍(李德弘)의 〈계산기선록(溪山記善錄)〉, 우성전(禹性傳)의 〈언행수록(言行手錄)〉과 제가(諸家)의 문집에서 발췌한 이황의 언행 관련 기록을 총 20항목으로 분류해 편찬한 〈퇴계선생어록(退溪先生語錄)〉을 가리킨다.

86 비단옷……해도 : 재주와 덕이 겉으로 드러나는 것을 좋아하지 않아 이를 감추는 것을 말한다. 《시경》 〈위풍(衛風) 석인(碩人)〉에 나온 말이다.

(同流)들이 마음으로 기뻐하고 진심으로 감복하면서 그를 지극히 숭상하지 않는 이가 없었다. 심지어는 당시의 여러 노선생도 모두들 매우 중하게 그를 추어올려서 인정해 주고 매우 크게 기대를 걸었다. 그리하여 문목(問目)을 가지고 질의를 하기도 하고, 편지를 보내 묻기도 하고, 저술을 가지고 바로잡아 줄 것을 청하기도 하였다. 또 학설을 세우고 책을 저술할 것을 권면한 사람도 있었고, 출처(出處)와 진퇴(進退)를 놓고 시종일관 챙기는 자도 있었다. 지금 그 문답한 글과 주고받은 말들이 모두 문집에 실려 있다. 여러 노선생 및 도를 함께하는 현인과 덕을 생각하는 선비가 이와 같이 추대하여 인정하고 기뻐하며 복종하였으니, 그가 간직한 것을 알 수 있다. 간직한 바가 이와 같은데도 누구나 그것을 알지는 못하게 하였으니, 그가 실제에 힘쓴 것을 또한 알 수 있다. 진실로 참과 거짓의 관문에서 초연하고 광활한 평원에 우뚝 서서 즐길 바를 즐기면서 그 밖의 것을 사모함이 없는 자가 아니라면 어찌 여기에 이를 수 있겠는가.

조예가 점점 높아지고 명성이 점점 커져 원근의 선비들이 흥기되어 귀의하였으니, 족히 한 나라의 종사(宗師)가 되고 사림의 표준이 될 만하였다. 하지만 하늘이 시간을 더 주지 않아 이렇게 빨리 세상을 뜨게 되었으니, 우리 도가 어려움에 처하고 사문(斯文)이 애통해하는 것을 이루 다 말할 수 있겠는가. 우리들은 덕에 감화된 지 오래고 의(義)를 사모한 것이 또 깊어, 살아 계실 적에는 실로 태산북두(泰山北斗)를 바라보는 마음이었고 돌아가셨을 적에는 실로 들보가 무너지는 듯한 마음이었다. 너도나도 제 몸을 백 번이라도 바쳐 살려내고 싶지만 될 수 있는 일이 아니다. 그러니 오직 선생이 도를 강하던 곳에 사당을 새로 지어 이로써 후세 사람들이 크게 그리워하는 생각을 부칠 수 있도록 해야 한다. 그러나 연이은 흉년으로 공사(公私) 간에 아무것도 없으니, 힘도 모자라는데 비용이 많이 드는 일을 하는 것은 아닌지 또한 염려하지 않을 수 없다. 그러니 따로 사우(祠宇)를 짓기 시작하여 낭패를 부르는 것보다는 선정(先正)의 사우에서 함께 제향하여 모시는 것이 더 적합하다.

우리 고을 성 서쪽에 월정서원(月井書院)이 있는데, 이곳은 사암(思菴) 박 선생(朴先生 박순(朴淳))의 영령을 모신 곳이다. 가만 생각해보면 우리 선생의 기품이 온화하고 마음의 덕이 순수한 것이 실로 박 선생과 닮은 점이 있고, 또 그 학문의 공과 출처의 예(禮)도 아름다워 서로 숭상할 만한 점이 있으니, 한 사당에 함께 제향하는 것이 매우 온당한 일이다. 그러므로 우리들은 의논하여 계획을 세웠는데, 다만 본 서원이 이미 사액하는 은혜를 받았기 때문에 형세상 조정에 여쭌 뒤에야 할 수 있을 것이라고 생각했다. 이에 모월(某月) 모일(某日) 모소(某所)에서 모이기로 하여 이로써 봉장(封章)을 작성해 궐문에 호소할 바탕을 마련한다. 삼가 바라노니, 여러 읍의 군자들이 각별히 유념하여 모두 와서 모여 사문의 큰일을 이룰 수 있도록 해 준다면 매우 다행이겠다.

또 생각건대 사우(祠宇)가 어지럽게 세워지는 것은 실로 지금의 고질적인 폐단인데, 이는 선생께서 깊이 걱정했던 바이기도 하다. 우리가 이 점에 대해 언급하지 않은 것은 아니나 선생의 학문과 도덕이 이미 귀신에게 묻는다 해도, 백세가 지난다 해도 사라질 수 없는 것이 있으니, 또 어찌 속세의 폐단을 고치는 일 때문에 존숭하여 모시는 도를 생각지 않을 수 있겠는가. 다시 원하노니, 군자들은 모두 모름지기 헤아려 살피기 바란다.

재통문
再通

향선생(鄕先生)을 사(社)에서 제사 지내는 것은 오래된 일이다.[87] 그러니 더구나 학문이 순정(醇正)하고 조예가 정밀하고 깊은 사람이라면 그를 사당에서 제사 지내고 높여서 받드는 것이야말로 사문(斯文)의 일대 성대한 거사가 아니겠는가. 창계(滄溪) 임 선생은 강호(江湖)에서 편안하고 고요하게 지내 세속을 벗어난 모습이 물씬 풍겼고, 경전을 주석하며 지내 학문에 종사할 뜻을 분명히 하였다. 넓고 깊고 전일하고 정밀하여 기어이 깊은 경지에 이르렀고, 뜻을 세운 것이 구차하지 않아 힘써 행하기를 게을리하지 않았다.

그러므로 우재(尤齋) 송 선생도 주고받은 편지에서 행실을 닦고 실천에 힘쓰는 것을 대단히 칭찬하였고,[88] 농암(農巖) 김 선생(金先生 김창협(金昌協))도 서로 도의(道義)로써 절차탁마(切磋琢磨)하기를 즐겼다. 농암은 공의 문집에 서문(序文)을 쓰면서 "도(道)를 받아들일

87 향선생(鄕先生)을……일이다 : 한유(韓愈)의 〈송양소윤서(送楊少尹序)〉에 "'향선생이 세상을 뜨면 사에서 제사 지낸다.'라는 옛말이 이 사람의 경우에 해당한다.〔古之所謂鄕先生沒而可祭於社者, 其在斯人歟!〕"라는 말이 있는데, 이를 두고 한 말이다.《別本韓文考異 卷21》 향선생은 향리에 사는 노인으로, 경대부(卿大夫)로 있다가 치사(致仕)한 사람을 말한다.《儀禮 士冠禮 鄭玄注》

88 우재(尤齋)……칭찬하였고 :《송자대전》에 우암(尤庵) 송시열(宋時烈)이 창계에게 먼저 보내거나 답한 편지 6편이 실려 있는데, 이 가운데 창계의 정성스러운 가르침에 감사를 표하는 내용이 있다.《宋子大全 卷112》

만한 기국(器局)과 도를 이룰 만한 자질이 있는 데다 또 일찌감치 고정(考亭 주희(朱熹))을 스승으로 삼았기 때문에 도에 있어서 대체(大體)를 연구하여 살펴볼 수 있었다."라고 하였다. 이 한마디 말만 보더라도 그가 본 바가 크고 그가 간직한 바가 참됨을 믿을 만하니, 이처럼 부지런히 강학하고 독실히 도를 구했던 것이다.

아, 선사(先師)가 어찌다 괜히 추중한 것이 아니니, 후학이 앞으로 마음 깊이 본받을 것이다. 그러니 이에 유학의 전당을 열어 편안하게 모시는 위의를 갖추어 잘 받들어서 향리의 유생들이 귀의해 마음으로 우러르며 학문에 힘쓰도록 할 바를 두게 한다면 어찌 옳지 않겠는가.

지난 십수 년 동안 사림(士林)에서 과연 큰 논의가 일었으나 힘은 미약한데 비용이 많이 드는 일을 하느라 건립을 해내기가 어려웠다. 현인의 사당을 세우고 나서 의논하여 제향을 올리고자 했으나 사액하는 일이 쉽게 되지 않아 하지 못하다가 지금에 이르렀다. 그러니 식자(識者)의 탄식이 어찌 그칠 수 있었겠는가. 다만 완성하기 어려울까 염려하며 시간을 오래 끌다 학자가 진덕수업(進德修業)하는 방법을 어기게 되면 이렇게 문(文)을 숭상하는 때에 현인을 숭상하는 의론을 내었다 할 수 있겠는가. 이에 우리들은 어리석고 용렬한 것도 헤아리지 않고 감히 또 통문을 돌리니, 여러 군자는 사람을 보고 일을 덮지 말고 고을 전체에 모두 알려 이달 6일 경현서원(景賢書院)에서 모이기로 약속하여 다시 더 의논해 속히 성대한 의식을 완성하는 것이 어떻겠는가.

삼가 경인년(1710, 숙종36) 8월 모일(某日) 글을 쓰다. 유학(幼學) 홍이규(洪以珪) 등 46원(員)이다.

서원 터를 닦는 축문

開基祝文

유세차(維歲次) 경인년(1710, 숙종36) 10월 임술삭(壬戌朔) 25일 병술(丙戌)에 유학 최수중(崔秀中), 임관하(林觀夏)는 삼가 술과 과일과 포해(脯醢) 제물을 차리고 감히 신걸산(信傑山) 토지신께 밝게 고합니다. 삼가 아룁니다. 고 대사헌 임공(林公)은 세상에서 창계(滄溪) 선생이라고 칭하는데, 서울과 지방의 학자가 그를 본보기로 삼았습니다. 그가 돌아가시자 고향에서 제사를 지내야 한다는 사론(士論)이 일어났습니다. 이번에 서원을 창건하고자 길일을 잡아 산소 아래 선생께서 머무신 곳에 많은 사람의 마음이 합해졌으니, 신이 오르내리실 것입니다. 바라건대 정성을 다해 고하는 바를 살펴 주시고 먼 후세까지 보우하소서. 흠향하소서.

지은이 **임영(林泳)**

1649년(인조27)~1696년(숙종22). 조선 후기의 문신, 학자이다. 본관은 나주(羅州), 자는 덕함(德涵), 호는 창계(滄溪)이다. 이단상(李端相), 박세채(朴世采)의 문인이다. 1666년(현종7) 사마시에 입격하였고, 1671년 문과에 급제하였다. 호당(湖堂)에 선발되어 사가독서(賜暇讀書)하였다. 이후 이조 정랑, 홍문관 부제학, 사헌부 대사헌, 전라도 관찰사 등을 역임하고 공조 참판에까지 이르렀다. 천인성명설(天人性命說)을 깊이 연구하였고 경사(經史)에 정통하였다. 기호학파의 일원이지만 이기론(理氣論)에 있어서는 이황(李滉)과 이이(李珥)의 학설을 절충하여 독자적인 이기심성설(理氣心性說)을 전개하였다. 나주의 창계서원(滄溪書院), 함평의 수산사(水山祠)에 제향되었다.

옮긴이

조경구(趙慶九)

서울대학교 국어국문학과를 졸업하고, 대학원에서 기록관리학을 전공하였다. 한국고전번역원 역사문헌번역실 선임연구원으로 재직 중이다. 번역서로는 《승정원일기》(영조대)와 《향산집》이 있으며 대중서로는 《한문에게 말 걸기》, 《선비들과 보내는 하루》, 《생각, 세 번》, 《1등 했는데 왜 훌륭한 사람이 아니에요?》, 《아하! 자연에서 찾은 비밀》 등이 있다.

하승현(河承賢)

대학에서 국문학을, 대학원에서 문예창작콘텐츠학을 전공하고, 한국고전번역원 교육원에서 한문을 공부하였다. 한국고전번역원 고전문헌번역실 책임연구원으로 재직 중이다. 《승정원일기》, 《잠(箴), 마음에 놓는 침》, 《화담집교주(花潭集校注)》, 《후설(喉舌)》, 《생각, 세 번》, 《빈 방에 달빛 들면》, 《눈 셋 달린 개》 등의 책을 냈다.

창계집 8
임영 지음 | 조경구 하승현 옮김

2019년 11월 30일 초판 1쇄 발행

발행인 신승운 | 발행처 한국고전번역원
등록 2008. 3. 12. 제25100-2018-000049호
주소 (03310) 서울시 은평구 진관1로 85
전화 02-350-4886 | 팩스 02-350-4899 | 홈페이지 www.itkc.or.kr

번역 조경구(권27, 서문, 습유 105~110쪽, 부록보 267~309쪽)
하승현(습유 111~264쪽, 부록보 310~356쪽)
연구총괄 김성애 | 연구기획 정미경 | 자문 임정기 정선용

책임편집 이선주 | 편집진행 박정열 김지수
교정 김상순 박성희 | 조판 정효진 | 제작 김형석
디자인 씨디자인 | 인쇄 (주)대신인쇄

값 20,000원
ISBN 978-89-284-0618-0 94810
978-89-284-0338-7 (세트)
* 이 책은 2019년도 교육부 고전번역사업비로 출간한 것임.